XIANDAI JIAOYUXUE

# 现代教育学

主　编◎冯文全
副主编◎赵　正　成　云
李赐平　冷泽兵　卢　清

北京师范大学出版集团
BEIJING NORMAL UNIVERSITY PUBLISHING GROUP
北京师范大学出版社

图书在版编目(CIP)数据

现代教育学/冯文全主编.—北京：北京师范大学出版社，2012.7（2014.4重印）
ISBN 978-7-303-14704-5

Ⅰ.①现…　Ⅱ.①冯…　Ⅲ.①教育学　Ⅳ.①G40

中国版本图书馆CIP数据核字(2012)第149627号

营销中心电话　010-58802181　58805532
北师大出版社高等教育分社网　http://gaojiao.bnup.com
电子信箱　gaojiao@bnupg.com

出版发行：北京师范大学出版社　www.bnup.com
北京新街口外大街19号
邮政编码：100875
印　　刷：北京中印联印务有限公司
经　　销：全国新华书店
开　　本：170 mm × 230 mm
印　　张：28.5
字　　数：365千字
版　　次：2012年7月第2版
印　　次：2014年4月第2次印刷
定　　价：35.00元

策划编辑：路　娜　王剑虹　　责任编辑：王剑虹
美术编辑：毛　佳　　装帧设计：毛　佳
责任校对：李　菡　　责任印制：陈　涛

# 再版前言

自近代师范学校产生以来的两三百年间，专门培养教师的师范教育从未中断过变革。无论国外还是国内，教师培养和训练都走过了由低级到高级、由简单到复杂的历程：始而是初级的“教师培养所”，继之以“公立师范学校”，进而升格为“高等师范学院”，最终发展为现代的“教师教育”，其间变化之繁复，难以尽述。但在教师培养和训练过程中，始终恒定不变的，还是教育学课程的重要地位及其独特功能。

教育学课程的最主要和最重要的载体是“教育学”教材。教育学在我国的历史不过百余年，其学科发展的成就与欧美国家还难以相提并论。但我国教育学仍然有自己的独特性和不可替代性，这是数代教育学人孜孜以求不断进行教育学的理论探索和学科建设的结果。仅以我校而论，从多次与西南地区其他高师院校合作编写“教育学”，到自身独自数次编写“教育学”，数十年的艰辛探索，使我们对教育的理论与实践都有了日益全面深刻的认识，呈现在读者眼前的《现代教育学》就是我们的最新探索成果。

经过持续不断的努力，我们先后建成了作为“教育学”课程体系主要支撑的“教育概论”、“德育原理”、“学校管理学”等省级精品课程，并于2010年建成了“教育学”国家级特色专业。呈现在读者面前的《现代教育学》，既得益于国家级特色专业“教育学”、多门省级精品课程、校级精品课程“教育学”、学校申博培育学科“教育学”等诸多质量工程项目的有力支撑，又是这些质量工程和学科建设的最新成果。

据不完全统计，从1979年到2002年，我国已经公开出版的各种类别、不同层次、多种版本的《教育学》大约140本。① 如算到2011年，这一数字估计在200本左右。我国教育学教材建设的成果之多，于此可见一斑。如此纷繁杂乱的状态，要在其中脱颖而出，必定需要有其相应的独特性的支撑。以此而论，欲有所作为的《现代教育学》，自然也不例外。其特色主要如下：

第一，内容严谨完整。本书的内容主要包括教育基本原理、课程与教学理论、德育与心理健康教育、学校与教育管理、中外教育改革与发展趋势等诸多方面，既不失基本的理论基础，又包含最新的认识成果，从而建构起一个相对完整严谨的内容体系。

第二，结构合理有序。本书的结构编排力求合理可靠，由教育基本理论入手，注重课程与教学理论素养，加强德育与心理健康教育，强化教育的制度保障体系，拓展教育的国际视野，把基础的教育理论与鲜活的教育改革与发展实践有机融合在一起，使之呈现出纵横交错的立体式网络结构。

第三，奠基教师素养。我国的师范教育无疑是教师教育的重要组成部分。作为教师职前教育主要力量的师范教育，需要更自觉地融入到教师教育之中，"教育学"教材对此有着责无旁贷的历史使命。本书注重奠定未来教师基本而深刻的理论素养，促进他们在专业上不断成长，教给他们有关教育教学的基本知识，引领他们把握学科前沿，帮助他们学会课程与教学设计和创造性地开展教育工作，做一个真正"术业有专攻"的教育家式的教师。

第四，打造新颖理念。未来的教育工作者，不仅要有多学科的知识结构、卓越的教育智慧、全方位的教育能力、高尚的职业道德、熟练的教育技术，而且还要有新颖的教育理念。没有科学新颖的教育理念，就不会有合理有效的教育活动，更不可能做到因材施教和推动教育的发展与变革。本书对此予以了强烈关注，期盼在这些方面有所作为。

本书由冯文全教授担任主编，赵正教授、成云教授、李赐平副教授、冷泽兵副教授、卢清教授担任副主编。本书各章的编写者分别是："再版前言"及第十章"德育与心理健康教育（上）"由冯文全撰写；第一章"教育与教育学"由袁利平撰写；第二章"教育与社会发展"由王小红撰写；第三章"教育与人的发展"由李勇撰写；第四章"教育目的"由赵正、徐东撰写；第五章"教育制度"由贾云鹏撰写；第六章"教师与学生"由成云、卢清撰写；第七章"教师专业发展"由姚国平撰写；第八章"课程与教学（上）"由冷泽兵撰写；第

① 郑金洲，瞿葆奎：《中国教育学百年》，教育科学出版社，2002年，第210页。

九章“课程与教学（下）”由沈小强撰写；第十一章“德育与心理健康教育（下）”由冯光伟撰写；第十二章“班级管理与班主任工作”由曾彬撰写；第十三章“教育政策与法规”由李赐平撰写；第十四章“中小学教育评价”由姚永强撰写；第十五章“教育公平与我国基础教育均衡发展”由夏茂林撰写；第十六章“当代中国教育改革的进展与趋势”由殷洁撰写；第十七章“世界基础教育改革与发展概览”由杜永红撰写。

尽管我们尽了最大的努力，力图在教育学的逻辑框架和内容体系方面有新的作为，既注重教育学的基本理论与同类经验的学习，又注重最新的教育改革与发展的实践探索；既注重拓展教育的国际视野，又注重教育的本土意识。但由于时间仓促，加之我们水平有限，所以本书难免有许多不足之处。诚望广大教育界同仁和读者指正，以便再版时修改。

编　者

2012 年 4 月　于千年绸都南充

# 目　录

# 第一章 教育与教育学

教育，作为人类社会的一种活动，对于任何人来讲，都具有一定的客体意义，甚至内化为一个人的一部分而存在。作为社会成员几乎所有的人都受到过不同的教育，特别是对于现代社会的成员而言，教育已成为其生存和发展的重要基础和条件，并且越来越具有终身性的特点。当人类的教育经验积累到一定程度便出现了对教育规律的探索和研究，从而形成教育学。本章集中讨论了教育的一般概念、教育的基本要素和教育的形态等基本问题，并在此基础上深入分析教育的产生与发展；概括原始社会、古代社会和现代社会的教育发展状况；讨论教育学的形成与发展；概括教育学在西方和我国发展的各个阶段及状况。

## 第一节 教育概述

教育到底是什么？教育应该怎么样？教育实际上怎么样？教育能够怎么样？对于这些问题，很多非教育专业的人从来没有思考过，正在从事教育工作的人甚至教育理论工作者也是仁者见仁，智者见智。正如说奥古斯丁曾经感慨道：如果不问我“什么是时间”，我大概还知道，真要问起来，我反倒答不出来了。确实，人们一旦对那些常常挂在嘴边的熟悉的术语追根溯源、刨根问底，探寻其本真的含义或是本质的特点，可能便会觉得茫然，不知从何谈起。然而，对于学教育的、将要以教师职业为生的人来说，必须了解、弄清、掌握“教育”这一概念的本质属性和真实含义，这是从事教育工作的前提条件。

### 一、教育的概念与要素

#### （一）“教育”的词源

在中文中，人们总是把“教”和“育”连在一起使用。“教育”合用最早见于《孟子章句·尽心上》，“君子有三乐，而王天下不与存焉。父母俱存，兄弟无故，一乐也；仰不愧于天，俯不怍于人，二乐也；得天下英才而教育之，三乐也”。认为得到天下优秀人才而对他们进行教育，是君子的三种乐趣之一。事实上，在先秦古籍中，“教”与“育”连用的情形极少，通常只用一个字来表示我们现在的教育活动。“教”字最早见于甲骨文。《说文解字》对“教”的解释是“教，上所施，下所效也”；《荀子·修身》称“以善先人者谓之教”；《学记》称“教也者，长善而救其失者也”。在古代甲骨文中“育”字上边好像倒立的人，意为不顺不肖之子；《说文解字》中把“育”解释为“育，养子使作善也”。

在西文中，“教育”一词的起源和解释并不复杂。英语、德语、法语中“教育”这一词语都来源于拉丁语“educare”。拉丁语“e”为“出”，“ducare”为“引”，意思就是通过一定的手段，把某种本来潜在于身体和心灵内部的东西引发出来。从词源上说，西文“教育”一词是内发之义，强调教育是一种顺其自然的活动，旨在把自然人所固有的或潜在的素质自内而外引发出来，以成为现实的发展状态。

19世纪末20世纪初，在连续不断的社会危机、民族危机的压力下，清政府不得不广开民智，兴学育人，培养经世致用的新型人才。在甲午战争之后去日本留学的一些人就开始了翻译日文教育学书籍的工作。由于日文中有“教育”和“教育学”一词，故翻译过来的有关“兴学”的活动和理论就称之为“教育”和“教育学”。在学术界的影响下，朝廷大臣呈递的奏折中也渐渐出现了“学”与“教育”交互使用，“兴学”与“普及教育”并提的情况。但一开始还是以“学”为主，如整个教育事业称为“学务”，国家最高教育行政机关称为“学部”，下设“劝学司”“劝学所”，学部中有“学臣”，劝学所中有“劝学员”等。1906年，学部才奏请颁布“教育宗旨”。民国之后，正式改“学部”为“教育部”。此后，“教育”一词就取代传统的“教”与“学”成为我国教育学的一个基本概念。

### （二）“教育”概念的界定方式

从我们对教育这一问题的探讨来看，不仅在日常语言中，而且在各种教育学文本中，“教育”一词都具有非常不同的含义。分析教育哲学的代表人物谢弗勒（I. Scheffler）在其《教育的语言》一书中，探讨了教育概念的三种界定方式：规定性（the stipulative）定义，描述性（the descriptive）定义和纲领性（the programmatic）定义，并指出了每一种定义区别于其他定义的一些特征。

1. 规定性定义

规定性定义也就是创制的定义，是作者所下的定义，要求这个被界说的术语在后面的讨论中始终表示这种规定的意义。也就是说，不管其他人所用的

"教育"一词是什么意思，我所用的"教育"一词就是这个意思。如18世纪中叶的自然主义教育家卢梭（J. F. Rousseau）认为："教育应当依照儿童自然发展的程序，培养儿童所固有的观察、思维和感受的能力。"① 瑞士民主主义教育家裴斯泰洛齐（J. H. Pestalozzi）说："教育的目的在于代表人的一切天赋力量和能力。"② 德国近代教育家赫尔巴特（J. F. Herbart）认为："教育的全部问题可以用一个概念——道德——包括。"③ 19世纪中叶，英国的实证主义哲学家和教育家斯宾塞（H. Spencer）说："教育是为我们的完美生活做准备。"④ 20世纪美国实用主义教育家杜威（J. Dewey）却认为教育不是为未来的生活做准备，"教育是生活的过程，而不是将来生活的预备""教育是经验的改造或改组""教育既然是一种社会过程，学校便是社会生活的一种形式"⑤。苏联著名教育家巴班斯基认为："教育是老一代向新一代传递社会历史经验的过程，其目的在于培养他们参加生活和从事为保证社会进一步发展所必需的劳动。"⑥

2. 描述性定义

描述性定义的实质是恰当地描述被界说的对象或使用该术语的方法，而不是"我将用这个术语表示什么"这样的规定性主张。实际上，词典就是对各种术语的描述性定义的罗列。从描述性定义这种界定方式来看，"教育"一词具有若干种定义也就不足为奇了，因为在不同的语境中，为了不同的目的，它可以具有多种描述性含义。联合国教科文组织在《国际教育标准分类》中则为"教育"下了这样的定义：教育是有组织地和持续不断地传授知识的工作。其中，"有组织地"是指在一个特定的教育机构中按照一定的模式、目标和要求进行知识传授的工作；"持续不断地"是指知识传授过程的经常性和连续性；"传授"是指在两个或两个以上的人中间建立一种知识转让的关系；"知识"是指人的学识、见闻、态度、技能以及人的能力中可以长久保持的东西。⑦ 这是从中观层面对教育事实的描述。还有从狭义的角度对教育事实的描述，即"指

① 曹孚：《外国教育史》，第124页，北京，人民教育出版社，1979。

② 同上，第129页。

③ ［德］赫尔巴特：《普通教育学》，尚仲衣译，第185页，北京，商务印书馆，1939。

④⑤ 张焕庭：《西方资产阶级教育论著选》，第419页，北京，人民教育出版社，1979。

⑥ ［苏联］巴班斯基：《教育学》，李子卓等译，第7页，北京，人民教育出版社，1986。

⑦ 陈桂生：《教育原理》，第193～194页，上海，华东师范大学出版社，1993。

根据一定的社会要求和受教育者的发展需要，有目的、有计划、有组织地对受教育者施加影响，以培养一定社会（或阶级）所需要的人的活动”[①]，主要指学校教育。这些关于教育概念的表述主要是在事实层面，而且以中性的语言表述，并未对其做价值判断。

3. 纲领性定义

如果说描述性定义回答的是“教育实际是什么”，那么，纲领性定义回答的就是“教育应该是什么”。也就是说，纲领性定义明确或者隐含地告诉我们，教育应该怎样，这种界定方式反映了人们对教育价值的判断和追求。毫无疑问，说教育应该怎样，与说教育实际上是什么样子是完全不同的，也与“我暂且这样表示教育的意思”相异。它往往包含着“是”与“应当”两种成分，是描述性定义与规范性定义的混合。例如，我们常说的教育有广义、狭义和更狭义之分就是一种纲领性定义。广义的教育是自有人类产生以来就已产生的教育，这种教育存在于各种生产和生活的活动之中。其定义为：凡是有目的地增进人的知识技能、影响人的思想品德，增强人的体质的活动，不论是有组织的还是无组织的，系统的还是零碎的，都是教育。狭义的教育是指学校教育。学校教育是指由专门机构和专业人员承担的，有目的、有计划、有组织、有系统的，以影响学习者的身心发展为直接目标的社会活动，目的是把他们培养成为一定时代、社会或阶级所需要的各种人才。更狭义的教育是指思想品德教育。

对教育概念界定方式的探讨使我们认识到这样一个事实：教育概念在界定方式上存在不同，每种方式又存在着对教育的不同界定。从这个意义上说，很难寻求一个“统一”的教育定义。要寻求一个绝对肯定的或者说真正的教育的规定性定义，显然是荒唐的。因为从逻辑上说，任何定义都能成为教育的规定性定义。同样，去寻求一个绝对肯定的或者是真正的教育的描述性定义也是不可能的。因为在不同的语境中，为了不同的目的，“教育”一词可以有多种描述性意义。[②]

### （三）“教育”概念的科学定义

事实上，寻找教育的真正的定义，就是为教育寻求一个正确的或者最佳的纲领性的表述，而且这本身就是规定要在教育活动中寻求的某些有价值的手段或目的。也就是说，我们所寻求的教育的那个真正定义，就是将“教育是什么”与“教育应该是什么”结合起来的一种表述，是以某种情景下的教育的事

① 顾明远：《教育大辞典》，第3页，上海，上海教育出版社，1990。

② 瞿葆奎：《教育与教育学》，第31～36页，北京，人民教育出版社，1993。

实为基础，对教育是什么的一种最好的纲领性表达。那么，我们寻求的真正的教育定义是什么？面对如此众多的、不同的教育解说或解释，我们关心的问题是教育的概念是否有共同的核心或基石，并力图在此基础上寻找那个真正的定义。

从上面的教育概念可以看出，人们是从两个角度对教育进行界定的：一是从社会的角度进行界定，可以把“教育”定义为不同的层次：最宽泛的就是广义的教育，即凡是能增进人们的知识和技能，影响人们的思想品德的活动，都是教育。狭义的教育，主要指学校教育，其含义是教育者根据一定社会（或阶级）的要求，有目的、有计划、有组织地对受教育者的身心施加影响，把他们培养成为一定社会（或阶级）所需要的人的活动。第三个层次就是德育，例如，赫尔巴特的“教育的全部问题可以用一个概念——道德——包括”。这种定义方式强调社会的外在要求，体现了教育的功利价值。二是从个体的角度进行界定，往往把教育看成是个体发展的过程。例如，《美利坚百科全书》中写道：“从最广泛的意义来说，教育就是个人获得知识或见解的过程，就是个人的观点或技艺得到提高的过程。”这种定义方式强调的是个体的内在发展，而不是社会的一般要求。这两种界定方式从不同的侧面揭示了教育的属性，但是，每种界定方式又都存在着缺陷。仅从社会的角度界定“教育”，往往会把“教育”看成是外在的强制活动，而忽视个体的内在价值需要；而仅从个体的角度界定“教育”，又会忽视社会因素的影响和教师的作用。

因此，对“教育”的界定应从社会要求和个体发展两个方面去思考，即教育是在一定社会背景下发生的促使个体社会化和社会个性化相统一的社会活动。[①] 在这种界定里，首先，强调了“教育”是“社会活动”。作为一种社会活动，“教育”必然有其明确的目的，“目的性”是其一大特点。没有目的地或无意识地进行的活动就不能称其为教育活动。其次，这种界定将个体发展需要和社会要求有机结合起来。个体社会化是指根据一定的社会要求，把个体培养成符合社会发展需要的具备一定知识、技能和观念的社会人。社会个性化是指社会的各种要求内化在社会个体身上，体现出不同的个性风格。个体社会化和社会个性化是一个活动的两个方面，是同时进行的，这在任何一个时代都是不可否认的。再次，这种界定强调了“促使”作用，即这种活动是个体社会化和社会个性化统一过程中的“加速器”。最后，这种界定强调了“教育”是在

① 全国十二所重点师范大学联合编写：《教育学基础》，第 4 页，北京，教育科学出版社，2001。

"一定社会背景下"发生的，不同的国家、不同的时代有不同的"教育"，即教育是具体的。这可以看成是广义的教育。当然教育有很多形态，发生在不同时代、不同社会结构中的、不同层次的教育可以有不同的狭义的教育，例如，近代教育、家庭教育、学校教育、高等教育，等等。

当然，教育作为一种社会现象，与其他现象的根本区别在于：它是促进人发展的活动，它要解决的特殊矛盾，是受教育者与自身及其与社会之间的矛盾，它的特定功能和基本职能就是通过人类已有的文明成果的传递，促进受教育者的转化，即从无知转化为有知。从知之不多转化为知之较多，从身体羸弱转化到身体强壮，以及知识转化为能力、行为、习惯等。也就是说，教育就是一种促进受教育者转化的活动，其中包括内化和外化两种方式。内化是指教育促进受教育者个体把外在的社会的要求、需要转化为内在的知识、能力、品德、习惯，即受教育者的社会化；外化是指教育促进受教育者个体的潜能和多种发展可能性转化为现实状态。所以说，教育就是促进人的社会化和完善化的过程。通过教育，人的智慧与能力得到提高，品德得以养成，情趣、爱好得以发展，精神生活得以丰富。这正是"教育"概念中存在的共同核心，即教育是促进人的发展的活动，也正是我们寻找的教育的真正的定义。如果教育的概念失去这种质的规定性，也就不能称之为教育了。[①]

### （四）教育的构成要素

所谓要素是指构成活动必不可少的、最基本的因素。由于教育是一种复杂的社会现象，加之人们在分析教育活动结构时持有不同的视角，因此，对教育活动的要素的概括也不完全一样。下面，我们从社会要求与个体发展相结合的角度，深入分析教育的三个基本要素：教育者、学习者和教育影响。

1.教育者

根据前面对教育的界定——"教育是在一定社会背景下发生的促使个体社会化和社会个性化相统一的社会活动"，我们可以看出，教育者应是能够在一定社会背景下进行促使个体社会化和社会个性化相统一的活动的人。因此，一个教育者必须是在一定社会背景下承担促使个体社会化和社会个性化责任的人，必须是站在社会要求的角度，能够尝试促进个体发展、满足个体需要的人。这就要求教育者必须有明确的活动目的，能够理解其在教育活动中所担负的历史使命。没有明确目的，但在客观上对教育对象施加了一定影响的人不能算是教育者。这样，教育者可以是学校的教师，可以是家庭教师、家长，也可

① 沈壮海：《教育学导论》，第6～8页，武汉，武汉大学出版社，2005。

以是进行社会宣传的人。当然，在当今社会中，学校教师是教育者的主要组成部分和代表。

教育者在教育活动中的作用主要体现为以下几个方面：第一，教育者是社会知识的传递者。教育者能够有目的地进行施加影响的活动，必须具备理解自己所承担的促使个体社会化和社会个性化使命的知识储备和能力，往往可以比较有效地实现教育的某一方面或全面发展的目的。第二，教育者是社会价值取向的传播者。教育者在进行文化传播的过程中必然会伴随着传播社会价值观念的活动，因为教育者的知识结构中内化着他自己对社会习俗、生活方式和行为模式等的认识，这些都会在教育者的教育活动中有意无意地表现出来。第三，教育者是施加教育影响的设计者、组织者和领导者。教育者为了有效实现教育的目的，会事先进行设计，并在活动中进行有效的组织和管理，以期获得最好的教育效果。第四，教育者是个体发展的指导者。在教育活动中，教育者会根据社会要求和学习个体的具体情况，有意识地激发学习个体的学习兴趣，确定努力的方向，选择适合于学习个体的学习方法，以期有效地将社会要求和个体需要有机结合起来。

总之，一个真正的教育者必须具有如下特征：第一，有明确的教育目的，理解其在实践活动中所肩负的促进个体发展和社会发展的任务及使命。那些偶尔对学生的身心发展产生影响的人，不能称作严格意义上的教育者。第二，了解个体身心发展的规律以及社会对个体发展所提出的客观要求。也就是说，教育者必须具有必要的能够实现促使个体发展和社会发展任务或使命的知识。所以，教育者意味着一种资格，是能够根据自己对于个体身心发展及社会发展状况或趋势的认识，来引导、促进、规范个体发展的人。

2. 学习者

学习者是实现社会要求和个体发展的主要载体，是针对教育者而言的。在终身教育观念下，学习者可以是未成年的学生，也可以是已经成年的接受各种终身教育形式的人。当然，学校里的学生仍然是学习者的主体。学习者作为与教育者相互作用的社会个体，有其独有的特征和需要，这使得教育活动中的学习者并不是一个完全被动的教育对象。

学习者是影响教育活动有效开展的关键因素，其原因主要有以下几个方面：第一，学习者是一个相对独立的个体。不同的人有不同的学习目的、不同的学习背景、不同的学习基础、不同的学习兴趣、不同的学习风格、不同的学习习惯和不同的学习质量。每一个学习者都有他们的独立性、选择性、创造性和不同的具体需要，有他们的主观能动性，教育活动如果受到学习者的抵制，教育的目的就很难实现。第二，学习者的身心发展特点影响着教育活动的实施。不同年龄阶段的学习者有不同的身心发展特点。教育者在面对不同年龄阶段的教育对象时，必须从学习者的实际出发确定教育内容的组织、方法的选择、语言的特点等，只有这样，才能保证教育活动的有效开展。无视学习者的差异，就不能有效实现个体社会化和社会个性化的有机结合。

这里需要注意的是，“学习者”与人们常使用的“受教育者”或“学生”的区别包含了丰富的内涵。首先，“学习者”力图避免“受教育者”这个词语的局限。因为后者毫无疑问地将教育对象看成是比较被动的存在，看成是纯粹“接受‘教育者’教育”或“被‘教育者’教育”的人。这也就意味着，“教育”是一种发生在教育对象之外的，并由教育者施加于教育对象身心的某种事情。这不仅在逻辑上有问题，而且对于实践也会产生不良影响。其次，“学习者”力图避免“学生”这个词语的局限。因为后者所指称的教育对象主要是那些在身心两方面还没有成熟的人，但随着终身教育的兴起，已经不能再单纯把教育对象理解为以前的属性。

3. 教育影响

教育影响是教育者和学习者之间实现沟通的中介，它包括教育内容和教育手段。教育内容是教育者用来作用于受教育者的影响物，它是根据教育目的经过选择和加工的影响物。人类积累了丰富的经验，挑选出符合教育目的和最适合学习者身心发展的影响物，就是教育内容了。这种教育内容主要体现在教科书、教学参考书和其他信息载体中，也体现在教育者的个人素质中。教育内容既然是从人类社会活动经验中选择而来的，就必然会随着时代的变化而变化，因为社会发展总是丰富着人类经验，同时又在不断提出新的要求和挑战。教育内容要符合学习者的身心发展特点，由于不同时代人的生活环境不同，教育内容也应有所调整和更新。所以，最佳的教育内容应是目的性与对象性的统一。

教育手段是教育者将教育内容作用于学习者所借助的各种形式与条件的总和，它包括物质手段和精神手段。物质手段就是进行教育时所需要的物质条件，包括活动场所与设施（教室、实验室、操场等）、教育媒体（实物、图片、印刷物、录音磁带、录像带、电影、电视、课件等）。精神手段主要包括教育方法、教育途径。

以上三个基本要素既相互独立，又相互规定，共同构成一个完整的活动系统。没有教育者，教育活动就不能展开；没有学习者，教育活动就失去了对象；没有教育影响，教育活动就成了无米之炊，无法沟通教育者与学习者。因此，教育活动是教育者、学习者、教育影响三个基本要素的有机结合。在教育活动中，各个要素的变化都会带来整个教育系统的变化。

## 二、教育的形态与结构

### （一）教育形态

教育形态是由教育者、学习者、教育影响三个基本要素相互作用所构成的教育系统在不同的时空背景下所呈现的形式。根据不同的标准，可以划分出不同的教育形态。目前，主要有以下几种教育形态的划分情况。

1. 从教育系统自身形式化的程度看

从教育系统自身形式化的程度看，教育形态可以划分为非制度化的教育与制度化的教育两种类型。非制度化的教育是指没有形成相对独立形式的教育，是与生产、生活高度结合的教育。这种教育形态主要是专门学校产生以前的教育。当然，目前这种教育依然在一定范围内存在，只是它的数量、地位与作用已经非常有限。制度化的教育是指有专门教育人员、机构、运行制度等构成的教育。目前，我们所谈的教育主要就是制度化的教育。制度化的教育对于推动人类整体文明的进步起到了极大的促进作用，但也有人批判制度化的教育在整体上具有压制性、同质性和破坏性，妨碍了真正意义上的学习的进行。真正的教育应该是具有创造性的，依赖于对事物的好奇与兴趣所进行的探索和学习，这些是现代的制度化的教育很难保证的。因此，美国的教育家伊里奇（I. Illich）在《非学校化社会》中提出了以上观点。我们认为，不管是非制度化的教育，还是制度化的教育，都有自身的局限性，我们应该用理智的眼光来看待这一问题。

2. 从教育系统赖以运行的时间标准看

从教育系统赖以运行的时间标准看，教育形态的划分主要有两种：一是将教育形态划分为原始的教育形态、古代的教育形态和现代的教育形态；二是将教育形态划分为农业社会的教育、工业社会的教育和信息社会的教育。这两种教育形态都是从历史的角度来划分的，但由于人们对教育历史的划分观点并不一致，教育形态从历史角度进行划分的结果也就不一致了。前者是根据教育自身发展的历史进程划分的，后者是根据生产力发展的历史进行划分的。不论是从教育自身历史的角度进行划分，还是从生产发展角度进行划分，在把握教育形态时都要把握它们生产力、经济形态和上层建筑的特征。另外，每一种教育形态都是建立在前一种教育形态基础上的，在教育系统的各个方面都包含着对前一种教育的批评、修正或重构，具有历史的连续性。

3. 从教育系统赖以运行的空间看

从教育系统赖以运行的空间看，教育形态可以划分为社会教育、家庭教育和学校教育三种类型。这是一种在教育界使用最为广泛的划分教育形态的方式，它们以不同的时间、不同的渠道、不同的方式对人的发展与社会的发展起着不同的作用。在现代社会中，这三种教育形态共同构成一个相对完整的教育系统，但这三种教育形态并不是同时出现的，而是随着社会的发展而逐渐形成的。在原始社会最早出现的教育形态是社会教育。由于当时生产力水平极低，人们为了共同应付恶劣的生存环境，过着原始的共产主义生活，儿童由原始公社集体负责培养。公社的所有成年人都有随时随地对儿童进行生产劳动经验的传授和生活习惯的训练的责任。在氏族公社末期家庭制出现后，家庭教育成为一种重要的教育形态。随着社会的发展，家庭教育在实际中形成了丰富的教育经验和教育思想，为后来学校教育的发展和实践奠定了坚实的基础。随着生产力的进一步发展，奴隶制社会开始形成，出现了较多的剩余产品，客观上促进了社会的进一步大分工，学校教育出现，并成为以后社会教育的主要形态。学校教育的出现，结束了教育的原始状态，教育从自发行为变成了专门性的活动。伴随教育制度的不断完善，学校教育在社会发展中的作用也越来越大。

由此，我们可以看出，教育形态的完备是一个历史的发展过程。但这三种教育形态并不是仅仅存在时间上的关系，最主要的是这三种形态自产生之日起就没有中断过，彼此在不同的领域互补性地发挥着作用。社会教育在终身教育的时代发挥着越来越重要的作用。家庭教育在青少年健全人格培养方面的作用是不可小觑的，也是学校教育无法取代的。当然，学校教育仍然在教育系统中占据主要位置。目前，人们考虑更多的是社会教育、家庭教育和学校教育应该如何结合的问题。为了能充分地利用社会、家庭、学校的教育资源，20 世纪 80 年代人们开始研究社区教育，把社区教育作为这三种教育形态结合的一种新体制去探索，希望从根本上打破传统意义上的社会教育、家庭教育、学校教育的界限，建立一个高度一体化的教育系统，这是我们目前教育改革的一个重要举措，对于建立学习型社会具有极大的促进意义。

4. 从教育系统自身运行的方式看

按教育自身运行的方式，可将其分为教育活动、教育事业、教育思想。其中，教育活动是人类最基本的教育形态。教育现象作为教育的外部表现，它首先是一种活动，一个过程，这便是教育活动，教育过程。教育活动便是人类社会最初出现的教育行为，也是人类社会始终存在的最基本的教育形态。教育事业是一种层次较高的人类教育形态。最初的教育是以个体为对象的活动，还不能称之为一种社会事业，只能称之为一种社会现象。教育作为一种社会事业是从学校教育出现开始的。教育事业之所以需要，是政治、经济、人类社会整体生活正常运行需要的结果，是历史发展的需要。教育事业的功能是管理教育活动，调控教育活动。教育活动以人为影响的对象，教育事业以教育活动为管理和调控的对象。支撑教育活动的是教育者和受教育者的交往，支撑教育事业的是教育制度和教育体制。教育思想是教育活动和教育事业的理论形式，它是人类教育发展历史上客观存在的一种教育现象。教育思想是人们对教育的认识和见解，是一种有关教育的意识形态，它本质上是人类社会已存在的和可以预见的教育现象、教育规律在人们主观上直接或间接的反映。①

总而言之，教育活动、教育事业、教育思想构成了教育的运行形态，三者缺一不可。教育活动、教育事业属于实践范畴，教育思想属于思想范畴。我们要将三者有机地联系起来，使教育活动、教育事业成为正确的教育思想的源泉，教育思想可以更好地指导教育活动、教育事业的运行。同时，三者在整个教育系统及其运行中具有不同的地位与功能，教育活动是人类教育现象、教育形态的核心；教育事业是组织、推动、优化教育活动的自为活动，能使教育活动正常运行，并使之更趋优化；教育思想则是教育现象、教育形态的更深层次的部分。

### （二）教育结构

所谓社会结构，主要是指社会的经济结构和职业结构的构成。教育结构主要是指各级各类学校的构成。② 例如，如果按学校的教育程度划分，有幼儿教育、初等教育、中等教育、高等教育、研究生教育等；按培养目标和教育内容划分，有普通教育、职业教育、特殊教育等；按教育的时间划分，有全日制、半日制、业余教育等；按主要教育手段和场所划分，有函授教育、巡回教育、广播电视教育（包括卫星教学）等；按受教育者的年龄划分，有学龄期教育、成人教育（终身教育）等；按主办单位划分，有中央办、地方办、企事业办和私人办的教育机构等。这样就构成了一个错综复杂的学校教育网。学校教育的发展历史表明，社会愈发展，社会结构（其中主要是社会职业结构）与学校教育结构愈复杂。

学校教育类型结构的划分可以有多样的依据：从宏观层面上来说，学校教育结构包括学校教育程度结构、学校教育类型结构、学校教育管理体制结构，

① 胡德海：《教育学原理》，第 251～259 页，兰州，甘肃教育出版社，1998。

② 同上，第 508 页。

以及与经济产业门类相对应的工、农、林、医、师、文、理、艺、政、法等专业结构；从微观层面上来说，则涉及某一具体类型学校的专业设置结构、课程结构、部门组织结构、人员职能结构和学校的物质基础结构。

一般而言，教育结构与其他社会结构一样，具有以下特点：第一，整体性。也就是说，教育结构中的各个要素或部分总是相互关联的，并且处在整体的相互关系之中。教育结构的这种特点也是反映和评价教育整体质量和发展水平的一个非常重要的指标。第二，客观性。即教育结构是客观的，它对于人们的教育活动具有一种客观的制约和决定性的作用与影响。第三，稳定性。教育的历史形态及制度等常常随着社会历史的变化，特别是随着社会形态的变化和社会生产力的发展，而不断调整自己的形式。相比之下，教育结构具有一定的稳定性。然而，教育结构与一般社会结构是有区别的，这种区别的突出之处在于：教育结构比其他社会结构具有更强的建构性特征。这也就是说，教育结构本身更多地反映了人们的价值观念和教育追求。这一方面是由教育活动本身在社会结构中的地位所决定的，因为教育活动作为一种维护社会统一与和谐的活动，在更大程度上不得不受到人们主观意识和目标的制约；另一方面，教育活动本身所具有的指向未来和接受社会预期委托的特征也使得其不得不在更大程度上超越一定的现实而按照人们和社会的愿望进行构造。① 社会的发展，要求社会结构与学校教育结构相互协调，相互适应。一定的社会结构决定着一定的学校教育结构；一定的学校教育结构通过培养出一定类型的人加入到社会结构之中去，也起着适应、改变一定的社会结构的作用。

教育结构包含于社会结构之中，社会结构直接或间接地制约着教育结构的内部发展变化的趋势，制约着教育结构内部调整改革的方向。如随着社会的发展，产业结构和职业结构发生变化时，就要求教育结构发生相应的变革。特别是我国现阶段的产业结构和职业结构需要大量的中、初级职业技术人才，这就必须调整中等教育结构，大力发展中、初级职业技术教育，社会职业结构的复杂性决定教育结构的多样化，例如，中等专业教育、高等教育和成人教育类别及其成人教育类别与专业设置的多样性就是这一特点的直接体现。②

衡量一个国家的教育结构是否合理，主要标志是看这个国家教育事业的发展规模，以及培养人才的数量和质量能否符合社会发展的要求，看教育内部结

---

① 谢维和：《教育活动的社会学分析：一种教育社会学的研究》，第502～503页，北京，教育科学出版社，2007。

② 胡德海：《教育学原理》，第510页，兰州，甘肃教育出版社，1998。

构及其纵横比例关系是否与复杂多样的社会结构相适应。所以，教育结构必须以社会结构为依据并适合教育对象的特点和需要，教育事业才能充分发挥适应并促进经济和社会发展的作用。①

## 三、教育的本质与功能

教育究竟能够干什么？这正是教育的本质与功能所要回答的问题。教育的本质在于说明教育这一社会现象与人类其他社会现象的根本区别；教育的功能在于说明教育对于个体发展和社会发展的功效和职能。这两者是密切联系的。

### （一）关于教育本质问题的观点

1. 教育是上层建筑

此派主要观点是：教育是培养思想品德，传授知识技能的工作，属于社会意识形态的范畴。它是由政治经济所决定，又反过来为政治经济服务的。从影响和决定教育发展的矛盾的主导方面看，教育具有上层建筑的性质。因为按照历史唯物主义的基本原理，生产力和生产关系的矛盾统一运动制约着社会政治、意识形态的发展，也制约着教育的发展。教育的发展一方面必须以生产力发展的需要和它所提供的物质条件为基础，另一方面以生产关系为核心的社会关系又直接影响以至决定着教育的发展。生产力是决定社会生产方式从而也是决定整个社会的存在（包括教育在内）和发展的最终的决定力量，但是最终的决定力量不等于直接的决定力量。

马克思、恩格斯在《共产党宣言》中所提出的教育决定于社会关系的著名论断，是历史上第一次指明了教育属于社会的上层建筑。毛泽东在《新民主主义论》中提出："一定的文化（当做观念形态的文化）是一定社会的政治和经济的反映，又给予伟大影响和作用于一定社会的政治和经济。而经济是基础，政治则是经济的集中表现。"这一论点完全适用于教育与政治、经济的关系。历史上存在着五种主要的经济形态，就有五种不同的教育，教育同其他上层建筑一样，也是随着经济基础的产生而产生，随着经济基础的消亡而消亡。教育在阶级社会中具有鲜明的阶级性，所以，教育是阶级斗争的工具。这并不是说教育不与生产力发生联系，而是说教育是通过为政治服务作用于生产力的。教育为政治、经济服务也并不排斥对教育遗产的保留和吸收。这种保留和吸收是上层建筑独立性和继承性的体现，并不是反映教育本质的东西。"上层建筑全面专政"论，是"文革"时期对马克思主义关于经济基础与上层建筑理论和无

① 胡德海：《教育学原理》，第510页，兰州，甘肃教育出版社，1998。

产阶级专政理论的篡改。从理论上正本清源，只要恢复马克思主义理论的本来面目就可以达到目的，而无须对教育是上层建筑这一本质产生疑虑或有所非议。

2. 教育是生产力

此派的主要观点是：在教育这种独立的社会实践活动中，某些因素具有上层建筑的特点，但这些因素始终是由生产力决定的，而教育实践的基本方面与生产力却有着客观的本质的联系。它的联系点着重在生产劳动经验的传递和劳动力的再生产方面。随着生产力内在矛盾的发展，特别是在科学技术参与现代化生产过程已成为生产力中的独立因素的历史条件下，教育已由生产的条件发展成为生产过程中的一个独立因素，教育事业已成为国民经济发展的重要组成部分之一。在近代的世界历史上，许多国家都重视发展教育事业以作为科学技术和生产力发展的基础，并取得了显著的和影响深远的效果。因此，教育投资不是消费性的投资，而是一种生产投资。“教育投资”和“人才开发”的观点，在一定程度上揭示了现代教育对于现代生产力发展越来越大的作用。社会主义教育学应该吸取其合理的内核，并给予科学的说明。马克思早在一百多年前就明确指出科学技术是生产力，并指明了教育与生产力的直接联系，只不过这些马克思主义的基本原理在片面强调教育是阶级斗争工具的“文革”时期被轻率地忽视罢了。总之，现代教育是国民经济的重要组成部分，是劳动力再生产的必要条件，也是把科学技术这种一般社会生产力转化为直接的物质生产活动的桥梁，教育已间接地或直接地参与了物质生产过程。因此，现代教育是现代生产力的重要因素。

3. 教育具有上层建筑和生产力的双重属性

此派的主要观点是：教育受生产关系和生产力的制约，从来就有两种社会职能。教育的一种职能是传授一定生产关系所要求的社会思想意识，在阶级社会中，凡与教育教学的思想政治方向有关的部分都具有鲜明的阶级性，属于社会的上层建筑。教育的另一种职能是传授与一定生产力发展水平相适应的劳动经验和生产知识，为发展生产力服务。教育中凡与生产力直接联系的部分都没有阶级性，都不是社会的上层建筑。把教育诸因素区分为上层建筑部分和生产力部分，不仅可以使我们在理论上保持清醒的头脑，坚持教育的社会主义方向，而且可以使我们从变化了的客观实际出发，深刻理解教育职能着重点转移的客观过程，使教育更好地为实现国家现代化服务。针对这一派的论点，有人提出以何者为主的不同意见，并展开了争论，有的认为二者中还是以属于上层建筑的部分为主，也有的认为在二者中以属于生产力的部分为主。总之，此派认为教育是一个复杂的社会现象，具有多种因素，多属性的特点，教育中的各种因素都不能单独地决定教育的本质，而是平行地、并列地起作用的。

4．教育是一种综合性的社会实践活动

此派的主要观点是：教育不是观念形态的社会现象，而是一种独立的、基本的社会实践。它具备实践的几个要素，它符合实践的特点，是一种改造世界的活动。在社会现象中，有那么一些社会现象，如民族、家庭、语言等，既不属于上层建筑，也不属于经济基础和生产力。教育就是这样一种社会现象。教育是一种有意识、有目的、有计划的培养人的社会实践活动，它是人类种族繁衍、社会生活延续所必需的活动。因此，列宁把教育子女看做是社会生活普遍的永恒的范畴。教育就是这样一种特殊的社会实践活动。

5．教育是促进个体社会化的过程

此派的主要观点是：教育的本质是促使个体社会化。应当从教育与社会以及与人的发展相联系的统一，从教育的内部矛盾入手探讨教育的本质，教育的本质是促使个体社会化。教育是促进个体社会化的过程，作为一种实践活动，教育必然具有自己明确的目的。个体的社会化是指根据一定社会的要求，把个体培养成为符合社会发展需要的具有一定态度、知识和技能结构的人。持这种观点的论者同时强调教育应该达成社会的个性化的目的。

6．教育是培养人的社会活动

此派的主要观点是：教育是一种社会现象，产生于社会生活的需要，是人类特有的一种现象，目的在于将改造世界的经验传授给下一代。教育与其他社会现象的区分在于它是培养人的活动，它要解决的特殊矛盾是受教育者个体与社会之间的矛盾。教育的特定功能就是促使受教育者从无知转化为有知，从知之不多转化为知之较多等。总之，教育就是把人类积累的生产经验和社会生活经验转化为受教育者的智慧、才能和品德，使他们的身心得到发展，成为社会所需要的人。因此，教育是培养人的社会活动，这是教育区别于其他事物和现象的根本特征，是教育的质的规定性。

### (二) 教育功能及其类型

教育功能的问题，与教育的本质问题密切相关，彼此存在着内在的有机联系。所谓“教育功能，简言之，就是指我们所研究的教育究竟有何种作用的问题。”[①] 对教育功能的划分，学术界的争议颇多，比较有影响的大致有以下几种。

---

① 胡德海：《教育学原理》，第299页，兰州，甘肃教育出版社，1998。

1. 从作用的对象看，教育功能可分为个体发展功能和社会发展功能

教育是促进社会的发展还是促进人的发展，涉及教育史上长期争论的教育的社会本位和教育的个体本位问题。就教育的个体发展功能来说，又可以分为促进个体自然实体发展的功能与促进个体社会实体发展的功能。就教育的社会发展功能来说，可以分为经济、政治、文化、社会分层、社会变迁、调节人口、保持生态平衡和实行环境保护的功能。

2. 从作用的层次上看，教育功能可以分为基本功能和派生功能

教育功能的发挥在作用的层次性上，往往反映出教育功能的主从、轻重等程度。由此，教育功能可以分为基本功能与派生功能。基本功能是实施人的社会化和个性化，派生功能是调节社会结构与体现社会进步。在社会结构中，教育体制与经济体制、政治体制等社会体制存在着相互影响、相互促进的关系，它们之间具有交换行为，交换的对象是人。社会对人提出要求，教育对人进行培养，再输送给社会，以此来维持、巩固、促进和改造原有的社会。教育的政治、经济、文化、环境等功能都是由人的社会化这一基本功能派生出来的。①

3. 从作用的方向上看，教育功能可分为正向功能和负向功能

教育的正向功能指教育有助于社会进步和个体发展的积极影响和作用。教育的育人功能、经济功能、政治功能、文化功能等往往是指教育正面的、积极的功能，然而在实施教育的过程中必须充分遵循社会发展和人的发展的客观规律，正确发挥教育自身的能动作用才能促进教育正向功能的实现。负向功能指阻碍社会进步和个体发展的消极影响和作用。教育的负向功能是由于教育与政治、经济发展不适应，教育者的价值观念与思维方式不正确、教育内部结构不合理等因素，使教育在不同程度上对人和社会的发展产生阻碍作用。因此，在教育实践中，教育者应该分析教育实施过程中潜在的负面影响，努力消除或减少负向功能的产生。

4. 按教育功能作用呈现的形式，可分为显性功能和隐性功能

显性功能指教育活动依照教育目的，在实际运行中所出现的与之相吻合的结果。如促进人的全面和谐发展、促进社会的进步等，就是显性教育功能的表现。隐性教育功能是伴随显性教育功能所出现的非预期的功能，如教育复制了现有的社会关系，再现了社会的不平等，学校照管儿童的功能等，都是隐性功能的表现。显性与隐性的区分是相对的，一旦隐性的潜在功能被有意识地开发、利用，就转变成了显性教育功能。

---

① 瞿葆奎：《教育基本理论研究》，第 293 页，福州，福建教育出版社，1998。

5. 从作用的性质上看，教育功能可以分为期望功能和实效功能，自我保存功能和自我更新功能①

所谓教育的期望功能是指人们对教育活动所期待的价值追求与价值目标；所谓教育的实效功能是指教育实践过程中实现了的教育价值，通常表现在人对社会的现实作用上。这两个功能的性质迥然不同。从逻辑顺序上来说，教育的期望功能产生在先，实效功能实现在后。教育的期望功能对实效功能具有一定的规范性和指导性，而实效功能则是期望功能在实践中的转化。所谓自我保存功能是指重复地把上一代从祖先那里继承下来的知识传递给年轻一代；所谓自我更新功能是指教育实践过程中，由于受到外部压力的影响，教育更新自己的结构和内容，并由此可能促进社会的发展。

## 第二节　教育的起源与发展

自从有了人类社会，也就有了教育。教育在其漫长的历史发展过程中，为我们留下了一些宝贵的遗产。了解教育发生、发展的历史，对于认识现在的事情有着一定的助益。

### 一、教育起源的主要学说

教育起源，作为一个教育理论问题，它研究的固然是人类的教育，但这种教育并不是指今天人们可以随处看到的教育形态，也不是指历时 300 万年之久的在原始社会存在的教育事实。而是指地球上出现人类社会时，与此同时出现的教育这种社会现象，是因什么原因才得以产生和出现的问题。它所要探索的，不是地球上业已出现和存在的这种教育现象和事实，而是要追究地球上初民之时的教育究竟因何起源的问题。它研究的不仅是一种人类最古老、最原始的教育形态，而是要探明这种最古老、最原始的教育形态何以能够在人类社会出现与产生的终极原因。② 关于教育起源主要有以下几种学说。

#### （一）生物起源说

教育的生物学起源说以法国社会学家、哲学家利托而诺（Charles Letourneau）和英国教育学家、哲学家和科学家托马斯·沛西·能（Thomas Percy

① 瞿葆奎：《教育基本理论研究》，第 295 页，福州，福建教育出版社，1998。

② 胡德海：《教育学原理》，第 174 页，兰州，甘肃教育出版社，1998。

Nunn）二人的基本观点为代表。利托尔诺在《人类各种人种的教育演化》一书中认为，教育是一种在人类社会范围以外，远在人类出现之前就已产生的现象。他认为在动物世界里存在着如大猫教小猫捕鼠之类的教育，而且不仅在脊椎动物里，甚至在无脊椎动物里都有。后来出现的人类教育，不过是继承了业已存在的教育形式而已。所以，他认为，教育在人类社会中只是不断改变和演进，获得某些新的性质，人类教育的本质则依然犹如动物界。作为一个教育的生物学起源论者，他力主生存竞争的本能是教育的基础。在他看来，动物正是基于天赋——它们固有的保存自己种类的本能才把"知识""技巧"传授给幼小的动物。沛西·能认为："教育从它的起源来说，是一个生物学的过程，不仅一切人类社会——不管这个社会如何原始——都有教育，甚至在高等动物中间，也有低级形式的教育。我之所以把教育称之为生物学的过程，意思就是说，教育是与种族需要相适应的种族生活，是天生的而不是获得的表现形式；教育既无须周密的考虑使它产生，也无须科学予以指导，它是扎根于本能的不可避免的行为。"①

总之，教育的生物起源说认为教育是一种源于本能的生物现象，与我们把教育视为人类社会特有的现象，是存在着根本分歧的。这种学说只见动物世界，不辨与人类社会质的区别，只见教育的形式，不见人类教育质的飞跃，否认了人与动物的区别，否认了教育的社会性，不能解释教育起源的全部原因，因而是荒谬的。

### （二）心理起源说

心理起源说主要以美国教育史专家孟禄（Paul Monroe）作为代表。他从心理学观点出发，根据原始社会没有学校、没有教师、没有教材的原始史实，判定教育起源于儿童对成人无意识的模仿。他在《教育史教科书》中写道，原始社会的教育"普遍采用的方式是简单的、无意识的模仿""原始社会只有最简单形式的教育，然而，在早期阶段中，教育过程却具备了教育最高发展阶段的所有基本特点"，即承认儿童对成人的无意识模仿便是最初的教育。心理起源说忽视了教育的社会性、实践性，而只注意教育的心理因素，更不知教育的心理因素和教育起源问题并不具有必然的相关关系，因此，它也不能正确解释教育的起源问题。

---

① ［英］沛西·能：《教育原理》，第38页，王承绪译，北京，人民教育出版社，1992。

### （三）劳动起源说

劳动起源说者认为，教育起源于劳动，起源于劳动过程中社会生产需要和人的发展需要的辩证统一，其代表人物主要是苏联米丁斯基、凯洛夫等教育史学家和教育学家。劳动起源说认为，教育的生物起源说和心理起源说，忽视了人与动物、人类的意识行为与生物本能活动之间的本质区别。论者以恩格斯的《家庭、私有制和国家的起源》和《劳动在从猿到人转变过程中的作用》等著作为基本武器，肯定了教育是人类特有的社会现象。认为从猿转变为人的根本原因是劳动，劳动创造了人，因而劳动必然是教育产生的最初的本源。苏联教育史专家米丁斯基在其《世界教育史》一书中谈到关于教育的起源问题时写道："只有从恩格斯'劳动创造了人本身'这个著名原则出发，才能了解教育的起源，教育也是在劳动过程中产生出来的。"

劳动起源说被视为马克思主义的唯物起源观。它自20世纪50年代由苏联传到我国，至80年代一直不容置疑。但从80年代初开始，有些论者开始对劳动起源说提出了质疑。从目前已出现的否定劳动起源说的观点来看，驳倒这一学说的主要论据是：劳动起源说是在错误理解恩格斯"劳动创造了人本身"这一论断的基础上产生的，是以恩格斯这句话为前提进行逻辑推理的结果，它撇开了恩格斯"以至我们在某种意义上不得不说"等字句，孤立地从"劳动创造了人本身"这句话推演出"人类教育起源于劳动"的结论，而恩格斯的原意，是指劳动是整个人类生活的一个基本条件。因此，这种观点是不能成立的。

### （四）需要起源说

需要起源说是劳动起源说的逻辑延伸，它包括三种略有区别的主张：生产劳动的需要说，社会生产和生活的需要说，社会生活和人类自身发展的需要说。

生产劳动的需要说，主要代表人物是沙毓英等。沙毓英在《教育是特殊范畴》一文中讲："教育是在劳动过程中，由于生产劳动的需要而产生的；由于生产劳动的需要产生的教育，从一开始便既与生产力、又与生产关系有密切联系。"社会生产和生活的需要说，主要代表人物是厉以贤、毛礼锐等。毛礼锐在其主编的《中国教育通史》中指出："人们在根据历史唯物主义基本原理，联系教育发展的史实，深入研究这个问题的过程中，逐渐认识到教育起源不仅和劳动有关，而且还与人类赖以生存的物质生活有关，也就是社会生产和生活的需要产生了教育。"社会生活和人类自身发展的需要说，主要代表人物是孙培青、胡德海等。胡德海在其《教育学原理》中提出："研究教育的起源问题，不仅要从宏观的角度看到人类教育随人类社会而出现，实出于人类营谋社会生活的需要；同时，还要从微观方面看到，教育实出于发展个体的需要。”孙培青也在其主编的《中国教育史》中提出：“人类社会特有的教育活动是起源于人类参与社会生活的需要和人类自身身心发展的需要。”叶澜在其主编的《教育概论》中指出：“更确切地说，教育产生于原始社会整个社会活动的需要。它既包括原始社会作为整体的生存、延续和发展的需要，也包括作为社会成员的每个个体生命的生存、延续和发展的需要；既包括原始社会生产劳动的需要，也包括原始人生活和交往的需要。”①

对此说持有异议的论者认为需要起源说是离开教育起源的本身，从人类教育的发展及其职能上来寻找关于教育起源的解释，因而所得出的结论，也是难以令人信服的。

## 二、教育发展的阶段

教育作为人类社会所特有的一种社会现象，是伴随着人类社会的产生发展而逐步发展演变的。从远古的蛮荒时代到科学技术高度发达的当代社会，教育发生了一系列变化。我们可以按照原始社会、古代社会和现代社会来对教育的发展历程作一大致的描述。

### （一）原始社会的教育

原始社会是人类第一种社会形态，此时，人类对自然及自身的认识甚少，生产工具主要是采自自然或经简单打磨的石器。这种知识的贫乏与工具的简陋既反映了早期人类实践水平的低下，又制约了早期人类实践的范围。在此基础上的教育，具有如下特征：

1. 生产力水平低下，教育具有原始性

原始社会没有阶级与国家，因此也没有制度化的教育机构；教育在社会生活中进行，教育内容贫乏，老一代人在劳动中获得生产知识经验和技能并通过劳动向新一代人传授；教育方法也比较简单，主要以口耳相传和实践模仿为主。这种没有文字课本，主要是通过口耳相传和行动模仿进行的原始性教育，在后来的学校教育出现时，就被看做非正式的教育——广义的教育。

2. 教育与宗教活动密切联系，教育具有宗教性

此时的教育与原始宗教、宗教仪式紧密联系在一起。比如冠礼、祭祀先祖、图腾崇拜等活动，本身具有教育功能，又可传递生产生活经验，约束和塑

① 叶澜：《教育概论》，第40页，北京，人民教育出版社，1991。

造人类的行为。

3. 教育机会具有原始的均等性

由于原始社会的生产关系是氏族公有制，共同生活的社会制度，教育资源为全体社会成员共享，教育是面向所有氏族、部落儿童的，尽管男女儿童教育上存在性别差异（如可能让女孩子学采集，男孩子学打猎等）。原始教育的统一、共同、平等性，自有阶级以后就不复存在了，所以我们把它作为原始社会教育的一大特点。

4. 教育与生产劳动和社会生活紧密结合

在漫长的原始社会，教育同社会生产和社会生活是融合在一起的，教育还没有分立为一种特殊的社会职能。原始社会中，教育没有从生产劳动和社会生活中独立出来，没有专门的教育机构和专职的教育人员，年长者就是教师，年幼者就是学生。教育是在生产劳动过程和人们日常生活中进行的，教育的内容就是向下一代传授生产知识和生活经验。如燧人氏教人“钻木取火，教民熟食，养人利性，避臭去毒”和神农氏教民“播种五谷，构木为巢”等历史传说，都表明了当时的教育是在生产劳动中进行的。

### （二）古代社会的教育

当人类使用金属手工工具（主要是青铜器和铁器）进行生产时，人类社会就进入到古代社会。古代社会经历了奴隶社会和封建社会两个时期。有明确的资料表明，在奴隶社会，学校教育产生了，并逐步形成了比较完备的学校教育制度。虽然奴隶社会的教育和封建社会的教育有所不同，但它们有许多共同的特点，所以这两个时期的教育合称为古代社会的教育，它们的共同特点有以下几个方面。

1. 出现了古代学校

对学校教育出现的具体时代，目前仍不能确定。部分学者认为：学校是在原始社会末期出现的。苏联教育史家沙巴耶娃根据人类学的资料，认为在原始社会末期出现了学校教育的萌芽形式——青年之家，这是一种养老和教育兼顾的教育机构。有考古资料和史料记载充分证明的学校教育是在奴隶社会。至于能够证明的最早的学校教育是出现在古代两河流域还是古代埃及，也存在不同的看法。根据已掌握的考古资料看，最早的学校教育似乎是出现在古代两河流域，而据明确文字的记载看，则好像是产生于古代埃及。在中国，根据文献记载，夏朝时期就已有了学校，称为“庠”。从字形看，“庠”就是饲养牛羊的地方。据推测，饲养牛羊是由老年人担任的。他们边管理牛羊，边照料小孩，久而久之，“庠”就变成了养老和教育儿童的场所。并且，殷朝有学校这一情况已经从甲骨文得到证实。所以，奴隶社会已经存在学校教育是毫无疑问的。当然，学校教育在奴隶社会存在并不是偶然的，有其存在的必要性和可能性。

学校教育的出现，标志着教育从人类社会生活实践中分离出来，成为相对独立的专门的社会活动和社会部门，大大提高了教育实施的自觉程度，只有在这种自觉实施的阶段上，才有可能总结教育经验、探讨教育规律，达到对人类教育活动的自我意识。

2. 鲜明的阶级性和严格的等级性

阶级性是阶级社会教育的共同特征。在古代社会只有统治阶级及其子女才享有学校教育的权利和机会，普通的劳动人民只能在家庭中接受简单的教育。等级性则表现为统治阶级内部对各个阶层的人员接受不同的学校教育有着严格的规定。如我国唐朝官学中的“二馆六学”体制，就是一个典型的例子。

3. 学校教育与生产劳动相脱离

在古代社会，社会生产主要是农业和手工业，生产力非常低下，在生产的过程中劳动者不需要什么科学文化知识，只要有体力和一定的劳动经验就可以了。所以，当时学校教育的主要内容是传授礼仪道德和统治阶级的治人之术，很少传授生产方面和科技方面的知识，再加上统治阶级鄙视劳动和劳动人民，致使教育和生产劳动相互脱离，教育对生产所起的作用也不明显。

**（三）现代社会的教育**

现代社会的教育指第一次工业革命之后建立起来的教育，包括资本主义社会的教育和社会主义社会的教育。这两种教育虽然性质不同，但两者在许多方面有着共同的特点。

1. 学校教育制度逐步完善，实现普及教育，扩大了教育对象

18 世纪以后西方各国根据各自的经济政治发展实际和文化传统，办起了各种类型的学校，逐步形成了从初等教育到高等教育的一套比较完善的学校教育体系。西方主要资本主义国家在世界上率先采用班级授课的教学组织形式，扩大教育对象，普及义务教育。到了 18 世纪后半期，一些先进的资本主义国家先后正式制定并通过了要求普及初等教育的法令，如普鲁士在 1763 年、奥地利在 1774 年、法国在 1793 年，都相继颁布相应法令。接着，美国在 19 世纪中叶、英国在 1870 年、日本在 1872 年，也先后颁布了义务教育法令。普及义务教育标志着现代学校教育的正式诞生。而且，随着现代化社会的发展，普及义务教育的年限在逐步延长，同时加强了职业教育和成人教育，使教育的公共性日益凸显。

2. 教育与生产劳动由分离逐步走向结合，教育的生产性日益突出

现代教育是现代生产的产物，教育与生产劳动相结合是现代教育的普遍规律。如果说在小农经济自给自足的状况下，不需要学习就可以靠自己的手艺生活的话，在现代社会中，不学习则难以生存；反过来，教育如果不与生产劳动相结合，脱离生产，脱离劳动，教育自身也难以发展。现代生产给教育提出两方面的要求：一是要求教育给生产者授予知识，使他们通晓现代生产的科学原理，掌握现代生产的技能；二是要求教育工作者与生产部门紧密联系，了解现代生产的要求，把教学、科研和生产结合起来，创造新的科学技术，促进生产力的不断发展。

3. 教育的内容上加强了自然科学的教学，教育的手段逐步现代化

随着人们对自然科学和技术在社会生产和生活上的应用价值的认识逐步加深，自然科学知识逐渐进入基础教育行列。普通教育的课程体系中增设了与科学、技术发展密切相关的自然、数学、物理、化学、生物等课程。同时，西方资本主义国家也纷纷创办实科中学和职业技术学校，开设自然科学课程和工业技术课程，开展国家的科学技术活动，为资本主义国家的发展培养了大批高级技术人才。在教学手段上，幻灯、投影、广播、电影、电视以及多媒体网络等现代化技术手段的运用，使教育的效率极大提高并为教育的个别化和组织形式的多样化提供了物质条件。

需要特别指出的是，社会主义教育和资本主义教育虽然同属于现代教育的范畴，它们在共同拥有以上现代教育基本特征的同时，在教育的性质、教育目的、意识形态方面的教育内容、教育的领导权以及受教育者接受教育的实际机会与权利等方面却有着根本的区别。

## 第三节 教育学的产生和发展

教育学是随着社会的发展和人类教育经验的丰富而逐渐形成和发展起来的一门科学，它具有悠久的历史和丰富的遗产。了解它的历史，研究它的遗产，对于学习教育学，丰富与发展教育科学，都具有十分重要的意义。

### 一、西方教育学的产生和发展

关于教育学的历史发展，国内比较典型的有三种观点：一是把教育学的发

展分为萌芽阶段、独立形态阶段和科学教育学的建立阶段三个历史阶段；[①] 二是把教育学的发展分为萌芽阶段、独立形态阶段、多样化发展阶段和理论深化阶段四个历史阶段；[②] 三是把教育学的发展分为古代、近代和现代三个历史阶段。[③] 这三种对教育学历史发展划分的标准不同：第一种是从教育学的性质（从马克思主义的理论看科学与非科学）出发的；第二种是从教育学理论自身的发展状况来说的；第三种是从社会历史与教育历史（传统教育与现代教育）相结合的角度出发的。虽然三种划分观点各有道理，但以教育学理论自身发展为标准进行划分更符合教育科学本身发展的特点。

### （一）教育经验与思想的积累和形成阶段

教育理论源于教育实践，国外古代教育经验的长期积累孕育了最初的教育观念和思想。恩格斯曾说过："在希腊哲学的多种多样的形式中，差不多可以找到以后各种观点的胚胎、萌芽。"[④] 国外教育思想的源头亦可追溯到古希腊，当时的雅典活跃着整个古代最伟大的教育思想家。

当时，被黑格尔誉为"希腊人的启蒙者"的古代雅典的智者们云游各地，以传授雄辩术为职业，他们就是早期的职业教师。他们主张，个人行为的准则应该是个人的意志，个人是至高无上的，教育应该从人的本性出发，使人得到多方面的和谐发展。雅典著名的思想家苏格拉底在其教育活动中使用对话、提问、暗示、诘难、归纳等方法，激发学生思维，以使之主动寻求答案，称之为"产婆术"，教育史上认为这是西方最早的启发式教学。

柏拉图在教育思想上与智者们针锋相对，他在《理想国》和《美诺篇》中提出自己的教育思想，认为民主与个人主义的泛滥只会导致雅典的衰亡。他推崇斯巴达那种国家主义和社会本位的教育，主张由国家控制教育，通过教育的筛选功能将国民区分为农工商人、国家的保卫者和国家的统治者三个不同的阶级，教育就是让各个阶级的人谨守自己的职责范围，不干涉别人的事情，各尽其职，各安其分，分工而又合作，不同而又和谐、团结，这就是正义，就是全体公民的幸福，也就是《理想国》的理想。他重视学前教育，强调军事训练，提倡男女接受同样的教育和训练；柏拉图将数学、几何、天文和音乐理论列入

① 南京师范大学教育系编：《教育学》，第4～9页，北京，人民教育出版社，1984。

② 王道俊，王汉澜：《教育学》，第4～12页，北京，人民教育出版社，1988。

③ 扈中平，李方，张俊洪：《现代教育学》，第26～42页，北京，高等教育出版社，2000。

④ 《马克思恩格斯全集》，第二十卷，第386页，北京，人民出版社，1971。

其教学课程，后来合称为“四艺”，与早期智者们建立的“三艺”（文法、修辞、辩证法）所组成的“七艺”在西方历史上成为稳定的学校教学科目长达一千多年。

古希腊学术思想的集大成者、被黑格尔誉为“从来最多才最渊博的科学天才之一”和“人类的导师”的亚里士多德继承并发展了其前辈们的教育思想，他把教育划分为体育、德育、智育三个部分，主张个体的身体、德行和智慧和谐发展。他还首次将心理学知识应用到教育中，认为应根据儿童的身心发展特点，按年龄分期划分教育阶段。亚里士多德的教育思想对文艺复兴时期的教育思想产生了深刻的影响。

古罗马教育理论家昆体良也是教育学史上的重要人物，他甚至被视为西方教育史上第一位教育理论家，其著作《雄辩术原理》也成为西方第一部系统阐述教育理论的专著。昆体良通过对古罗马学校教育实践经验的系统总结，提出了较为完整的教育思想，包括演说家教育的目的、过程、内容、形式与方法以及教师等诸多方面。他的教育思想给人文主义教育家很多启示。

中世纪是宗教统治的时代，科学成为神学的“婢女”，受经院主义哲学的影响，教育领域内盛行抽象烦琐的推论、玩弄概念和咬文嚼字，呆记死背成为主要的学习方法，学生的独立思考被视作“邪恶”，因此教育理论发展缓慢，处于长期相对停滞状态。

欧洲文艺复兴时期，人文主义教育家们在批判中世纪经院主义教育思想的基础上，对教育理论做出了突出的贡献，推动了西方教育理论的发展。意大利人文主义教育家维多利诺创办“快乐之家”学校，旨在强调个性愉快活泼地得到发展。他十分赞赏柏拉图的教育名言：“自由人不能用强迫的或苛刻的方法施教。”在教育中强调师生之间和睦融洽的气氛，在教学中实施新的教学方法，注意培养学生的独立性和创造性。荷兰人文主义教育家伊拉斯谟认为学习既需要付出艰辛的努力，又需要学习兴趣的伴随；而教师则应讲求教育的技巧和方法。法国人文主义教育家拉伯雷在其著名的教育小说《巨人传》里，以虚拟夸张的手法，鞭挞了旧教育的弊端，表达了人文主义教育的理想。这个理想反映了人文主义者对经院生活、禁欲主义、死记硬背、空疏无用的旧教育的厌恶，对自然、人性、自由、生活乐趣、创造生活的追求，主张抛弃迂腐的教条，学习天下万事万物，成为多方面发展、能文能武、体魄健全、知识广博、能说能行的新人。拉伯雷的教育思想对以后的教育家卢梭有重要影响。

这一时期的教育理论发展具有如下特点：第一，尚处于萌芽状态，没有从哲学整体中分化出来；在个别教育实践中产生的教育观点和教育思想，是古代思想家们智慧的结晶；第二，对教育的认识和表达多是直观的、感性的经验的描述，缺乏概括的、理性的、系统的理论升华；第三，在教育技巧和学习方法方面积累了丰富的经验，其实践上达到的艺术水平给后人以多方面的启示；第四，教育家的教育思想还是零散的、不够系统的，更没有形成完整的理论体系。尽管如此，萌芽期的教育思想仍然是教育理论进一步形成与发展的历史基础。

**（二）独立学科的初创阶段**

教育学的独立形态阶段，又称学科雏形时期，是指教育学从庞大的哲学体系中分离出来，初步形成一门原始状态的相对独立的学科和领域。独立的教育学的出现至少应具备三个条件：一是把教育问题和教育思想作为客观存在的事实进行研究，即把教育问题作为研究对象的确立；二是独立体系的初步形成，即教育学有了自己的一系列反映教育本质和规律的相互联系的概念和范畴的体系；三是教育学有了科学的研究方法。

历史进入近代以后，人类积累的教育经验和教学方法已不再能适应社会发展的需要。因而，冲破传统的教育习俗，探索和创建新的教育及教学方法，成为教育发展的客观要求。在近代教育家与教育学者们的共同努力下，教育学从哲学的母体中脱胎而出，踏上了探求学科独立、创建科学教育学的艰辛历程。在这一过程中，英国的培根（F. Bacon）、洛克（J. Locke），捷克的夸美纽斯（J. A. Comenius），法国的卢梭（J. J. Rousseau），瑞士的裴斯泰洛齐（J. H. Pestalozzi）以及德国的福禄培尔（F. W. A. Froebel）等都对此做出了历史性的重大贡献。

被称为英国"近代实验科学鼻祖"的培根为独立形态教育学的出现做出了重要贡献，他批判了亚里士多德以来的经院哲学，提出了实验的归纳法，将其看成是获得真正知识的必由之路，为后来教育学的发展奠定了方法论的基础。此外，1623年培根发表了《论科学的价值和发展》一文。在这篇论文中，培根对科学进行了分类，首次把教育学作为一门独立的科学提了出来。

在教育学的创立过程中，被人们称为"教育学之父"的捷克著名教育家夸美纽斯取得了突出的成就，受到后世教育学家们的高度赞誉。夸美纽斯一生写了大量的教育论著。其中最著名的就是他在1632年写成的、1657年发表的《大教学论》，这是世界上第一部以教育为论述对象的专著。夸美纽斯在《大教学论》的扉页中自称"把一切事物教给一切人类的全部艺术"。在这本几乎传遍世界各国的教育著作中，夸美纽斯提出了自己的教育信念，系统地论述了按照人类发展的不同阶段划分的学校类型、课程类型、不同学科的教学方法以及应该普遍遵循的教学原则，同时提出并论证了“班级授课制”这一对近代学校教育组织形式产生过重要影响的主张。他从教育要“遵循自然”的前提出发，论证了教学的直观性、系统性、自觉性和巩固性等原则，并编写了各种教科书。《大教学论》是一部完整的论述教育理论的专著，它是教育学作为一门独立学科产生的标志。

法国18世纪启蒙思想家卢梭是又一位享誉全球的、对教育思想的丰富、发展和教育学的形成产生过重要影响的人物。他的小说体教育名著《爱弥儿》引起了极大的震动，使政府当局下令查禁焚烧，使历来守时的大哲学家康德(I. Kant)读得错过了每天固定的散步时间。卢梭在《爱弥儿》中表达了教育的目标在于培养真正的公民，培养自主的、忠于社会正义的、懂得为公共福利抑制自己的人；能够体察社会的自由（不是自然的自由），进而体察道德自由的人。提出摒弃阶级的或囿于一职的教育，要有普遍的人的教育。一切的人首先应当作为一个公民受到教育，以便获得公民素质；提高经得住任何地位、职位变化的基本生活能力。

瑞士教育家裴斯泰洛齐是我们又要提及的一位18世纪著名的教育家，他是卢梭《爱弥尔》的信奉者，而且把这种信奉的热情转化为切实的行动。他以毕生的精力从事贫苦儿童的教育工作，并在实践中探索出一套适合初等教育的方法，他在自己创办的孤儿院中进行改革实验，这些实验以及所取得的成功，引起了同时代中关心和研究教育问题的人士的关注，不少人前往参观学习。这一事实意味着，在教育活动中用教育理论来指导教育实践的自觉行为首先在初等教育领域里开始了，对于教育理论的发展和教师职业专门化程度的提高来说，无疑具有重大的意义。

### （三）独立学科的成熟阶段

夸美纽斯所创立的教育学，虽然是以“个人经验的陈述”为命题基础而形成的教育理论，但它本质上并不是一种真正关于教育的科学理论。在使教育学真正成为一门成熟的独立学科方面，德国哲学家康德及其后来者德国教育家赫尔巴特(J. F. Herbart)的贡献功不可没。

康德对教育学形成的贡献不仅表现在为认识人性提供了一种新的哲学思维框架；他还是第一位在大学里开设教育学讲座的教授。1776年，康德在德国哥尼斯堡大学开设了这一讲座，此后，他的学生林克(T. Rink)将他讲演的内容整理、编纂并予以发表，题为《康德论教育》。在《康德论教育》中，康德把教育看做是使人性得以不断改进和完善的重要手段，因此，“儿童应当受教育”，更有意思的是，康德视教育为“人最应尽力的最大而最难的问题”，因而他提出要一代代地积累教育的经验与知识，“教育一定要成为一种专业”“教育的方法必须成为一种科学”。为了在师范学校中能传授科学的教育方法，康德主张“未开办师范学校前应先开办实验的学校。”无疑，康德的行为与思想在促进教育思想与理论科学化方面起了推动作用。

康德讲授席位的继任者是赫尔巴特。在教育史上，是赫尔巴特第一次为教育学找到了科学的理论基础。赫尔巴特在1806年首次发表的著作《普通教育学》被誉为教育史上第一部科学形态的教育学。自此以后，教育学作为相对独立的以教育为研究对象，以揭示教育活动规律为宗旨的学科地位被确立了。赫尔巴特的《普通教育学》之所以获此殊荣，是因为在这部著作中，他在伦理学基础上建立起了自己的教育目的论，在心理学基础上建立起了自己的教育方法论，根据受教育者的心理活动规律确立了教育过程和阶段、手段和方法，他揭示了教学工作和教育工作的客观联系，依此提出了教学的阶段理论和教学的教育性原则，初步形成了教育学的独立体系。

从夸美纽斯至赫尔巴特，近代教育学走过了一条由产生到形成理论体系的发展道路。自此以后直到19世纪末20世纪初，整个西方教育基本上受赫尔巴特理论的影响和支配。然而，尽管赫尔巴特《普通教育学》的问世为整个19世纪欧洲的教育确定了模式，他的教育理论亦由此而成为了传统教育学的代名词，但人们对它的批判与反思却从未间断过。可以说，20世纪西方教育学科的发展，正是在传统教育学解体、现代教育学崛起的过程中进行的，它改变了传统教育学“哲学思辨式”的研究范式，在实证研究、实验研究的基础上实现了对传统教育学的彻底超越。从此，教育学理论进入了一个多元化的发展时期。

### （四）多元教育学理论的形成与发展阶段

自19世纪50年代到20世纪中叶，随着科学技术的发展，心理学、社会学、法律学、伦理学、政治学等经验学科的逐渐兴起，这些学科的知识和研究方法对教育学的发展起到了巨大作用。教育学不仅从这些学科中吸取了有关的研究成果，而且也逐渐利用社会学所常用的实证方法和心理学所采用的实验方法来研究教育问题，从而使教育学向着实证的社会科学转化，在科学化的道路上，前进了一步。这一阶段出现了各种各样的教育学。

1. 实验教育学

实验教育学是19世纪末20世纪初在欧美一些国家兴起的用自然科学的实验法研究儿童发展及其与教育关系的理论。其代表人物是德国的梅伊曼(E. Meumann)和拉伊（W. A. Lay），代表著作有梅伊曼的《实验教育学入门讲义》(1907)、《实验教育学纲要》(1914) 及拉伊的《实验教育学》(1908)。主要观点是:第一,反对以赫尔巴特为代表的强调概念思辨的教育学;第二,提倡把实验心理学的研究成果和方法运用于教育研究;第三,划分教育实验阶段;第四,主张用实验、统计和比较的方法探索儿童心理发展过程的特点和智力发展水平,用实验的数据作为改革学制、课程和教学方法的依据。

实验教育学所强调的定量研究成为20世纪教育学研究的一个基本范式,近百年来得到了广泛的应用和发展,极大地推动了教育科学的发展。实验教育学的方法也是有局限性的,因为像教育目的这样涉及价值的判断和选择的问题就不能通过实验的方法来解决,当实验教育学及其后继者把科学的定量方法夸大为教育科学研究的唯一有效方法时,它就走上了教育学研究中"唯科学主义"的迷途,受到了来自文化教育学的批判。①

2. 文化教育学

文化教育学又称精神科学教育学,是19世纪末以来出现在德国的一种教育学说,代表人物有狄尔泰 (W. Dilthey)、斯普朗格 (E. Spranger)、利特 (T. Litt) 等人,代表著作有狄尔泰的《关于普遍妥当的教育学的可能》(1888)、斯普朗格的《教育与文化》(1919)、利特的《职业陶冶、专业教育、人的陶冶》(1958) 等。基本观点是:第一,人是一种文化的存在,人类历史是一种文化的历史;第二,教育的对象是人,教育又是在一定社会历史背景下进行的,因此教育的过程是一种历史文化过程;第三,教育研究必须采用精神或文化科学的方法;第四,教育的目的就是要促使社会历史和客观文化向个体文化的转变,并将个体的主观世界引导向博大的客观文化世界,培养完整的人格;第五,培养完整人格的主要途径就是"陶冶"和"唤醒",建构对话的师生关系。

文化教育学作为科学主义的实验教育学和理性主义的赫尔巴特式教育学的对立面而存在与发展,深刻地影响着德国乃至世界20世纪的教育学发展,在教育的本质、教育的目的、师生关系以及教育学性质等方面都能给人以许多启发。文化教育学的不足之处表现在它的思辨气息很浓,在许多问题的论述上具有很强的哲学色彩,这就决定它在解决现实的教育问题上很难提出有针对性和可操作性的建议,从而限制了它在实践中的应用。另外,它一味地夸大社会文化现象的价值相对性,忽视其客观规律的存在,也使它的许多理论缺乏彻底性。

① 柳海民:《现代教育学原理》,第13~14页,长春,东北师范大学出版社,2002。

3. 实用主义教育学

实用主义教育学是19世纪末20世纪初在美国兴起的一种教育思潮，对20世纪整个世界的教育理论研究和教育实践发展产生了极大的影响。代表人物是美国的杜威（J. Dewey）、克伯屈（W. H. Kilpatrick）等人，代表性著作有杜威的《我的教育信条》（1897）、《民主主义与教育》（1916），克伯屈的《设计教学法》（1918）等。其基本观点是：第一，教育即生活；第二，教育即学生个体经验的继续不断的生长；第三，学校是个雏形的社会；第四，课程组织以学生生活为中心；第五，师生关系中以儿童为中心；第六，教学过程中重视学生自己的独立发现、表现和体验。实用主义教育学以美国实用主义文化为基础，是美国资本主义精神的教育学表达，对以赫尔巴特为代表的传统教育理念进行了深刻的批判，推动了教育学的发展。不足之处是在一定程度上忽视了系统知识的学习，忽视了教师在教育教学过程中的主导作用，忽视了学校的特质。其影响在50年代以后逐渐减弱，但在强调知识创新及学生探究、创造素质培养的20世纪末，实用主义教育思想又出现了复兴的迹象。

4. 马克思主义教育学

马克思主义教育学包括两部分内容：一部分是以马克思、恩格斯以及其他马克思主义的经典作家对教育问题的论述，也就是他们的教育思想；另一部分是教育学家们根据马克思主义的基本原理对现代教育一系列问题的研究成果。代表人物有凯洛夫、克鲁普斯卡娅、马卡连柯等。在我国也出现了一些著名的教育家，如杨贤江、蔡元培、陶行知等。1930年，杨贤江以李浩吾为化名出版的《新教育大纲》，是我国第一部以马克思主义观点系统论述教育基本原理的著作。书中论述了教育的本质和作用，指明了教育是一种上层建筑，是阶级斗争的工具，揭露了旧中国教育的反动本质，在教育理论上起了启蒙作用。1939年出版的以凯洛夫为主编的《教育学》是一本尝试以马克思主义的观点和方法阐明社会主义教育规律的教育学著作。这本著作在苏联和我国产生过很大影响。它重视系统知识的教学，强调课堂教学和教师的主导作用。虽然这本书存在着忽视学生主体性，对发展学生智力重视不够，有教条主义和形而上学的缺陷，但应看到这是在社会主义教育理论建设中迈出的可喜一步。

马克思主义的教育学的发展奠定了科学的方法论基础，但由于种种原因，在实际教育学研究的过程中，人们没有能够很好地理解和运用马克思主义理论，往往犯一些简单化、机械化的毛病，这是我们在学习和发展马克思主义教育理论时应当特别注意的。

5. 批判教育学

批判教育学是20世纪70年代后兴起的一种教育思潮，也是当前在西方教育理论界占主导地位的教育思潮，代表人物有美国的鲍尔斯（S. Bowles）、金蒂斯（H. Gintis）和法国的布迪厄（P. Bourdieu）等，代表著作有鲍尔斯和金蒂斯的《资本主义美国的学校教育》，布迪厄的《教育、社会和文化再生产》，等等。批判教育学认为，教育现象不是中立的和客观的，而是充满利益纷争的，当代资本主义学校并没有如其所预期的那样是推进社会公平强有力的手段。批判教育学的目的就是要采用实践批判的态度和方法，揭示具体教育事实背后的利益关系。批判教育学对于教育诸多问题的研究具有广泛和深刻的影响。

6. 元教育学

元教育学研究产生于20世纪70年代，它直面处于"迷惘"中的教育学，专事探讨教育学发展过程中的"教育学问题"。"元教育学"术语最初由德国教育学家布雷岑卡（W. Brezinka）提出，并由其开创了元教育学的独特研究领域。在他撰写的《教育知识的哲学》一书中，曾对"教育、教育理论（教育学）和教育理论的理论（元教育学）"进行了深入分析，他认为三者分别处于不同的水平。处于第一级的是作为一种活动的教育，处于第二级的是与教育活动直接有关的各种各样的理论，包括教育科学、教育哲学和实践教育学，处于第三级的是对各种教育理论的理论研究。① 这就是说，"元教育学"是以教育理论为研究对象，对教育学的学科发展进行反思的一门学科，其结果是形成了关于教育学学科自身的知识体系。

**（五）教育学理论深化阶段**

自20世纪50年代以来，由于科学技术的迅猛发展，智力的开发和运用成了提高生产效率和发展经济的主要因素，引起了世界范围的新的教育改革，促进了教育学的发展。同时，由于科学的综合化发展越来越趋向于主导地位，教育学也日益与社会学、经济学、心理学等学科相互渗透，在理论上逐渐深化，在内容方面更加丰富。再加上控制论、信息论和系统论的产生和发展，为教育学的研究提供了新的思路、新的方法，大大提高了教育学理论的构造性、清晰性和预见性。80年代以后，耗散结构论、协同论、突变论的方法论原理，又引起教育学界的高度重视，成为人们认识教育现象、揭示教育规律的工具。如今，教育学领域内出现了"方法无界限"的局面，常规研究方法的改进，各学科研究方法的引进，多种方法的优化组合及方法论原理的革新，无疑会使教育

① 石中英：《教育学的文化性格》，第68～69页，太原，山西教育出版社，1999。

学家的理论视野更加宽阔。

布鲁纳（J. S. Bruner）所著的《教育过程》提出“结构教学论”，强调“无论我们选教何种学科，务必使学生理解该学科的基本结构”；倡导发现法，培养学生的科学探索精神、科学兴趣和创造能力，这些主张在各国的教学改革中普遍受到重视。布卢姆（B. S Bloom）1956 年出版了《教育目标分类学》。他把教育目标分为认知目标、情感目标、动作技能目标三大类，每类目标又分成不同层次，排列成由低到高的阶梯。他的教育目标分类为帮助教师更加细致地去确定教育评价提供了一个框架。但是，布卢姆的教育目标分类学并未说明应该怎样促进学生心智能力的发展，对情感目标、动作技能目标阐述得还不够深入。赞科夫自 1957 年起进行了长期的教学改革实验，反映其研究成果的著作是《教学与发展》，提出了适应时代要求的“发展教学论”。理论核心是“以最好的教学效果来达到学生最理想的发展水平”；强调学生的一般发展与特殊发展的结合，提出了以高难度进行教学、以高速度进行教学、理论知识起主导作用、使学生理解学习过程、使所有学生都得到一般发展的五条新的教学原则，推动了苏联 20 世纪 60 年代的教学改革。

瓦·阿·苏霍姆林斯基，苏联当代杰出的教育理论与实践家。其教育思想核心内容是提出全面发展的教育理论。他根据苏联社会的要求和多年的实践经验提出，苏联学校的主要任务是培养“全面和谐发展的人，社会进步的积极参与者”。他认为，教育工作的许多弊端就是在于人的活动的两种职能不和谐，在于人的表现的片面性，在于把人的表现局限在知识的评分上，完全用分数评价人。他的教育理论丰富全面，受到很多国家的欢迎。他的观点引入我国后，对于我国的教育实践和教育理论发展都起了积极的推动作用。

此外，美国教育家泰勒的《课程与教学的基本原理》(1949)、美国经济学家舒尔茨的《教育的经济价值》(1963)、日本教育家麻生诚的《天才与教育》(1967)、法国成人教育家朗格朗的《终身教育引论》(1970)、德国教育家伊凡·伊里奇的《生态教育学与共有物》(1984)、苏联教育家阿莫纳什维利及同仁提出和创立的“合作教育学”(1986)，都对推动理论教育学的理论深化也作出了重要贡献。①

总之，国外教育学的理论深化阶段，具有三个显著特点：一是基础理论研究与应用研究相互结合；二是应用了多学科的方法对教育进行综合研究；三是进行了广泛的教育整体改革实验。

---

① 韩延明：《新编教育学》，第 32 页，北京，人民教育出版社，2006。

## 二、教育学在中国的发展

作为一门学科，教育学在中国是以从国外引进的方式出现。中国近代教育学科的发展，其起点都是从国外引进的，连最“中国”式的学科“中国教育史”在20世纪的第一本著作，也是译自日本学者撰写的《支那教育史》。近代中国教育学以“引进”为发展的起点，已成为不争的事实。① 其沿革过程，大体可概括为：先学日本，后袭美欧，新中国成立后又学苏联，直到粉碎“四人帮”后，才逐渐走上教育学中国化的道路。

### （一）教育学的译介与编著阶段

这一阶段大概在1901～1919年，是20世纪中国教育学兴起的第一次热潮。中国教育学的起步，首先始自对日本教育学的学习。正如著名历史学家费正清教授指出：“从1898年到1914年这段时期，人们可以看到日本在中国的历史进程中的重大影响。”当时，从大量日本教育类书刊涌入中国的历史事实中可看到这种影响的清晰印痕。据实藤惠秀监修、谭汝谦主编的《中国译日本书综合目录》统计，从1896年到1911年，中国共译日本教育类书76种。其中流行面广、影响面大的是1901年刊载于《教育世界》上，由日本立花铣三郎讲述、王国维译的《教育学》。此后，日本其他著名的教育学著作也相继经《教育世界》、《直隶教育杂志》及译书局等介绍到中国来，如《实用新教育学》（加纳布市、上由仲之助）、《教育学教科书》（汝濑五一郎）、《新教育学》（冯世德）、《新教育学释文》（吉田熊次）、《实用教育学》（大濑甚太郎）等②。其时，在大量译介日本学者各类教育学版本的基础上，我国学者也在融会贯通中结合我国教育学实际，开始了教育学的译编、改编和自编阶段：如1905年由教育世界社印行的王国维的《教育学》，1906年由文明书局出版的廖文功的《最新教育学教科书》，1907年由广智书局出版的季新益的《教育学教科书》，1908年由中国图书公司出版的秦毓钧的《教育学》，1909年由商务印书馆出版的蒋维乔的《教育学》，1910年由中华书局出版的吴馨的《简明实用教育学》，1914年由商务印书馆出版的张子和的《大教育学》，1915年由中华书局出版的周维成，林壬的《实用教育学讲义》，1917年由商务印书馆出版的舒新城的

---

① 叶澜：《教育学原理》，第23页，北京，人民教育出版社，2007。

② 周谷平：《近代西方教育理论在中国的传播》，第138～142页，广州，广东教育出版社，1997。

《教育学要览》等。[①] 从形式上看，此时的教育学，基本上是赫尔巴特的教育学体系。除此之外，卢梭的《爱弥儿》、裴斯泰洛齐的教育学说、尼采的教育学说等也开始在我国流传。

**（二）教育学的草创与发展阶段**

这一阶段大致在1919～1949年，这是中国教育学界由学习日本转向学习欧美的阶段，也是中国教育学界开始形成教育学研究的专门队伍和代表人物，同时出现结合中国教育实际与问题开展独立研究的阶段。

教育学在向外学习上呈现出以美国杜威实用主义思潮为主、其他西方主要教育思潮和马克思主义教育学多元并存的特点；在教育学体系的发展上，呈现出各分支学科迅速形成的局面；在独立的教育研究上，宏观层面呈现出对学制设立、平民教育、普及教育、乡村教育和职业教育的特别关注，学校层面主要集中在教材编制、教授法和智力测验、教育测量和心理测量等方面。其中还有不少是借助国外的教育理论、方法、量表，以中国学校教育和学生为研究对象开展的研究。从上述两类研究产生的影响来看，宏观研究远大于学校研究。这一阶段总体上可称为积聚和建设的阶段。就学科建设由“向日本学”转为“向欧美学”，并由此带来各学科在内容体系、形态上的变化而言，可视为引进方向的第一次整体转向。与第一阶段相比，这一阶段同样注重引进，但除了引进国别从日本转向美国等国之外，从内容看，这一阶段的引进工作，一方面重视原著、名著的翻译，西方大量教育原著被译出，如夸美纽斯的《大教学论》、洛克的《教育漫话》、斯宾塞的《教育论》、卢梭的《爱弥儿》等。这反映出引进的层次有了提高，有助于中国教育界系统地研究西方教育思想的演变，为中西教育思想、理论的沟通提供了资料基础和可能。另一方面趋向流派纷呈，不再局限于一家之言。此外，该阶段的引进不再只是为教学服务，还为教育研究服务。多种流派的引进促进了对它们的比较、评析研究，进而推动了中国对西方教育思想的研究，使囫囵吞枣式的吸收模式得到了改造。

在引进西方教育理论及研究方法的同时，这一时期开始了近代意义上的教育研究。国内学者开始撰写教育学科方面的教科书等著作，表现出对国外教育思想由介绍、翻译转向以评述为主，联系中国教育实际著述的特点。其内容呈现出博采、比较、评述、综合的特征，并大致可分为以下几种类型：一是原理型，着重阐述教育的基本原理，如王炽昌的《教育学》(1930)、孟宪承的《教

① 郑金洲，瞿葆奎：《中国教育学百年》，第7～9页，北京，教育科学出版社，2002。

育概论》(1933) 和杨贤江的《新教育大纲》等。二是指导实践型，集中在学校的课程设置与教学方法等方面，如程湘凡的《小学课程概论》(1924)、俞子夷的《小学新课程》(1925)、庄泽宣的《教育概论》(1925)、沈百英的《设计教学演讲集》(1925)。三是指导研究型，内容集中在研究方法介绍，如罗廷光的《教育科学研究大纲》、钟鲁斋的《教育之科学研究》等。

教育学发展到社会主义初级阶段，是一次根本性的变革，昭示着新一代教育学产生的曙光。我国社会主义教育学是揭示和阐明社会主义教育规律的科学，始建于新民主主义革命时期。杨贤江（笔名李浩吾）是这一时期的突出代表。其《新教育大纲》(1930) 是“一本在中国最先系统的用马克思主义观点阐述教育问题的著作”，曾被列为苏区师范生和教育工作者的必读书目。1945年，毛泽东在《论联合政府》中明确提出：“中国国民文化和国民教育的宗旨，应当是新民主主义的，就是说，中国应当建立自己的民族的、科学的、人民大众的新文化和新教育。”1949 年，上海联合出版社出版了由华北人民政府教育部教科书编审委员会编写的《教育学参考资料》，这是一本较早以新民主主义为指导编写的教育学书籍，在当时影响很大。此外，我国新民主主义时期老解放区制定的各项教育方针政策和积累的许多教育实践经验，也是创立中国社会主义教育学体系的重要内容。

我国社会主义教育学的理论基础是马克思主义教育学说和毛泽东教育思想。毛泽东教育思想是马列主义普遍教育原理与中国革命教育具体实践相结合的产物。以毛泽东为主要代表提出和制定的无产阶级的教育理论和政策，如教育必须为无产阶级政治和经济建设服务，德、智、体全面发展，教育与劳动生产相结合，坚持“两条腿走路”、多种形式办学的方针，重视知识和知识分子；加强工农与干部教育，改造学习与学风，改革学制、课程和教学方法，以及加强党对教育工作的领导等，都是社会主义教育学的导向内容。①

### (三) 教育学的“苏化”与“中国化”时期

这一阶段大致在 1949～1976 年，是 20 世纪中国教育学兴起的第三次热潮。该阶段可细化为 1950～1970 年的“教育学苏化”时期、1958～1965 年的“教育学中国化”时期和 1966～1976 年的“中国教育学语录化政策化”时期。

新中国成立后，我国教育学经历了一个由引进到逐步结合中国实际的历史发展时期。1949 年 11 月 14 日，《人民日报》发表了卓译的凯洛夫《教育学》(1948 年俄文版) 第二十一章《国民教育制度》。1949 年 12 月 23～31 日，在

---

① 韩延明：《新编教育学》，第 37 页，北京，人民教育出版社，2006。

北京召开的全国教育工作会议确定了“以老解放区新经验为基础，吸收旧教育有用的经验，借助苏联经验，建设新民主主义教育”的方针。因此，20世纪50年代，我国基本上停留在“以俄为师”、译介苏联教育学的阶段。

“教育学苏化”时期是教育学界批判杜威、批判新中国成立前的国内资产阶级教育思潮的时期。这一时期全面引进苏联教育学科领域的教科书，其中流传最广和影响最大的是凯洛夫主编的《教育学》，并把苏联的教育理论封为马克思主义教育理论。中国教育学领域里发生了引进方向的第二次整体转向，由“向西方学习”转为“向苏联学习”。在这一阶段，新中国成立后的教育学发展中断了与新中国成立前的联系，形成了教育学发展史上的第二次中断。

1949年新中国成立，百废待兴。教育学理论建设也出现了“重整山河”状态。先后翻译出版了凯洛夫主编的《教育学》，冈察洛夫著的《教育学原理》，叶希波夫、冈察洛夫编的《教育学》，斯米尔诺夫著的《教育学初级读本》等苏联教育学教材。同时聘请苏联教育学者来我国讲授教育学，不少学者加入宣传教育学的行列，一些教育杂志也陆续登载学习苏联教育学的辅导或体会文章。对杜威等人的教育学采取了全盘否定的态度。

从1955年起，中国教育学理论界出现了“关于全面发展教育问题的讨论”和“教育科学中的百家争鸣”现象。1955年2月，《人民教育》发表了张凌光的《实行全面发展教育中若干问题的商榷》，拉开了关于全面发展教育大讨论的序幕。在这之后的6个月的时间里，《人民教育》共收到讨论稿117件，参与讨论的有全国各地的教育学者和教育行政干部以及中小学教育工作者。

1956年9月《人民教育》再次就全面发展教育问题组织讨论，并将讨论的内容具体化到“全面发展与因材施教的关系”上。在这一点上，大多数学者认为处理好两者的关系非常重要，但不能把因材施教置于教育方针中。这个时期的教育学建设以翻译作品和科普性的教育学读物为主。

随着中国社会进入“大跃进”，这种狂热思潮也在教育研究中得到响应和跟进。1958年“教育大革命”开始后，教育学进入“大跃进”时期。群众性“自力更生”编写教育学的热情得到激发，真正的教育学者的学术意识受到冲击，教育学学术目的再度受到干扰，教育学研究者的主体精神被“扭曲”，教育学的批判性与规范性似乎被遗忘，开始了中国教育学领域全面以毛泽东思想为指导的、所谓中国社会主义教育学的建设时期，出现了教育学作为党的教育方针、政策解释和毛泽东有关教育语录的诠释的独特意识形态化的现象。

1960～1964年，对上述倾向自上而下地作了调整。以批判的方式重新介绍了一些西方教育理论，但此举尚未成气候，其微弱成效很快又被“文化大革命”的汹涌浪潮冲刷干净。把这一阶段独立出来，主要因为这是在意识形态强烈控制下，第一次出现的所谓“教育学中国社会主义化”的努力。这可称为教育学科由“外学”转为“内树”的第三次大转向，这一转向使教育学科的知识性和学术性所剩无几，政治性却大为增强。1961 年 4 月，中央宣传部召开高校文科教材会议，并确定由刘佛年主编一本《教育学》。这本《教育学（讨论稿）》①，凝聚了许多教育学工作者的宝贵心血，但在当时仍然明显地烙印着“阶级斗争”的痕迹和汇编政策的印记。

“文化大革命”期间，中国中止教育学一切学术活动，教育学研究人员，如同其他知识分子一样，深受打击、迫害，轰轰烈烈的大批判运动在教育学研究界愈演愈烈。其后，尽管“复课闹革命”中，教育学的名称又在师范院校出现，但这个时候已经完完全全是“毛泽东思想教育课”或“最高指示”的代名词，教育学成了“名副其实”的“语录学”。

**(四) 教育学的重建与复兴时期**

这一阶段大致在 1976～1990 年，可谓 20 世纪中国教育学兴起的第四次热潮。1976 年粉碎了“四人帮”，一场历经十年的时代悲剧落幕了。之后，全国人民批判了所谓的“两个估计”和“两个凡是”，并开展了“关于实践是检验真理的唯一标准”的讨论，教育学工作者重新解放了思想，决心更新观念，矢志重振教育学。1978～1996 年，全国各类报刊发表教育本质的讨论文章约 300 篇，关于教育本质的“生产力说”与“上层建筑说”之辩、“双重属性说”与“多重属性说”之辩、“社会实践活动说”与“特殊范畴说”之辩、“生产实践说”与“精神生产说”之辩、“社会化说”与“个性化说”之辩、“培养人说”与“传递说”之辩、“产业说”与“非产业说”之辩，如此等等，确乎百花齐放，蔚为壮观。1983 年邓小平为景山学校题词：“教育要面向现代化，面向世界，面向未来。”“三个面向”是我国教育理论和实践的旗帜。它成为教育学界关注的主题，围绕它相互研讨，著书立说，形成热点。如此活跃的学术气氛，与高师院校对教育学的迫切要求，促进了 20 世纪 70 年代末到 80 年代中即“十年浩劫”后首批教育学教材的出版。

1978 年，北京师范大学教育系教育学教研室率先编写了《教育学讲授提纲（征求意见稿）》（四个分册），1980 年修订为《教育学讲授提纲》上、下册；华中师范学院、河南师范学院、甘肃师范学院、湖南师范学院和武汉师范学院五院校一些同志协作编写的高师本科公共课《教育学》，于 1980 年由人民

① 1979 年正式出版时署名为“上海师范大学《教育学》编写组”。

教育出版社首次出版，经多次修订再版，共发行200余万册。后由王道俊、王汉澜担任主编，对这本教育学进行了较大修改，于1988年由人民教育出版社出版了《教育学（新编本）》第1版，1989年又出版了第2版；南京师范大学教育系主编的高师教育系专业基础课教材《教育学》，由人民教育出版社于1984年出版，它是在1980年编的《教育学》基础上作了较大修改而完成的；顾明远、黄济主编的中等师范学校《教育学》，作为试用本由人民教育出版社1982年出版，1987年为第2版；等等。①

80年代后，在研究了国外教育学科发展的背景下，国内教育学研究也开始走学科分化的路。首先分成的是“教育原理”“教学论”和“德育理论”，自此，“教育学原理”作为一门分支学科开始了学科建设，先后出版了如华中师范学院等五院校协作编写的《教育学》（1980）、南京师范大学教育系编写的《教育学》（1984）、厉以贤主编的《现代教育原理》（1988）、王道俊和王汉澜主编的《教育学》（1989）等，这些著作各自有不同的视角、基本理论立场和知识文化背景、思维方式，教育原理探讨中呈现出多元活跃的景象，对教育学的一些基本范畴和问题，如教育的本质与规律，教育的功能与价值，教育与人发展的关系，教育与社会的关系等都作了重新探讨。

在此期间，我国也相继翻译出版了国外的教育学教材或教育专著，如苏联赞可夫的《教学与发展》（1975）及《和教师的谈话》（1980）、别列兹良克的《苏联学校管理》（1981）、美国布鲁纳的《教育过程》（1979）和奥恩斯坦的《美国教育学基础》（1984）、日本大河内一男的《教育学的理论问题》（1984）、苏联阿图托付等著的《教育科学发展的方法论问题》（1985）、日本筑波大学教育学研究会编的《现代教育学基础》（1986）、苏联巴班斯基主编的《教育学》（1986）、法国米亚拉雷著的《教育科学导论》（1986）等，使中国的教育学教材建设在继承传统、借鉴国外、改革创新的道路上不断地进行改造与完善。②

**（五）教育学的反思与繁荣时期**

这一阶段大致在1990年至今，可谓20世纪中国教育学兴起的第五次热潮。20世纪80年代末，我国学者叶澜、陈桂生分别撰文《关于加强教育科学“自我意识”的思考》《教育学的迷惘和迷惘的教育学》，拉开了中国教育学反思的序幕。当然，真正大规模的深入与反思，还是90年代兴起的元教育学热

---

① 叶澜：《二十世纪中国社会科学·教育学卷》，第76页，上海，上海人民出版社，2005。

② 韩延明：《新编教育学》，第41页，北京，人民教育出版社，2006。

潮。此间，除大量论文不断涌现外，还应运而生一批有影响的拓荒性的著作，如张诗亚、王伟廉的《教育科学学初探》(1990)、方展画的《教育科学论稿》(1995)、安文铸主编的《教育科学学引论》(1997)、陈桂生的系列著作《“教育学视界”辨析》(1997)、《历史的“教育学现象”透视》(1998)、《“教育学”辨——元教育学的初探》(1998)、瞿葆奎主编的《元教育学研究》(1999)等，正可谓“芳林新叶催旧叶，流水后波推前波”。为了教育学科的日臻成熟，中国教育学界对教育学的研究对象、体系建构、性质与任务、教育学与其他学科的关系、方法论、元教育学、教育学史及教育学中国化等一系列标志教育学发展与完善的重要问题进行了全面而又深入的探析和阐释。①

改革开放以后，教育学获得蓬勃发展。据不完全统计，从1979年到2002年，我国已经公开出版的各种类别、不同层次、多种语言的《教育学》大约140本。② 其中这一阶段影响较大的如叶澜著的《教育概论》(1991)、成有信主编的《现代教育引论》(1992)、孙喜亭的《教育原理》(1993)、陈桂生著《教育原理》(1993)、黄济和王策三主编的《现代教育论》(1996)、袁振国主编的《当代教育学》(1999)、扈中平等主编的《现代教育学》(2000)、郑金洲著《教育通论》(2000)、金一鸣著《教育原理》(2002)、冯建军著《现代教育原理》(2001)、柳海民主编的《教育原理》(2000)，全国十二所重点师范大学联合编写的《教育学基础》(2002)，等等。

当前，我们正以马克思主义为指导，研究我国的教育事业发展和改革过程中的重大实践问题和理论问题，认真总结我国的教育实践，继承传统的教育遗产借鉴国外的教育经验和教育科学研究成果，加强教育学的学科建设，提高教育学的科学水平，努力构建具有中国特色的科学的教育学体系。

### 推荐阅读书目

1. 全国十二所重点师范大学联合编写：《教育学基础》，北京，教育科学出版社，2002。

2. 叶澜：《教育概论》，北京，人民教育出版社，1991。

3. 胡德海：《教育学原理》，兰州，甘肃教育出版社，1998。

4. 袁振国：《当代教育学》(2004年修订版)，北京，教育科学出版社，2004。

5. 黄济，王策三：《现代教育论》，北京，人民教育出版社，1996。

① 韩延明：《新编教育学》，第41～42页，北京，人民教育出版社，2006。

② 郑金洲，瞿葆奎：《中国教育学百年》，第210页，北京，教育科学出版社，2002。

6. 陈桂生:《教育原理》，上海，华东师范大学出版社，2000。
7. 王道俊，郭文安:《教育学》，北京，人民教育出版社，2009。
8. 南京师范大学教育系:《教育学》，北京，人民教育出版社，1984。
9. 韩延明:《新编教育学》，北京，人民教育出版社，2006。
10. 柳海民:《教育原理》，长春，东北师范大学出版社，2000。

## 学习思考

1. 如何认识“教育”这个概念?
2. 教育活动基本要素有哪些? 它们之间存在何种关系?
3. 认识教育形态的维度有哪些? 具体的形态表现在哪些方面?
4. 如何认识教育的功能?
5. 关于教育起源的主要学说有哪些?
6. 我国关于教育本质问题的主要观点有哪些?
7. 试概括教育发展的阶段及其特征?
8. 试论述教育学在西方产生和发展的不同阶段?
9. 试论述教育学在我国形成和发展的不同阶段?
10. 你认为教育学到底是怎样的一门学问?

# 第二章　教育与社会发展

教育与社会发展之间存在着极为密切的关系。社会生产力的发展水平影响人才的培养规格和教育目的的制定，制约着教育发展的规模与速度，制约教育结构、专业设置和课程内容，促进教学组织形式、教学方法和手段的变革。教育是实现劳动力再生产、提高劳动者生产能力的主要手段，是科学知识和科学技术再生产的重要手段，是发展、创造科学技术的重要阵地。政治制度决定教育的领导权，决定受教育的机会和权利，决定教育目的和思想品德教育的内容。教育能够传播一定的政治观点、意识形态，促使年轻一代实现政治社会化；能够根据社会政治的需要培养一定阶级需要的政治管理人才；能够制造和传播政治舆论和思潮，影响社会政治的稳定和发展；教育还可以促进政治民主化。文化传统对教育的价值观、教育内容具有重要影响。教育可以传递和保存文化，可以传播和交流文化，并有助于文化的创造和更新。人口数量、人口质量和人口结构对教育产生影响，教育在控制人口数量、提高人口质量、促进人口的机械流动和社会流动方面发挥重要作用。

教育随着人类社会的产生而产生，并随着社会的发展而发展。人类社会的发展受一定社会的生产力和生产关系、上层建筑和经济基础的发展规律所制约，因此，了解教育与社会发展的关系，必须了解一定社会经济、政治、文化和人口等方面对教育的影响和制约。同时，教育具有相对的独立性，它并不是被动地适应社会，而是通过其社会功能的发挥对社会的经济、政治、文化和人口发展产生巨大的促进作用。教育与社会之间的这种相互作用是由教育与社会的内在关系所决定，并被教育与社会发展的历史所证明。

## 第一节　教育与政治发展

政治包括政治思想和政治制度两方面，其实质是集中反映统治阶级的利益。教育作为国家的基本制度，直接受到政治的制约，形成了所谓的“政治”属性。在不同的社会和政治背景下，教育的政治属性各不相同，教育与政治的关系也因时而异。从历史上看，教育与政治的关系经历了两大基本阶段：从

“教育完全从属于政治”，到“教育相对独立于政治”。在古代社会，教育在很大程度上融合于政治之中，教育活动完全从属于政治事务，这在中西方社会都是如此。当时的统治阶级都实行专制的极权统治，并以教化作为暴力统治的辅助手段，教育成为政治的附庸。近代以来，教育与政治的关系发生了极大的变化。一方面，资本主义社会逐渐形成，封建专制和特权阶级被否定，“民主、自由、平等”成为资产阶级民主政治的基本精神，教育摆脱了专制统治的奴役。另一方面，近代教育思想的先驱们，极力主张“教育自由化”“教育中立化”“教育世俗化”“学校与宗教分离”等思想，这为教育摆脱政治的控制提供了思想切入点。更直接的是，近代学校系统的成形，促成了教育组织正规化、教育活动制度化，教育已经成为社会分工中一个十分重要的独立部门，教育活动明显与政治活动区别开来，教育人员与政治人员的分工愈益明确，二者的关系增添了新的内容。

## 一、政治对教育的制约

一定社会的政治制度决定着教育的性质，从教育的领导权到个体的受教育权，从基本的教育目的到各级各类学校的具体办学目标，从教育事业的发展规模到发展速度，从国家教育制度到学校管理制度，以及教育经费、教育内容、教育方法等，都会受到政治的制约。社会政治制度对教育的制约作用往往通过制定法律、法令、制度，同时通过决策和行政手段、督导、评估和人才选拔、财政拨款、奖励等机制来实现。

### （一）政治制度决定教育的领导权

教育的领导权是判断和确定教育性质最主要的标志。一个社会集团掌握了生产资料、掌握了政权，它就必然利用所掌握的政治力量来控制和影响教育，从而牢牢掌握教育的领导权。一方面，统治阶级通过国家权力机构对教育进行控制或管理。统治阶级通过国家机器，以各种不同的手段，颁布政策、法令法规、制定教育发展规划和发展战略、规定教育的方针政策和路线，以此把教育纳入他们所需的轨道。同时各级政权机构往往利用其权力任免教育机构的领导人和教师，决定对教育者的培养和任用，有效掌握教育的领导权。另一方面，通过对经济力量的控制来达到对教育的领导。国家权力机关通过教育经费的划拨和投放间接实现对教育的领导和管理，控制教育发展的规模和速度，决定教育机构的存亡。

### （二）政治制度决定受教育的机会和权利

谁拥有受教育的机会和权利，以及受什么样的教育的权利，谁没有受教育的机会和权利或者只能受什么样的教育，都由社会政治制度决定，教育机会和权利往往是政治权利在教育领域的延伸。当社会生产力还没有发展到足以保证全体社会成员有同等受教育的机会时，占有生产资料的一部分人受教育的机会是以另外一部分人失去受教育机会为代价的。在阶级社会中，不同社会地位的阶级对社会的物质生产资料和精神生产资料的支配是相同的。“一个阶级是社会上占统治地位的物质力量，同时也是社会上占统治地位的精神力量，支配着物质生产资料的阶级，同时也支配着精神生产的资料。”① 教育作为社会的精神生产领域，明显地体现和完整地诠释着阶级社会中不同阶级地位的人对精神资料的支配权。在阶级社会中，社会的不同成员受教育的机会与权力在不同阶级之间的分配是不平等的。例如，在英国，名列顶尖的著名大学，通常只招收极小部分来自低社会阶层的学生，此阶层在剑桥大学及牛津大学只占学生总人数的8%。②

### （三）政治制度决定教育目的和思想品德教育的内容

教育要培养具有什么样的政治方向、社会价值和思想品德的人，以及为实现某种教育目的所传授的政治理念、意识形态和伦理道德方面的教育内容，都受到一个国家政治制度的制约。不同的政治制度要求培养不同政治立场和思想观点的人，自然要求传授不同政治思想道德的教育内容。在古代社会，教育目的直接受政治制度的制约，历代统治阶级总是按照自己的统治需求，提出“明人伦”等教育目的。到了现代社会，虽然社会生产力的发展对教育目的的选择具有很大的制约作用，但是因为统治阶级控制着教育，因而教育仍然能够通过政治宣传、设置政治理论课、组织政治活动等形式，直接对受教育者的政治立场、世界观、人生观、道德行为习惯施加影响，培养掌握国家机器、管理生产和维护本阶级利益的人才。

在思想品德方面，教育最明显地反映着统治阶级的需要，统治阶级总是用思想宣传上的优势力量来影响或控制思想品德教育。教育传授的思想品德内容来源于生产关系，占有生产资料的阶级总是要求教育传播符合其经济利益的思想观念。统治阶级能够利用国家的宣传机器，将自己的思想价值观念向社会传播，决定思想品德教育的内容，从而左右教育工作的发展方向。

## 二、教育对政治的作用

尽管教育从根本上受制于政治，但教育对政治也具有强大的反作用。这种

---

① 《马克思恩格斯全集》，第二十三卷，第52页，北京，人民出版社，1972。

② http：//www.2000888.com/www/wenhuaqikan/jingpin/570a113.htm.

反作用表现在社会层面，就是教育对社会政治延续与发展的影响；表现在个体层面，就是教育对个体政治社会化的作用。学校的产生，本来就是基于社会治理的需要。自然地，古代社会的学校教育也就成了统治阶级的特权。它通过传授统治阶级的意识形态，培养新一代的统治者和社会秩序的维护者。同时，古代君王"化民成俗"的要求，"仁义礼乐"的推崇，几乎无不由"学"而成，可见，为社会政治服务曾是古代教育的核心功能。到了现代社会，尽管教育的功能大为扩展，政治功能只是教育诸多功能中的一种，而且内容和形式也都发生了变化，但教育的政治功能仍然是教育的社会功能的重要方面。这是因为教育作为一定社会的意识形态，作为一种精神力量，虽然受到占有物质生产资料的统治阶级的支配，但它对社会的政治却能够产生重要的作用，能够通过传播特定的政治思想意识、通过培养具有一定政治思想意识的人来影响社会，表现出强大的政治功能。

### （一）教育通过传播一定的政治观点、意识形态，促使年轻一代的政治社会化

政治社会化是指人们通过接受一定社会的政治意识形态，逐步形成适应一定社会政治制度的政治态度、政治认同感、政治生活方式和政治生活习惯的过程。政治社会化是人的社会化的重要方面，社会成员的政治社会化状况直接关系到一定社会政治制度和政治秩序的稳定，也关系到个人在社会生活中的生存与发展。通过政治社会化，可以形成一定社会主流性的政治意向，提高人们的政治参与意识，巩固社会的政治基础。任何一个社会，如果不能使较多人认同某种政治制度、政治原则和政治态度，那么，这个社会的政治和社会稳定就难以保证。同时，个人只有实现了政治社会化，才能够使自己沿着符合社会要求的正确方向发展。教育作为传播文化、训练思想、培养情感和养成社会行为习惯的活动，能以直接或间接的、显性或隐性的方式向年轻一代传播一定的社会政治意识，促使他们的政治社会化。如教育内容中的政治课程、公民课程和思想品德课程本身就是一定社会政治制度和政治主张的知识和规范，对青少年学生的政治思想影响毋庸置疑。而教育内容中社会科学方面课程中的知识内容，往往也不同程度地有某种政治色彩，同样对青少年学生的政治思想具有影响。此外，教育过程中教师的政治立场、教师指导学生参加的校内外的政治活动，都会以各种方式影响学生的政治立场和观点。

### （二）教育根据社会的政治需要，培养符合一定阶级需要的政治管理人才

任何一个时代或者阶级，都要通过教育来培养它所需要的政治人才，通过人才这一支柱来组织管理国家各项事务，从而实现其政治制度的发展和巩固。

例如，中国古代占统治地位的儒家教育思想就提倡向学生传授修己治人之道，最终目的是要维护上下不移的秩序，使统治者江山永固，天下太平。近代以来，由于科学技术的发展，政治经济事务日趋复杂，国家政治经济上所需要的人才必须具有较高的科学文化水平，这就更加需要学校教育来培养。在现代社会，由于科学技术的发展和政治活动日趋复杂，要求专门从事政治活动的人必须具备较高的科学文化水平和政治素质，通过系统教育的方式来培养政治人才的趋势日益明显。居于社会领导地位的人，都有较高的学历，并且很多都毕业于名牌大学。比如英国历史上50多位首相中毕业于牛津、剑桥两校的就达30位以上。美国绝大多数高级政治领导人（包括总统、副总统、众议院长、内阁成员、最高法院法官）毕业于哈佛大学、耶鲁大学、普林斯顿大学等少数名牌大学。在日本，70%的高级文职人员毕业于东京大学。

### （三）教育通过制造和传播政治舆论和思潮，影响社会政治的稳定与发展

政治舆论和政治思潮是政治稳定与发展所不可缺少的因素，学校自古以来就是宣传、灌输、传播一定阶级的思想体系、道德规范、政治路线的有效阵地，对社会政治舆论和政治思潮的形成有重要影响和作用。这是由于学校里的教师和学生本身就是社会成员的一部分，他们的思想意识是整个社会思想意识的一个方面，他们的精神风貌和政治素质，不仅是社会风貌的重要反映，更影响着社会风俗、道德风尚和思想意识。同时，学校尤其是高等学校是知识分子和年轻人相对集中的地方，他们的知识丰富、思想活跃、眼光敏锐、批判意识强，一般都比较忧国忧民，有敢为天下先的勇气和冒险精神，具有强烈的爱国主义精神和政治责任感，这就使得学校是研究探讨和传播各种政治思想，形成各种政治思潮比较集中的地方，甚至是新思想、新思潮的策源地和“集散地”，其对社会政治舆论和思潮的影响是显而易见的，对社会政治的稳定与发展的影响也是明显的。

教育为社会政治制造舆论、营造思想环境具体表现在两个方面：一是通过教学、师生思想交流和各种学校文化活动对社会政治思潮做出反应，批判落后的政治观点和主张，抵制消极落后的社会政治理论和观点，形成一种舆论和思想环境，推动符合时代发展的政治变革，从而促进社会进步。二是通过研究和咨询直接参与社会政治决策。现代学校特别是高校与国家社会的政治有着越来越密切的联系。由于学校具有特有的人才、设备等文化资源优势，国家和社会许多重大的政治决策都是先在高校研究、讨论、酝酿，修改完善后再运用于社会，因而学校的政治观点和思想倾向必将影响社会政治。

### （四）教育可以促进政治民主化

民主是现代政治的核心与实质，是社会进步和文明程度的关键性指标，民主化是现代政治发展的必然趋势。一个国家政治民主的程度直接取决于国家的政体，但也与国民的文化程度或受教育水平有着密切的关系。教育是推动政治民主化的重要力量。教育促进政治民主化首先通过增加国民的知识和判断能力来实现。从世界各国政治发展的历史来看，政治民主化的重要基础就是一个民族要有较高的受教育水平和科技文化素质。当一个国家教育的普及程度高时，人们的知识增多，判断分析问题的能力增强，才能有较强的公民意识，认识自身的权利和民主的价值，推崇民主的措施，参与民主事务，积极抵制独裁与专制，推动政治的改革和进步。在一个文盲充斥的国家里，独裁政治、宗教迷信、官僚主义往往容易盛行。列宁曾说："文盲是站在政治之外的，必须先教他们识字，不识字就不能有政治，不识字只能有流言飞语、传闻偏见，而没有政治。"① 教育还通过专门的民主法治教育提高受教育者的民主意识。现代教育越来越注重传播民主政治，启发和激励人们参与政治，提高政治素质。民主与法治息息相关，民主政治只有在法治的轨道上才能更好地实现，而教育通过专门的法治教育，提高公民的法治意识，增强他们的法制观念、包括人权观念、权利义务观念、遵纪守法以及法律面前人人平等观念等，从而促进民主政治的进程。

## 第二节　教育与经济发展

经济，是指社会物质资料的生产和再生产过程，包括物质资料的直接生产过程以及由它决定的交换、分配和消费过程，其内容包括生产力和生产关系两方面，但主要指生产力。经济是人类社会生存和发展的基础，是人类利用自身知识和智慧技能获取生产和生活资料的社会活动，是引起一切人类社会生活发展变化的决定因素，当然也是影响教育发展变革的决定因素。一定的经济发展水平为教育的发展提供了物质条件，也对教育在人才培养规格方面提出了一定的客观要求。而教育作为一种增进人的知识技能、培养人的道德品质的社会活动，从产生开始就同人类谋取物质资料的过程联系在一起，和人们的经济活动不可分割，它必然要适应经济发展的要求，使社会成员具有社会经济生活所需要的素质。可见，教育与经济有着密不可分的联系。

---

① 《列宁全集》，第三十二卷，第 58 页，北京，人民出版社，1960。

## 一、经济对教育的制约

经济对教育的制约主要表现为社会生产力对教育的制约。社会生产力是人类改造自然获得生活资料的能力，是社会生产中最活跃和最革命的要素，是推动社会经济发展的决定性力量，也决定和推动着教育的发展。一方面，社会生产力的发展为教育活动的进行提供一定的人力、物力和财力；另一方面，不同的生产力发展水平对教育的培养目标、内容等提出不同的要求，要求教育培养出符合其所需要的人。具体说来，生产力发展对教育的制约表现在以下几个方面。

### （一）社会生产力发展水平影响人才的培养规格和教育目的的制定

人才的培养规格，直接反映在教育目的上。从总体上讲，教育目的由一定社会的政治经济制度决定，而政治经济制度总是建立在一定的生产力发展水平之上，所以教育目的的确定总是不可避免地受制于生产力的发展水平。社会的生产力发展水平总是要求教育培养符合其特定规格要求的劳动力，而劳动力的规格就成为某种教育的培养目标。人类社会历史的发展表明，生产力的发展水平和对劳动力的培养规格要求是一致的。在不同阶段的生产力发展水平上，由于生产力的科技含量和社会分工的水平以及经济结构不同，因而必然对人才培养的规格提出不同的要求，进而制约教育诸多方面的发展。在农业社会，生产力发展水平较低，劳动过程简单，注定了生产劳动者只需要体力和经验技能来进行社会生产，而这种经验技能在生产劳动中即可获得，所以也就无须学校教育的参与，学校教育只培养社会的统治者和管理者。进入工业社会后，科学技术广泛应用于生产，复杂劳动代替了简单劳动，生产的技术基础大大增强，生产的社会化程度大大提高，这要求学校必须重视社会生产方面的劳动者、管理者和科技人员的培养。同时，也对人才的培养规格提出了较高要求，要求劳动者掌握一定的科学知识和技能，要求他们对生产的技术基础的变化和由社会经济结构的变化所引起的产业结构、职业结构及就业结构的变化具有一定的适应能力和应变能力。而到了今天的信息社会，知识经济已成为社会生产的基本形态，生产劳动的技术含量更为显著，这对人才的培养规格和劳动者的素质提出了更高的要求。可见，人才培养的规格和教育的目的，受到一定社会生产力发展水平的制约。

### （二）社会生产力发展水平制约着教育发展的规模和速度

教育发展的规模和速度受多种社会因素的制约和影响，但生产力的发展水平对其起着最终的和决定性的影响。教育发展所需要的人力、物力、财力等物质基础都有赖于一定社会生产力的支撑，生产力的发展水平决定了社会能够为教育的规模和速度所提供的物质资源。在农业社会，生产力发展水平处于较低状态，教育资源有限，只能够允许少数人到学校接受教育，教育的发展速度较慢，规模也小。到了工业社会，随着生产力水平的迅猛发展，教育资源不断丰富，普及教育逐渐成了教育的常态，教育的规模和速度才得到了快速发展。同时，随着生产力的发展，特别是大工业生产以后，社会生产也要求学校能够培养出大批具有一定文化知识技能的劳动者，以满足生产的需求，这必然促进教育规模和速度的发展。总的来说，任何社会教育的发展规模和速度既取决于物质资料生产能够为教育发展提供的物质基础，又取决于社会生产力的发展、社会再生产对劳动力的需求程度。生产力发展水平越高，越需要多的接受过学校教育的劳动者，一定社会教育发展的规模和速度总是与一定社会生产力发展水平相适应的。

### （三）社会生产力发展水平制约着教育结构、专业设置和课程内容

所谓教育结构，即教育机构总体的各个部分的比例关系及组合方式，包括教育纵向系统的层次与层次之间的比例关系和相互衔接，以及教育横向系统的类别与类别之间的比例关系和相互联系。社会生产力发展水平，以及在此基础上形成起来的社会经济结构的变化必定引起产业结构、行业结构、技术结构、消费结构和分配结构的变革。与此相应，社会对各级各类人才的需求结构也会发生变化，进而引起各级各类教育的比例关系包括专业设置的比例关系的变化。诸如初等教育、中等教育、高等教育的比例关系，普通教育与职业教育、正规教育与非正规教育的比例关系，高等教育中不同层次、不同专业之间的比例关系等，都理当与一定的生产力水平及经济结构保持协调，否则会引起教育结构的失调，从而导致人才培养的结构性失调，造成一些层次和类型的人才供不应求，而另一些层次和类型的人才供过于求，出现“教育性失业”。实践表明，调整教育结构和专业设置，使之适合社会生产力的发展水平，是提高教育经济效益和促进社会生产力发展的重要途径。

生产力往往是伴随着科学技术的发展而发展的。无论是生产力的发展还是科学技术的进步，都会促进人类知识总量的不断增加和人类认识能力与思维水平的不断提高，并由此促进学校专业设置和课程内容的变革。例如，在生产力极不发达的古代社会，学校开设的课程种类很少，课程结构和课程内容也相对简单，主要是哲学、政治、道德、宗教、语言等人文学科以及统治阶级所需要的统治之术，与生产力直接联系的自然科学和技术方面的课程内容极为贫乏。

到了现代社会，随着生产力和现代科学技术的迅猛发展，对劳动者的科学文化知识和技能方面的要求越来越高，自然科学和生产技术方面的内容如原子物理、电子计算机、遗传工程、激光、控制论、信息论、系统论等被纳入学校教学内容，信息科学、能源科学、生物科学、材料科学、自动控制等学科专业的设置，都体现了生产力及科学技术发展水平对专业设置和课程内容的要求。

**（四）社会生产力发展水平促进教学组织形式、教学方法和手段的变革**

教学组织形式、教学方法和手段，不仅同教学内容有一定的联系，而且与社会生产力的状况有着更为密切的关系，社会生产力的发展和科学技术的进步必然引起教学手段、方法和教学组织形式的变革。在古代社会，落后的生产力以及由此决定的简单的经济组织决定了学校教育只能采取个别施教，单向接受的方式来进行。到了近代，由于工业生产的发展，大规模培养人才的需求，从而产生了以高效率、集体教学为特征的班级授课制。到了现代社会，随着科学技术的不断进步和生产力的发展，幻灯、电影、电视、录音、录像、电子计算机等现代化教学设备在学校中的应用越来越广泛，不仅促进了教学方法、教学手段的不断科学化、现代化，也促进了教学组织形式在个别教学、集体教学等不同组织形式的选择和变革方面的丰富化和多样化。因此，社会生产力的发展是促进教学组织形式、教学方法和教学手段变革的重要力量。

## 二、教育对经济的作用

教育并不是被动和消极地受到社会生产力的影响和制约，在适应社会生产力发展的同时，教育对社会生产力也起着一定的促进作用。一般来说，教育主要通过人才培养这一中介实现其对社会生产力的影响。随着时代发展和社会生产方式的变革，社会对劳动者素质和科学技术的要求越来越高，教育对社会生产力的作用也就越来越突出。

**（一）教育是实现劳动力再生产、提高劳动者生产能力的主要手段**

按照马克思主义的观点，人是社会生产力中最基本的因素。作为劳动力的人的身心状况、劳动技能、生产能力、经营管理水平和综合素质将直接影响社会生产力的整体水平，而劳动力的生产则主要依赖于教育和训练。在古代社会，当学校教育与生产劳动隔绝之时，简单劳动力的形成并不需要学校教育的参与，但一般的教育与训练仍然必不可少，如专门的管理人员的培养是学校教育的职能和使命。在现代社会，不管是社会管理，还是生产过程，都对个体素质都有着更高的要求。仅以生产而论，技术改造、设备更新需要科技人员在生产领域运用科技成果，丰富资源、先进工具需要高素养的劳动者以发挥其作用，而高水平的生产效率和更快的经济发展也需要优秀的管理者进行优质的管理活动才能获得。可以说，无论是劳动者基本劳动素养的优劣，还是科技人员科技水平的高低抑或是管理人员经营管理能力的强弱，都在很大程度上取决于他们受教育的程度和质量。而教育有助于提高人的科学知识、生产经验和劳动技能，形成新的劳动能力，提高劳动生产效率，从而促进社会生产的发展。

通常来说，教育再生产劳动力有两种类型：其一，教育培养人的劳动能力，使个体由潜在的劳动力转化为现实的劳动力。人的劳动能力不是与生俱来的，当个体还没有掌握必要的生产知识和劳动技能时，他还只能被看成是一个潜在的劳动力；一旦他掌握了生产知识和劳动技能，具备了劳动能力并参加了生产劳动以后，才成为一个现实的劳动力。在这个过程中，无论是成长中的身体发展，还是基于知识掌握的心智启迪，教育的作用都至关重要。其二，教育提升个体素养直至专门、发达的水准，促进简单的劳动力复杂化。马克思强调："要改变一般人的本性，使它获得一定劳动部门的技能和技巧，成为发达的和专门的劳动力，就要有一定的教育和训练。"[①] 在理想的教育下，劳动力可以得到全面发展，不仅对生产过程的理解程度和技能技巧的熟练程度大大提高，而且学习知识和技能的能力、创新意识和创造能力等也大大提高，这样，劳动者就可以根据社会的需要或自己的爱好，轮流从一个生产部门转到另一个生产部门，避免社会分工造成的片面性。

### （二）教育是科学知识再生产的重要手段

科学知识的再生产首先需要科学知识的积累和继承，而科学知识的积累和继承离不开科学知识一代又一代的传递或传承，教育就是传递或传承科学知识最基本和最重要的手段。在学校教育中，教育者有目的、有计划、有组织地，以系统、概括的形式，用科学的方法向受教育者传授科学知识、培养能力、发展智力和体力，从而可以在短时间内把人类社会积累起来的科学知识同时传授给许多学生，可以在同一时间内向很多人传授科学知识，使知识的传授具有较高的效率。通过学校教育所进行的科学知识的再生产是一种扩大的再生产，它可以使原来少数人所掌握的科学知识为更多人所掌握，并且不断扩大其传播范围。这种科学知识的扩大再生产可以提高全社会的科学文化水平，从而为先进科技的普及和提高，为新产品的推广和使用，也为今后技术力量的扩充和发

---

① ［德］马克思：《资本论》，第一卷，第195页，郭大力，王亚南译，北京，人民出版社，1975。

展，提供了广泛的基础，由此也直接推动了生产力的发展。

### （三）教育是科学技术再生产的重要手段

“科学技术是第一生产力”的论断，说明了在现代社会，科学技术具有极高的社会价值和经济价值。教育通过传递和积累科学技术，成为再生产科学技术的基本手段和途径，可谓是第一生产力的基础。在人类历史上，任何科学技术都不仅仅是一定历史时期的产物，更是人类社会整个历史发展过程的结晶，是人类文明积累、继承和创造的结果。在人类社会发展进程中，科学技术的继承和积累都是通过教育来实现的。教育对已有的科学技术进行加工，使之成为简约化的科学技术知识和科学方法手段，为新一代人所掌握和继承，由此，科学技术得以世代相传、广泛扩展，并奠定新的科学发明和技术创新的坚实基础。更为重要的是，通过学校所进行的科学技术再生产是一种扩大的再生产和高效率的再生产，有效的教育组织形式和方法手段大大缩短了再生产科学技术所必需的劳动时间，教育又使原来为少数人所掌握的科学技术被更多的人所认识和了解，从而扩展了传播的范围，形成高效的扩大再生产。

### （四）教育是发展、创造科学技术的重要阵地

学校教育，尤其是高等效育，通过创造和发明，直接生产新的科学技术。开展科学研究，创造科技成果，已经成为现代高等教育的重要职能。高等学校科研力量比较集中、学科门类较为齐全、后备力量十分充足、学术思想相当活跃、信息来源极为丰富，是科学研究的重要力量。在进行科学研究的同时，高等学校也将其与教学密切结合。早在18世纪德国柏林大学创办之时，教育家洪堡就率先提出了“科学研究和教学相统一”的办学原则，促成高校成为科学研究的生力军。此后，世界各国就把教学与科研的结合作为举办高等教育的基本方针，高校也在创造、发明和开拓新的科学技术领域、生产新的科学技术方面做出不可替代的巨大贡献。在我国，近几十年来，高等学校的科研队伍不断壮大，科研实力不断增强，在研究开发和产业化方面取得了很多成果，已成为我国科技创新的重要阵地。据统计，自国家设立科学技术奖以来，截至2008年，高校获得国家自然科学奖共473项，占授奖总数的52.2%，获得国家技术发明奖共1160项，占授奖总数的36.4%，获得国家科技进步奖共2893项，占授奖总数的30.1%。①

① 见教育部网站，2009-01-09。

# 第三节　教育与文化发展

文化是个多学科探讨的复杂概念，其含义始终在不断深化。一般认为，英国人类学家爱德华·泰勒在《原始文化》中的定义较为规范和权威。他说："文化是一个复合的整体，其中包括知识、信仰、艺术、道德、法律、风俗以及作为社会成员而获得的任何其他能力和习惯。"文化的构成相当繁杂，其类型也多种多样。一般可以作如下区分：其一，文化特质与文化模式。"文化特质"常常被作为考察文化的基本单位，一种文化特质可以是一种风俗，也可以是一种习惯，或是一种观念。一组相关的文化特质即构成"文化模式"。其二，主流文化与亚文化。任何文化往往都由主流文化（或核心文化）与若干亚文化（副文化或次文化）构成。主流文化是指在一定社会或地域中占据主导、统治或支配地位的文化；亚文化是指由特定社会群体创造、信奉和推行的独特的文化价值体系、思维模式和生活方式。其三，显性文化与隐性文化。显性文化是指寓于文学、事件和人的行为之中，通过查阅文献资料、身临其境的观察与聆听，能够直接描述出来的文化特质或文化式样；隐性文化是指隐含于人们的意识中，只能用抽象和推理的方式概括出来的某个群体或民族所共有的心理倾向或情绪反映方式。其四，物质文化、制度文化与精神文化。物质文化是表现在饮食、服装、建筑、工具等物质实体上的特征；制度文化表现在法律、行政、管理观念与形式、社会中各种类型的人与人的关系上的特征；精神文化是文化的核心，内涵十分广泛，包括价值取向、思想观念、行为规范、伦理道德、宗教信仰、思维方式、审美情趣及知识系统等。

教育与文化有着极其密切的关系。就教育与文化各自所包含的范围来讲，教育是文化的一部分，是文化的构成体。就教育与文化间的关系来讲，一方面，文化传统对教育有着重要的影响，教育制度、内容和方法都受到一定文化传统的影响，一个国家、一个民族的文化特点决定了教育的特点；另一方面，教育又是文化传递和积累的重要手段，是促进文化发展不可缺少的因素。特定社会的教育与文化长期共生共荣，相互依存，相互制约，并且在依存与制约中实现两者在更高水平或更新意义上的和谐一致。

## 一、文化对教育的作用

### （一）文化传统对教育的影响

文化传统对教育的影响主要表现为对教育的价值取向、教育内容等方面的影响。文化传统中的价值取向对教育价值取向的影响是根深蒂固的。例如，中国传统文化的价值取向有三个明显的特点，都对当今的教育价值观具有明显的影响。一是重传统和重权威对教育过程和师生关系的影响，导致了强调教师的作用而忽视了学生积极性的发挥；导致了教师习惯于教导而不习惯平等地与学生交流；导致了教师习惯于发号施令和监督处罚而不习惯引导学生参与和自我管理。二是重功名和官本位对教育价值观和教育质量观的影响，导致出现片面强调知识而忽视能力，片面强调智育而忽视全面发展，片面强调尖子生而忽视全体学生的现象。三是重忠孝和顺从对学生观的影响，导致了把老实、服从、听话看成是好学生的重要标志，而对那些有自己的独立见解，敢于发表反对意见的学生往往看做不好的学生。所有这些倾向都有待改变。

教育是文化的产物，一个国家的教育之所以区别于别国的教育，文化差异是一个很重要的原因。就教育内容方面而言，文化传统对教育的制约支配作用尤其明显。学校必须通过选择特定的教育内容对学生进行教育，而教育内容的选择就是文化的选择，是在文化基础上的选择。离开了文化，教育就没有了传授的内容，也就失去了赖以存在的基础，文化是教育内容的源泉和基础。

### （二）学校文化和社会文化对教育的影响

学校文化和社会文化对教育的影响可以大致分为两个层次：其一是深入学校之中，成为教育活动内部的文化影响教育活动；其二是处于学校外部，以文化背景的方式影响教育活动。

学校文化首先包括学校教育内容中最基本的成分，即课程里所包含的文化产品；其次，它包含着社会中人际关系的基本模式、个体社会行为的基本规范，并主要通过师生人际关系和学校对学生的行为要求予以体现。此外，它还包含着校园的环境文化以及学生的课外活动等。文化渗透到学校教育内部产生的影响，最深层的仍然是对教育目的的作用。这种影响虽然比较隐蔽，却更深刻、更本质，也更为持久。可以说，每一个时代文化的内在气质，都在形成一代新人的过程中得以体现并不断发扬光大。

至于作为背景因素的文化，它们处于学校教育外部，对学校教育的影响虽然比较间接，但仍然极其多样：其一，文化的进步促成了人们更高的教育需求，有利于教育事业的发展和完善。文化的发展状况不仅直接影响到教育内容的质量与结构，而且还影响着教育的方法、手段和组织形式。尤其是现代社会，科学技术的快速进步使人类的认识能力产生了飞跃，高新技术的广泛应用提高了人类传递文化的能力。随着文化传播途径的日益多样，教学方法的变革有了坚实的认识基础，教学手段及组织形式的灵活多样也具备了足够的技术前提。其二，文化发展加强了学校与社会的联系。其三，学校师生深受文化中的生活方式、社会习俗、民族特性等因素的潜移默化，身心各方面的发展都被打上了相应的烙印。文化传递及传播方面的发展变化，深刻地影响着教师在教育中的地位和作用。在传统上，教师在教学中处于中心信息源的位置，行使着信息传递和教学控制的职能。而文化传递与传媒方面的变化，让人们有了更加多样的信息获取手段，曾经处于信息中心位置的教师其信息传递与教学控制职能明显弱化。

## 二、教育对文化的作用

人的成长在很大程度上是文化生成，教育是通过文化这一中介来培养人的，因而教育对社会文化起着重要的，同时也是极其特殊的作用和影响。教育对社会文化的功能不同于其他社会活动，它是紧紧围绕着对人的培养来进行的。围绕着对人的培养，教育对社会文化具有选择、传承、交流、创造等功能。

### （一）教育具有传递和保存文化的功能

人类社会是人的生物性与社会文化性的统一体。文化既是人类活动的产物，又是新生一代生存与发展的基础和必要条件。从某种意义上讲，人类社会的延续和发展就是文化的延续和发展。而文化的延续和发展需要靠教育进行代代相传，尤其是现代社会，由于文化的丰富多样，文化的传递就更需要特定组织形式的文化传递活动即教育来进行。通常而言，文化传递，表现为文化在时间上的延续，是文化的纵向传承。教育过程实际上就是文化的传递过程。这往往包括了教育者内化已有文化、外化并展示文化、受教育者接触并内化文化等环节，文化因此得以实现代际流动。

人类文化大致经历了由简单到复杂的三个阶段，而每一阶段都与教育有着密不可分的联系。第一阶段，在人类早期，没有文字，没有专门的教育，教育与人们的社会生产和社会生活天然地融为一体，文化的传递保存只能靠同代人和上下代人的口耳相传。第二阶段，人类有了文字后，文化的传递与保存更多的依赖文字的记载和授受，这就使得人类文化的传递与保存发生了一场巨大的变革，即文化的传递与保存打破了时空的限制，使得作为观念形态的文化有可能与人类个体的生命存在相分离，也使文化的保存数量大为增加，从而为文化的大量积累创造了条件。正因为有了文字和文化的大量积累，使得文化的传递和保存可以并且必须摆脱口耳相传的形式，这时，专门的教育机构即学校便应运而生，学校教育就成为了传递文化的重要形式，传递人类文化也就成为了学校教育固有的职能。第三阶段，在现代社会，人类文化已成浩瀚海洋，人类要通过教育和其他高科技手段传递和保存文化，教育需要按照社会标准和个体发展要求对文化进行认可、接纳、清理、整合，并对文化内容进行课程化的改造，对外来文化进行本土化改造，从而选择出适宜于人才培养的系统化、标准化、逻辑化的文化体系，传递给年轻一代。于是，教育的传递和保存文化的功能又有了新的特点，它表现为教育的重心逐渐从大量接受知识转移到帮助人们从浩瀚文化海洋中获得最基本的要素，表现为教育已成为选取、使用、储存与创造文化的基本手段与基本方法，还表现为教育在传递文化的过程中要帮助受教育者学会认知或学会学习。经过教育的选择，文化本身得以更好地传递与保存，并顺利地发展和变迁，而且帮助个体增进文化判断及选择能力，获得身心进步。

### （二）教育具有传播、交流文化的功能

文化传播和交流表现为文化在空间上的流动，是文化的横向扩展。教育可以形成文化共享性，强化人们的文化意愿，使文化传播和交流具备必要的基础和动力。

文化传播是一个民族的文化向另一个民族传输的过程，文化交流是两个或两个以上民族的文化相互传输的过程。文化最初总具有一定的地域性，它往往是一定时期内特定地域的人们在思想、行为方面的共同方式。文化的地域性注定了不同文化相互传播和交流的必要性，而社会在交通、通信方面的便利条件，又为文化传播和交流提供了可能性。文化的传播和交流既是文化自身发展的需要，也是人类社会发展的需要。由于文化的传播和交流才使得各民族的文化不断相互学习并共同发展，从而使得整个人类的文化不断繁荣。社会文化的传播、交流有多种途径和手段，如教育、贸易、移民、旅游等，其中教育是最基本、最有效的途径和手段，通过教育进行的文化传播具有高选择性、强系统性、深层次性等优势，更利于文化的生成。一方面，学校教育的专门性使得文化传播和交流的效率最为有效。教育中存在着广泛的交流活动，如互派留学生、教师互访、学术协作等，可以促进不同文化间的相互影响、相互吸收。另一方面，教育在吸收、传播其他民族的文化中都要进行选择，要去劣存优，以吸取精华去其糟粕，使得文化的传播和交流具有先进性。在教育过程中，通过对不同文化的学习、对文化的选择与整合，不断形成新的文化，促进文化发展，实现文化融合。当今社会已进入信息化时代，知识信息海量涌现，各民族各地区间的文化交流十分活跃，教育的文化传播和交流作用显得更为突出，恰当选择作为教育内容并用以传播和交流的文化，对于有效发挥教育的文化传播

和交流功能尤为重要。

**(三)教育具有创造和更新文化的功能**

文化是人类创造的结晶，同时人类文化也只有不断创造，才能得以发展，教育对文化的创造更新具有巨大的作用，尤其在当今社会，不仅要求教育要继承、传递文化，更要发挥创造与更新文化的作用，促进社会文化的繁荣与发展。

教育对文化的创造和更新表现在以下几方面：第一，教育为社会文化的更新与发展培养大量的具有创新精神和创造能力的人。人是社会文化的产物，同时又是社会文化的创造者，一个民族的文化要获得发展，就必须培养一大批具有创造才干的新人去创造、发明。正因为这样，现代教育才把创造性人才的培养当做自己的核心目标，创造性也已成为现代教育的一种价值取向和基本特征。第二，教育本身也能创造新的文化，发挥其文化创造功能，这表现在两方面：一是教育生产新的文化，如新作品、新思想、新科学技术等。新的教育思想、理念、学说是社会总体文化创新的一个有机组成部分，古今中外的许多教育家及教育工作者提出了丰富的教育思想和方法，成为了人类文化宝库中光芒耀眼的部分，对人类文化的发展作出了巨大贡献，特别是在20世纪50年代后，教育在人类社会中的地位与作用空前重要和巨大，层出不穷的教育思想、理念更显现出其在社会文化中灿烂夺目的一面。二是现代学校特别是高等学校，由于其特有的学科优势、人才优势、学术氛围等条件，从而成为科技创新的重要力量。另外，由于学术探究和学术自由的环境，大学在各种文化冲突、批判、交融的过程中不断形成新的价值观和各种文化思潮。可以说，直接参与文化的创新是教育尤其是高等教育的重要使命。

## 第四节　教育与人口发展

人口是社会的生态基础，是连接个体与社会的桥梁。一般来说，人口指的是生活在一定社会、一定地域，具有一定数量、质量和结构的人的总体。教育与人口之间一直存在着一定的联系，早在古代社会，人们已经认识到“人口是教育的基础”，如孔子所谈到的“庶—富—教”的社会发展观，就是以人口的增长作为教育的前提。到近代社会，人口与教育间的关系更加复杂多变，互动极为频繁。在现代社会，人口与教育已经成为全世界关注的社会问题。作为社会现象，二者不仅关系到人类社会的生存与发展，也关系到人类社会的稳定和繁荣。就人口与教育两者的关系而言，它们是相互影响、相互制约的。人口状况是制约教育发展的因素之一。社会现存的人口状况与人口发展的趋势，对教育事业的规模、结构、速度、形式乃至目标、内容都有一定的制约作用。所以，研究教育和办教育都不能忽视人口这一社会条件，否则，就会出现教育不适应人口实际状况对教育需求的发展。而今日的教育又是影响明日人口数量、质量和结构的因素之一，其中教育对明日人口质量的影响具有实质性的、决定性的意义，所以，人口发展也离不开教育。

## 一、人口数量与教育的关系

人口数量的增长与变化，对教育的发展具有重要的影响，它影响教育投资和教育事业的可能规模和应有速度，影响人口的受教育水平，还影响教育结构；同时，教育的发展也影响着人口数量的变化，人口的受教育程度则影响人口的自然变动和机械变动。

### （一）人口数量对教育的影响

人是教育的主体，人口数量对教育规模、教育经费、教育结构、教育发展速度都有直接的影响。人口增长率高，其总量越大，学龄人口就越多，接受教育的需求就日益旺盛，这对教育规模提出了很高的要求。同时，人口基数的大小，意味着社会抚育成本的高低。当一个社会人口过多时，庞大的人口数量必定会占用或消耗大量的社会资源，从而制约教育投入的更快增长；大量人口所带来的众多学龄人口，会使非常有限的教育投入被极度地摊薄，导致人均教育经费和生均教育经费的严重不足。

1. 人口数量对教育经费的影响

在社会全部投资系数和人口投资系数不变的情况下，人口自然增长率的高低，人口数量的多少，决定着人均经济投资和开发智力资源的教育投资的高低。① 所以，从办教育所需经费来看，在国家财政既定的前提下，人口越多，能够用于发展教育的钱就越少，因为在总的消费基金中，各项消费事业所需费用是此消彼长的。生产力发展水平有限，经济不发达，社会不得不把更多的经济力量首先用于满足人们衣、食、住、行等基本生活需要，从而导致国家难以拿出大量财力投资于教育。

随着人口的迅速增长，社会对教育的需求也越来越大，因而对财力、物力的需求也越多，其中主要表现在对教师和经费的需求上。然而，人口过快增长使得国家所能投入教育的人力、财力远远赶不上需求。

① 田家盛：《教育人口学》，第64～65页，北京，人民教育出版社，2000。

2. 人口数量对教育规模的影响

教育规模受教育需求和教育供给两方面的制约，教育投资制约着教育的供给——社会所能提供的教育设施；而人口的受教育需求则决定着教育事业的可能规模。所以，要满足日益增长的人口对教育的需求，必须扩大教育事业的规模，也即是使人口数量与学校数量的比例协调。人口数量与人口出生率密切相关，人口出生率越高，少年儿童人口的增长数量越大，普通教育规模也就越大。反之，人口出生率越低，学龄人口数量越小，普通教育规模也就相应变小。发达国家由于不断延长义务教育年限，加之人口出生率降低，学校数量与人口数量间的矛盾得以缓解。而发展中国家则由于人口出生率的持续增长，教育发展速度跟不上人口增长速度，因而使两者的矛盾变得特别突出。

3. 人口数量对人口受教育水平的影响

人口数量增长快慢，直接影响人口接受教育的水平。大多数发展中国家人口增长过快，新增人口数量多，加上经济不发达等原因，往往使得文盲绝对人数难以减少。人口的迅速增长又严重阻碍了发展中国家初等教育的普及和巩固。这是因为人口增长过快，学龄儿童随之猛增，而教育经费有限，发展中国家微弱的经济力量满足不了普及初等教育所需的经费、师资、校舍、教学设备等。所以学龄人口的入学机会相对较少，即人口过快增长影响学龄人口的入学率。同时，人口过快增长对学生的在校巩固率的影响也极大。从家庭方面来说，上学的子女多就必须多花钱，为了维持家庭的日常生活或为了确保一个子女受到较完整的教育，就不得不让孩子或部分孩子早日离校或根本不上学，让他们去参加劳动或在家操持家务，使大人有更多的时间外出工作。相反，在人口增长较慢的社会，就有更多的人口能接受较完备较系统的教育，入学机会也较多，教育易于普及和提高，教育的重点可放在高等教育的发展及教师培训、教育课程的改革、教学设备的更新上，从而促进教育水平的不断提高。

4. 人口数量对教育结构的影响

所谓教育结构，指教育总体系中的各个部分的比例关系及组合方式。人口数量对教育结构的影响，主要表现在教育总体系中各个等级之间的构成关系。教育结构通常分为初等、中等、高等三级，各个等级学校数量的比重、招收学生人数多少，是根据每一阶段受教育者的数量变化而变化的。如近年来，随着我国老龄化问题日益凸显所导致的迅速增长的老年人口的威胁，使老年教育的发展受到阻碍。

### （二）教育是控制人口数量的重要手段

虽然人口数量控制的有效程度与经济的发展成正相关，民族传统、文化背景、自然条件、社会制度等也是影响人口数量控制的因素，但人口数量控制的有效性更与教育的发展及居民受教育程度相关。只有通过教育改变人们的生育观念，才能达到治本的目的。因为人们的生育行为是受生育观念支配的，而生育观念的形成，既与经济发展水平有关，也与人们的受教育程度有关。主要依靠制度、政策的力量来约束人口的盲目增长，这在社会经济发展水平低下，整个社会人口生产者尤其是广大妇女受教育程度还不高，传统人口观念依然存在，对人口增长还缺乏自觉的约束能力的情况下，是十分必要和有效的。但是，这种方法还不能充分激活人类自身生育本能的机制——这不仅标志着人类自身文明的发展，也是人口控制更有力的方法。只有在人们具有较高的文化教育水平，认清人口与经济、数量与质量等一系列关系的前提下，才能把人口的增长与社会、经济的发展协调起来，具有自觉的人口生产行为及自我约束的能力，从而更有效地控制人口的数量增长，为人口质量的提高奠定前提和基础。同时，人口受教育水平的提高，能够使人们懂得并自觉运用优生优育和卫生保健知识，这大大降低了孕产妇和婴儿的死亡率，减少了先天性疾病和遗传性疾病的发病率，提高了下一代的身体素质。所以，较高的受教育程度是人类具有的内在的生育控制能力的先决条件，而高学历、高素质女性则是有计划、最优化生育准则的天然响应者和自觉执行者。

可见，国民受教育程度的高低，往往与人口出生率的高低成反比。这种状况的出现，在于教育事业的发展刺激了家庭对教育的需求，而教育需求的提高又增加了子女的抚育费用，这就遏制了人们的多子女意愿。当然，教育程度的提高，也极大地改变着传统的“多子多福”生育观以及“儿孙满堂”家庭观，增进精神追求并提升生活质量，潜心职场拼搏，强化节育意愿。

## 二、人口质量与教育的关系

人口质量是人口问题更本质的问题，人口质量取决于教育，又反过来影响教育。人口质量既是衡量一个国家教育水平高低的基本指标，又是影响教育发展的直接原因；而通过国民的受教育水平则可以反观一个国家人口质量的高低。教育是提高人口质量的基本手段，人口质量从来就主要通过教育来提高，在当今社会尤其如此。

### （一）人口质量对教育的影响

人口质量主要指人口的身体素质、文化修养和道德水平。人口质量较高的社会，人们容易做到优生优育、保证新生一代获得良好的遗传素质，从而在客观上为教育提供较好的生源。同时，良好的遗传素质加上其成长过程中的良好文化环境和道德环境，有利于提高学校教育的效果。所以，普遍提高人口素质是发展教育和提高教育质量的前提条件。

1. 教师队伍质量对教育的影响

教育振兴，教师为本。教师是社会发展的先驱，担负着培养未来社会接班人的使命。教师队伍的质量在一定程度上决定着一个学校、一个地区、一个国家、一个民族教育发展的质量，同时也决定着整个民族素质的高低。一支优质高效的教师队伍，不仅对教育事业的发展具有决定性的影响，如产生高质量的教育，培养高水平的人才，更对经济的发展和社会的全面进步产生高效益，所以，我们无论怎样强调教师队伍质量的重要性都不过分。

2. 受教育者的素质对教育的影响

受教育者的素质影响教育发展规模、速度和质量。教育对象文化素质高，教育起点就高，教育质量提高就快；反之，教育质量提高较慢。受教育者素质还影响教育发展的重点。受教育者已有文化水平较高，教育就易于普及和提高，教育的重点可放在高等教育的发展及教师培训、教育课程的改革、教学设备的更新上，从而促进教育水平的不断提高。受教育者的文化素质较低，有限的教育经费一方面要维持现有的初等、中等和高等教育，另一方面又要承担起庞大的扫盲教育和特殊教育，其结果必然是经费分散使用，重点难以保证。

3. 受教育者的家庭和社区环境对教育的影响

受教育者的家庭成员和社区居民的素质对教育的影响，是人口素质影响教育的一个重要方面。就人的社会化历程来说，最初的影响是生育和家庭教育，它们都同人口质量有关。詹姆斯·科尔曼（James Coleman，1996）指出，家庭背景与教育成就之间存在着一种紧密而持续的联系，家庭背景因素相对于学校教育质量而言与在校学生的相关性更大。布劳·邓肯也认为，人们的教育获得与其父辈的社会阶层特征和教育水平有着极为显著的相关性。[①] 父母文化素质的高低，直接影响子女的早期教育、教育期望和情感陶冶。可以说，个体能否受到观念先进、目标得当、内容科学、方法合理的早期教育，在很大程度上取决于父母的素养，尤其是其科学文化素养。同时，不同文化水平的父母，往往对子女也有不同的教育期望，这对其子女能否接受更高程度的教育有着至关重要的影响。此外，父母教育程度的差异，会影响他们对儿童学习的帮助，特别是在塑造儿童的性格、志趣、情绪、意志、价值观、人生态度等方面，不同素养的父母带来的影响很可能会大相径庭。

---

① 苏娜：《人口素质的家庭影响因素分析》，载《人口学刊》，2001（4）。

社区环境对个体成长的影响是人所共知的。社区人口的文化素质高，就容易形成尊重知识、尊重人才，追求科学文化这样一种有利于教育对象发展的良好氛围；相反，金钱至上、知识贬值、崇尚庸俗关系、贬低科学这样一种不利于教育对象发展的氛围必然占上风。

### （二）教育是提高人口质量的基本手段

教育在提升人口质量方面的作用首先表现为对人口身体素质的提高。通过教育，能够使人们懂得优生优育的重要性，并与社会经济的进步、医疗卫生水平的提高、避孕知识和技术的普及、妇幼保健的开展相结合，改善人口生理遗传因素和身体自然基础，降低孕产妇和婴儿的死亡率，从而促进总人口死亡率由高到低的转变。

提高人口质量的核心是提高人口的科学文化素质，而人口科学文化素质的提高关键在于教育。人口的科学文化素质的高低，取决于学校教育，特别是初等教育的普及程度和高等教育的发展情况。初等教育是消除文盲，普遍提高人口文化水平的主要手段。高等教育是教育的最高层次，其发展程度是当今世界各国评价人口科学文化素质高低的一个主要指标，它担负着为社会培养和输送高级科学技术人才、管理人才的任务。提高高等教育的质量，不仅能有效提高各类专门人才的素质，而且能极大推动整个社会科技文化的迅速发展。而中等教育，既是初等教育的延续，又是高等教育的基础，还是社会劳动后备力量的储蓄所。提高中等教育质量是提高整个民族人口质量的重要环节。成人教育是提高现有人口质量的有效途径。这种教育具有教育对象的广泛性、办学模式的多样性、教育内容的针对性、教育方法的灵活性、教育效果的速成性等特点，是培养各种专业技术人才的捷径。可见，无论是初等教育、中等教育、高等教育，还是成人教育，对人口科学文化素质的提高都产生关键性的影响。

## 三、人口结构与教育

人口结构是人口存在和运动的一种形式，它包含着多方面的内容，包括由人口自然构成要素（如年龄、性别等）的特点决定的人口自然结构，由人口的阶级、职业等因素所决定的人口社会结构，和人口在地理分布上的人口地域结构。人口结构的每个方面的变动都直接或间接地影响教育，而教育对人口结构也会产生不同程度的影响。

### （一）人口自然结构与教育

人口的自然结构包括年龄、性别等方面的特征，人口年龄结构影响各级各类学校在教育系统中的比例。不同学龄人口数量非均衡的交替波动式增减变化，会对各级各类教育事业产生很大影响，突出表现为不同学龄人口的入学率和教育重点发展不平衡。人口年龄结构属于年轻型的国家，教育重点在基础教育；人口年龄属于成年型的国家，比较注重继续教育；人口年龄属于老化趋势时，老年教育问题就会引起社会重视。教育应该根据人口年龄结构的变化趋势，做好未来不同学龄人口数量预测，以加强在教育发展规划中的基础作用。在入学人口高峰期抓好扩展工作，而峰值下降后，则重点改善办学条件，提高办学水平，根据人口结构的变动情况调整学校布局，探索面向人口结构变动的正规和非正规教育形式相结合的途径。

性别状况对教育的均衡性及早期教育的质量产生深刻作用，因此，大力发展教育，尤其是女性教育显得尤为迫切，因为最优化的人口数量和质量状态只有在女性教育水平极大提高的前提下才能实现。

**（二）人口社会结构与教育**

人口社会结构通常指人口文化教育结构和产业、职业结构。人口文化教育结构指人口中具有不同文化程度人口之间的比例关系。人口文化教育结构的变化与社会经济发展有着相互促进或相互制约的关系，同时，对发展各级各类教育，提高人口的文化水平，实现国家和社会的现代化有着重要意义。教育对人口文化构成的影响也很大。一个国家人口的文化教育构成是由这个国家各级各类学校教育的发展规模和速度所决定的，它是教育发展水平的直接体现者。一个国家的教育发展水平高，非文盲人口的构成比例就大，文盲人口的构成比例就小；反之，非文盲人口比重就小，文盲人口比重就大。

劳动人口的产业、职业结构指劳动人口在第一、第二、第三产业以及各种职业中的总分布状况和比例关系。人口的产业和职业结构影响教育的横向结构，即影响各种类型的学校和专业间的关系，如普通教育和职业技术教育及普通教育与成人教育的关系等。社会生产力水平低，大多数在业人口从事非技术性的体力劳动，对职业教育的需求较低，于是，职业教育的发展规模，以及它在整个教育体系中所占的比例较小；相反，社会生产力水平较高，人口职业构成中从事技术性工作的人口所占比重大，相应地对职业教育的需求量也就较大，因此，职业教育的发展规模及它在整个教育体系中所占的比重也大。职业结构的这种变化趋势要求教育对自身的学校类型结构、专业与课程结构做出相应调整，培养各部门所需要的专业人才，以适应职业结构的转化。另外，教育还影响人口的社会变动。所谓人口的社会变动，指人口在教育构成、职业构成等方面的变动。人口的教育构成状况，本身就是教育过程运行的结果，其受教育的作用可谓直接而显著。对于人口的职业构成，教育也有重要影响。一般而言，在排除社会背景、家庭出身、人生机遇等因素的影响后，教育程度往往决定了多数人的职业角色。教育不仅可以通过影响职业地位来改变人口的职业构成，而且可以调节职业人员的比例构成从而影响人口的职业构成。

### （三）人口地域结构与教育

人口的地域结构是教育结构形成的基础，设立学校的基本依据之一就是学龄人口的数量。通常来说，人口的居住密度和分布方式会影响学校尤其是中小学的布局安排，进而直接关系着教育资源的使用效率。人口密度大、分布集中的地区，有利于儿童就近入学，比较容易形成规模效益。发展教育所需的相互学习和协作条件，以及相互竞争、共求发展的氛围比较高，也有利于提高教育的投入产出比。但人口过密容易造成教育中的拥挤现象，如学额过满、大班上课等，由此引起教学秩序混乱、学生质量下降。此外，还容易形成亚文化群体，青少年往往为争夺生活空间而发生摩擦。因此，人口密度大的地区教育的负担更重。而人口密度小、居住分散的地区，办学困难，如学校分散布点，则师资和经费投入的成本增加，难以形成规模效益。学校集中布局，学生上学困难，义务教育又难以普及。并且，如果人少班小，师资不足，往往采用复式教学等方式，教育质量受到很大影响，对发展初等教育、中等教育很不利。总之，学龄人口的数量是设立学校的基本依据，学校（特别是中小学校）的布局必须与人口的地区分布相适应，并且能随着人口的迁移规模及人口地区结构的变化做适应性调整。教育对人口地域结构的影响主要表现在促进人口的机械变动。所谓人口的机械变动，指人口的空间位移等横向流动，也就是人口迁移。研究表明，接受较多的教育，往往能引起更多、更频繁、更遥远的人口迁移。因为教育程度高的人口，有着比较全面、广泛的知识和技能，变换职业的意愿和能力更强，更能适应职业流动的要求，也就更愿意迁移并能更容易实现迁移。有研究表明，教育程度的高低与迁移距离的长短成正比。

### 推荐阅读书目

1. 黄济：《教育哲学通论》，太原，山西教育出版社，2001。
2. 周晓红：《现代社会心理学》，上海，上海人民出版社，1997。
3. 冯建军等：《现代教育原理》，南京，南京师范大学出版社，2001。
4. 黄济，王策三：《现代教育论》，北京，人民教育比版社，1996。
5. 陈桂生：《教育原理》，上海，华东师范大学出版社，1993。
6. 冯建军：《现代教育学基础》，南京，南京师范大学出版社，2003。

7. 孙喜亭：《教育原理》，北京，北京师范大学出版社，2003。
8. 袁振国：《当代教育学》，北京，教育科学出版社，2004。
9. 李森，陈晓端：《现代教育学基础》，上海，华东师范大学出版社，2009。

## 学习思考

1. 21 世纪的教育应该如何促进社会生产力的发展？
2. 试分析高等学校的扩招行为是否符合“教育要适应社会发展的规律”。
3. 论述教育与现代政治的关系。
4. 如何促进我国教育民主化？
5. 论述教育与现代经济的关系。
6. 怎样认识市场经济条件下学校教育的功能？
7. 论述教育与文化的关系。
8. 论述教育对人口数量控制的作用。
9. 如何理解教育的可持续发展？

# 第三章　教育与人的发展

教育与社会的发展和教育与人的发展是教育基本问题中密切联系的两个基本关系。教育的社会作用是通过对人的培养实现的，教育既要全面培养人的素质，又要同时发掘人的潜能，塑造人的个性，提升人的地位。人是教育的对象，教育既能促进人的发展，又要受到人的身心发展规律的制约。教育只有全面地了解人，按照教育规律去培养人，使教育者身心和谐发展，教育的价值才能得以最终实现。教育如果脱离人的发展，一切功能都将是空谈。因此，研究教育与人的发展的关系，是教育学基本问题的重要方面。

教育与人的发展究竟是怎样的关系？要厘清这个问题，就必须深入探讨：人是什么？人是怎样发展的？人的发展受到了哪些因素的影响？教育在人的发展中扮演着怎样的角色？所以，人的本质观与教育、人的发展观与教育以及影响人的发展因素及其相互关系就成为本章的核心内容。

人是教育的对象，人的发展状况与发展水平是评价教育效果的最终标尺。以往教育的缺陷之一就是“多见社会少见人”，就是在强调社会的需要和要求的同时忽视了人的自身特点和需要。因此，在教育中充分肯定人的地位是重要的，而肯定人的地位的核心问题就是教育人必须遵循人的身心发展规律和特点，必须给人以应有的重视。要更好地教育人、培养人必须首先全面了解人。

## 第一节　人的发展

### 一、人的发展的概念

一般而言，发展是指事物有规律的运动变化过程。它是事物由简单到复杂，由低级到高级，由旧质到新质，由成长到衰亡的有规律的变化过程。人的发展是指个体在身体上和心理上的连续不断地变化过程。这种变化既有量的积累，也有质的变化。

#### （一）身体的发展

身体方面包括肌体的正常发育和身体素质的健康成长两个部分。肌体的发育指有机体的骨骼、肌肉、神经系统等肌体的生长。身体素质则指肌体的生理功能特性，以及力量、速度、反应、耐力、平衡性、协调性和肌体的健康状况（主要指对自然的适应能力和对疾病的抵抗力）等。

**（二）心理的发展**

心理方面，在教育学不单指人的心理，而是同人的“身”相对应的精神方面。

它主要包括两部分：一是人的心理过程；二是人的道德情操。人的身心各个方面都是紧密相连的。心理是大脑的机能，身体是精神的载体，人的精神、心理是离不开身体的，身体的发育制约着精神、心理的发展。同样，精神和心理的状况在一定程度上也影响着人的肌体的成长。人的身心是统一的，是人的发展不可分割的两个方面。教育促进人的发展，就必须全面关心人的身心和谐统一发展。人的发展理论也包括生长、成长和成熟等概念。生长一般指肌体的发育过程，成长不单指人的身体，也包括心理的共同变化，而成熟则是指人的身心发展变化的状态和程度。人的身心总是由不完善向相对完善运动，运动的各个阶段都标志着人的身心发展成熟程度。当人的身心达到比较完善的程度，人们便称之为成熟。

## 二、关于人的发展的理论

**（一）“最近发展区”理论**

苏联著名心理学家维果茨基（1896～1934年）早年曾专门研究过教学与发展的关系问题。维果茨基所谈到的人的发展，主要是儿童的心理和智力而言。他在大量研究的基础上，提出了著名的“最近发展区”理论。

维果茨基认为：儿童有两种发展水平，第一种发展水平是现有的水平，是由已经完成的发展程序的结果而形成的，表现为儿童能够独立解决智力任务；第二种水平是儿童可能完成的发展水平，这一水平表现为“儿童还不能独立地解决任务，但在成人的帮助下，在集体活动中，通过模仿，却能解决任务”。这两种水平之间的区域就是“最近发展区”。他认为全部教育教学工作应建立在儿童的第二种水平上，应立足于不断地将“最近发展区”转化为现有的发展水平，即走在身心发展现有水平的前面。

**（二）“一般发展”理论**

继维果茨基之后，苏联又一著名心理学家赞可夫（1901～1977年）在他的“教学与发展”的研究课题中，提出了“一般发展”的理论。他认为所谓一般发展，是指个体以智力为核心的，包括情感、意志、个性以及集体主义精神在内的总体发展。在智力发展中，又是以思维能力的发展为核心的。

随着教育理论的发展，人们越来越清楚地认识到，人的发展不仅具有阶段性，而且也是多层次的。固然，较高层次的发展是建立在较低发展水平基础之上的，但这个过程却不是一个自发过渡的过程。智育过程中的发展如此，思想品德的形成和发展也不例外。从这层意义上来说，“最近发展区”和“一般发展”的理论作为一定阶段科学研究的突出成果，对正确理解人的发展的含义具有重要价值。

### （三）发生认识论

发生认识论是瑞士著名的心理学家皮亚杰（1896～1980 年）从认识发生的角度对人的心理发展提出的看法。所谓发生认识论就是以发生学或发展的观点研究人类认识的起源和历史发展。发生认识论的根本观点是把结构和建构紧密地结合起来。皮亚杰认为，人的认识结构是人通过对客观现实的适应逐步建构起来的。他把认识结构看成是主客体相互作用的结果，是主体通过行动不断地自行建构而成的。

皮亚杰运用数理逻辑中运算的概念来区分认知发展的阶段。他认为每一阶段都有其独特的、相对稳定的认知结构，而且这些阶段出现的先后次序是固定不变的，不能逾越颠倒。他所划分的四个阶段见表 3-1。

**表 3-1　认识发展阶段**

| 阶段 | 年龄 | 功能特征 |
|---|---|---|
| 感觉运动 | 0～2 岁 | ①凭感觉与动作以发挥其图式功能<br>②由本能性的反射动作到目的性活动<br>③对物体认识具有物体恒存性概念 |
| 前运算阶段 | 2～7 岁 | ①使用语言表达概念，但有自我中心倾向<br>②能使用符号代表实物<br>③能思维但不合逻辑，不能见及事物的全面 |
| 具体运算阶段 | 7～11 岁 | ①根据具体经验思维<br>②能理解可逆性的道理<br>③够能理解守恒的道理 |
| 形式运算阶段 | 11 岁以上 | ①能进行抽象思维<br>②能按假设验证科学法则<br>③能按形式逻辑的法则思考问题 |

皮亚杰关于认知发展的结构论思想、相互作用论思想以及发展阶段论思想，对心理发展的研究产生了巨大的影响。

**(四) 心理社会阶段论**

美国心理学家埃里克森（1902～1994 年）是新精神分析学派的代表人物，他抛弃了生物主义和泛性论，重视文化环境因素对人的心理发展的影响。他把整个心理发展过程分为八个阶段。这八个阶段的顺序是由遗传决定的，但是每个阶段能否顺利地度过却是由社会文化环境决定的。埃里克森认为，在心理发展的每一个阶段上都存在一种“危机”，危机的解决标志着前一阶段向后一阶段的转折。顺利渡过危机是一种积极的解决，反之是一种消极的解决。积极的解决有助于自我力量的增强，有利于个人适应环境；消极的解决则会削弱自我力量，阻碍个人适应环境。他划分的关于心理发展的八个阶段是：

1. 学习信任的阶段（0～2 岁）。这个时期，儿童无助感最强烈，最需要依赖成人。这个阶段的发展任务是建立信任感。

2. 成为自主者的阶段（2～4 岁）。这个时期，儿童学会了语言和行走，开始探索世界，要求自主，能够“随意”地决定做什么或不做什么。这个阶段的发展任务是在成人关怀儿童安全的条件下，培养儿童自由活动的自主性。

3. 发展主动性阶段（4～7 岁）。这个时期，儿童活动更为灵巧，语言更为精练，想象更为生动。他们开始了对未来的幻想与计划。他们在探索什么是允许的，什么是不允许的。这个阶段的发展任务是发展儿童的主动性。

4. 变得勤奋的阶段（7～12 岁）。这个时期，儿童开始进入学校学习。学校训练儿童以适应将来的职业，也训练他们能够接受自己所处环境的文化。这个阶段的任务是培养儿童的自信心。

5. 建立自我同一性阶段（12～18 岁）。自我同一性阶段是儿童向成人转变的过渡阶段。儿童通过前面几个阶段学习他们可能做什么，学习了适合于他们的各种角色。到了这一阶段，少儿必须权衡所有他会掌握的信息，包括他们自己的和社会的，为他们自己提供生活的策略。如果少儿做到了这一点，就获得了自我同一性，成为一个成年人。如果青少年在该阶段不能获得自我同一性，就会产生“角色混乱”及“消极同一性”。这个阶段的任务就是发展人的自我同一性。

6. 承担社会义务阶段（18～25 岁）。这一阶段又叫成年早期，存在着亲密对孤独的矛盾。一个人如果没有发展出与别人共同劳动和与他人亲近的能力，将退回到自己的小天地，不与别人有密切地往来，这样就出现了单独或孤立。

7. 关心下一代与自我关注阶段（25～50 岁）。埃里克森认为，如果一个人顺利地度过了自我同一性时期，又在接着而来的岁月中过上了幸福和充实的生活，他将试图把带来所有这一切的环境传给下一代。完成这一任务有两种方式，与儿童直接地相互作用，或生产那些能提高下一代精神和物质生活水平的物质财富。埃里克森把这样一类人称为关心下一代的人。如果一个人不能关心下一代，或者不能完成上述活动，那他就是一个“自我关注”的人。这种人只关心自己，人际关系不良。

8. 达到完善的阶段（50 岁至死亡）。埃里克森认为，前面七个阶段都能够顺利完成的人，是有幸福生活和有所贡献的人，他们有完善感和充实感，他们不惧怕死亡。这种人在这一年龄阶段里回顾过去时，自我是整合的。而在以往的经历中带有挫折的人，回顾过去时则会有所失望，因为他们生活中的某一或某些主要目标尚未达到。

# 第二节　人的本质观与教育

## 一、对人的本质的理解

什么是人？如何认识人的本质？这是人类思想史上一直在争论的问题之一。人要生存发展，就必须首先了解认识自己。因此，在近代思想史上，人的本质问题已不再仅仅是哲学的命题，而成为社会学、文学、伦理学、心理学、教育学等所共同关注研究的课题。教育的对象是人，教育是专门培养人的社会活动。教育要有效地培养人，就必须研究人，了解人的本质及其发展的客观规律。从这个意义上说，教育学关注人的本质问题更具有特殊的价值。

关于人的本质问题，在不同社会历史时期，古今中外的思想家都从各自的世界观出发，提出了自己的看法。虽然众说不一，但总体上都是围绕着人的本原和人性善恶两个方面进行的。

西方古希腊的罗马时代，一些朴素的唯物主义哲学家认为人的本原是由物质构成的。泰勒斯认为人的本原是水，赫拉克利特则认为人的本原是火，阿纳克西米认为人的本原是空气，而德谟克利特则把人的本原看做是原子。他们的唯物主义观点虽然肯定了人的本原的物质性，但却远未能说明人的真正本质特征。至于苏格拉底与柏拉图从唯心主义立场出发，推崇人的精神和理念，把理念和灵魂看做是人的本原。认为人的理念和灵魂高于一切，人的肉体是灵魂的监狱，肉体可以死亡，而人的理念和灵魂永恒不灭，是人和事物的“原型”。

他们对人的本原的认识，不仅走上了歧途，更为后来欧洲中世纪宗教神学的上帝创造一切，人生来有罪等唯心主义观点提供了理论上的依据。

欧洲启蒙运动时期，以德国大哲学家费尔巴哈为代表的人本主义者以“天赋人权”与“个性自由”为旗帜，同封建统治和宗教神学展开了斗争。他们用人的自然性反对神性，用自然主义反对上帝的权威。费尔巴哈继承了18世纪法国唯物主义者的以人的肉体感官为基础的人性论观点，创立了他的人本主义人性观。他说：“人不是导源于天，而是导源于地，不是导源于神，而是导源于自然界。”① 他认为人的本质就是人的生理和心理特性。他说：“人自己意识到的人的本质究竟是什么呢？或者，在人里面形成类，即形成本来的人性的东西究竟是什么呢？就是理性、意志、心。一个完善的人，必定具备思维力、意志力和心力。思维力是认识之光，意志力是品性之能量，心力是爱。理性、爱、意志力，这就是完善性，这就是最高的力，这就是作为人的绝对本质，就是人生存的目的。”②

中国历史上的思想家在对人的本质的认识上，既没有把人的本质归结为精神（灵魂），也没有用人的自然属性来确证人的本质。他们对人的本质的认识主要反映在人性的善恶之争上。其争论的焦点是人生来性本善还是性本恶？人性善恶是与生俱来，还是后天形成？人性是否可以改变？在我国历史上关于人性的观点主要有“性善说”“性恶说”“性无善无恶”“性善恶混说”以及“性三品说”。

我国古代的孟轲是性善论的代表，他认为“人之性善”“人无有不善”。他说：“仁义礼智，非由外铄我也，我固有之也。”③ 荀况则认为：“人之性恶，其善者伪也”。他曾说：“目好色，耳好声，口好味，心好利，骨体肤理好愉佚，是皆生于人之性情者。”④ 告子认为：“人性之无分于善与不善也，犹水之无分于东西也。”扬雄则提出：“人之性也善恶混，修其善则为善人，修其恶则为恶人。”⑤ 而汉代的董仲舒和唐代的韩愈所倡导的是“性三品说”。董仲舒就把人性分为“圣人之性”“中民之性”和“斗筲之性”。并认为“圣人之性”可以不教而善，“斗筲之性”教也不善，只有“中民之性”是可以变化的，既可为善，也可为恶。韩愈也把人性分为上、中、下三等。也同样认为“上焉者，

---

① 《费尔巴哈哲学著作选读》，下卷，第677页，北京，商务印书馆，1984。

② 同上书，第27～28页。

③ 《孟子·告子上》。

④ 《荀子·性恶》。

⑤ 《法言·修身》。

善焉而已矣；中焉者可导而上下也；下焉者，恶焉而已矣”①。至于后来宋明理学家朱熹和王阳明提出的人性的“气”“理”之说，“性心合一”之说，已把人性论发展为主观唯心主义。

在对人的认识上，西方也同样有人性善恶之说。17世纪捷克大教育家夸美纽斯就是人性善论者，他认为人生来就有“学问”“道德”和“信仰”的“种子”。法国启蒙思想家卢梭也是性善论者，他曾说：“天赋人权，人生而平等。在人的心灵中根本没什么生来就有的邪恶。”18世纪法国的旧唯物主义者和19世纪的空想社会主义者也大都是性善论者。但中世纪的压抑人性、提出“原罪”说的宗教神学显然是性恶论者。19世纪的德国著名教育家赫尔巴特认为人生来就有一种“盲目冲动的种子”，具有“不驯服的烈性”，他所持的也是性恶论的观点。

上述种种关于人性善恶的争论，无论何种主张都是从不同角度把善恶归于先天人性，显然都是不科学的，都没有揭示出人的本质特性、人的本质。历史上关于人的本性以及人的本质观的看法，都同教育思想有密切的联系。正由于对人的本质等的不同认识，才形成了对教育的本质、作用、任务和教育方法等的各不相同的观点。

马克思主义的产生不仅为科学说明人的本质开辟了道路，也为教育思想的科学化奠定了理论基础。马克思对人的本质的标志性表述是：“人的本质并不是单个人所固有的抽象物，在其现实性上，它是一切社会关系的总和。”② 这种理解首先确认个人是社会存在物，把人和动物区别开来。马克思说：“有意识的生命活动把人同动物的生命直接区别开来。正是这一点，人才是类存在物。”③ 在这一点上，马克思对人的理解已远远超越了以往的机械唯物主义人的本质观；其次，真正决定人的本性发展变化的独特力量不是别的，而是历史变化性。正是在这个意义上，马克思指出：“人的本质是人的真正社会联系。”

## 二、人的本质观的差异对教育的影响④

### （一）不同的人的本质观产生不同的教育观

“性善论”和“性恶论”两种不同的人性观衍生出两种不同的教育观——

① 《韩昌黎全集·原性》。

② 《马克思恩格斯选集》，第一卷，第18页，北京，人民出版社，1972。

③ 《马克思恩格斯全集》，第四十二卷，第96页，北京，人民出版社，1979。

④ 窦坤，刘新科：《人性假设与教育理论建构》，载《宁夏社会科学》，2010(3)。

"内发论"和"外铄论"。

"内发论"将人性定位于"性善论"，认为，人天生就具有善良的本性，具有向上的积极因素，教育就是要根据人善良的天性去实施，更多地要尊重、信任儿童，使他们的天性得到自然的发展。即个体的心理发展完全是由个体内部所固有的自然因素预先决定的，心理发展的实质是这种自然因素按其内在的目的或方向而展现的。外部条件只能影响其内在的固有发展节律，而不能改变其节律。凡是持"性善论"人性观的教育，总是给予儿童更广阔的活动空间。让儿童在自主活动、自我反思的过程中去发展自身的素质和能力。教育者更多的是儿童的引路人和指导者，发展的责任在儿童自身，只有调动了儿童自身的积极因素和能动性，儿童才能达到更高的发展水平。如西方"性善论"者卢梭认为，人天生下来就具有善良的种子，后来之所以变坏，主要是受后天不良社会环境影响造成的。他说："出自造物主之手的东西都是好的，而一到人的手里，就全变坏了。"① 在对待儿童教育的态度上，卢梭的自然主义教育是传统教育思想与现代教育思想的一个分水岭，凡是重视儿童的主体地位、发挥儿童能动性的教育观念都属于现代教育观；相反，凡是将儿童更多地看做客体而加以严格地管教和训练的教育观，则是传统的教育观。所以，"内发论"的教育观是一种强调主体性因素、强调儿童自主发展的教育观。

"外铄论"将人性定位于"性恶论"。"外铄论"与"内发论"相反，认为个体心理发展的实质是环境影响的结果，环境影响决定个体心理发展的水平与形式。认为人天生下来就具有贪欲、懒惰、任性和逃避的倾向，是动物的本能在人身上的延续。因而通过教育矫正和改造人的天性，使其不断养成善良的品性。因此，教育对于人的发展是不可缺少的。受过良好教育的人，离动物越来越远，其精神品质愈来愈高尚和尊贵。只有通过教育，人才能成为真正的"人"。荀子认为，人的本能中不存在道德与理智，若听任其本能的发展而不加节制，必将产生暴力，因而人性本恶。所以他特别强调环境和教育对人的作用，而且他还强调外在因素对人的制约和导向作用。荀子说，"蓬生麻中，不扶自直。"所以人应当选择其生存的环境，达到"化性起伪"的目的。由于人性本来就是"恶"的，所以教育的作用就是依据一定的规矩对人的"恶"性加以改变。

### （二）不同的人的本质观导致不同的教育目的价值取向

现代人谈人性，主要分别从人的自然属性和社会属性去认识人性，由此衍

① ［法］卢梭：《爱弥儿》，第1页，北京，商务印书馆，1996。

生出教育目的论上的“个人本位论”与“社会本位论”。

“个人本位论”认为，人是自然的人，自然给予人独有的尊严和价值，个人自身的发展和完善应该成为教育价值的终极理想和目标。因此，人性的自然属性强调教育目的上的个人地位与价值。卢梭以社会人性复归为宗旨，认为人是天赋自由和平等的，人具有原始、高尚的德性，能够和睦相处。但私有制的出现，产生了人类的不平等，文明的进步伴随着道德的堕落。但人的天赋自由本性将人堕落的善良本性得以恢复。所以，人们在教育活动中就会强调儿童具有善的天赋和非凡的创造力，把这种能力视为尚未被扭曲的人性的真实表现。所以，教育就应顺应儿童的天性、天赋的善和自由、良心，而不应戒于成人。

“社会本位论”认为，人是社会的人，人的发展应以社会的稳定和发展为教育的最高宗旨，应当依据社会的要求来确定教育目的，教育的根本目的在于使受教育者掌握社会的知识和规范，成为“社会人”。在近现代西方教育史上也出现过社会本位的目的论思想。法国社会学家涂尔干认为“教育在于使青年社会化——在我们每一个人之中，造成一个社会的我。这便是教育的目的。”德国教育家凯兴斯泰纳站在社会本位主义的立场上，说：“我十分明确地把培养有用的国家公民当成国家国民学校的教育目标，并且是国民教育的根本目标。”社会本位主义的教育目的论者认为，衡量教育好坏的最高标准只能是看教育能否为社会稳定和发展服务，能否促进社会的存在和发展，强调社会对个人、对教育的制约作用。

### （三）不同的人的本质观导致不同的教育原则与教育方法

教育必须要适应人的本性发展规律，因此，不同的人性假设导致不同的教育原则与教育方法。性善论者认为，教育的目的就是要恢复人先天的善良本性，所以要特别重视学生的主观修养。而性恶论者认为，人之所以能改恶从善，是由于后天的环境和教育影响的结果，因而在教育中应特别重视改造和外练，尤其强调人的主观努力。

1. 性善论

“性善论”者孟子认为，人本性中都具有善端，即善的因素或善的萌芽，但并不是每个人都能充分发挥其善性。因此，教育要顺乎人性，扩充和发展人的善端。他认为，首先，教育的作用不是要从外注入人本来没有的东西，而是在于把人先天存在的善端加以保养、扩充和发展，或把已经失掉的善端找回来。因此，教育应特别注重启发对固有善端的自觉，强调自省和内在追求，使固有的善性归原返本。其次，应注重内省自求。教育能使人对固有的善端得到保养、扩充和发展，重要取决于人的主观差异。因此，他强调人在道德修养中的主观能动作用，主张重思自得。

卢梭认为，在教育过程中要坚持自然适应性原则，这与其人性观密不可分。他认为，人的本性是自然的，出自自然的东西都是好的，没有邪恶。而腐败的社会使人堕落，并对儿童产生恶劣的影响。因此，教育必须从儿童的天性出发，必须保护儿童善良的天性，使儿童身心得到自由的发展。教育的方法应该是自然、自由的，要顺应儿童身心自然发展的特点进行，不能按照成人的意志强迫儿童接受教育。

杜威认为，儿童的心理内容基本上是以其本能为核心的习惯、情绪、冲动、智慧等天生心理机能的不断发展生长的过程，教育的本质和作用也就是促使这种本能的生长，教育不是把外面的东西强加给儿童，而是使人类与生俱来的能力得以生长。正是基于这一认识，杜威提出了著名的“儿童中心主义”教育原则。认为教育的一切措施都要围绕着儿童进行组织。他批评传统教育消极地对待儿童，机械地将儿童集合在一起，课程和教育整齐划一，学校把重心放在教师和教科书以及其他所高兴的任何地方，唯独不在儿童的本能和活动之中，所以要对传统教育进行变革。因此，教育的任务是在没有外部压力的情况下，顺应儿童的天性，使人性先验的善得到拓展，使人原有的能力得到充分的发展。教育主要是一种“牵引”，从而达到“尽其善”。

2. 性恶论

“性恶论”者认为人的欲望是贪婪、卑劣、永远无法满足，因此，要重视环境和教育对人的影响和改造作用，主张人的发展主要是由外在的力量，如环境与他人、学校的教育与训练等决定的。既然人性是恶的，如果不加以控制，按照人的欲望和感情行事，人们就会倾向于胡作非为、捣乱、不守纪律。所以，教育的作用就是采取某些强制手段，通过强化社会控制，以传统、习俗、制度典章等来惩罚、规训、塑造儿童，使其服从于社会特定的价值、规范。教育主要是一种“控制”，从而达到“抑其恶”的作用。

## 第三节　影响人发展的基本因素

影响个体身心发展的因素很多。其中有先天的因素、后天的因素；自然的因素、社会的因素；物质的因素、精神的因素；自发起作用的因素、人为控制下起作用的因素；起积极作用的因素、起消极作用的因素；对个体发展的潜在可能产生影响的因素、对个体发展从潜在可能转化为现实产生影响的因素等。一般认为，其基本的因素为遗传、环境、教育和个人主观能动性等因素。

## 一、遗传和其他先天因素

1. 先天因素的含义

生物体的性状特征可以通过生殖过程一代一代传递下去，这种现象就是遗传。生殖细胞核内的染色体中，排列着一定数目的遗传物质——基因。基因的主要成分是一种叫做脱氧核糖核酸（DNA）的化学物质，它储存着遗传信息，通过一定的过程，控制着蛋白质的合成，从而决定生物的性状。人也是受遗传规律制约的。人的遗传素质就是指那些从先代继承下来的生理解剖特点，如皮肤的颜色、身体结构和形态、感觉器官的灵敏度、神经系统的特征等。

先天因素除遗传素质外，还有胎内环境因素。同卵双生子的遗传因素相同，但由于胎内环境不同，如一个压着另一个的头部，结果被压者的智力必然较差。妇女怀孕后，饮食、某些疾病、服用的某些药物、姿势、情绪、放射性照射等，都影响着胎儿的健康发育，也影响生后的婴儿身体与智力发展。

2. 遗传素质对个体发展的作用

遗传素质是个体发展的物质前提。有了一定的遗传素质，就为人的发展提供了可能性。人类之所以有教育现象，就是因为人生来就有接受教育所必须具备的身体和心理条件。只有人才有语言、意识、抽象思维，才能创造文明成果，才能接受教育。动物界没有教育现象，动物不能学会任何知识和较为复杂的动作，就是因为它没有语言、没有意识，不具有发展到高级水平的遗传素质。

遗传素质是造成人的个别差异的原因之一。人的遗传素质大致相同，但又具有个别差异，它在某些方面的优越或缺陷，对人的发展产生明显的积极或消极的影响。前者可以从许多早慧儿童身上看到，他们生来就感觉特别灵敏、记忆力特别强或音色特别优美；后者如生来色盲者因视网膜上的色觉细胞不健全，没有正常的彩色视觉，不能辨别颜色，难以成为画家。

人出生之后，在遗传素质的基础上，生理结构和机能不断变化发展，又为人的发展在不同年龄达到不同的水平提供了可能性。从脑的发育来说，新生儿脑重 390 克，相当于成人脑重的 1/3，2 岁半至 3 岁达 900～1010 克，7 岁时为 1280 克，9 岁时为 1350 克，12 岁时达到成人水平。新生儿的大脑皮质上不能形成明确的兴奋中心，因而没有精确的感知觉。只有在六个月之后，对外界事物才产生精确的感知觉。到了 2～3 岁，儿童的语言听觉和言语器官发展到一定水平，才能迅速学会说话。到了学龄期，儿童的内抑制机能得到了相当发展，才能对客观事物进行精细的分析，才能自觉控制自己的行为。最后，只有性腺功能发育成熟，才会开始产生两性间的爱情。

需要指出的是，遗传对人的发展的作用是基础性的和潜在性的，既不能夸大，也不能无视其作用。先天因素及生理成熟是人的发展的必要条件之一，也是向儿童正确施教的科学根据之一。所以，认为儿童是“一张白纸”，可以任意涂抹和造型的看法是不对的。然而，夸大遗传的作用同样是错误的。英国心理学家高尔登和美国心理学家桑代克都认为人的智慧80%决定于遗传，我国也有“龙生龙，凤生凤，老鼠生儿会打洞”的俗语。现实证明，这些观点夸大了人的生物属性，混淆了人的生物属性和社会属性。况且，先天因素的影响程度又因机体具体机能的性质而异，并在人的整个发展过程中呈逐渐减弱的趋势。夸大遗传的作用势必导致贬低和否定教育和个人主观能动性的作用。

## 二、环境因素

### （一）环境的含义

环境是围绕在个体周围并对个体自发地发生影响的外部世界，包括自然环境和社会环境两个方面。环境对人的发展特别是心理发展的影响，主要是通过社会环境实现的。社会环境有广义和狭义之分。

### （二）宏观环境的作用

广义的社会环境又叫宏观环境，是指全社会成员所处的整个社会生活条件，其中最重要的是社会生产力和生产关系，由它们所构成的社会生产方式制约着社会上的一切，同样也制约着这个社会的所有个体的心理发展，决定着他们的心理发展的基本性质和一般水平。社会的科学、文化发展水平，也制约着人的心理发展水平。现在入学的六七岁儿童，与50年前同岁的儿童相比，心理发展的水平有明显的提高。他们入学前在家里、幼儿园里，从广播、电视中知道了许多事情，头脑里已经装着一些有关现代生活和科学技术的问题。

### （三）微观环境的作用

狭义的社会环境又叫微观环境，是指个人生活、活动范围之内的各种事物，像社区、家庭、邻居、亲友、伙伴等。一个人从出生起，就和他周围的环境发生关系，各种各样的事物作用于他，使他产生这样的或那样的心理。任何一个人最初掌握的语言，总是他周围人们所使用的语言；山区与平原的儿童、城市与乡村的儿童，见闻不同，从事的活动不同，他们的心理就有所不同；家庭的经济地位，家长的职业，儿童接触的各种人，对他的心理都有不同程度的影响，产生积极或消极的作用。

### （四）环境与遗传的交互影响

环境与遗传具有交互影响。研究表明，同卵双生子的遗传基因相同，而异卵双生子和不同血缘的人的遗传基因不相同。不同血缘的人自幼在同一生活环境中长大者，其智力相关为0.20；有血缘关系的同胞兄弟姐妹在同一生活环境中长大者，其智能相关为0.55，在不同生活环境中长大者，其智能相关为0.47；异卵双生子在同一生活环境中长大者，其智能相关为0.60；同卵双生子在不同生活环境中长大者，其智能相关为0.75，在同一生活环境长大者，智能相关为0.88。[①] 所以，必须辩证地看待遗传与环境对人身心的发展的影响。

在西方心理学中，有人把宏观环境和微观环境混为一谈，片面夸大微观环境特别是其中一些自发性因素的作用，结果犯了"环境决定论"的错误。环境对人的影响是通过人与环境的相互作用实现的。一般来说，这种影响具有自发的性质，所以，不能孤立地、片面地认为人是环境的产物。还要看到更为重要的一面，即"环境正是由人来改变的"。人可以通过自己的实践活动，改变旧环境，创造新环境。教育者可以通过对环境，特别是微观环境的控制和改变，来保证环境对儿童心理发展产生积极作用。"孟母三迁"，从"其舍近墓"，到"迁居市傍"，最后"徙居学宫之傍"，终于使孟子成为我国古代的杰出人才。这故事，既说明了具体生活环境对儿童心理发展有重要影响作用，又说明人可以控制和改变环境。因此，教师在工作中，既要注意学生周围的环境对他的各种影响，又要有效地对其进行趋利避害的控制。

## 三、教育因素

教育有广义与狭义之分，广义的教育可以包含在社会生活环境因素之内；狭义的教育即学校教育，它对个体发展的作用十分突出。

### （一）学校教育对个体发展起主导作用

学校教育对个体发展起主导作用，即确保受教育者的身心发展既具有社会适应性，又具有得体的个性，并提升发展的速度，使其达到最佳水平。由于儿童阶段身心发展迅速地从不成熟到成熟，可塑性大，身心发展的不少敏感期或关键期，都处在接受基础教育之时，故基础教育对儿童身心发展的主导作用更为明显。

---

① 卢佳榍：《心理学》，第172页，上海，上海人民出版社，1999。

### （二）为什么学校教育可能对个体发展起主导作用

1. 浅层的原因

这是由教育的属性和职能决定的。学校教育的目的本来就是为了提高人的素质。它有明确的目的和方针，有精心选择和组织的教育内容，有经过专门训练的教育工作者，有系统的、计划周密的实施过程等。教育工作者通过口头、书面的语言和操作、行为，把积累起来的社会经验、文明成果传递给受教育者，使他们形成强健的体魄、聪慧的智能、完善的意志、优良的人格，使原有的身心发展水平得到有效的提高。

2. 深层的原因

是由于教育激活了身心发展的内因，实现了内因与外因的统一。身体发展的内因有其复杂的生理、生化机制，教育对这种机制产生影响的程度很有局限。儿童心理发展的内因，一般认为，就是新的需要同已有的心理水平之间的矛盾。矛盾的一方——需要，有多种表现形态：动机、目的、爱好、兴趣、理想、信念等，代表着新的一面。儿童产生的新需要，是由社会和教育向儿童提出的新要求为儿童接受后转化而来的。矛盾的另一方——原有的心理水平，即原有的完整心理结构，是过去反映的结果（包括心理过程的发展水平，个性心理的发展水平，知识、技能、经验的水平，年龄特征，当时的心理状态），代表着旧的一面。矛盾双方是统一的又是斗争的。社会环境和教育，总是不断地向儿童提出要求，使他不断地产生新的需要，这种新需要可能被原有心理水平所否定、所排斥，使得心理发展仍保持在原有的水平。但更多的情况是，新需要为原有心理水平所同化，且趋于一致性，从而使得心理在原有水平的基础上向前发展。例如，六七岁的儿童已经掌握了一般口头语言，小学教育向他提出了掌握书面语言的要求，使他产生了阅读和书写的新需要，这种需要与原有的言语发展水平存在着矛盾，这种矛盾推动他去掌握书面语言，这样，儿童心理的发展水平，就获得了提高。这种新的需要和原有心理水平不断统一和斗争，推动着儿童心理不断发展。当儿童心理经过一系列量的变化之后，就在总体上产生了质的变化，于是，儿童心理的发展，就进入了一个新的阶段。

儿童心理发展的外因是什么？前面说过，儿童产生新的需要，是由社会和教育向儿童提出的要求转化而来的。实际上一般而言，教育是集中体现社会要求的。因此可以说，社会环境和教育是儿童心理发展的条件，其中教育是主要的外因。教育能在儿童心理发展中起主导作用，根本道理就在这里。

外因是要通过内因起作用的，教育只有符合儿童心理内部矛盾的实际，才能真正实现主导作用。如果教育要求过低，激发不起学生的兴趣和求知欲，产生不了新的需要，就不能构成儿童心理发展的内部矛盾；如果教育要求过高，脱离了儿童原有的心理水平，那么，即使激起了新的需要，也不能为原有的心理结构所“同化”，不能成为心理发展的动力。

### （三）怎样才能实现教育的主导作用

学校教育对儿童发展的主导作用，要由可能性变为现实性，教育工作者必须把握以下三个要点：

（1）恰如其分地估计遗传和环境对儿童的作用。既不能忽视，又不能夸大，要全面分析，权衡利弊，从实际出发，扬长避短或扬长补短。特别要取得社会、家庭在对儿童教育上的一致。

（2）教育活动既不能脱离儿童现有的身心发展水平，也不能仅仅只适应于现有水平，而应该符合比现有水平高，但又是经过自己努力和他人帮助可以达到的水平。以这种稍高于学生的实际水平的要求来训练学生，就可以使他们达到现发展阶段的最高水平，又能为过渡到下一个更高的发展阶段准备条件。

（3）教育工作者要充分调动儿童的主动性、积极性。要引导他们进行各种活动，更多地与客观事物打交道，既有自身的运动，也有动手对客体的操作，更有动脑的各种心理活动，包括集中的注意、精细的观察、充分的想象、深刻的思维、牢固的记忆等。总之，教师通过儿童自身活动去实施教育影响，是发挥教育的主导作用的基本点。

## 四、个人主观能动性

唯物辩证法认为，事物的变化和发展是外因和内因相互作用的结果，其中外因是变化的条件，内因是变化的根据，外因只有通过内因而起作用。环境和教育虽然对青少年身心的发展起着极为重大的影响作用，但是，它们只是青少年儿童身心发展的外部条件（外因），这种影响作用只有通过青少年儿童的内因——主观能动性才能起决定作用。在同样的环境和教育条件下，每个学生发展的特点和所取得的成就，取决于他们自身的态度，取决于他们在学习、劳动和科技活动中所付出的努力。所以，个体的主观能动性是其身心发展的内在动力。

那么，人们的主观能动性是怎样形成的呢？一般说来，是客观环境向人们提出新的要求（任务、问题和困难），这些要求与人们原有的身心发展水平（知识、经验、能力、个性品质、身体状况等）之间发生了内部矛盾，这种内部的矛盾运动，就是推动人们心理向前发展的内因或动力。在此矛盾运动过程中，新的需要总是否定着原有的心理水平，迫使原有的水平得到不断提高，以满足新的需要。当这种需要转化为已有的心理水平，又会产生更高层次的需要。青少年儿童心理发展水平总是满足不了日益增长的新需要，因此，新的需要与原有的心理发展之间的矛盾运动，总是推动着青少年儿童去接受外界环境与教育的影响来满足自己发展的需要，以促进自己的发展。所以在教育工作中，只有对学生不断地提出新的要求，引起他们内心的需要，才能有效促进学生的发展。

个体的主观能动性在青少年儿童的发展中起着巨大的推动作用，但是它的作用也不是绝对的、无限制的。个体的主观能动性，只有在外部的环境和条件的基础上，才能发挥作用。所以，如果片面、无限制地夸大内因的作用而忽视环境和教育（尤其学校教育的影响）的作用，就可能导致削弱教育的力量，这在理论上是错误的，在实践中是有害的。

最后，应该明确的是，影响人的发展的各种因素是相互作用、相互影响，共同作用于人的发展的。青少年儿童就是在遗传、环境、教育和他们的主观能动性的相互作用中获得发展的。

## 第四节　教育要适应年轻一代身心发展的规律

教育与人的发展是相互促进、相互制约的辩证统一关系。这种辩证统一关系向我们揭示了学校教育决定个体发展的方向，制约着个体发展的过程，而教育又要受个体身心发展规律、年龄特征和个性特点的制约。在教育工作中，只有正确认识、把握这种辩证关系才能教育、培养好每位学生。

### 一、教育与身心发展顺序性的谐适

人的身心发展是由量变到质变的运动过程。这个发展过程是有顺序的、持续不断的。沿着固定的顺序，由低到高，由简单到复杂。前一阶段是后一阶段发展的准备，后一阶段则是前一阶段发展的必然结果。不仅整个身心发展表现出一定的顺序，而且身心发展的过程和特点的出现也具有一定的顺序。这种顺序是不会逆转的。如思维方面，先发展动作思维、形象思维，后发展抽象逻辑思维；记忆方面，先发展机械记忆，后发展意义记忆；情绪、情感方面，先有高兴、恐惧等一般情绪，然后才出现理智感、道德感等高级社会情感等。与身心发展的顺序性和谐地相适应，教育就应该循序渐进，不可“揠苗助长”“凌节而施”，否则，欲速则不达。根据身心发展的连续性，在实施教育的过程中，必须注意相邻学段的衔接性与协调性。

## 二、教育与身心发展阶段性的谐适

个体身心的发展表现出一定的阶段性。每一阶段经历一段时间，在这段时间内，首先表现为数量上的变化，然后由量变逐步到质变，从而进入一个新的阶段。因此，在不同的年龄阶段，身心发展均有一般的（普遍都有、个别例外）、典型的（不是全部的）、本质的（不是偶然的、浮表的）特征，称为身心发展的年龄特征。这主要表现在生理发展，特别是高级神经活动的发展上，也表现在儿童的主导活动上、言语和智力发展的水平上。根据在这些方面的研究成果，结合我国的教育实际情况，一般把儿童发展的年龄阶段，划分为以下六个时期：

（1）乳儿期（出生至1岁）；

（2）婴儿期（1～3岁）；

（3）学前期或幼儿期（3～6岁）；

（4）学龄初期或童年期（6～12岁）；

（5）学龄中期或少年期（12～15岁）；

（6）学龄晚期或青年早期（15～18岁）。

这些年龄阶段长短不等，它们是相互区别、又相互联系的。相邻的两阶段既有质的差别，又不能截然分开，它们的过渡是逐渐的。如少年期的抽象思维已有很大发展，但还需要在童年期占优势的具体形象思维的支持，同时，又孕育着在青年早期占主要地位的抽象思维的一些特点。

中学生年龄通常为12、13岁至18、19岁，初中阶段属少年期，高中阶段属青年早期，整个中学阶段，可总称为青少年期或青春发育期。这是个体从童年向成年的过渡时期，是身心急剧变化并趋向成熟的时期。学生的年龄特征，是确定教育内容、选择教育方法时必须研究和遵循的。如识字教学，根据低年级学生的身心特点，究竟要求他们识字多少才恰到好处？用什么方式进行识字教学效果最佳？不同的数学知识，如函数、有理数、几何概念最适宜哪一个年级开始教学？外语教学从哪个年级开始最好等。否则，对不同年龄、不同学段的受教育者采取“一刀切”的教育措施，或有成人教育儿童化，都必然是事与愿违、适得其反的。

## 三、教育与身心发展的个别差异性的谐适

人的发展有共性，也有个性，即人与人之间存在个别差异。人的发展在各年龄阶段既具有普遍的共同的生理特征和心理特征，又存在着个别差异，每一

个学生都有其自身的特点。

这种个别差异是人在社会化过程中，由于人的遗传、社会生活条件、教育等因素的不同影响造成的。这种差异主要表现在男女性别上的差异、发展类型和水平的差异、发展早晚的差异等方面。

这种差异性，一是表现为生理差异。由于遗传和生活条件的影响，人的身高、体重有差别，体质有强弱，生理发育有迟早，长相各不相同等。二是心理差异。每个人的认识能力有不同，兴趣爱好不一样，个性差异很大。有的长于抽象思维，有的长于形象思维；有的喜欢文学，有的爱好音乐；有的热情奔放，有的沉着冷静；有的粗疏泼辣，有的细致谨慎。即使是孪生子，他们的生理和心理也存在着差异。心理学研究表明，在婴儿期，孪生子的语言和认识能力就有了差异。

教育工作不仅要认识学生身心发展的共同特性，又要充分重视每个学生的个别差异，做到“因材施教”，充分发挥每个学生的潜力和积极性，以利于扬长避短，“长善救失”，使具有各种差异的学生都能获得最大限度的发展。

## 四、教育与身心发展不均衡性的谐适

人的身心发展有一定的顺序性，但他们的身心发展速度并不是在每个阶段都是一样的，而是不均衡的。这种不均衡性表现在：

一是在不同的年龄阶段，同一方面的发展速度是不平衡的。有的阶段发展快，有的阶段发展慢。如青少年儿童身高、体重有两个增长高峰，第一个高峰在出生后的第一年，第二个高峰则在青春发育期。再如，儿童大脑发展的最快时期是出生后的第5～10个月、5～6岁、13～14岁三个加速期。美国心理学家布卢姆为了寻找学生智力发展的最佳期，曾对上千名婴幼儿进行跟踪研究，一直到他们成年。布卢姆研究的基本结论是：5岁以前是儿童智力发展最迅速的时期。他认为，虽然每个人的智力发展在方向上是各种各样的，但用概率来说明，如果把17岁时人所达到的智力水平定为100%的话，那么出生后的前4年他已获得了50%，到8岁已获得80%，从8岁到17岁获得20%。他的研究得到国际公认。

二是不同方面发展的不均衡性。不同身心机能的发展，在不同的年龄阶段也是不均衡的，有的方面在较早年龄阶段就已达到了较高的发展水平，有的则要到较晚的年龄阶段，才能达到较为成熟的水平。如人的知觉、记忆、比较与判断、动作反应与速度等方面，成熟与衰退的年龄是不相同的。知觉、记忆一般在10～17岁就达到了一个比较成熟的水平，而比较与判断、动作反应与速度要到 18～29 岁才能达到一个比较成熟的水平。心理学研究还表明，有的心理现象在特定的年龄时期产生，发展极为迅速，错过这个时机，就难以出现甚至不再出现了，于是把这样的时期叫做“敏感期”或“关键期”，又因这种特定的年龄时期，学习某种经验十分容易，故也称为最佳年龄。近年来的研究表明，2～5 岁，是口语发展的敏感期，这时期，儿童可以十分迅速地掌握大量语言材料，外国的资料认为，5 岁儿童能听懂 2100～2500 个单词，5 岁半左右是幼儿掌握语法，理解抽象词汇以及综合语言能力开始形成的关键时期。如果在 5 岁以前，幼儿缺乏最基本的语言训练，不与人类接触，这个幼儿将很难学会人类的语言了。印度“狼孩”的事实就说明了这一点。两个孩子在出生后不久，就被狼叼走，七八年后再回到人类社会，尽管进行了各种教育训练，但“狼孩”终究还是没有学会人类的语言。许多心理学家都致力于关键期的研究，以求得实施某种教育的最佳年龄。有研究报告显示，3～5 岁是幼儿音乐能力开始萌芽的关键时期；4 岁以前是图像视觉发展的敏感期，以后图像视觉就开始减弱；4 岁左右是幼儿开始学习外语的关键时期，这个时期学习外国语，有很好的效果；4～5 岁是幼儿记忆流畅性和记忆备用性以及整体记忆能力开始形成的关键时期；6 岁半左右是幼儿创造性开始成熟的关键时期；11～12 岁是具体形象思维向抽象逻辑思维发展的关键年龄，此时儿童的数学能力迅速发展；还有人认为，小学三年级是儿童个性和品德发展的关键年龄。中学阶段，初中二年级又是个关键期，辩证逻辑思维、明确的生活理想，就是从这个时期开始产生的。

顺应身心发展不平衡性，教育者特别要注意抓住关键期，不失时机地采取有效措施，促进受教育者实现卓有成效的发展，否则，会事倍功半、勤苦而难成。

## 五、教育与身心发展稳定性和可变性的谐适

儿童身心发展的特征，是在一定的社会条件和教育条件下形成的，同时也受脑的结构和机能的发展所制约的，因此，它既有稳定性，又有可变性，后者是绝对的，前者是相对的。

青少年儿童身心发展的稳定性，是指在一定的环境和教育条件下，青少年儿童身心发展阶段的顺序性，以及每一阶段的变化过程和速度，大体上是相同的，表现出每个阶段共同的基本特征。如发展阶段的顺序，绝不可能以一个发展阶段跳跃到另一个发展阶段而越过中间阶段。如儿童脑的结构和机能的发展是有一定过程的，人类知识的发展也是有一定顺序的，接受知识、头脑中建立

神经联系，自然也有一定顺序，这就决定儿童身心发展的顺序、速度，大体上是稳定的，发展水平在一定阶段，有个难以突破的限度。

但是，还应当看到，又由于社会条件和教育条件是可以变化的，这些条件对儿童所起的作用就有所不同，因此，各年龄阶段儿童的身心发展，无论是内容，还是发展的性质和水平，都可以在一定范围和一定程度上发生变化。在不同社会生活条件下，同一年龄阶段的青少年儿童身心发展水平就会有差异，具有一定的可变性。如现在少年儿童的性成熟期比 50 年前提前了 1～2 年，兴趣、爱好、理想、智力发展水平也发生了很大的变化。

顺应身心发展的稳定性，教育者须按照一定历史时期、一定年龄阶段受教育者的身心特征，确定教育的内容和方法。

顺应身心发展的可变性，教育者须根据时代、条件的变化特点，改变僵死的教育模式，及时更新教育的内容与方法，促进受教育者身心更好地发展。

在教育工作中，一方面，要注意青少年儿童身心发展的稳定性，掌握每一阶段中那些较稳定的共同的特性，选择科学的教育、教学内容和方式。另一方面，又要重视身心发展的可变性，通过有效的教育、教学工作充分利用发展的可能性，促使青少年儿童较快发展。

以上五条身心发展的规律有着内在联系，它们从不同的角度揭示了个体身心发展必然性的一面，也让我们看到了发展的无限可能性和丰富多样性。其中，生理上的成熟机制规定了个体身心发展的基本路线，从而影响了人的心理发展路线，但它并不绝对规定每一阶段发展达到的程度与速度。生理的成熟也不自动导致心理的成熟。因为发展从潜在的可能转化为真实的状态还与外部环境和发展主体的选择、实践、能动性的发挥相关。在人的身心发展问题上，限定的方面是有的，但宿命论是错误的。正确认识教育与发展的关系，从学生身心发展的实际出发，善于向他们提出经过他们努力能够达到的目标要求，选择最有效的教育途径，不断提高他们身心发展的水平。

### 推荐阅读书目

1. 柳海民：《现代教育原理》，长春，东北师范大学出版社，2002。

2. 窦坤，刘新科：《人性假设与教育理论建构》，载《宁夏社会科学》，2010 (3)。

3. 张法琨：《古希腊教育论著选》，北京，人民教育出版社，1994。

4. 高平叔：《蔡元培教育论著选》，北京，人民教育出版社，1991。

5. 鲁洁：《超越与创新》，北京，人民教育出版社，2001。

6. 瞿葆奎：《教育基本理论之研究》，福州，福建教育出版社，1998。

7. [法] 弗朗索瓦·佩鲁：《新发展观》，北京，华夏出版社，1987。

8. [德] 卡尔·雅斯贝尔斯：《什么是教育》，北京，生活·读书·新知三联书店，1991。

9. [美] 列奥·斯特劳斯：《古典传统与自由教育》，北京，华夏出版社，2005。

10. [美] E. 弗洛姆：《弗洛姆著作精选：人性、社会、拯救》，上海，上海人民出版社，1989。

## 学习思考

1. 人的发展的基本内涵是什么？

2. 影响人的身心发展的主要因素有哪些？这些因素在人的身心发展中各起什么作用？

3. 为什么说教育在人的发展中起主导作用？

4. 人的身心发展遵循哪些规律？教育如何适应人的身心发展的规律？

5. 人的本质观是如何影响教育的？

# 第四章　教育目的

教育作为一种培养人的社会活动，有其活动的目的。简言之，教育目的是教育活动的出发点和归宿。在任何时代、任何国家和地区，教育制度和政策的性质、教育的结构和布局、教育的内容和组织形式、教育和教学方法等都要受到教育目的的影响和制约。教育工作者只有对教育目的有正确的理解，才能有效地组织教育活动和进行人才的培养。

## 第一节　教育目的概述

教育是人类所特有的实践活动，什么是教育目的？教育目的有何特点和功能？这是探讨教育目的时首先要解决的问题。

### 一、教育目的的内涵

#### （一）教育目的的概念

所谓目的是“人对某种对象的需要在观念上的反映，人在行动之前在观念上为自己设计要达到的目标。”教育目的即是指教育者预先设定并追求的教育活动所要取得的结果，它指明教育要达到的标准和要求，说明要培养的人要达到什么样的规格，是一种基于教育现实的理想虚构。需要明确的是，教育结果并不能和教育目的简单地画等号，或者说二者存在着根本的不同。原因在于，客观条件和实际的教育实践过程与教育者最初的设想总会存在程度不同的差异，正是由于这些差异，教育目的的应然状态与实然状态之间便产生了不一致，受教育者可能会达不到教育者的要求，也可能会超越后者的预期。

教育目的也有广义、狭义之分。广义的教育目的是指培养人的总目标，是指对教育活动具有指向作用的目的领域（或称目标领域），含有不同层次预期实现的目标系列。其层次结构有上下位次之分，依次为：教育目的—培养目标—课程目标—教学目标，各位次名称的含义及所产生作用的特点既有共同性，也有各自的独特性。狭义的教育目的是指学校教育目的，它是指一定社会

(国家或地区）为所属各级各类教育人才培养所确立的总体要求，它体现了特定国家或社会的教育价值观，对所有学校具有普遍指导意义。

### （二）教育目的与教育方针的区别和联系

教育方针是教育工作的宏观指导思想，是总的教育方向。教育目的与教育方针既有联系又有所不同。从二者的联系上看，它们在教育的社会性规定上具有内在的一致性，都规定教育“为谁培养人”，是一定社会（国家或地区）各级各类教育都必须遵循的基本指导思想。二者在所包含的内容范围以及侧重点上又有所不同。一方面，教育方针所含有的内容比教育目的更多。教育目的一般只包含“为谁培养人”“培养什么样的人”的问题；而教育方针除此以外，还含有“怎样培养人”的问题以及规定教育事业发展的基本原则。另一方面，二者的侧重点不同。教育目的侧重对所培养的人的质量规格的要求，而教育方针则侧重在“办什么样的教育”“怎样办教育”方面。

### （三）教育目的与教育目标

教育目标是在教育目的的制约下，根据社会发展的某一历史时期对人才的特殊需要所规定的各级各类学校及专业的培养规格。从逻辑关系上看，教育目标应该是教育目的的下位概念。教育目标一方面受制于教育目的，与教育目的有一定程度的吻合；另一方面又受制于社会发展的某一特殊时期、特定的政治经济对教育的特殊需求。

## 二、教育目的的基本类型

### （一）从作用的特点分——价值性教育目的和操作性教育目的

价值性教育目的是指具有价值判断意义的教育目的，即含有一定价值观实现要求的教育目的，表示人才培养所具有的某种价值取向，是指导教育活动最根本的价值内核。而操作性教育目的则是指具有实践操作意义的教育目的，即实现要达到的具体教育目标，表示实际教育工作争取实现的某些具体目标，一般是由一系列短、中、长期的具体教育目标所组成。二者相互联系、相互作用，前者是后者确立的依据，后者是前者的表现形式。

### （二）从要求的特点分——终极性教育目的和发展性教育目的

终极性教育目的即理想的教育目的，是指具有终极结果的教育目的，表示各种教育及其活动在人的培养上最终要实现的结果，它蕴涵着人的发展要求具有“完人”性质。发展性教育目的也称现实的教育目的，是指具有连续性的教育目的，表示教育及其活动在发展的不同阶段所要实现的各种结果，表明对人培养的不同时期、不同阶段前后具有衔接性的各种要求。

终极性教育目的具有发展的终结性，对各种教育阶段及其教育活动的影响是宏观的，具有总的指导原则和方向指针的意义。而发展性教育目的具有发展的持续性，对各种教育阶段及其教育活动的影响是具体的，对各种教育现实问题解决的结果具有直接评价和认定的意义。

它们两者的关系是：前者是根本性依据，是后者确立的基本指导思想；后者是前者的具体体现。

### （三）从实际被重视的程度分——正式决策的教育目的和非正式决策的教育目的

正式决策教育目的是指被社会一定权力机构确定并要求所属各级各类教育都必须遵循的教育目的。而非正式决策的教育目的则是指蕴涵在教育思想、教育理论中的教育目的，它不是被社会一定权力机构正式确立而存在的，而是借助一定的理论主张和社会根基而存在的，主要有两种：一是以思想理论为根基而存在；二是基于一定社会单纯的功利观念而存在。

## 三、教育目的的功能

教育目的的功能指教育目的对实际教育活动所具有的作用。其层次的多样性，使教育目的具有多方面的功能。

### （一）教育目的的定向功能

任何社会的教育活动，都是通过教育目的才得以定向的。教育目的及其所具有的层次性，不仅内含对整体教育活动努力方向的指向性和结果要求，而且还含有对具体教育活动的具体规定性。它指示给教育的不仅有“为谁（哪个社会、哪个阶层）培养人”“培养什么样的人”这样未来的方向，而且还包括现实教育实际问题解决的具体路径。具体表现为：

（1）教育目的对教育社会性质的定向作用。它对教育“为谁培养人”具有明确的规定。

（2）教育目的对人培养的定向作用。它使教育依据这样的规定，不仅能改变人的自然的盲目的发展性，而且还能对人不符合教育目的要求的发展给予正确的引导、使其发展与预定的方向相一致，符合教育目的的规定，产生社会所需要的新的品质。

（3）教育目的对课程选择及其建设的定向作用。它对选择什么样的内容、选择何种水平的教育内容，对内容进行如何取舍等具有决定性作用。

（4）教育目的对教师教学方向的定向作用。除了要培养学生能力和技能方面的教学定向外，还有对培养思想品德方面的价值定向作用，使教师知道自己所要教的最重要的是什么。

### （二）教育目的的调控功能

一定的教育目的，是一定社会根据自身或人的发展需要对教育活动进行调节、控制的一种重要手段，以便达到其自身发展的目的。教育目的对教育活动的调控主要借助以下方式来进行：

（1）通过确定价值的方式来进行调控。这主要体现在对教育价值取向的把握上，教育的产生和发展既是社会的需要，也受社会所制约，社会在利用教育来满足自身或人的发展需要时，无不给它赋予特有的价值取向。因此教育目的带有一定价值观实现的要求，并成为衡量教育价值意义的内在根据，进而调控实际教育活动，使其对“价值不可违背”。

（2）通过标准的方式进行调控。教育目的总是含有“培养什么样的人”的标准要求，这些标准对实际教育活动的影响是多方面的，是教育活动“培养什么样的人”的基本依循，使教育者根据这样的标准调节和控制自身对教育内容或教学方式的选择等。

（3）通过目标的方式来进行调控。一种教育目的的实现会使它自身衍生出系列的短期、中期或长期的目标，正是这样一些目标，铺开了教育目的可以实现的行走（操作）路线，具体调节和控制教育的各种活动。

就调节控制的对象而言，既包括对教育工作者教育观念、教育行为的调控，因为教育观念含有对学生培养的价值倾向（一般从工作态度和行为中体现出来），教育行为不仅体现了教育者的敬业状态和责任的大小，而且还具体涉及教学内容的选择、教学方法的选择等，这些都直接或间接地依据教育目的进行调控；也含有对受教育者的调控，一方面，体现为对学生的外部调控。由于教育目的本身含有对学生成长的期望和要求，因此教育者对学生不符合教育目的的行为总是予以引导或纠正；把学生的发展纳入预定的方向中去。另一方面，体现为学生的自我控制。这是因为当受教育者意识到教育目的对自身未来成长的意义和要求时，往往能增强他在教育活动中不断完善自身的努力程度。把合乎教育目的的发展作为努力方向，主动发展和规范自己。总之，教育目的含有的各种内在规定性，对整个教育过程具有很强的调控功能。

### （三）教育目的的评价功能

教育目的不仅是教育活动应遵循的根本指导原则，而且也是检查评价教育活动的重要依据。因为一种能够实现的教育目的，总是含有多层次的系列目标，这使得它对教育活动不仅具有宏观的衡量标准，而且还具有微观的衡量标准。依据这些标准，能够对教育活动的方向和质量等做出判断，评价教育活动的得与失：

（1）对价值变异情况的判断和评价。社会中个人、群体、社会各层次之间存在的利益、需要、目的等方面的矛盾与冲突，常常导致教育上的冲突。这就使得教育活动的进行总是面临多种多样的教育价值观和教育目的的影响和干扰，并不是事先已被赋予了明确的目的或多层次目标就能保证各方面的顺利进行和实现。这种影响和干扰虽不能一下取代被社会正式确定的教育目的，但有时却容易在实践上导致教育活动的方向模糊不清，甚至使其被赋予了另外一种价值取向。现行倡导的素质教育，有的就已被赋予了片面升学的价值取向。对于这种情况，如果不坚持用所确立的教育价值观的要求进行衡量评价，就不能意识到教育活动价值的变异，也难以使其得到有力地纠正。

（2）对教育效果的评价。教育目的中的层次目标，一般都是根据具体教育问题提出的，它不仅是可以被具体教育活动可操作、可实现的目标，而且是评价具体教育活动效果达成程度的直接依据。运用这样的标准来评价具体的教育活动过程，可判断出过程的得失、质量的高低、目标达成的程度等。总之，教育是一个多因素参与的社会活动，复杂多样的社会因素总是对教育及其过程产生这样或那样的影响。要确保教育目的的实现，就应注意依据教育目的不断分析评价教育过程发展状况的结果，适时做出恰当判断。只有注意发挥教育目的对教育活动的评价功能，才能更好地从根本上把握教育活动的进行。

教育目的的上述功能，是相互相联系、综合体现的。每一种功能的作用，都不是单一表现出来的。定向功能是伴随评价功能和调控功能而发挥的，没有评价和调控功能，定向功能难以发挥更大的作用；而调控功能的发挥需要以定向功能和评价功能作为依据；评价功能的发挥也离不开对定向功能的凭借。在现实教育中，应重视和发挥教育目的的这些功能，对其合理的把握，在于对教育目的理解的深刻性和全面性。

## 四、教育目的的确立依据

### （一）教育目的要反映生产力和科技发展对人才的需求

生产力是人类征服改造自然获取物质资料的能力，生产力的发展水平体现人类已有的发展程度，又对人的进一步发展提供可能和提出要求。在社会发展中，生产力的发展起着最终的决定作用，从而也是制约教育的最终决定因素。

### （二）教育目的要符合社会政治经济的需要

教育目的的性质和方向直接决定于社会的政治经济制度。在阶级社会里，教育目的总是取决于统治阶级的经济利益和政治利益。因此在阶级社会中，教育目的具有鲜明的阶级性，是阶段意志的集中表现，所谓超阶级的教育目的是不存在的。

### （三）教育目的要符合受教育者的身心发展规律

首先，教育目的直接指向的对象是受教育者，是希望引起受教育者的身心发生预期变化，使其成长为具有一定个性的社会个体，离开了受教育者这一对象，既不能构成，也无从实现教育目的。

其次，受教育者在教育活动中不仅是教育的对象，而且也是教育活动的主体。受教育者作为教育对象在教育活动中的主体地位是教育活动对象区别于其他活动对象的显著特点。

## 五、教育目的的价值取向

所谓价值，是客体对主体的效用、意义，归根结底是客体对主体需要的满足。价值是主体和客体之间的一种特殊关系，它存在于主客体相互作用之中，是一种关系范畴，而不是实体范畴。一个事物对于人是否有价值，就是视其能否满足人的某种需要；价值的大小也就是满足人的某种需要程度的大小。

所谓教育目的的价值取向，是指教育目的的提出者或从事教育活动的主体依据自身的需要对教育价值做出选择时所持的一种倾向。

人们对教育活动的价值选择，历来有不同的见解和主张。就个人的发展来说，有的人强调知识的积累，有的人强调智能的培养，有的人强调知识的完善，有的人强调美感的陶冶、有的强调智、德、体和谐发展；就社会需要来说，有的人注意政治效益，有人注意经济效益，有人注意文化效益，有的从长计议，有的急功近利；就个人发展与社会需要的关系来说，有的人认为教育目的应从促进个性发展出发，有的认为应从满足社会需要为出发点，等等。在教育目的价值取向上，争论最多影响最大的也最带根本性的问题，是教育活动究竟是注重于个人个性的发展还是注重于社会需要。

### （一）人本位的价值取向

人本位的价值取向，即把人的价值看成高于社会价值，把人作为教育目的根本所在的思想主张。这种教育目的的价值取向最主要的特点是：重视人的价值、个性发展及其需要，把人的个性发展及需要的满足视为教育的价值所在；认为教育目的的根本在于使人的本性、本能得到自然发展，使其需要得到满足；主张应根据人的本性发展和自身完善这种“天然的需要”来选择确立教育目的，按照人的本性和发展的需要来规定教育目的。

主要代表人物包括：卢梭、裴斯泰洛齐、康德、马斯洛和萨特等。

卢梭认为，教育的首要目的是培养“人”，是指导儿童怎样“做人”；他说“人在自然界里都是平等的，他们共同的天职即是做人的职业”，因此，“人的生活是我所要教他的行业，当他离开我时，我可以向你保证，他将不是一个官吏、一个军人、或者一个牧师，他将是一个人。凡一切适宜人的，他会敏捷地学起来，而且不比别人差。不管命运怎样变动他的地位，他将是无往而不宜的。”①

裴斯泰洛齐认为，“人的全部教育就是促进自然本性遵循它固有的方式发展的艺术”“教育意味着完整的人的发展”“人只有通过艺术（指教育或教学）才能成其为人。”②

康德认为，“人只有靠教育才能成人”“儿童应当教育，然而不是为现在而是为将来人可能改良到的一种境界；换言之，是适合于人类理想与人生的全部目的的。”

**（二）社会本位的价值取向**

社会本位的价值取向，把满足社会需要视为教育的根本价值。它的基本观点有：认为社会是人们赖以生存发展的基础，教育是培养人的社会活动，教育培养的效果只能以其社会功能的好坏来加以衡量，离开社会需要，教育就不能满足社会的需求；主张教育目的不应从人的本位出发，而应从社会需要出发，根据社会需要来确定。

主要代表人物包括：涂尔干、凯兴斯泰纳等。

涂尔干认为，“教育在于使年轻一代系统地社会化”③，即培养“社会的我”。

凯兴斯泰纳认为，“一切教育的目的——是教育有用的国家公民”④。

---

① 张焕庭：《西方资产阶级教育论著选》，北京，人民教育出版社，1979。

② 冯克诚：《裴斯泰洛齐人文教育思想与教育论著选读（下）》，北京，学苑音像出版社，2006。

③ 张人杰：《国外教育社会学基本文选》，上海，华东师范大学出版社，1989。

④ ［德］凯兴斯泰纳：《凯兴斯泰纳教育论著选》，第217～249页，郑惠卿译，北京，人民教育出版社，1993。

个人本位论和社会本位论都没有看到问题的全部，都犯了机械的、片面认识事物的错误。他们都只是看到了个体与社会、个体发展与社会发展之间的差别与对立，而没有认识到个体与社会、个体发展与社会发展之间的同一和统一，导致了对确定教育目的依据的片面认识。以这种片面的认识来指导教育实践必然产生一定的危害。单从个体本能需要出发，不考虑社会发展的客观需求而制定的教育目的，势必要导致教育的自然主义和自由主义；单从社会发展需要出发，而不顾个体的兴趣、爱好、心理特征及发展规律而制定的教育目的，则极易破坏教育的因材施教与生动活泼，导致对人身心、个性的压抑和摧残。

**（三）个体发展与社会发展的辩证统一论**

马克思吸收了以往任何时代关于人性、人的本质的理论观点，从哲学、经济学和社会学的角度历史地考察了个人发展与社会发展的关系，提出了个人发展与社会发展是对立统一的历史过程的观点，从而为我们确立教育目的提供了理论前提。

1. 个体发展与社会发展的相互制约

个体发展与社会发展之间存在着不以人的意志为转移的相互制约性。

（1）个体发展对社会发展的制约。这种制约性主要表现在：

首先，个体发展是社会发展的动力。人是构成社会有机体的唯一能动因素，毫无疑问，生活在社会中的个人为社会的发展提供着动力能量，社会系统中每个人的动力作用及其强度决定着该社会系统的运动和发展水平及强度。离开个体发展，社会发展也就成为无本之木，无源之水。

其次，个体发展构成社会发展的重要内容，是社会发展的重要标志。社会发展包括物质文明和精神文明两大方面。物质文明包括社会生产力的提高，而社会生产力的提高又包括构成社会生产力要素的人的体力和智力的发展。精神文明的一个重要方面就是人的科学文化素质和思想道德水平的提高。所以，社会中人的发展与社会中政治、经济、科学文化等的发展一道构成社会发展的重要内容，是社会发展的重要标志。只要分析一下社会中人的发展程度，就可以知道该社会发展的水平。

（2）社会发展对个体发展的制约。这种制约主要表现在：

首先，社会发展向个体发展提出客观要求，使个体发展成为必然和必要。马克思主义认为，社会发展的目的虽然反映个体发展的需要，但由个体发展需要集中而成的社会发展需要一旦形成，就会作为一种客观存在制约个体发展的需要。个体的发展需要产生于社会发展的客观要求，社会发展对个体发展所提出的客观要求转化为个体内部的发展需要后就构成了个体发展的动因。社会发展要求其成员怎样，其成员就会有怎样的发展需要和怎样的发展结果。

其次，社会发展为个体发展提供必要的条件，使个体发展成为可能和现实。社会发展不仅向个体发展提出客观要求，使个体发展成为必然和必要，而且还为个体发展提供必要的条件，使个体发展成为可能和现实。离开社会发展所提供的条件，个体发展就根本不可能得到实现。因而在有限的生产力和落后的生产关系下，"人们的发展只能具有这样的形式，一些人靠另一些人来满足自己的需要，因而一些人（少数）得到了发展的垄断权，而另一些人（多数）经常为满足最迫切的需要而进行斗争，因而暂时失去了任何发展的可能。"①这就说明，要消灭那种牺牲大多数个人的发展以满足少数个人发展的垄断权，以实现全体社会成员的全面和谐的发展，就必须有生产力的高度发展和生产关系的高度完善作为前提。

最后，社会发展制约着个体发展的性质、内容和程度。社会发展对个体发展所提出的要求不同，使个体发展在性质和内容上就有所差别；社会发展为个体发展所提供的条件的多少，制约着个体发展程度或水平的高低。在制约个体发展的诸多社会因素中，生产方式起着决定性的作用，其中生产力的制约作用最根本，生产关系的制约作用最直接，生产力对个体发展的制约作用都是通过生产关系的中介而实现的。

2. 个体发展与社会发展的相互一致

个体发展与社会发展相互制约，其后果是个体发展和社会发展的相互一致。从上面有关个体发展与社会发展之间相互制约的关系的分析中我们可以看出，个体发展与社会发展互为条件、互为因果。一方面，个体发展是社会发展的条件，社会发展有赖于个体发展，个体发展对社会发展具有促进作用；另一方面，社会发展为个体发展提供条件，个体发展依赖于社会发展，社会发展促进个体的发展。个体发展与社会发展之间客观地存在着律他和他律的双向互动作用。这种双向互动作用的结果，必然是个体发展与社会发展的相互一致。

马克思在对个体发展和社会发展的历史考察中，认识到了个体与社会之

① 中国社科院哲学所历史唯物主义研究室等编：《马克思，恩格斯，列宁，斯大林论人性、异化、人道主义》，北京，清华大学出版社，1983。

间、个体发展与社会发展之间客观地存在着辩证统一性，并进一步地联系到教育，认识到了教育对个体发展和社会发展的作用及教育所受到的来自个体与社会的制约性，并对教育对个体发展及教育对社会发展所能起作用的条件及程度做出了科学的说明，并把个体与社会共同作为教育的出发点，认为，教育只有既从个体发展需要出发，又从社会发展需要出发，才能既促进个体发展又促进社会发展，使个体发展与社会发展之间形成一个良性循环。否则，单从个体出发或单从社会出发，都只能走到其良好愿望的反面。

# 第二节 我国的教育目的

## 一、我国不同历史时期的教育目的概述

我国历史上有许多政治家、思想家和教育家都曾就教育目的发表过见解。如教育在于“化民成俗”；教育在于“使人为善”；教育在于“涵养德性”；教育在于发展人的“良知良能”，培养“君子”“成人”等。早期的教育目的一般都是由个人提出和倡导，而后得到社会的承认并影响整个社会的教育。到了近代，随着教育职能的愈益显著和教育规模的日益扩大，对教育的管理开始形成相对独立的社会控制系统并纳入到国家行政之中。这时，任何个人都难以用个人的力量来影响规模宏大的教育事业，于是教育目的就开始以国家的名义颁布，并以国家强制力的手段来实施，从而形成了国家的教育目的。

### （一）清末时期的教育目的

在我国，1902 年以前，并没有确定的全国统一的教育目的。梁启超在 1902 年所发表的《论教育当定宗旨》一文，首先提出了制定和贯彻全国一体的教育宗旨的必要性。在改革封建教育，建立新教育制度的潮流的推动下，清朝政府开始以国家的名义制定和颁布教育目的，中国近代教育史上由国家制定的教育目的当始于 1904 年的《奏定学堂章程》。该章程规定：“至于立学宗旨，勿论何等学堂，均以忠孝为本，以中国经史之学为基，俾学生心术壹归于纯正，而后以西学瀹（渗透）其知识，练其艺能，务期他日成材，各适实用，以仰付国家造就通才，慎防流弊之意。”这一教育目的可以说是我国最早的由国家确定和实施的教育目的。它很明显地反映了当时半殖民地半封建教育“中体西用”的方针，中学以忠孝为本，以中国经史之学为基；西学以西方近代科学的知识和艺能为主，以造就国家所需要的通才为目的。1906 年，学部正式规

定和发布了一项更明确的教育宗旨，并要求全国各级教育机关切实推行。该教育宗旨共五条，即“忠君、尊孔、尚公、尚武、尚实”。前两条为“中国政教之所固有，而亟宜发明以距异说者”；后三条则是“中国民质之所最缺，而亟宜针砭以图振起者”。同年颁布的“上谕”也明确规定：“学堂以中学为主，西学为辅；培养通才，首重德育；并以忠君、尊孔、尚武、尚实诸端定其趋向。”这些教育目的，充分体现了清末统治者“中学为体、西学为用”的基本精神，反映了清末政治经济对教育的要求。

### （二）民国时期的教育目的

1912年1月1日孙中山在南京成立了中华民国临时政府，教育总长蔡元培发表了《新教育意见》一文，表达了民国初年教育目的的主要精神：“教育有二大别：曰隶属于政治者，曰超轶乎政治者。专制时代（兼立宪而含专制性质者言之），教育家循政府之方针以标准教育，常为纯粹之隶属政治者。共和时代，教育家得立于人民之地位以定标准，乃得超越政治之教育。”他主张废除清政府制定的忠君、尊孔、尚公、尚武、尚实的教育宗旨，教育应以军国民教育、实利主义教育、公民道德教育、世界观教育、美感教育五项为教育的目的。蔡元培的“五育说”对民国时期的教育起着导向作用。

1912年7月，教育部在北京召开了“临时教育会议”，研究制订教育宗旨及学制系统等问题。9月，教育部根据临时教育会议的决定公布了民国教育宗旨，即“注重道德教育，以实利教育、军国民教育辅之，更以美感教育完成其道德”。这一教育目的是在蔡元培“五育说”的基础上提出来的。

1915年，袁世凯政府颁布了《教育宗旨》，规定了“爱国、尚武、崇实、法孔孟、重自治、戒贪争、戒躁进”。这一教育目的完全是清末教育宗旨的翻版，通过复辟封建主义教育来为袁世凯复辟封建制度服务。

1926年，广州国民政府教育行政委员会发表《教育方针草案》，提出“中国今后社会发达必然的唯一可能的进路，我们今后应该致力革命的一般政策，既是如此，则中国今后的教育政策，当然应当与这个革命的一般政策相并动，然后所施的教育才能成为确有成效的教育。而且今后的教育政策所指导的方向，亦只有与这个革命的一般政策所进取的方向相一致；然后所设施的教育才能尽致发挥它固有的价值，教育的发达才能预期”。强调教育目的的制定要与政治的需要相一致，与社会生活相联系的观点，对当时教育方针政策的制定曾产生过一定的影响。

1927年国民党政府提出“党化教育”的方针，其实质就是要加强国民党对教育的控制，使学校教育国民党化。这一方针显露出国民党在教育中推行一党专制的用心。后以“三民主义教育”的提法来代替“党化教育”。1929 年 3 月，国民党召开第三次代表大会把“中华民国”的教育宗旨规定为：“‘中华民国’之教育，根据三民主义，以充实人民生活，扶植社会生存，发展国民生计，延续民族生命为目的；务期民族独立，民权普遍，民生发展，以促进世界大同。”这一教育宗旨由国民政府通令公布，成为具有强制性的、全国一体遵守的教育目的。

1936 年，国民党政府公布的《“中华民国”宪法草案》规定：“中华民国之教育宗旨，在发扬民族精神，培养国民道德，训练自治能力，增进生活智能，以造成健全国民。”这部宪法一直到 1946 年经过修正后正式通过。该宪法第 158 条规定：“教育文化，应发展国民之民族精神、自治精神、国民道德、健全体格、科学及生活智能。”

### （三）新中国成立以来的教育目的

1949 年 12 月，教育部在北京召开第一次全国教育工作会议，确定了全国教育工作的总方针：“中华人民共和国的教育是新民主主义的教育，它的主要任务是提高人民文化水平，培养国家建设人才，肃清封建的、买办的、法西斯的思想，发展为人民服务的思想。这种新教育是民族的、科学的、大众的教育，其方法是理论与实际一致，其目的是为人民服务，首先为工农兵服务，为当前的革命斗争服务。”这个方针后来被称为新民主主义文化教育方针。

1957 年，毛泽东同志在《关于正确处理人民内部矛盾的问题》中指出：“我们的教育方针，应该使受教育者在德育、智育、体育几方面都得到发展，成为有社会主义觉悟的有文化的劳动者。”毛泽东同志提出的这个教育方针，反映了社会主义发展对人才规格的要求，对我国教育工作产生了重大影响，一直是发展我国教育的重要方针。

1981 年，《中国共产党中央委员会关于建国以来党的若干历史问题的决议》提出：“加强和改善思想政治工作，用马克思主义世界观和共产主义道德教育人民和青年，坚持德智体全面发展、又红又专、知识分子与工人农民相结合、脑力劳动与体力劳动相结合的教育方针。”

1982 年，《中华人民共和国宪法》第 46 条规定我国现阶段教育目的是：“国家培养青年、少年、儿童在品德、智力、体质等方面全面发展。”这是中国当代历史上第一个以法律形式出现的教育目的。

1985 年，《中共中央关于教育体制改革的决定》再次对教育方针进行了明确规定，指出：“教育体制改革的根本目的是提高民族素质，多出人才，出好人才。”“所有这些人才都应该有理想、有道德、有文化、有纪律，热爱社会主义祖国和社会主义事业，具有为国家富强和人民富裕而艰苦奋斗的献身精神，都应该不断追求新知，具有实事求是、独立思考、勇于创造的科学精神。”这个教育方针，既体现了德、智、体全面发展的一贯思想，又融入了时代发展对人才规格的新要求。

1986年，《中华人民共和国义务教育法》提出：“义务教育必须贯彻国家的教育方针，努力提高教育质量，使儿童、少年在品德、智力、体质等方面全面发展，为提高全民族的素质，培养有道德、有文化、有纪律的社会主义建设人才奠定基础。”

1990年，《中共中央关于制定国民经济和社会发展十年规划和“八五”计划的建议》指出，国家“继续贯彻教育必须为社会主义现代化服务，必须同生产劳动相结合，培养德、智、体全面发展的建设者和接班人的方针，进一步端正办学指导思想，把坚定正确的政治方向放在首位，全面提高教育者和被教育者的思想政治水平和业务素质。”

1993年，《中国教育改革和发展纲要》指出：“教育改革和发展的根本目的是提高民族素质，多出人才，快出人才。各级各类学校要认真贯彻‘教育必须为社会主义现代化服务，必须与生产劳动相结合，培养德、智、体全面发展的建设者和接班人’的方针，努力使教育质量在90年代上一个新台阶。”

1995年，《中华人民共和国教育法》中教育目的表述为：“教育必须为社会主义现代化建设服务，必须与生产劳动相结合，培养德、智、体等方面全面发展的社会主义事业的建设者和接班人。”在新提法中，对人才素质的培养规格仍然是德、智、体等方面的全面发展；对人才培养的方向强调的是“社会主义事业的建设者和接班人”。这个教育目的已经成为全国必须遵行的法律要求。

以上这些关于教育目的的提法表达了我国社会主义建设不同时期的要求，是一定的政治和经济的反映，都力图以马克思主义关于人的全面发展学说为理论基础，反映了我国社会主义教育的基本性质。可以认为，当前我国社会主义初级阶段教育目的的基本精神是，使受教育者在道德、智力、体质等方面都得到全面发展，成为有理想、有道德、有文化、守纪律，也就是有社会主义觉悟、有文化、有创造能力、体魄健全的劳动者。这是我国在社会主义初级阶段对于人才培养的总规格，反映现阶段的要求。

## 二、我国教育目的的结构

教育目的的结构是指教育目的的组成部分及其相互关系，为进一步理解我国的教育目的，我们再从结构入手作些分析。

### (一) 我国教育目的的两个组成部分

从以上列举的各种教育目的可以看出，教育目的为了表达一定的内容，一般都要有以下两个组成部分：①教育目的应该就通过教育期望培养具有何种社会价值的社会成员作出规定，也就是通常所说的教育要为社会培养什么人的问题。我国社会主义初级阶段的教育目的明确提出了教育要为社会主义现代化建设培养合格的劳动者和各级各类专门人才就是对这个问题的回答；②教育目的应该就教育所培养的人应具备的身心素质及其相互关系作出规定，也就是为使受教育者形成某种个性结构，在知识、智力、品德、审美、体质等方面应获得什么样的发展的问题。我国社会主义初级阶段的教育目的明确要求，受教育者必须在品德、智力、体质、审美、劳动等方面得到全面发展，成为有社会主义觉悟、有文化、有创造能力、有健康体魄的人才。

教育目的构成的这两个组成部分，在不同的条件下它们之间的关系是不同的。一般来说，社会在满足个人发展需要的同时，会对个人的发展需要有所规范、有所引导，要求个人发展沿着社会所需要的方向发展。与此相应，教育也要对个人的发展发挥某种导向和制约作用，而不允许个人发展放任自流。任何社会的教育目的都会表现出这种制约、限定和导向的作用，这是必然的，也是必要的。但是，在社会交替的变革时期，没落的生产关系不仅阻碍了生产力的发展，同时也阻碍了个人的发展。这时反映这种生产关系的教育主要为维护和稳定统治阶级的统治服务，这种教育要求人们放弃对自身发展和社会变革的追求，不仅不能满足个人发展的需要，反而成为抑制、扭曲人性的工具，在个人发展、个人需要与社会发展、社会需要之间便发生矛盾，这时的教育目的就不可能使它的两个组成部分统一起来了。

在我国，满足人民的生存、享受和发展的需要已成为经济和社会发展的目的。因此，我国教育目的的两个组成部分基本上统一地表达了对教育工作的基本要求，其中关于培养受教育者应具有的社会价值的规定对受教育者的发展起着定向的作用，而对受教育者身心素质的规定则反映了受教育者身心发展的内容和水平。应当说，二者互为条件，互为因果，统一地规定了我国当前历史条件下的个体发展的方向和水平，因此是缺一不可的。教育的基本职能是培养人，教育目的必须从社会发展的客观需要出发，对受教育者身心发展的方向和内容以及所要达到的水平做出切实规定，才能有效地指导教育活动，才能使受教育者形成合理的素质结构和健康的个性结构，提高其自身的价值。也只有在此基础上，教育才能真正实现其所承担和发挥的社会功能。因此可以说，教育目的的二重构成是社会发展与个人发展之间联系的集中体现。

### （二）我国教育目的的规定性

新中国成立以来，我国的教育目的在不同历史时期表述不同，但加以对比可以看出，它们有着某些共同的规定性。

1. 培养劳动者

培养有社会主义觉悟的有文化的劳动者，这是自从1958年正式提出教育方针以来一直坚持的一个基本点。教育目的的这一规定指明了我国社会主义教育的方向，也规定了我国学校培养出来的人应具有的社会地位与社会价值。但是长期以来人们对劳动者这一概念的含义认识并不统一。例如，有的人从阶级属性的意义去理解，把劳动者看成是与剥削者相区别的社会成员；有的人从消灭体脑差别，消灭旧式分工的意义去理解，把劳动者看成是能文能武，既能从事脑力劳动又能从事体力劳动的社会成员；也有的人从知识分子与工农群众的差别的意义去理解，把劳动者看成是与知识分子相区别的体力劳动者。以上对劳动者的不同理解导致人们对教育目的理解的不同，在“文革”时期，“四人帮”正是利用这种认识上的偏差，歪曲教育方针，以达到工农与知识分子对立的目的。

因此，正确地理解劳动者这一概念是正确理解教育目的的前提。在比较统一的认识是，作为社会主义教育培养目标的劳动者应当体现社会主义社会全体成员的基本的共同的特征，应当在反映他们的阶级属性的同时，反映他们在社会不同领域内所发挥的社会功能。根据这一认识，我国教育所培养的劳动者，应当是社会主义所需要的各级各类人才。这些劳动者尽管有分工的不同，有脑力劳动和体力劳动的差异，但都应该有理想、有道德、有文化、有纪律，热爱社会主义祖国和社会主义事业，具有为国家富强和人民富裕而艰苦奋斗的献身精神，都应该不断追求新知，具有实事求是、独立思考、勇于创造的科学精神。以上这些方面就是对劳动者的统一要求。

2. 全面发展

受教育者的全面发展，就教育而言，一般表述为有社会主义觉悟，有文化，有健康的体魄。这些方面也可以理解为生理的、心理的、思想的和文化的等几个方面。个人发展的生理方面主要指人的体质体力的发展和机能的成熟。健全的体魄是社会主义劳动者应具备的物质基础。没有健康的体魄，就不可能胜任任重道远的社会主义建设的大业。个人发展的心理方面主要指两个方面，一方面，是人的感觉、知觉、记忆、想象、思维、情感、意志等心理过程的健康发展；另一方面，是在心理过程中表现出来的具有个人特点的、稳定的心理倾向与心理特征，如需要、兴趣、动机、态度、观点、信念、性格、气质、能力等的健康发展。个人发展的思想方面主要指个人的政治、思想、道德品质的发展。它要求受教育者应能从广大人民的根本利益出发处理个人与他人、个人与集体以及个人与社会的关系，应具有社会主义的觉悟、有理想、有道德、有纪律，有献身精神和奋斗精神，同时应养成社会主义社会所提倡的伦理道德规范。个人发展的文化方面主要指个体的知识、能力和文化素养的发展。它要求受教育者应掌握一定的科学文化知识，发展其驾驭自然、驾驭社会的能力。

教育目的中的全面发展要求实际上是对于受教育者素质结构的一种基本规定。以上几个方面都是社会主义社会人才素质中不可或缺的要素，它们的发展各有自己的特点，同时又相互联系，起着一种互动的作用。这些要素综合起来，就构成了个体的完整的素质结构。

3. 全面发展教育的组成部分

为了实现所培养的人的规格要求，教育目的还要对全面发展教育的组成部分作出规定。我国教育目的所规定的教育组成部分，包括德育、智育、体育、美育和劳动技术教育。

德育是教育者按照社会的要求，对受教育者施加影响以形成所期望的政治立场、世界观和道德品质的教育。德育的任务是引导学生树立无产阶级的思想政治观点和世界观，组织和指导学生的道德实践，培养学生的社会主义道德品质。德育体现了整个教育的社会主义性质，对受教育者的全面发展起着定向的作用，因而是全面发展的重要组成部分。

智育是传授系统科学文化知识，形成科学的世界观，培养基本的技能技巧和发展智力的教育。智育的任务是以系统的科学文化知识武装学生，给予基本技能、技巧的训练，使他们具有运用知识于实际的本领，发展他们的智力。智育在帮助学生认识自然规律和社会规律，提高分析和解决问题的能力，掌握从事社会主义现代化建设的实际本领和个性全面发展中起着重要作用，所以智育同样是全面发展教育的重要组成部分。

体育是全面发展体力，增强体质，传授和学习健身知识和体育运动技能的教育。体育的任务是指导学生锻炼身体，全面发展学生的身体素质，教授学生逐步掌握体育运动的基本知识和技能以及卫生保健知识。体力和体质的发展是个性全面发展的生理基础，人们进行生产活动、社会活动、军事活动或幸福地生活都离不开强健的体魄，所以体育也是全面发展教育的重要组成部分。

美育是培养正确的审美观，发展鉴赏美和创造美的能力，培养高尚情操和文明素质的教育。美育的任务是培养学生对自然、社会和艺术的正确的审美观点和感知、鉴赏美的能力，培养他们创造和追求美的能力，发展学生艺术创作的兴趣和爱好。美育能培养学生美好的心灵，陶冶他们的情操，提高他们的精神境界，同时能培养学生的观察力、想象力和创造力，促进智力的发展，因此它构成全面发展教育的一个重要组成部分。

劳动技术教育是传授基本的生产技术知识和生产技能，培养劳动观点和劳动习惯的教育。劳动技术教育的任务是通过科学技术知识的教学和劳动实践，使学生了解物质生产的基本技术知识，掌握一定的职业技术知识和技能，提高动脑和动手能力，养成良好的劳动态度和劳动习惯。在普通学校里加强劳动技术教育，这已经成为当前世界教育的潮流，人们已普遍意识到，劳动技术教育是全面发展教育的一个有机组成部分。

德育、智育、体育、美育和劳动技术教育是我国教育目的规定的全面发展教育的有机组成部分，是对人类长期教育实践中积累的培养人的经验的抽象的概括。五育各有自己的特殊任务、内容和方法，对个人发展起着不同的作用，同时又相互依存、相互渗透、相互促进。把五育作为一个统一的整体，才能使受教育者形成合理的素质结构，培养出符合社会要求的全面发展的人才。

## 三、我国教育目的的理论基础——人的全面发展学说

### （一）人的全面发展

马克思和恩格斯运用历史唯物主义的观点，科学地分析了人的发展与社会物质生活条件的关系，历史地考察了由于社会分工产生脑力劳动和体力劳动的分离和对立，造成人的体力和智力片面发展的过程，论证了大工业生产的发展必然要求人的全面发展，阐明了实现人的全面发展的必要条件，在这个基础上指出未来社会必将通过教育培养出全面发展的崭新的人。

根据马克思和恩格斯的论述，全面发展的人，也就是智力和体力获得充分的自由发展的人，脑力劳动与体力劳动相结合的人。这种人将摆脱旧的分工的奴役，能够“把不同社会职能当做相互交替的方式”“根据社会的需要或他们自己的爱好，轮流地从一个生产部门转到另一个生产部门”。

马克思和恩格斯在考察人的发展时，也很重视人的精神和道德意识的发展。马克思主义创始人在批判资本主义摧残人的发展时，除了分析由于脑力劳动与体力劳动的分离和对立所造成的人的智力、体力的片面发展以外，同时还揭露了资本主义制度下所造成的人的精神空虚和道德堕落，认为在消灭了剥削制度之后，人们还必须摆脱一切剥削阶级意识的束缚，使共产主义意识普遍地产生，才能达到人的个性自由与解放。因此，人的全面发展，还包括道德、志趣和意向的发展。

马克思和恩格斯认为，在消灭了剥削制度以后，当社会成为全部生产资料的主人，随着生产力的高度发展，社会财富的极大丰富，劳动时间进一步缩

短，人们从事教育、科学、文化活动的时间增加，社会将逐步消除脑力劳动与体力劳动的差别，使全体社会成员完全摆脱由旧式分工所造成的职业局限性和片面发展，在精神上摆脱一切剥削阶级意识的束缚。那时，社会必将通过教育培养出全面发展的新人。

**（二）人的全面发展学说的基本观点**

1. 人的发展同社会生活条件相联系

马克思和恩格斯首先指出，人的发展，从根本上说，决定于人们生活在其中的社会物质生活条件。“人的本质并不是单个人所固有的抽象物。在其现实性上，它是一切社会关系的总和。”这就是说，人们在社会生产、生活中，在社会关系中所处的地位不同，得到的发展机会就不同，发展的结果也会随着不同，没有抽象的离开任何社会关系、任何社会实践的“人的发展”。

2. 人的片面发展是由旧的社会分工所造成的

人类个性多方面的发展是人类自身发展的要求，但是它在阶级社会中由于旧式分工而长期受到障碍，旧式分工造成了人的片面发展。一方面，是广大劳动人民只从事体力劳动，没有文化，在政治、法律、科学、艺术等智力活动方面得不到发展；另一方面，是少数剥削阶级分子垄断了政治、文化活动，但是一点也不从事体力劳动。从人的身心发展来说，这两种人都是有缺陷的、片面的。

马克思和恩格斯指出，人的片面发展和分工齐头并进。恩格斯在《反杜林论》中这样说，“由于劳动被分成几部分，人自己也随着被分成几部分，为着训练某种单一的活动，其他一切肉体的和精神的能力都成了牺牲品”。农民被土地所束缚，单纯从事农业劳动，其他的能力，都被牺牲了。手工业者为某种手艺所束缚，同样也牺牲了他的其他方面的能力的发展。

这种片面的畸形的发展，在资本主义手工工场里达到最严重的程度。马克思在《资本论》中指出：“工场手工业把工人变成畸形物，它压抑工人全面的生产志趣和才能，人为地培植工人片面的技巧。”在资本主义手工工场里，由于工人整天从事某道工序的局部操作，严重地摧残了工人的智力和体力的全面发展。

3. 人的全面发展是大工业生产的必然要求

分工是人类社会的一大进步。由于分工而造成的人的片面发展是必然的。但是，大工业生产的不断发展，特别是日益进步的现代化生产，把人的全面发展当做一个生死攸关的问题提了出来。

马克思和恩格斯认为，一方面，现代工业的技术基础是革命的，由于新的科学技术在生产上的应用，带来了机器设备的不断更新，生产工艺不断改革，使一些行业迅速消失了，另一些行业又迅速产生了，造成了大批工人从一个生产部门转到另一个生产部门。所以，马克思说："大工业的本性决定了劳动的变换、职能的更动和工人的全面流动性。"这样，现代生产就要求"用那种把不同社会职能当做相互交替的活动方式的全面发展的个人来代替只是承担一种社会局部职能的局部个人"，即代替片面发展的人。

另一方面，随着大工业生产的发展，自然科学和工艺也迅速发展，从而为劳动者通晓整个生产系统的基本原理和基本技能创造了条件。同时，随着大工业生产的发展，劳动生产率也迅速提高，使劳动者可以缩短劳动时间，有充分的闲暇去学习文化科学技术知识和从事体育、文艺、交际等各种活动，全面地发展自己的智力和体力。

马克思和恩格斯从以上两个方面科学地论证了大工业生产从客观上提出了人的全面发展的必要性和可能性。

4. 人的全面发展只有在共产主义社会才能实现

马克思和恩格斯认为，大工业生产提出的使人获得全面发展的要求，在资本主义制度下并不能成为现实。因为大工业的资本主义形式，再生产了旧的分工。资本家占有生产资料，继续对工人进行奴役。他们为了获取更大的利润，不仅加强了对劳动者的剥削程度，而且扩大了对劳动者的剥削范围，使用女工、童工，造成大量失业工人，从而廉价雇用工人。工人为了谋生，被迫出卖自己的劳动力，变成了机器的附属品，继续畸形发展。所以，尽管大工业生产提出了人的全面发展的要求，资本家为了牟取更大的利润也不得不给予工人子女以一定的入学受教育权利，但资本主义剥削制度却使工人无法摆脱片面发展的困境。在资本主义社会里，不仅工人的智力体力得不到全面发展，资产阶级也受到资本和利润的奴役，受资产阶级偏见的束缚，受他们所从事的职业的局限，其智力体力的发展也是片面的。马克思和恩格斯认为，要解决大工业生产要求人的全面发展而资本主义制度却限制人的全面发展的矛盾，只有通过无产阶级革命，建立共产主义社会。

5. 培养全面发展的新人的方法是教育与生产劳动相结合

马克思主义创始人不仅深刻论述了人的全面发展只有在消灭剥削制度以后才有可能，而且提出了未来社会实现人的全面发展的途径和方法。早在《共产党宣言》中，马克思和恩格斯就指出"把教育同物质生产结合起来"。接着他们在考察资本主义工厂制度时，从欧文在工厂给工人办学校的实践中，发现了未来教育的萌芽。马克思在《资本论》中指出："未来教育对所有已满一定年龄的儿童来说，就是生产劳动同智育和体育相结合，它不仅是提高社会生产的一种方法，而且是造就全面发展的人的唯一方法。"

马克思主义关于人的全面发展学说是我国社会主义教育目的的理论基础，因而学习以上论述，对于我们深刻理解我国教育目的的精神实质，具有重要的意义。

# 第三节 素质教育与我国基础教育目的

## 一、素质与素质教育

### （一）人的素质

“素质”一词，本是生理学术语，指人的先天的解剖生理特征，主要是神经系统、脑的特性以及感觉器官和运动器官方面的特征。人的素质就是先天素质与后天素质的统称。目前，学术界趋于一致的定义是：人的素质是指以人的先天生理特征为基础，在后天环境和教育的影响下形成并发展起来的身体和心理方面相对稳定而巩固的特性，这一界定包括下列两方面的含义：

1. 人的素质是先天的生物因素与后天的社会因素相互作用的产物

人的先天禀赋是人的素质形成并发展的物质基础，它给人的身心发展提供了一定的生物前提，它规定了个体素质发展的可能性。但是，要把这种可能性转化为人的素质发展的现实性，又必须通过后天的社会文化因素的习染与濡化，而且在一定的社会实践作用下，最大限度地发挥历史发展赋予人的潜能素质。所以说，人的素质是先天禀赋与后天因素的“合金”。

2. 人的素质具有相对稳定而巩固的特征

偶尔为之的行为和举止并不是人的素质，只有那种以固定的行为方式、价值观念表现出来的人的属性，才是人的素质。当然，人的素质的稳定性和巩固性是相对的，随着环境的改变和教育条件的改善，人的生理和心理发展水平在不断提高，人的素质同样地得到发展和提高。

素质教育中的“素质”一词已扩展成一个含教育学和社会学意义的概念，它是指个体在先天基础上，经过后天环境影响、教育训练和主观努力而形成的顺利从事某种活动的基本品质或基础条件。素质教育是与应试教育相对的。如果说应试教育是学校中以培养学生单方面的应试能力为根本目的的教育活动，那么，素质教育则是指学校中以发展学生的多方面素质为根本目的的教育活动。

### （二）素质教育

自20世纪80年代中期以来，我国教育理论界就素质教育的问题展开了激烈的争论，给素质教育以各种界定。这些定义，或把素质教育看做一种教育思潮，或把素质教育看做一种教育模式，或把素质教育看做一种教育政策等。这些见解虽各有见地并在一定程度上促进了素质教育问题的深入展开，但却并未形成一种共识，因而很难放之四海而皆准。

我们认为，素质教育并不是一种科学的事实范畴，而是一个不断发展、变化的教育价值范畴。由应试教育向素质教育转轨，其实质在于传统教育价值观念与现代教育价值观念由冲突走向整合，从无序走向有序，最终形成一种稳定的教育价值观念体系。如果一味地认定素质教育就是一个客观的事实范畴，进而从传统知识论的方法穷追素质教育的范畴本质，必然作茧自缚，陷入抽象的本质论的争论之中，难以自拔。因为我们探讨素质教育问题的目的，并非要想获得素质教育的概念的知识，而在于如何在现实的教育活动和行为中理解和追求素质教育对人的生存和发展所呈现的意义。

尽管素质教育具有广泛的解释阈，但我们认为，从教育价值论的角度来对素质教育进行界定是比较合适的。正因为如此，我们认为，素质教育是立足于人的生命整体，超越人的自然素质，建构个体主体精神，进而促进个体自我完善和发展的教育。其价值取向是，使学生学会做人、学会认知、学会做事、学会交往，最终成为一个“完整”的人。

**（三）素质教育提出的历史背景**

1. 素质教育是改革“应试教育”的必然出路

从教育自身的发展来看，我国基础教育长期陷入“应试教育”的误区。打上引号的“应试教育”具有特定的内涵，主要是指那种脱离人和社会发展的实际需要，以考试为中心，唯分是举，片面追求升学率的教育。它所追求的是一种典型的功利教育价值观念，表现在课程方面，就是偏重学科知识、技能的传授和培养，而忽视学生良好个性和道德操行的养成；从教学组织形式而言，教师习惯于课堂教学上的“满堂灌”，而学生一味地呆读死记；就师生关系来说，相互之间并非一种截然对等的“主—客”关系。在这种教育价值观念的指导下，分数成了学生奔一个好前程的敲门砖，排队成了教师的荣辱榜，升学率成了学校的生命线，而教育行政部门正是以此去调动并刺激学生、教师和学校领导的积极性。如此，就使学校教育背负着沉重的考试负担，教师、学生、家长，特别是青少年学生的心灵就会受到莫大的伤害，导致我国基础教育的发展严重背离了树人、育人，促进个体全面发展的教育价值追求，使我们所培养的学生只能应付考试，而缺乏实践中的创造能力，难以适应社会主义现代化的需要。

2. 素质教育顺应世界教育改革的潮流

素质教育的提出，本质上属于新技术革命浪潮冲击下世界教育改革的一部分。从这个意义上说，它是我国改革开放顺乎世界潮流而在教育领域进行改革的有力证明。

进入20世纪80年代以后，各国在面向世纪战略的考虑下，差不多都把提高受教育者的素质和能力提到了教育改革的议事日程。

1983年，美国高质量教育委员会经过历时一年半的调查，提出了题为“国家处在危险之中，教育改革势在必行”的研究报告。报告指出，为了积极参与“在全球进行着的才能的再分配”，提高美国的国际竞争力，“必须致力于改革我们的教育制度”。所谓“高质量教育”的目标，就是“帮助所有的学生最大限度地发挥他们的能力”，要求学生必须具备尊重智力、成就和学问的品质，具备使用智力、成就和学问的能力，具备确定目标的能力，具备有秩序有系统地进行工作的能力。

1983年年底，法国全国高中改革小组向法国政府提交了题为“21世纪前夕的高中及其教育”的报告。报告指出，几个世纪以后，仅仅培养“尖子”为高等学校输送人才的传统的教育目标已经发生动摇，正在转向“培养青年人，极大限度地发挥他们在智力、手工、体育和艺术方面的潜力，使他们在各方面都得到均衡发展”。

1985年，日本临时教育审议会通过了“关于教育改革的第一次审议报告”。报告强调，为了使新一代面向21世纪，“在学校里要特别注意贯彻德智体各方面协调发展的基础教育”“使孩子们学到各项基础知识，具备人生成长过程中所必需的基本素质及丰富的个性和社会性，培养真才实学、健康的体魄和美好的心灵”。

从我国具体的社会、文化背景来分析，我国正处在由计划经济体制向社会主义市场经济体制转变的关键期，伴随着社会主义市场经济的迅猛发展，市场机制的优胜劣汰的利益原则一跃进入社会生活的各个层面，进而引发人们生活方式、思维方法，以及价值观念的冲突和变革。科学技术的迅速发展，市场经济体制的变革以及由此带来的各种竞争和社会问题，都要求每个人必须具有较高的综合素质，而这一切都要通过素质教育来培养。

由此可以看出，素质教育在我国的出现及被重视，既是在新的形势下国家对教育提出的要求，也是教育自身改革与发展的需要，同时也是当今世界教育改革的必然趋势。

**（四）教育目的与素质教育**

关于这个问题主要有三种观点。

第一种观点认为：素质教育的基本含义与全面发展的教育目的的含义是一

致的，素质教育只不过是教育目的的同义语，提素质教育只不过是在搞文字游戏，没有实际意义。这一观点可称作“同义说”。

第二种观点认为：素质教育与教育目的的含义完全不同，二者是排斥的或并列的，素质教育是对教育目的的否定。这可称作“排斥说”。

第三种观点认为：素质教育与教育目的即不是同义反复，也不是排斥的或并列的，素质教育是教育目的的具体化。我国的教育目的过于概括，很难操作，教育目的本身存在国家或社会的教育目的、学校的教育目的和教育者心目中的教育目的等多种层次，其价值判断难于转化为事实判断，在贯彻教育目的的实践中易于出现混乱和误解，因此非常有必要使教育目的具体化，素质教育正是这种具体化的形式，这种观点可称为“具体化说”。

### （五）素质教育的基本内容

根据1993年发布的《中国教育改革和发展纲要》的思想，素质教育的内容包括六个方面。

政治素质，指对民族、阶级、政党、国家、政权、社会制度和国际关系的立场，情感和态度。“四项基本原则”教育、国史国情教育等都属于政治素质教育的范畴。

思想素质，主要指基本的世界观和思想方法问题，包括思想信仰、信念追求、民族精神等，辩证唯物论和历史唯物论的教育属于思想素质教育，主要培养和发展学生正确的观察、分析与解决问题的能力。

道德素质，主要指个体所具有的正确处理个体与个体、个体与集体、个体与社会之间关系的良好品质。道德素质教育主要是让学生养成良好的基本道德修养和文明的行为习惯，包括道德思维能力的培养和道德判断能力的训练。

科学文化素质教育，着重解决基础学科和基本知识与技能的教育和训练，包括基础文化知识，基础科学知识，以及识字阅读能力、写作能力、思维能力、基本实验操作能力和基本的劳动技能等，为适应自身的发展和现代社会生活、职业岗位及科技发展的需要，奠定坚实的科学文化和技能的基础。

身体素质教育，是要运用各种适当的方式，锻炼学生的体魄，增强学生的体质，使其掌握基本的体育锻炼的方法，还要对他们进行健康教育和普及各种常见病、传染病的防治知识，保证他们健康成长。

心理素质主要指良好个性品质的发展，包括顽强的意志力，积极的情感，健康的兴趣、爱好、需要、友谊、交往、成就感、荣誉感以及面对困难、失败的承受力等各种正常心态的发展培育和心理失衡、心理矛盾、心理疾病的自我调整与矫治。心理素质教育就是要使学生形成健康的心理和善于控制、把握自己的能力及调整心理冲突的能力。

素质教育的实质，是通过教育改革，真正实现“两全”的目标，即全面贯彻党的教育方针，全面提高教育质量，使我们的教育面向每一所学校、每一个学生和学生的每一方面发展，把以淘汰、选拔为主的应试教育变成基础性、普及性、发展性的教育。素质教育的核心和灵魂是学生创新能力的培养，或者说创新教育是素质教育的核心和灵魂，而不是与素质教育平行或并列的一种教育。

### （六）素质教育的基本特点

1. 素质教育的主体性

素质教育重视学生的主体性，注重开发学生的智慧潜能，形成学生的精神力量，促进学生成长，帮助学生创造自信、谦爱和朝气蓬勃的人生。也就是说，素质教育更重视把学生看做生命体，而不是仅仅看做认知体，它更注重指导学生如何做人，如何完整人生。所以，素质教育是兼顾了人的发展与社会的发展相统一的教育。

2. 素质教育的全体性

素质教育充分重视每一个学生，力求使所有学生都在其原有的基础上，在其天赋允许的范围内得到充分发展。素质教育实质上是一种有差别的全体教育。

3. 素质教育的全面性

素质教育要求学生德智体全面发展。但这种全面发展不是均衡发展，而是一种“一般发展”和“特殊发展”的统一。

4. 素质教育的普遍性

素质教育既不是“为升学作准备”，也不是“为就业作准备”，而是指导学生形成独立的人格，具有现代思想意识、思维方式和公民意识的公民教育。这种教育不具有专门定向的性质，而是适应未来社会广泛需要的教育，因此注重基础性和普遍性。

## 二、素质教育背景下我国基础教育目标

反思我国30年来的基础教育改革实际，目前，我国基础教育目标仍存在对全人发展的目标关注不够、基本素质的内涵需要扩展、对学生生活世界关注不够等问题。我们认为，我国基础教育的目标就是为受教育者打好基础知识、基本技能与方法的基础，培养他们的基本能力，形成他们的基本情感与态度。

### （一）传授基础知识、基本技能和方法

基础教育担负着为受教育者将来的学习、工作和生活打基础、做准备的重

任，引导学生掌握系统的科学文化基础知识、基本技能和方法是未来公民在学习社会、信息社会生存之必需，也是其进行终身学习、进行自我完善的基础。

1. 基础教育应注重基础知识的习得

注重基础知识是我国基础教育的传统与优势，我国基础教育应该继续发扬这种优良的传统。知识就是财富、就是力量、是生命积极存在的基石、是人的真实的体现，人生的一切皆起源于知识，如何让学生学好知识就是基础教育的基本命题、基础所在。20 世纪 80 年代，美国掀起了“回归基础”的教育运动，强调基础教育阶段学生基础性知识的学习，我国 2001 年新课程改革中也明确提出要精选终身学习必备的基础知识。因此，传递基础知识是基础教育的首要目标。

2. 基础教育应注重基本技能、基本方法的习得

基础教育阶段，受教育者不仅要掌握基础知识，还应学习基本技能、基本方法，基础教育学校中学习基本技能、方法的意义在于学习者对于社会行动的参与可能性和他对基本技能、方法的合理应用，在于它们是否普遍地用来扩展学习者自己的世界经验和服务于人际交往的目的。因此，学习基本技能、基本方法也是受教育者在基础教育阶段的重要任务。

### （二）培养基本能力

基础知识、基本技能和方法的学习是基本能力培养的基础，没有前者就没有后者，同时，后者的培养又能促进前者的学习。我们认为基础教育阶段主要应培养受教育者基本的学习能力、做事能力、交往能力、创新能力。

1. 基础教育应培养学习能力

基础教育阶段，受教育者不仅要学习有时代性和先进性的基本概念和基本原理、程序性知识和策略性知识、知识的基本结构，还应学会主动获取和处理信息、学会自主学习。《中国教育改革和发展纲要》明确提出，基础教育要关注学生的学习兴趣和经验，改变课程实施中过于强调接受学习、死记硬背、机械训练的现象，改变以前只重结果不重过程和方法的缺陷，应培养学生认知和学习的能力，培养学生搜集和处理信息的能力、获取新知识的能力、对经验和知识进行归纳概括分类的能力。

2. 基础教育应培养做事能力

基础教育阶段，尽管儿童、青少年的身心发展水平不高，不可能像成人那样灵活自如地做事，但是，学会必需的生存、做事的本领是必要的。未来的教育不应仅限于给学习者坚实的知识和培养他们对继续学习的兴趣，它应培养人的行为和能力并深入精神生活之中，包括明智、责任感、宽容或敏锐、自立精神在内的行为与包括洞察实质、确切概括、区分目的与手段和确定原因与结果

等智能。因此，基础教育阶段不仅要使受教育者学习基础知识、基本技能和方法，而且要鼓励他们勤于动手、勇于实践，培养他们发现、分析和解决问题的能力，使他们学会工作、学会做事。

3. 基础教育应培养交往能力

基础教育主要不是获取知识的过程，而是一种序曲；它不是提供各种不同学科的课程，而是应该为未来的成人提供表达自己以及与他人交往的工具，懂得如何以及到哪儿去获取信息以及提高与他人协同工作的能力上。学会合作、学会资源共享、学会交往是儿童、青少年今后生活、学习、工作必备的素质。基础教育应该突破学校教育的时空局限，使受教育者积极参与有益的社会实践活动，扩大其学习、交往的人际范围，使他们学会基本的交往技能、技巧，学会交往。

4. 基础教育应培养创新能力

基础教育本身不应被看做是一种目的，而应是终身学习的一种基础，它应设计成不仅提供必要的学习内容，而且还应发展对个人特定的文化和社会背景的批判性意识。基础教育阶段，儿童、青少年尽管没有成人的批判意识、创新能力，但是，他们可以通过研究性学习等多种学习方式，培养自身的探究兴趣、形成一定的批判意识与创新能力。儿童、青少年是祖国的未来，学会创新不仅是其自身发展的需要，而且是祖国繁荣、民族振兴的需要。

### （三）形成基本态度、情感

态度、情感是个体素质的非认知因素，他们是在一定认知基础上形成的对事物的内心体验。没有基础知识、基本技能、基本方法、基本能力的构建，就没有基本态度、情感的达成。

1. 基础教育应培养基本的、积极的态度

态度是在特殊情境下以特定方式反应的内部准备状态，它是学习的结果，学生应该学习与人交往、对学习与学校以及与公民身份有关的态度。基础教育阶段，受教育者应该学会“容忍、帮助别人”“爱学习、爱学校、爱教师”“热爱祖国、关心社会、履行公民职责”等态度性知识。学会关心、负责是未来公民必备的素质，基础教育就应培养受教育者积极的学习、生活、工作态度。

2. 基础教育应培养受教育者基本的、积极的情感

情感是个体对客观现实是否符合自己需要而产生的内心体验，具有较强的倾向性、稳定性，如自豪感、荣誉感、责任感等。态度是情感的基础，而情感是态度的深化。基础教育阶段不仅要使受教育者养成积极的学习、生活、工作态度，而且要使这种积极的态度进一步内化为他们稳定的、积极的情感，培养他们对国家、人民、民族的自豪感、荣誉感、责任感，使他们乐于奉献、勇于献身。

总之，我国基础教育阶段应使受教育者学会学习、学会做事、学会交往、学会创新，在知、情、意、行诸方面和谐发展。诚然，受教育者的素质结构应该有一定顺序，但是，基础知识、基本技能和方法、基本能力、基本态度和情感是基础教育阶段人才培养目标不可缺少的重要组成，四者是相辅相成、协同一致的，不是非此即彼、孰重孰轻的关系。同时，基础知识、基本技能与方法、基本能力是显性的、外化于个体行为的素质，基本态度与情感是隐性的、内蕴于个体内心世界的素质，前者是后者的基础，后者是前者的深化。

## 推荐阅读书目


1. 瞿葆奎：《教育学文集·教育目的》，北京，人民教育出版社，1993。

2. 扈中平，刘朝晖：《挑战与应答——20世纪的教育目的观》，济南，山东教育出版社，1996。

3. 全国十二所重点师范大学联合编写：《教育学基础》，北京，教育科学出版社，2002。

4. 陈桂生：《教育原理》，上海，华东师范大学出版社，2000。

5. 靳玉乐：《现代教育学》，成都，四川教育出版社，2011。

6. 叶澜：《21世纪社会发展与中国基础教育改革》，载《中国教育学刊》，2005。

7. 扈中平：《教育目的应定位于培养“人”》，载《北京大学教育评论》，2004（7）。

8. 易连云，陈时见：《挑战理性——后现代主义对现代教育目的的诘难》，载《比较教育研究》，1999（1）。

9. 鲁洁：《实然与应然两重性：教育学的一种人性假设》，载《华东师范大学学报（教育科学版）》，1998（4）。

10. 王天一：《外国教育史》，北京，北京师范大学出版社，1994。


## 学习思考

1. 什么是教育目的？它有哪些功能？
2. 评述几种典型的教育目的价值观。
3. 人们依据什么确定教育目的？
4. 我国的教育目的及其基本点分别是什么？
5. 分析教育目的与素质教育。
6. 辨析教育目的与教育方针、教育目标。
7. 试述全面发展教育的组成部分及其相互关系。

# 第五章 教育制度

教育目的的实现和教育功能的发挥需要教育系统的正常运转。为了确保教育系统的运行，人们制定了一系列的教育制度。什么是教育制度？教育制度有何特点？教育制度和学制是什么关系？我国的教育制度是什么？本章将对这些问题进行基本的阐述。通过对本章的学习，读者应对我国现行的教育体系和制度有一个清晰的认识。

## 第一节 教育制度概述

### 一、教育制度的定义

关于教育制度的定义，不同教育学著作给出了不同的答复。有的认为教育制度就是一个国家的教育体系；[①] 有的认为教育制度就国家的教育目的、教育方针和教育设施的总称；[②] 有的认为狭义的教育制度就是学制，即学校教育制度；[③] 也有人认为教育制度就是教育结构；[④] 还有的著作认为教育制度一方面是教育目的、方针和设施；另一方面也是教育规则。[⑤] 当然，如果细究下去肯定还会有其他不同的定义。为什么会有如此不同的说法，为什么它们和我们心目中所了解的教育制度一词总有一层浅浅的差距？问题的关键在于对教育制度一词理解的不统一性。“教育制度”一词由“教育”和“制度”两个词构成，“教育”是什么，前面的章节中已有阐述，毋庸复表。但“制度”是什么？则须加以探讨。“制度”一词由“制”和“度”两字构成，而“制”和“度”在

① 顾明远：《教育大词典》，第68页，上海，上海教育出版社，1990。

② 沈壮海：《教育学导论》，第191页，武汉，武汉大学出版社，2005。

③ 冯建军：《现代教育学基础》，第140页，南京，南京师范大学出版社，2004。

④ 黄济、王策三：《现代教育论》，第258页，北京，人民教育出版社，1996。

⑤ 中国大百科全书教育编辑委员会：《中国大百科全书·教育》，第187页，北京，中国大百科全书出版社，1985。

古汉语中有不同的含义。《说文解字》中写到“制，裁也。”① 注中举例为制裁衣物。“度，法制也。”② 法为定法，制为常制，因此制度可理解为目前正式的规则，如法律，标准等。为什么要特别指出是正式规则呢？因为规则中除正式规则外还有非正式规则，如风俗习惯等，也作为一种规则来指导人们的行为。“制”“度”二字连用组成一个偏重词，重在“度”，即规则。因此，现代汉语词典对“制度”一词的第一个释义就是“规则”。③ 但制度本身是没法自动实行的，它的作用和效力必须借助其他组织或机构才得以实现。规则的稳定性导致了固定机构的出现，常规的规则执行机构在一定程度也就成了规则的代名词。多种机构的出现使它们之间形成了一定的关系，产生了一定的组织体系。因此，规则往往和一定的实施机构相联系。没有规则无以构成组织体系，没有一定的实施机构规则也无法真正实施。体系体现规则。就二者关系来说，显然是先有规则后有体系。因此说制度为规则乃是制度的本意，而说制度是一种组织体系则是其引申意。所以教育制度就是指运行于教育系统的正式规则及其构成的组织体系。

## 二、主要的教育制度

教育是一个复杂的系统，其运行的各个主要环节均需要一定的制度来加以规范。围绕这些主要环节，教育活动中形成一些重要的制度。

### （一）教育行政制度

教育行政制度又叫教育行政管理制度或教育管理制度。它是国家管理教育的根本制度。教育行政制度的核心是国家教育权力的分配，如中央与地方政府之间的行政权力分配，各级政府教育行政部门与其他行政部门之间的教育行政权力分配，教育机关与各级各类学校之间管理权力的划分，教育行政机关内部各种权力的分配关系等。根据在权力分配过程中各主体的不同地位，教育行政制度大体可以分为中央集权制和地方分权制两大类。中央集权制的教育管理体制就是在教育权力的分配过程中，中央政府处于优势地位，地方政府处于劣势地位。具体来说，在实行中央集权制的国家，有关教育方面一切重大问题的决策权均集中在上级行政机关，下级教育行政机关严格按照上级决定和指示办事，标准由中央政统一

---

① （汉）许慎：《说文解字》，第 182 页，杭州，浙江古籍出版社，1998。

② 同上，第 116 页。

③ 中国社会科学语言研究所词典编辑室：《现代汉语词典》，第 1492 页，北京，商务印书馆，1983。

制定，经费也由中央政府统一拨付，重要人事任免也需由高级行政机关来进行。一般认为中央集权的典型国家是法国。地方分权制就是地方教育机关在教育权力体系中处于独立自主的地位，它可以在自己辖区内制定自己的教育标准，自己分配教育经费，自主地处理问题。中央教育行政机关对地方教育机关一般不直接干预。一般认为美国是教育地方分权制的代表。当然，无论是集权制还是分权制都是一个相对的概念，中央集权并不意味着地方教育行政机构就完全没有教育权限，反之亦然。因此现实中更大的教育体制问题是如何合适分权。合适的分权应该是既能调动地方的积极性，同时也能激发中央政府的主动性和责任感，从而促进教育的持续繁荣，提高教育成效。我国的教育行政体制整体上倾向于中央集权制。

### （二）学校教育制度

学校教育制度简称“学制”，是整个教育制度的主体部分，是指一个国家各级各类学校的组成规则及其系统，规定了各级各类学校的性质、任务、入学条件、修业年限以及彼此之间的关系。我国现行学制分为学前教育、初等教育、中等教育、高等教育四个等级。目前我国已初步建立起包括普通教育、职业教育和继续教育三种教育，全日制学校、半工（农）半读学校和业余学校三类学校，政府、企业事业组织、社会团体、个人多种形式办学的学制系统。国家通过推进教育改革，逐步建立起科学的学制系统。学制只能由国务院或国务院授权教育行政部门规定，地方人民政府无权规定。

### （三）义务教育制度

义务教育也称为强制教育，是依照法律规定，适龄儿童少年必须接受的，国家、社会、学校、家庭必须予以保证的国民教育。义务教育具有强制性、普及性和免费性的特点。所谓强制性就是达到条件的未成年人必须接受，公共服务提供者也必须提供，未接受或未提供免费教育活动者，甚至妨碍或者破坏义务教育实施者都将依法受到制裁或惩处。所谓普及性就是义务教育活动的服务对象面向所有儿童，而不像以前那样只是为部分儿童提供，对其他儿童的受教育资格加以剥夺。因此，除依法允许缓学或免学的儿童以外，其余都有资格也必须去接受国家规定年限的教育。所谓免费性就是受教育者在接受教育活动的过程中不因此交纳任何直接费用，教学活动造成的经济开支由政府从公共财政中加以支付。条件允许的国家甚至还补贴学生的其他费用，如午餐费、交通费等。义务教育的时间长度各国并不相同，我国实行的是九年义务教育制度，实施义务教育的机构是小学和初中两级教学单位。

### （四）教育考试制度

教育是一种有目的的社会活动，各级各类学校都有自己的培养目标。在对受教育者实施教育之后，其受教育的效果如何，需要通过一定的方法来测定。考试就是其中的一种重要方法。考试是检查学生学业成绩的一种手段，是检查教育效果的一种方式，也是提高教学质量和学习成绩的有效途径。为此，世界许多国家都有符合本国国情的考试制度。如美国的SAT考试，对学生的影响不亚于我国的高考；日本的高校招生考试和中国一样残酷；法国的中学毕业会考（Bac）对学生而言也是相当重要。同时，教育考试制度总是和学位制度或资格证书制度相联系。目前我国设立的国家教育考试主要有：普通高等学校招生全国统一考试、成人高等学校招生统一考试、硕士研究生入学统一考试、高等教育自学考试、中等专业自学考试、中国汉语水平考试、全国外语水平考试、计算机等级考试、对社会力量举办的高等教育所进行的国家学历文凭考试等。

### （五）学业证书制度

学业证书是指学校及其他法定教育机构在学习者经过一定时段的学习，对其知识学习程度予以确认或证明的一种凭证。学业证书可以分为学历证书和学位证书两种。根据学生的学习状况，学历证书分为毕业证书、结业证书和肄业证书。毕业证书就是学生完成了教学计划规定的全部课程，各课程及格或修满学分，德育和体育合格，毕业后所获得一种凭证。结业证书是学习者学完教学计划规定的全部课程，其中有一门以上主要课程补考后仍不及格但不属于留级范围或未修满规定的学分，德育体育合格、准予结业者，给予他们所发布的一种凭证。肄业证书是学习者未能完成完整教学计划规定的课程而中途退学者（被开除学籍者除外）发给肄业证书。学位证书是国家或国家授权的教育机构授予个人的一种学术性称号，表明学位获得者所达到的学术或专业学力水平。学位制度是世界许多国家实施的一种教育制度。我国从1981年开始施行学位制度，学位分学士、硕士、博士三级。按学科门类划分有哲学，经济学，法学（含政治学、社会学、民族学），教育学（含体育学），文学（含语言学、艺术学、图书馆学），史学，理学，工学，农学，医学，管理学，军事学12个学科门类授予。高等学校本科毕业生、研究生毕业生成绩优良、达到规定学术水平者，可分别授予学士、硕士、博士学位。《中华人民共和国学位条例》关于学校获得者应达到的学术水平的规定是：学士学位获得者应较好地掌握本门学科的基础理论、专门知识和基本技能，具有从事科学研究工作或担负专门技术工作的初步能力；硕士学位获得者须通过硕士学位课程考试和硕士论文答辩，表明其在本门学科上掌握坚实的基础理论和系统的专门知识，具有从事科学研究工作或独立担负专门技术工作的能力；博士学位获得者须通过博士学位课程考试和博士论文答辩，表明其在本门学科掌握坚实宽广的基础理论和系统深入的专门知识，具有独立从事科学研究工作的能力，在科学或专门技术上做出创造性成果。学士学位由国务院授权的高等学校授予；硕士学位、博士学位由国务院授权的高等学校和科学研究机构授予。非高等学校研究生毕业亦可以同等学力向有学位授予权的机构申请硕士、博士学位，通过外国语、专业课程考试和论文答辩，表明已达到相应学术水平者，亦可获得相应学位。

### （六）教育督导制度

教育督导就是对教育工作的监督和指导。它是教育督导机构根据国家的教育方针、政策、法规，对下级政府的教育工作、下级教育行政部门和学校的工作进行监督、检查、评价和指导，并向同级政府和教育行政部门报告督导结果，提出意见和建议，对教育活动进行调控，以使教育和教学工作遵循教育规律去进行，使国家的教育方针、政策、法规得以很好地贯彻执行，不断提高教育质量，促进教育事业的健康发展，保证教育目标的实现。因此，教育督导实质上是一种教育行政监督，其工作活动可以概括为督政、督教、督学。督政就是督导机构或人员代表同级政府对下级政府的教育工作，依法进行综合性的监督、检查、评价和指导。督教，即督察教育行政部门，是指督导机构和督导人员对下级教育行政部门有关教育法规、行政任务等实施的状况及其运行状况等做出评价，以利改进等。督学，即督察学校，即在对学校教学管理等方面进行信息收集和分析之后，提出建设的意见或要求，以保证教育目标的实现，教学效率的提高等。为保证督导活动的正常进行，一般国家均设有专门的督导机构或督导人员，如我国设有国家教育督导团，英国有女皇督学团，日本文部省设有视学官等。

## 三、教育制度的特点

### （一）历史性

教育制度不是随着人类的出现而出现的，而是教育发展到一定阶段的产物。原始社会没有专门的教育活动，也不存在为管理教育活动设置专门的规则。进入阶级社会后，由于阶级矛盾的对立，统治阶级动用多种方法来维护自己的统治。教育由于其特有的价值引起了统治阶级的重视，开始加强对教育的管理，并制定了一系列的教育规则和制度，如关于学校的设置，学习内容的选择，教育对象的筛选等，此时，教育制度已经出现。工业革命后，由于劳动工具的复杂化对劳动者的劳动素质提出了更高的要求，像以前那样仅凭经验积累而不经系统培训的劳动者已无法适应新的生产形式，于是职业教育开始出现，义务教育制度开始形成。随着社会的发展，知识技术更新的速度加快，个体所学知识的老化程度也越来越快，为了顺应社会的发展，个体必须多时段的学习，以更新自己的知识，提高自己的适应性，为此，成人教育制度开始出现，终身学习的理念开始为人们所接受。反观新中国成立以来的教育制度的变动我们也不难看到教育制度的历史性。

### （二）强制性

教育制度作为一种重要的正式制度，一经设立便要执行，它具有强制性，任何个体阻止或拒绝教育制度的实行都要受到一定惩罚。如义务教育制度，对受教育者而言是具有强制性的。任何达到法定年龄具备入学条件的儿童都应进入指定的学校接受教育，非经特别允许而不接受教育者，有关行政机关可追究监护人的法律责任。同样，对于当地的公共教育服务部门，如果因措施不力而造成义务教育资源的短缺，致使部分儿童无法正常接受相应的教育服务，当地的公共服务部门也应承担相应的行政或法律责任。对于考试制度也是一样，通过考试者方可得到一定的证书或入学机会，如果未通过考试也获取了同样的证书或机会，不仅受教育者将受到惩罚，提供相应证书或机会的教育机构或个人也将受到一定制裁。

### （三）取向性

教育制度作为一种人为活动的结果不可能是完全的价值中立的，它通常带有一定价值偏好，或价值取向性。教育制度的价值取向性一般体现为教育制度制定过程中强势团体的价值取向，通常是统治阶级的价值取向。如奴隶社会和封建社会，维护阶级统治是统治阶级关心的首要问题，为此，教育制度的设置也是为了实现该目的服务的。如国家开办的最好的学校通常只招收统治阶级的子弟，教育的内容不得与统治阶级的基本价值取向相背离，教育人员的委任也必须由统治阶级进行选拔等。资本主义社会也是一样，其教育制度的设立也体现了资产阶级的价值取向，有利于实现资产阶级的利益，无论是义务教育制度的创新还是教学内容的改进都不全是出于对受教育者关心和知识发展自身的逻辑。同样，社会主义的教育制度也是为了社会主义国家的稳定和强盛，为了实现社会主义的最高理想——共产主义，其价值取向也是鲜明清晰的。

### （四）客观性

教育制度尽管具有很强的价值取向性，但并不说这种价值取向将完全决定教育制度的制定，恰恰相反，价值取向的选择必须考虑到教育制度制定时所面临的具体环境。无视具体环境的价值取向在教育制度中是无法发挥其预定的作用的。因此，教育制度不仅具有价值取向性，更具有客观性。正是如此，教育制度的制定必须考虑方方面面客观因素方可成功，如知识内在逻辑、青少年发展规律、教学规律、风俗传统等。如学制中对于学习内容的安排，不仅考虑到知识自身的发展规律还要考虑到学生学习的心理基础。有的国家实行宗教和教育相分离，有的国家二者却交织在一起。

## 四、影响教育制度制定的因素

### （一）政治

影响学制的因素有很多种，但相对于其他因素而言，政治因素对教育制度的影响更直接也更深刻。一般情况下，有什么样的政治制度便有什么样的教育制度与此相适应。在实行集权制的国家，教育制度一般也是集权性的。如我国的封建社会，教育对象的筛选、教学内容的选择、教师的配备以及教育管理人员的指任都是由政府来进行，对于关键人物的任命甚至由最高统治者直接进行。然而在实现地方分权制的国家，政府并不直接干涉教育内容以及微观管理，而是通过经济资助等间接手段来进行，因此，其教育制度也呈现出相应的分权特点。在政治缺乏民主的社会里，教育制度中也不可能体现真正的平等与公平。如在古代的奴隶社会和封建社会里，被统治阶级子弟的受教育权是不能得到保证的。到了近代社会，政治民主的程度大大提高，教育制度的民主性也有了很大的改善，普通民众的受教育权也有了更大的保证，尤其是义务教育的实施，给每一个适龄儿童提供极其重要的机会均等权利等。

### （二）经济

经济的发展为教育制度提供了一定的物质基础和相应的客观需要。在原始社会，教育与生活相结合，没有专门的教育活动和教育场合，因此，也不可能对教育制定专门的管理制度。到了奴隶社会，阶级对立非常尖锐，但经济产生对知识和技能的要求并没有很大的提高，因此，当时的教育目的主要是为了维护奴隶主的阶级统治，学校的设立也是专门为统治阶级子弟接受教育做准备的，而被统治阶级尤其是奴隶被剥夺了受教育的权利，其生产生活知识的学习多是通过师徒制来实现的。进入封建社会后，教育对象的范围有很大的扩展，但统治阶级子弟和平民子弟接受不同的教育，发展的前景也有很大的不同，如中国为皇室贵胄子弟设立了专门的官学，欧洲的国家学制实行的双轨制。到了资本主义社会，对劳动者素质要求的提高，不仅导致了教育内容、教育权利和教育对象上的变化，还直接产生了职业教育。到了现代社会，科技的发展对劳动者的素质提出了更高的要求，不仅要丰富新的学习内容，还要延长义务教育的年限，丰富学校的方式，如成人教育、终身教育以及远程教育等。总之，有什么样的经济发展状态就需要什么样的劳动者素质与之相适应，而要形成相应的劳动者素质必须要相应的教育活动和教育形式，这最终要在学校制度中来加以体现。因此，经济因素对学制的变化有非常重要的影响。

#### （三）文化

教育活动既是在一定的文化背景下进行的，又承担着一定的文化功能，如文化选择、文化传承、文化整合与文化创造等。因此，不同的文化特点便形成不同类型的学制。如同样是资本主义国家，但英国有非常深厚的封建传统，因此双轨制在英国得以实行，但美国则少有封建文化的影响，平等的观念更深厚，学制上最终形成了更具民主色彩的单轨制。同样，我国实行中央集权的教育管理制度与我国历史上长期的中央集权政治制度具有很大的关系。作为教学内容的文化知识一样影响教育制度的生成和变化。在学科知识形成的初级阶段，由于知识分化还不是很细致，对学习者的要求也不是很高，因此一个人可不必接受太多的教育便可以对本学科的知识加以掌握，有的人还可以同时通晓多个学科的知识。但随着知识的分化，其自身构造越来越复杂化，不仅创新难度越来越大，学习的难度也越来越大，因此，就对学习者提出了更多的要求，甚至对知识的学习要求学习者发展到一定程度才行。于是分门别类地，按照学习者的身心特点进行相应的教育是当今教育制度的重要特征。

## 第二节　学校教育制度

### 一、什么是学制

学校教育制度简称学制。学制作为一种规则，它规定着各级各类学校的性质、任务、入学条件、修业年限以及相互间的衔接、转换等，反映着各级各类学校的结构及相互关系；同时，它又为制定教育计划、课程、大纲、教材、教法乃至确定学校规模、布局、师资培训等一系列重大问题提供依据。

### 二、学制的类型

学制的类型是不断变化的，根据各层次教育之间的关系和特点，学制一般分为三种类型，即双轨学制、单轨学制及分支型学制。

### （一）双轨学制

所谓双轨制是指在各层次的教育中，有两个互不交叉的系统，并进通行，互不影响，如同火车的两个轨道。实行双轨学制的典型国家是英国。在英国封建社会里，受教育只是贵族和上层家庭子弟的权利。穷苦家庭的子弟只有在教堂的读经班或唱诗班里学习一些基本的读写知识。宗教改革后，各教区学校大量建立，这种类似于初等教育的学校在一定程度上提高了贫困子弟入学的机会，但办学条件较差，大多学生不能继续进入中等学校学习。1870 年英国政府颁布了《初等教育法》，初等学校即小学在各地大量设立。小学教育年限一般为 6 年，也有的是 8 年或 9 年。6 年毕业的学生升入高级小学，8 年或 9 年毕业的升入职业学校或师范学校学习，他们的学业到此结束，因为他们毕业后即进入工作岗位，不再继续接受教育。这是普通民众子弟所接受的一类教育，是双轨学制中的一轨。另一轨是贵族和上层社会子弟所特享的教育系统。这些贵族子弟初等教育一般是在家庭进行，他们一般聘请专门的家庭教师，受教育对象也仅限于本家族子弟。也有的贵族子弟是在专门的预备学校进行学习，为进入中等教育做准备。中等学校分为文法学校和公学两类。无论是文法学校还是公学，学习的内容均是古典语言和文法，学生毕业后有的成为官吏、法官、教师等，有的则进入大学接受高等教育。公学其实是一种私立寄宿学校，相对文法学校，它的办学条件更好，教学质量也更高，但收费标准也要远高于文法学校。英国著名的公学如伊顿、圣保罗等。因此，双轨制的一轨就是初等学校（小学）→高级小学→职业学校，另一轨就是家庭教育或预备学校→中学→大学。这两轨的学生不互相转学，教学内容等也有很大的差别。参见图 5-1。

有的教育学著作中对双轨制的优缺点进行了简要的评述，认为“双轨学制的优点是在它的学术性一轨中保持了相对严格的教育目标、教育内容和学术标准，这对于培养社会高层次人才是有利的。但它的缺点也是明显的。首先，它从教育的起点开始，给不同的阶层、阶级的儿童享受平等的受教育权利设置了人为的障碍，剥夺了中下层劳动阶级子女接受高等教育的权利，减少了劳动阶级子女成为脑力劳动者、社会上层人士的机会。其次，双轨制的两轨之间互不相通，也不相接，这使社会丧失了从中下层劳动阶级子女中选拔出类拔萃的人才的机会。最后，双轨学制的最大的缺点是不利于教育逐级普及，特别是高等教育的普及。”① 所以，今天世界上实行双轨学制的国家纷纷进行改革向单轨制靠拢。

① 沈壮海：《教育学导论》，第 208 页，武汉，武汉大学出版社，2005。

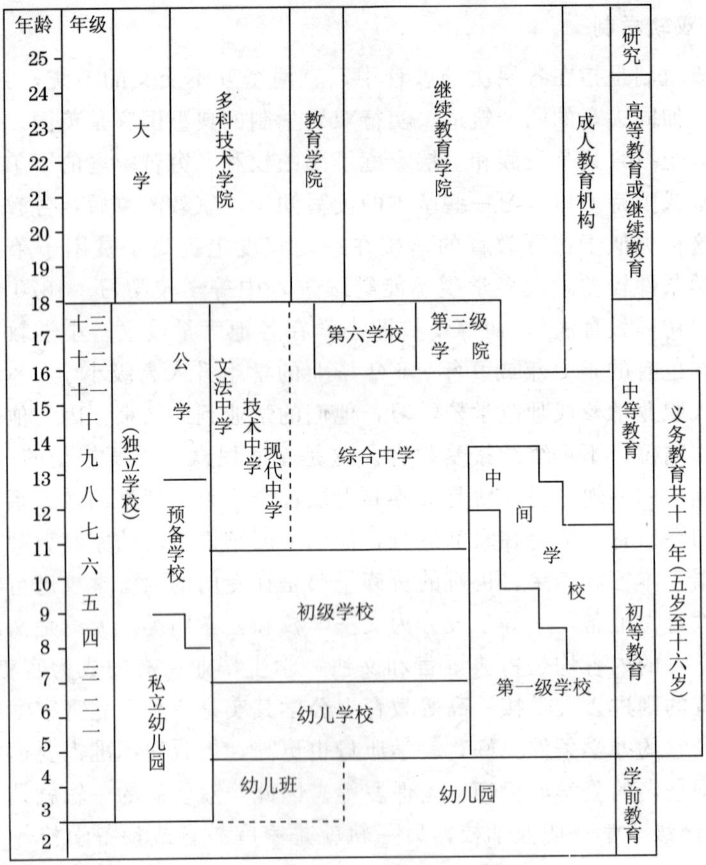


**图 5-1　双轨学制示意图**

资料来源：吴文侃：《比较教育学》，第 214 页，北京，人民教育出版社，1989。

### （二）单轨学制

与双轨制相比，单轨制就是各层次的教育之间相互衔接，成为一个统一的整体。一般认为美国是单轨制的发源地。在殖民地时期，美国的教育更多地受到欧洲教育的影响。当时的小学多是各教会举办的学校，学习一定的文化知识和宗教内容，学习者也多为劳动人民子弟。中等教育也多为文法学校，教学语言为拉丁文，学习内容同样是古典文科和宗教知识，教育的目的就是为学生进入大学做准备。美国独立后，资本主义工商业迅速发展，同时对各专业人才也有了更大的需求，文法学校学习内容的空疏越来越不适应新时期的要求。一般家长也不愿意自己的子女接受这样的教育，纳税人也不支持建立这样的学校。为此，双轨制教育系统遭到了反对。为了满足社会发展的需要，照顾学生的就业和升学两个的方面的需求，1821 年波士顿创办了公立中学。公立中学投资由政府承担，对学生也不收学费，开设的内容更加丰富，在知识上注重与小学和大学的衔接，既能满足学生的就业需求，也能实现学生的升学要求。由此，一个由小学、中学、大学构成，上下贯通，协调一致的单轨学制便形成了。参见图 5-2。

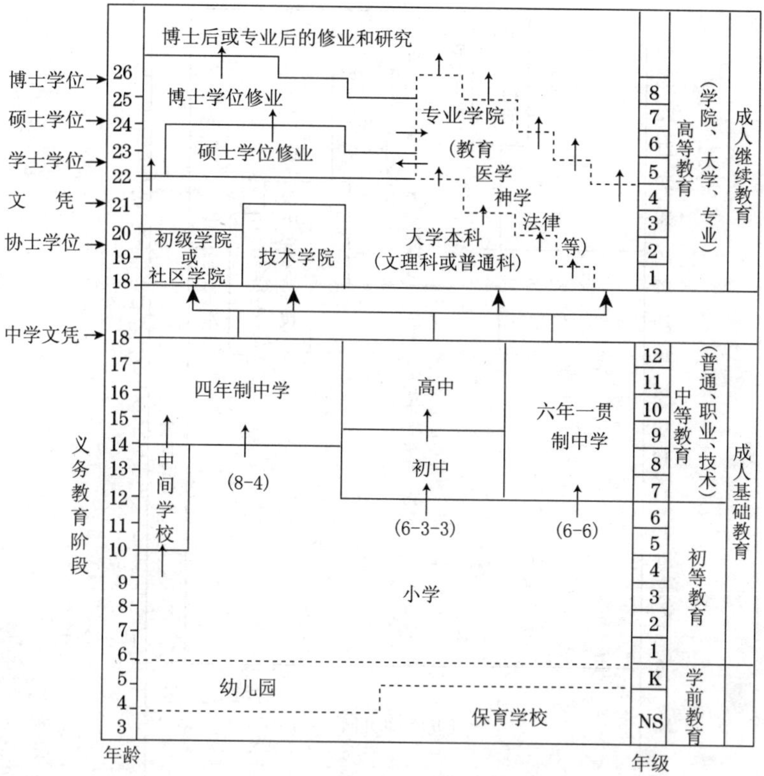


**图 5-2 单轨学制示意图**

资料来源：吴文侃：《比较教育学》，第 121 页，北京，人民教育出版社，1989。

相关教育学著作中对单轨制的优缺点进行了简要的评述，认为“单轨制不像双轨制那样有明显的阶级、阶层歧视，从入学条件、教育目标来看没有明显的不公平之处，它符合教育民主化的历史潮流。它的一贯制学校教育系统有利于教育的逐级普及，中学阶段的多种分段制既灵活又相通，这有利于人们根据社会劳动力市场需求的变化及自身条件、需要做出自由选择和调整，它符合现代社会生产与经济发展、产业结构迅速变化的形势，从而显示出勃勃生机。但是单轨学制也有缺点，在它普及教育的同时，对如何提高教育的质量、如何培养出高质量有特色的人才缺乏有效措施。另外，在像美国这样的资本主义国家，师资水平高、设备条件好的著名的私立学校，通常学费昂贵，劳动阶级承担不起。所以，资本主义的单轨制同双轨制在本质上是一样的，是为资本主义制度服务，学制的阶级性导致不同阶级实际享受到的受教育权是不平等的。”①

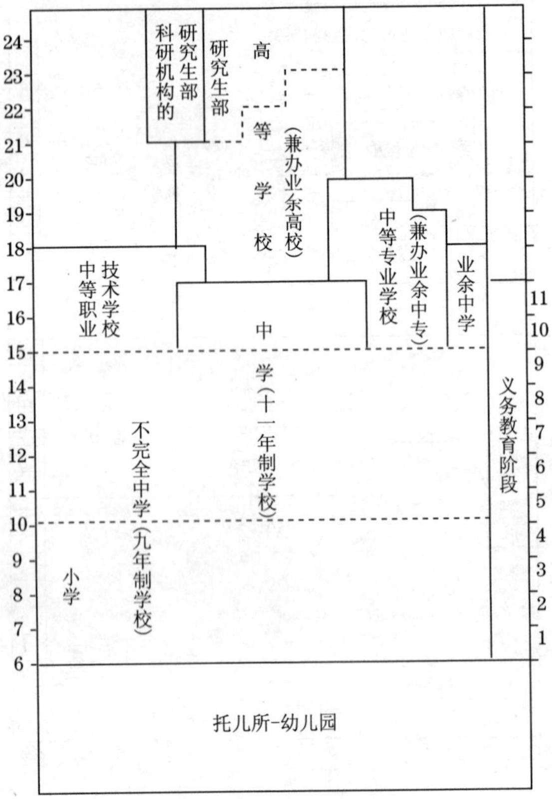


**图 5-3　分支学制示意图**

资料来源：吴文侃：《比较教育学》，第 71 页，北京，人民教育出版社，1989。

### （三）分支型学制

所谓分支型学制是指在学制的初级阶段不分轨，所有的孩子都进入公立幼儿园，然后进入初等教育机构。到了中学阶段便开始实行分轨，学生们有的进

① 沈壮海：《教育学导论》，第 209 页，武汉，武汉大学出版社，2005。

入普通中学学习，有的进入职业学校，有的进入师范学校、医科学校等专业技术学校。无论哪种学校的优秀毕业生都能升入相应的高等学校学习。分支学制的典型国家是苏联。参见图 5-3。

沈壮海教授在其主编的《教育学导论》一书中对分支型学制的优缺点进行了简要的评述，认为“分支型学制有单轨制优点，即在教育的起点上是公平的，没有阶级、阶层歧视，充分体现了社会主义制度的优越性。从中等教育开始实行的多轨学制之间相连相通，这有利于人们根据需要和可能选择不同层次、类型的教育，有利于社会从不同层次、类型的学校中获得经济发展所需要的各种不同类型层次的人才，有利于教育的逐级普及。分支型学制还有一个优点，即它保持了传统双轨制中其中一轨学校教育的学术性和高质量。但是，苏联的分支型学制中也有不足之处，即国家对学校教育的管理体制过于集中、统一，其具体表现形式是：教学计划、教学大纲、教科书完全统一，学时过多，课程过多，使学生负担过重，缺乏学习积极性、主动性，不利于不同个性人才的自由发展。”① 整体来看，三种学制各有优缺点，人们已经意识到无论哪种类型的学制都必须改革。

## 三、学制改革的趋势

### （一）双轨制向单轨制改进

随着社会的发展，政治民主的程度也越来越高，双轨制固有的不平等性引起了人们越来越多的不满，建立平等民主的学制系统正成为更多国家的努力方向。英国从 20 世纪 60 年代起，就把文法中学、技术中学和现代中学这三种类型的中学并设在一所学校里，或者综合起来设立综合制学校。德国也在积极试验，成立把初级中学、中间学校和文科中学综合在一起的综合中学。②

### （二）普通教育和职业教育相协调

由于职业技术教育对发展社会生产力具有巨大作用，所以许多国家都强调普及职业技术教育，使全民都普遍接受职业技术教育，所采取的措施之一就是在普通学校中加强职业技术教育。法国从小学就开始设置科学技术课，直到初中毕业，每周 2～3 小时。我国也设立了中等职业教育学校，使学生能较早地掌握一些职业技能。同时，越来越多的国家逐渐认识到，良好的职业教育发展

① 沈壮海：《教育学导论》，第 209 页，武汉，武汉大学出版社，2005。

② 赵鹤龄：《教育学》，第 128 页，哈尔滨，哈尔滨工业大学出版社，2001。

必须有一定质量的普通教育与之相适应，基础知识的薄弱将影响专业知识的学习和专业技能的形成，为此，许多国家更加注重普通教育的质量问题。长期以来，德国职业教育实行由企业和职业学校合作进行的双元制培训体系，这种体系比较注重实践，而普通教育的时间太少，随着科学技术的进步，对职业素养的要求在不断提高，为此德国不得不重新调整学校教育与企业训练之间的比例关系，在职业学校中增设普通教育课程内容，以使职业学校毕业生能更好地适应市场的需要。

**（三）义务教育的年限不断延长**

各个国家最初实施义务教育的年限长短不等，有的是 4 年，有的是 6 年，但整体来看年限较短，随着社会的发展义务教育的年限有一直延长的趋势。延长的形式有的是前移，即降低义务教育的入学年龄，有的是后延，增加义务教育的学习时间。如目前日本的义务教育年限是 9 年，德国是 12 年，我国也是 9 年义务教育。2010 年发布的《国家中长期教育改革和发展规划纲要（2010—2020 年）》提出到 2020 年基本普及学前两年教育并普及高中教育等战略目标，到时，我国的义务教育年限将达到 13～14 年。

**（四）终身教育制度的形成**

随着社会的发展，生产生活的知识更新速度在加快。为了适应社会的快速变化，个体必须通过教育以不断完善自己。为此继续教育、终身教育的理念逐步深入人心。各国的学制系统也进行了相应的调整。如成人教育逐渐形成了一定规模，建立了正式的管理体制，并与正规教育体系相沟通。同时正规教育体系也越来越开放灵活，普通学校也可从事成人教育活动等。目前，在许多国家出现的远距离教育、开放大学、社区教育、网络学校等，都是终身教育思想在传统学校教育之外的尝试。

## 第三节　我国的教育制度

对我国教育制度的了解也可以从学校教育制度和教育管理制度两个方面来加以了解。对学校制度的介绍以组织体系的呈现为主，而对管理制度的介绍则以组织规则为主。

### 一、我国的学校教育制度

自进入近代社会以来，我国一直进行着现代学校教育制度建设。新中国成立后，学校教育制度也屡经变更，到目前为止，已建立了比较完善的学校教育制度。我国的学制系统大致可以划分为以下几个层次。参见图 5-4。

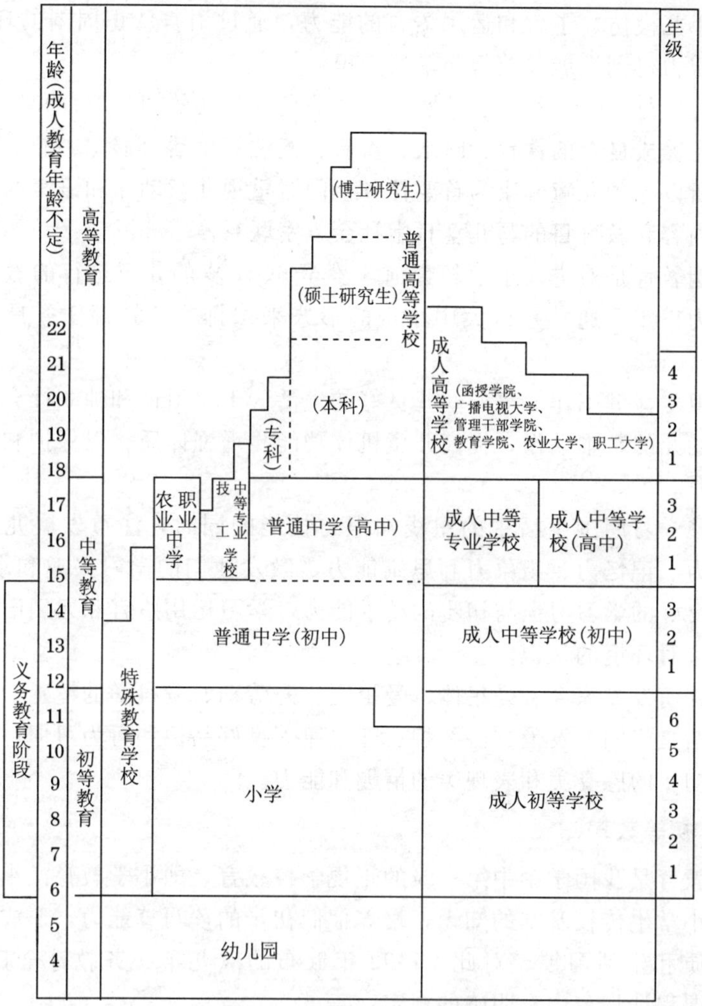


图 5-4 我国现行学制示意图

资料来源：吴文侃：《比较教育学》，第 351 页，北京，人民教育出版社，1989。

### (一) 学前教育

学前教育是学校前教育的统称，一般包括托儿所和幼儿园两种教育阶段。

托儿所是为 3 岁前儿童设立的教育结构，其主要目的在于对儿童进行良好的保育与教育，促进儿童得到全面发展。具体要求体现在以下几个方面：

发展小儿的基本动作，进行适当的体格锻炼，增强抵抗力，提高健康水平，促进身心正常发展；

发展小儿模仿、了解和运用语言的能力，通过语言认识周围的环境事物，使小儿的智力得到发展并获得简单的知识；

对小儿进行友爱、礼貌、诚实、勇敢等良好品德的初步教育和培养；

使小儿养成良好的饮食、睡眠、衣着、盥洗等生活习惯。

托儿所以保护儿童健康为首要任务，同时重视儿童动作和语言的发展，尽量使教育内容和教育目的与儿童日常社会紧密联系。

幼儿园教育是对进入小学教育前 3 岁至 6、7 岁的儿童进行的教育，学习年限一般为三年，通常是以大中小班的形式来编排。其教育任务具体有以下几点：

搞好卫生保健工作，培养幼儿良好的生活、卫生习惯和独立社会能力；

发展幼儿的基本动作，提高儿童机体功能，增强体质，以保护和促进幼儿的健康；

在幼儿学习周围生活中的粗浅知识与技能的同时，注重发展儿童的注意力、观察力、记忆力、想象力和思维能力，激发他们的学习兴趣和求知欲望，培养他们良好的学习习惯与初步的动手能力，学习运用感官和运用语言的基本能力，增进对环境的认识；

使幼儿萌发爱家乡、爱集体、爱祖国、爱劳动、爱科学的情感，培养他们诚实、自信、好问、友爱、讲礼貌、守纪律等良好品德和行为习惯；

培养初步的感受美和表现美的情趣和能力。

**（二）初等教育**

初等教育是我国学制中第一级的正规学校教育，即小学教育。小学教育的目的是向小学生传授基本的知识，培养他们初步的读写算能力，形成基本的良好道德品质和生活习惯。对此，1992 年颁布的《九年义务教育全日制小学、初级中学课程计划》中有明确的规定：

初步具有爱祖国、爱人民、爱劳动、爱科学、爱社会主义的思想感情，初步培养具有关心他人、关心集体、认真负责、诚实勤恳、勇敢正直、合群、活泼向上等良好品德和行为习惯，初步具有自我管理以及分辨是非的能力；

具有阅读、书写、表达、计算的基本知识和基本技能，了解一些生活、自然和社会常识，初步具备基本的观察、思维、动手操作和自学能力，养成良好的学习习惯；

初步养成锻炼身体和讲究卫生的习惯，具有健康的身体，具有较广泛的兴趣和健康的爱美情趣；

初步学会生活自立，会使用简单的劳动工具，养成爱劳动的习惯。

小学教育具体内容包括：

系统的科学文化知识和技能；

爱国主义、社会主义、集体主义的教育，理想、纪律、道德、法制的教育；

体育运动、卫生保健的知识、技能和习惯的养成教育；

审美观点和审美能力的教育；

劳动与技术教育。

我国在小学中实施的学制有5年制和6年制两种，从低到高依次划分为5个或6个年级，即一年级、二年级、三年级、四年级、五年级或六年级。

### （三）中等教育

中等教育是实施中等普通文化科学知识教育或在初等教育与初级中学普通文化科学知识教育基础上给予学生从事某种生产劳动所需的知识技能的教育。实施中等教育的机构有两类，一是全日制普通中学，包括初中和高中，以传授初级中等和高级中等文化科学知识。另一类是中等职业教育，包括中等专业学校、技工学校和各类职业农业高中，以传授初等或中等的生产劳动知识和技能。就学习年限来看，初中和高中的学习年限各三年，即初中分为初一、初二和初三三个年级，高中分为高一、高二和高三三个年级，职业高中的学习年限一般也是三年。

### （四）高等教育

高等教育是完全中等教育基础上进行的专业教育，是培养各类高级专门人才的社会活动。由于专门人才的类型是多样的，既有学术型、研究型，也有应用型、技术型，因而，高等教育作为一种专业教育既可以是学术性专业教育，也可以是职业性职业教育。根据对专业知识的学习程度，高等教育又可以分为专科、本科和研究生三种教育层次。实施高等教育的机构是高等专科学校、学院和大学以及一些研究单位。就学习年限来看，专科为二到三年，本科为四到五年，硕士研究生为三年左右，博士生为四年左右。

## 二、我国的教育行政管理制度

教育行政结构可以从宏观和微观两个方面来加以了解。所谓教育的宏观结构是从行政层级的角度来了解整个教育行政系统。我国目前的教育行政机构可以分为中央和地方两大级，而地方一般是以省（或自治区、直辖市）为单位，省内的教育行政机构随行政级别的划分而进行相应的调整和设置。地方教育行政机构可以分为省教育厅和市县的教育局。在宏观介绍教育行政结构时就从中央、省和市县三级来进行。微观的教育行政结构是指一个教学单位之内的教育行政机构的设置。一般而言，不同层次的学校在设置教育行政机构时会有一定的区别，本节在介绍教育的微观行政结构时，从初等教育、中等教育和高等教育中学校的行政机构设置入手加以分析。

**（一）宏观教育行政结构**

1. 中央教育行政机关

我国的中央教育行政机关是教育部，是主管教育事业和语言文字工作的国务院组成部门，其主要职责是：

研究拟定教育工作的方针、政策；起草有关教育的法律、法规草案。

研究提出教育改革与发展战略和全国教育事业发展规划；拟定教育体制改革的政策以及教育发展的重点、结构、速度，指导并协调实施工作。

统筹管理本部门教育经费；参与拟定筹措教育经费、教育拨款、教育基建投资的方针、政策；监测全国教育经费的筹措和使用情况；按有关规定管理国外对我国的教育援助、教育贷款。

研究提出中等和初等教育各类学校的设置标准、教学基本要求、教学基本文件；组织审定中等和初等学校的统编教材；指导中等及中等以下各类教育的教育教学改革；组织对普及九年义务教育、扫除青壮年文盲工作的督导与评估。

统筹管理普通高等教育、研究生教育以及高等职业教育、成人高等教育、社会力量举办的高等教育、成人高等教育自学考试和继续教育等工作。研究提出高等学校设置标准，审核高等学校的设置、更名、撤销与调整；制定学科专业目录、教学基本文件，指导高等学校教育教学改革和高等教育评估工作；负责“211工程”的实施和协调工作。

统筹和指导少数民族教育工作，协调对少数民族地区的教育援助。

规划并指导高等学校的党建工作和各级各类学校的思想政治工作、品德教育工作、体育卫生与艺术教育工作及国防教育工作。

主管全国的教师工作，制定各级各类教师资格标准并指导实施；研究提出各级各类学校的编制标准；统筹规划学校教师和管理人员的队伍建设工作。

统筹管理各类高等学历教育的招生考试工作；制订各类高等学校招生计划；负责各类高等学历教育的学籍管理工作；归口管理高校毕业生就业制度改

革，拟定高校毕业生就业政策，组织实施高校毕业生就业分配工作。

规划并指导高等学校的自然科学和哲学、社会科学研究；宏观指导高等学校的高新技术应用研究与推广、科研成果转化和“产学研”结合等工作；协调并指导高等学校承担国家重大科研项目、国防科技攻关项目的实施工作；指导高等学校国家重点实验室、工程研究中心的发展建设。

统筹管理并协调、指导教育系统的外事工作，拟定出国留学和来华留学管理工作的方针、政策；规划并协调、指导对外汉语教学工作；指导我驻外教育机构的工作；负责协调同香港、澳门特别行政区及台湾地区的教育交流。

负责教育基本信息的统计、分析和发布。

拟定国家语言文字工作的方针、政策；编制语言文字工作中长期规划；制定汉语和少数民族语言文字的规范和标准并组织协调监督检查；指导推广普通话和普通话测试工作。

统筹规划学位工作，起草有关学位工作的法规；负责实施国家的学位制度；负责国际学位对等、学位互认等工作；承办国务院学位委员会的有关具体工作。

负责协调“中国联合国教科文组织全国委员会”各委员单位及其他部门、机构与联合国教科文组织开展教育、科技、文化等方面的合作与交流；负责与联合国教科文组织总部、亚太地区办事处、驻京办事处的联系与交流；负责与我国驻联合国教科文组织常设代表团的联络并指导其工作。

承办国家科技教育领导小组交办事项。

承办国务院交办的其他事项。

2. 省级教育行政机关

省及其相等行政级别的自治区、直辖市的教育行政机关是主管地方教育事业和文字工作的首要行政机构，其主要职责是：

贯彻执行教育工作的方针、政策和法律、法规，研究拟定全省教育工作的政策和地方性法规、规章，并监督实施。

研究提出全省教育改革与发展战略和全省教育事业发展规划；拟定教育体制改革的政策和教育事业的发展重点、结构、速度，指导并协调实施。

统筹管理确定后的本部门教育经费；参与拟定筹措教育经费、教育拨款、教育基建投资的政策和措施；在省本级财政中，省属高等院校的经费预算（含教育事业费、教育基建投资）确定后，由省教育厅组织实施；有关教育经费的收费标准，由省教育厅汇总提出意见，经物价、财政部门审核后，报省政府审批；监测全省教育经费的筹措和使用情况；指导执行国（境）外教育援助、教育贷款和教育合作项目。

综合管理全省高等教育、研究生教育、职业教育、基础教育、学前教育、成人教育、广播电视及网络教育、社会力量举办的学历教育等工作；负责学校布局结构的调整；审核高等学校、普通高中和中等职业学校的设置、更名、撤销与调整；审批省属本专科院校的本专科专业设置；组织审定中等和初等学校的统编教材；指导教育教学改革和重点学校、学科建设；指导少数民族教育工作，协调对少数民族地区的教育援助；负责教育督导和评估工作。

主管全省教师工作，规划并指导学校教师和管理人员队伍建设；研究提出全省各类学校的编制标准；实施教师继续教育、资格认定和专业技术职务资格评审等工作；指导学校内部管理体制改革。

规划并指导各级各类学校的党建工作、思想政治工作、思想品德教育工作、体育卫生与艺术教育及国防教育工作；指导高校班子思想政治建设；配合有关部门加强学校领导班子和干部队伍建设。

统筹管理全省各类高等学历教育考试工作，研究提出普通高校、成人高校及中等专业学校的招生计划，并组织实施；负责各类高等学历教育的学籍管理工作；归口管理高校结业生就业制度改革，拟定高校毕业生就业政策，组织实施高校毕业生就业分配工作。

规划、指导全省教育系统的自然科学和哲学、社会科学研究工作；指导全省高等学校高新技术应用研究与推广、科技成果转化与推广和“产学研”相结合等工作；组织协调高等学校承担国家和地方重大科研项目的实施；指导学校科研基地、高等学校重点实验室的发展建设。

统筹管理并协调全省教育系统的外事工作；指导教育系统的国际交流与合作及港、澳、台地区的交流与合作；负责全省出国留学人员和教育系统来本省外籍教师、外籍专家及来本省留学人员的管理工作。

负责全省教育系统基本信息的统计、分析及信息系统的开发和建设工作。

管理省属高校和厅属事业单位，指导学会、协会、研究会、基金会等教育社团组织的工作。

承担省语言文字工作委员会和省学位委员会的有关具体工作。

承担省委教育工委的有关具体工作。

承办省委、省政府交办的其他事项。

3. 市县的教育行政结构

地方市县的教育机关是教育局，其主要职能是：

贯彻执行国家和省有关教育工作的方针政策和法律法规；拟定全市教育工

作的政策法规并监督实施。

拟定全市教育事业发展规划，提出教育体制改革意见和建议、教育发展规模、结构、速度及发展重点并组织实施；负责教育督导和评估。

指导、协调各区（市）、各部门有关教育工作和教育教学改革；负责有关学校的规划、布局和调整。

会同有关部门承办市属高校、成人高校、中等专业学校等有关招生工作；负责全市高中阶段教育和成人教育、市属高等教育及市区初中教育的管理工作。

规划、指导全市教师和教育行政干部队伍建设，指导教育人事制度改革和学校内部管理体制改革；指导全市师范类毕业生就业和就业制度改革。

会同有关部门拟定教育经费筹措、教育拨款、教育基建投资、教育收费的政策、规定并组织实施，按规定管理国内外对我市的教育援助和教育贷款。

协调驻青高校、中等专业学校与本市的有关工作；参与协调“产学研”结合等工作。

组织、指导教育科研和教学研究工作；统筹规划全市教育信息化建设，指导电化教育工作。

指导全市学校校舍场地建设和修缮；拟定全市教育技术装备规划并组织实施；指导全市勤工俭学、校办产业工作。

负责管理全市语言文字工作。

组织开展教育对外交流与合作。

承办市政府和上级业务部门交办的其他事项。

### （二）微观教育行政结构

1. 小学教育组织结构

小学教育组织可以分为行政组织和非行政组织两类。两种组织各司其职，各负其责，共同促进了学校教育的正常运转。

（1）非行政组织。一般又可以分为政党组织、群众组织和业务组织三种。

政党组织有中国共产党组织和各民主党派组织两类。小学基层党组织的职能是：对党和国家的方针政策在本校的贯彻执行实行保证监督，以主要精力加强党的建设，做好思想政治工作和群众工作，参与决策，对学校重大问题提出意见和建议。各民主党派基础组织的职能是：在学校党支部的领导下，积极参与学校管理，对学校的大政方针提出合理化建议，对学校的干部和各方面工作进行监督。

群众组织包括：①学校共青团组织。其主要任务是加强团的组织和思想建设，提高团员质量，壮大团的队伍；开展团的活动，对团员和教师进行思想政治教育；鼓励团员教师努力学习，完善知识，提高教学水平。②少先队。少先队是少年儿童的群众组织，其主要职责是组织开展各种教育活动，使儿童团结向上，努力学习，提高思想道德修养，做社会主义建设的有用人才。③教育工会。其主要职责是配合学校党政部门进行思想政治教育；关心会员生活，帮助教职工解除后顾之忧，维护教职工的合法权益和切身利益；开展文体活动，丰富教职工的文化生活，协助召开教职工代表会议。④教职工代表大会。其主要职责是审议学校的发展规划、工作计划和各种重大决策，审议学校的内部工资分配方案和重要规章制度，评议和推荐学校干部，讨论和决定有关教职工切身利益的各种问题。

业务组织是学校教育活动的载体，直接体现和决定学校的教育教学质量。①教研组。教研组一般按学科设置，人数较少的学科可以多个学科合成一个教研组，通常设一名教研组长。教研组的主要职责是：组织教师学习党和国家的教育方针政策；研究教学大纲、教材和教学方法，结合教学钻研教育理论和专业学科知识；组织备课活动，不断提高备课质量；总结和交流教学和指导活动课的经验。②年级组。年级组是同年级各班班主任或班主任与任课教师的集体组织，其主要任务是：分析本年级各班学生德智体等方面的发展状况；协调班主任之间以及班主任和任课教师之间的关系，统一认识，以提高教学质量；组织开展全年级的教育活动；研究本年级的家长工作，召开家长会。③班级。班级是学校对学生进行全面教育的基础组织，是学生学习和生活的集体组织。班主任是班级的组织者和领导者。班级设班委会，在班主任的领导下开展工作，由学生管理自己。班级要在协调师生关系和同学关系的基础上，创造一种团结向上的气氛，促进每一个学生的健康成长。④教育科学研究组织。教育科学研究组织主要由校内少数业务能力强、教学效果好、教学经验丰富的老教师组成。其主要职责是：为学校的整体改革和教学改革出谋划策：协助实施教学改革计划和方案；开展或协助学校教务部门开展教学研究活动；协助培养青年教师；收集校内外各种相关信息，倾听教师心声，供学校领导参考。

(2) 行政组织。可分以下几种：

校务委员会。按照 1985 年颁布的《中共中央关于教育体制改革的决定》规定，有条件的学校可以设立校务委员会，其主要职责是审议学校的重大决策。但目前大多小学并未设立该机构。

行政会议。行政会议（校长办公会）是以校长为首的学校行政负责举行的经常性工作会议，是一种体现集体领导的组织形式。会议由校长主持，主任以上干部参加；必要时邀请党支部书记，少先队大队总辅导员以及工会主席等有关人员参加。主要职责是讨论决定学校日常行政工作中的重大问题，布置、安排和检查工作。

校长办公室。校长办公室是处理日常校务工作的机构，主要职责是管理学校的人事保卫工作，管理学校的文件收发、报表统计、文书档案工作；协助校长协调学校各职能机构之间以及各职能机构与学校非行政组织之间的关系；负责学校的对外联络工作，接待处理来信来访；了解和分析各种反馈信息，供校长参考；校长交办的其他工作。较小的学校也可只设专职秘书或干事。

教导处。教导处是负责教学和学生思想品德教育的组织。主要职责是：领导各年级组、各班班主任和各学科教学研究组的工作；主持召开年级组长、班主任和教研组长会议，布置、检查和协调教学和学生的思想品德教育工作；管理学籍、考试、考核以及文印、资料统计等教务工作；组织学生的活动课；领导图书馆、阅览室、资料室、实验室、卫生室的工作。

总务处。总务处主要负责后勤方面的组织管理工作，为学校工作和师生生活提供服务和物质保障。主要职责是：会计与出纳工作；物品采购保管工作；学校设备的采购、保管和维修工作；学校校舍和道路的维修工作；校园的绿化、美化和清洁卫生工作。

图书馆、阅览室、资料室、实验室、卫生室和电化教育室。这些部门都是教导处领导下的教学辅助机构。图书馆负责图书的采购、保管和流通；阅览室负责报纸杂志的采购、保管和流通；资料室负责收集教育教学和学校管理的各种信息和资料，并进行加工、整理、编目和借阅，为教师教学和学校工作服务；实验室要保管好实验仪器和药品，组织好各科的演示和实验活动；卫生室的工作是对师生定期进行体格检查，组织近视眼和常见病的预防工作；电化教育室要研究推动各科教师运用电化手段进行教学，开设计算机课和普及计算机知识。

2. 中学教育组织结构

中学教育组织与小学组织的设置具有很大的雷同性，也可以分为行政组织和非行政组织两大类。其中的行政组织如教务处，校长办公室等，非行政组织如业务组织，群众组织以及其他服务组织等。下面对这些组织进行简要的介绍。

行政组织。中学一般设教务处、总务处和校长办公室等行政组织，个别学校还设有教导处。教导处是主管学校教学业务的机构，具体领导各科教研组、年级组及班主任工作，同时兼管与教学业务有关的科室，如实验室、图书馆、文印室等。日常的行政事务是掌握学籍，整理教学档案、成绩统计、作息时间的安排、课程表的编制，组织课外活动等。总务处是组织和管理学校后勤的机构，负责学校的基建、物质供应、设备的维修、财务的支出和报销等事项，并兼管学校的食堂、宿舍等。校长办公室主要协助校长处理对外联系、对内协调的工作，负责对外联络、文件收发、报表统计、信息反馈等。教导处是管理学生思想工作、组织各种德育活动的机构。

业务组织。中学一般根据学科建立各教研组，人数少的邻近学科可并为一个教研组，如体音美教研组、理化生教研组或政史地教研组等。教研组的主要任务是组织本学科教学，开展教学研究活动，提高教师教学业务能力，监督和改进本学科教学水平等。年级组也是中学的业务组织之一，其主要任务是负责安排该年级的全面工作，侧重研究班主任工作，分析学生思想状况，讨论思想品德教育等问题。有些中学还设有教育科学研究室，负责组织教学改革，开展教育科学研究，进行教育实验，总结教育教学经验等工作。

群众组织。共青团、少先队是党和行政对学生实行思想政治工作的有力助手，它们接受上级团委和学校党组织的领导，也接受以校长为首的学校行政组织的指导。学生会是学生的群众性组织，主要协助和配合学校团组织开展各项有益的课余活动，协助班主任领导各班的班委会，并及时向学校反映同学的意见和要求。工会是教职工的群众性组织，其主要职责是协助学校党组织和行政组织搞好教职工的政治、文化和业务学习，做好团结工作和生活福利工作。

其他组织。学校根据具体任务还设置有治安保卫委员会，家长委员会等，主要目的是配合学校完成日常教学任务，处理学校常见问题。

3. 大学教育组织结构

大学组织结构一般分为行政组织、教学组织和群众组织等。具体说来有以下几种：一是各行政机关部处室，包括党委办公室、校长办公室、组织部（党校、机关总支）、纪委（监察室）、宣传部、统战部、离退休工作处、人事处、审计处、外事办公室、教务处、科研处（科研党总支）、研究生处（研究生党总支）、学生处（学工部、武装部）、公安处（保卫处）、财务处、后勤管理处（党总支、产业办）、基建处、实验室管理处等；二是群团组织，包括工会、团委、妇委会、学生会、研究生会等；三是学校的直属单位，包括继续教育学院、学报编辑部、图书馆、校医院以及各类科研中心等；四是专业教学科研单位，如政治法律学院、教育科学学院、文学院、历史文化与社会发展学院、外国语学院、音乐学院、美术学院、传播学院、信息管理学院、数学科学学院、物理与电子科学学院、化学化工与材料科学学院、生命科学学院、人口·资源与环境学院、体育学院等；五是经营服务单位，包括饮食服务中心、车队、学生公寓服务中心、社区服务中心、接待服务中心等；六是校办产业，如印刷厂、化工厂、书店、宾馆等；七是附属学校，如附属中学、小学、幼儿园等。其中，行政组织负责学校的日常服务和管理任务，而教学组织主要负责学校的教学事务。当然，为了教学活动的顺利进行，教学单位和行政单位以及其他组织要相互联系，互相配合。

## 推荐阅读书目

1. 孙绵涛：《教育行政学》，北京，高等教育出版社，2006。

2. 萧宗六，贺乐凡：《教育行政学》，北京，人民教育出版社，2006。

3. 陈孝彬：《教育管理学》，北京，北京师范大学出版社，1999。

4. 黄葳：《教育管理学：概念与原理》，广州，广东高等教育出版社，2002。

5. 吴式颖：《外国教育史教程》，北京，人民教育出版社，1999。

6. 李申申：《简明外国教育史》，郑州，河南大学出版社，1997。

7. 沈壮海：《教育学导论》，武汉，武汉大学出版社，2005。

8. 黄济，王策三：《现代教育论》，北京，人民教育出版社，1996。

9. 吴文侃，杨汉清：《比较教育学》，北京，人民教育出版社，1989。

## 学习思考

1. 什么是教育制度？
2. 教育制度就是学制吗？
3. 教育制度的特点是什么？
4. 双轨学制和分支学制的区别和联系是什么？
5. 如何理解教育制度的客观性和教育的独立性？
6. 谈谈你身边的教育制度改革：现象、成因、举措及影响。

# 第六章　教师与学生

教师与学生是教育教学活动的主要承担者，是构成教育教学活动的两个最基本的要素。通过本章的学习，读者应了解教师职业的产生发展、教师职业的作用；并分析教师职业的特点及现代教师的职业素质要求；掌握科学的学生观，准确把握现代学生发展的特点，建立良好的现代师生关系，为将来的教育教学实践提供理论指导和实践帮助。

## 第一节　现代教育教学活动中的教师

### 一、现代教师职业

所谓职业，是指社会成员在社会中所从事的作为主要生活来源的工作。现代社会中，教师职业只是众多职业中的一种。从教育发展的历史来看，教师是一种古老的职业。但真正把教师当做一种专门性的职业不是人类社会从来就有的，它是历史发展到一定阶段的产物，是随着社会的前进、教育的发展而产生发展的。

#### （一）教师职业的产生与发展

早在人类社会初期，教师还没有形成独立职业的时候，就存在着教的活动。我国古籍所载的伏羲氏教民以猎、神农氏教民耕种的传说，表明原始社会早期是原始部落的首领或有生产经验的人承担了教师的职责。原始社会生产与生活中的观察模仿，原始教育中的“庠”“青年之家”等，都是长者为师、能者为师。在奴隶社会，当教育从生产劳动与日常生活中分离出来，产生了专门的教育机构——学校。一方面，承担教师职责者多是“以吏为师”“僧侣为师”，教师是一种社会官吏或僧侣兼做的工作；另一方面，由于专门的教育机构——学校的产生，专门从事教育工作的教师也就应运而生了。但作为一种专门的职业教师制度，它的完善经历了数百年的时间。“公元前124年，汉武帝设立太学，太学中的教官称为‘五经博士’，每一位博士专治一经，这是我国职业教师确立的里程碑。”虽然从奴隶社会到封建社会，由于社会的总体教育程度很低，以及阶级社会等级森严，能接受教育的人数极为有限，也没有专门的教师培训机构，因此，当时教师职业的专业化程度十分有限，从事教师职业的人数也屈指可数，但毕竟从这个时候开始，教师已逐渐成为社会的一种专门职业。有学者将上述这个过程概括为“年长者为师、以官为师以及职业教师三个发展阶段”，并且认为由于历史发展的连续性和继承性，这三个阶段的划分并不是泾渭分明的，而是低级阶段中孕育着高级阶段，高级阶段叠加在低级阶段之上的。低级阶段的现象与特点在高级阶段并未完全消失，而是继续存在和演变。

一般来说，教师职业的产生有三个密切相关的影响因素。其一是人类教育活动的存在，尤其是学校教育的出现，这是基础条件；其二是社会生产力的发展，这是根本原因；其三是脑力劳动与体力劳动的分工，这是根本前提。具备了这三种因素与条件，教师职业就可以从社会其他职业中分化出来，成为一种独立的职业。因此，“教师作为一种社会职业，却是在教育有了相对的独立形态——学校以后才逐渐形成的。也就是说，是在奴隶社会中形成的”。

### （二）教师职业的特征

教育是一种特殊的生产部门，教师的劳动是一种特殊的生产劳动，是社会生活的一个特殊的领域。教师职业的特点是教师劳动特殊性的体现。这种特殊性主要表现在以下几方面。

1. 教师劳动的复杂性

为了塑造人的心灵，使学生的德、智、体诸方面都得到发展，教师肩负着教好功课，做好思想品德教育工作，增进学生身心健康，培养审美情操等职责。如在德育方面，除培养学生的道德认识外，还要培养学生的道德情感、道德意志和道德行为；在智育方面，除向学生传授知识外，还要培养学生的技能、技巧、发展学生智力及创新精神和实践能力，等等，这一切都是十分困难和复杂的工作。

学生身心发展除受遗传、身体健康状况等自然因素的影响外，更重要的是受社会的影响，如社会环境、家庭条件等，其中包括教育的影响（原有学习基础、学习能力、学习兴趣及与教师和同学的关系等）。教师不仅需要掌握科学知识，懂得教育规律，而且还要不断地探求教育的艺术。教育工作中出现的奇效，常常是心灵的呼唤和爱的共鸣的结果，这就更增加了教师劳动的复杂性。

2. 教师劳动的创造性

教师劳动的创造性，首先表现在要从教育目的和学生的实际出发，精心设计学生的未来，塑造美好的心灵，纠正学生已经形成的不良行为习惯。人们常用“人类灵魂的工程师”“塑造新一代的艺术家”等褒奖之词，颂扬教师的工作，这正好说明教师工作的创造性。

教好功课是教师的一项真正的创造性劳动。讲课的内容虽说有教科书，但必须进行教学法的加工，如从学生实际出发，突出重点、难点，理论联系实际，重组教材体系等。教师的备课就是创造过程中的“设计”阶段，在课堂里的讲授就是创造活动的实施阶段。

教师在教育教学活动中，对不同的学生要区别对待，因材施教，既要发挥教师的主导作用，又要发挥学生学习的主动性、积极性。面对一个班级中几十个正在成长与变化的、具有主观能动性的学生，教师常会遇到意想不到的事情，怎样敏锐地觉察情况的变化，适时机敏地改变预定的教学内容和方法，使教学工作顺利地进行，这就需要教师的教育机智。所有这些，都说明教师的劳动具有创造性。

3. 教师劳动的长期性

“十年树木，百年树人”。学生知识的积累、智力的发展、能力的形成、道德品质的培养、世界观的确立，所有这些都是日积月累的结果。“立竿见影”是不可能的，“拔苗助长”更是错误的。教师劳动的成效并不是一时就可检验出来的，而是需要教师付出长期的、大量的劳动才能看到结果、得到验证，教师的某些影响对学生终身都会发生作用。

4. 教师劳动的示范性

教师的教育劳动具有示范性的特点。教师劳动的示范性不仅表现在教师要把凝聚在教学内容中的智慧、情感乃至世界观内化为自身的智慧、情感、世界观，并通过自身的知识、才能，运用自身的德性、人格、情感、意志、世界观等感染学生，而且还表现在教师自身的个性心理品质、自身各方面的修养，在教育教学活动中，作为一种极为重要的手段影响学生，作为学生学习模仿的榜样。这种示范作用在塑造学生心灵过程中，是其他任何影响都难以比拟的。这种最现实、最鲜明、最有力的教育手段也是其他任何教育手段无法替代的。德国教育家第斯多惠指出：“教师本人是学校里最重要的师表，是最直观的最有教益的模范，是学生最活生生的榜样。”任何一个教师，不管他是否意识到这一点，不管他是自觉还是不自觉，他都在对学生进行示范。

5. 教师劳动的个体性和劳动成果的集体性

教师的劳动是一种群体和个体相结合的劳动。教师的劳动方式虽然是个体的，但劳动的结果却是集体的。学生的身心发展，不是一位教师的个体劳动能独立完成的。它既是学校、教师集体劳动的结晶，又是家庭、社会影响的结果。但教师在教育教学工作的每一个环节上，往往是依靠个人的知识和才干以个体方式独立完成的。教师的劳动是通过个体劳动的形式体现集体创造的结果。

### （三）教师在现代教育教学活动中的地位与作用

教师是受一定社会的委托，以培养学生为职责的专门的教育工作者，是学生智力的开发者和学生个性的塑造者。在教育过程中，教师处于教育者、领导者和组织者的地位。这种地位决定了教师在教育过程中起主导作用。关于教师在教育过程中的地位和作用问题，西方教育史上存在着两种对立的观点：以赫尔巴特为代表的“传统教育”派所持的“教师中心论”和以杜威为代表的“现代教育”派所持的“学生中心论”。对这两种观点应辩证地看待，不能陷入片面。

第一，教师是受一定社会的委托，以培养学生为职责的专门的教育工作者，他们是社会的代言人，代表着社会的利益。教育方针、政策的落实，教育任务的完成，都要通过教师来实现。教师代表着社会利益和价值观念，在学生的思想品德、政治方向等方面的形成和发展起着导航作用。第二，教师通过对学生进行“传道、授业、解惑”来影响学生，从而成为学生知识、思想等方面的教育者、学生群体的领导者，以及学生活动的组织者和管理者。在教育教学过程中，教师对学生身心发展起着主导作用。第三，教师是经过专门培训的教育工作者。他们在知识、思想和身体各方面都获得了良好的发展，他们所具有的思想觉悟、业务水平、能力素质、价值观念，都能够对学生起着直接的、积极的影响。一所学校能否卓有成效地完成培养人的教育任务，关键在教师。教师的素质在一定程度上决定着教育质量的高低。因而，在教育过程中，应充分发挥教师的主导作用。

## 二、现代教师素质

教师的职业素质是做好教育工作的前提，也是衡量教师能否胜任本职工作的基本条件。因此，每位从事教育教学工作的教师，都应当按照教师职业素质的要求，不断地完善自己，提高自己的职业素质。

### （一）现代教师的职业道德

教师的职业道德，简称“师德”，是教师进行教育工作应遵循的基本行为准则和规范，是教师职业素质的核心。教师应从以下几个方面加强自己的师德修养。

1. 热爱教育事业，爱岗敬业，具有较强的社会责任感

热爱教育事业，爱岗敬业，是做好教育工作的基本前提，是教师工作动力的源泉。它不仅可以激发教师对工作的责任感和对事业的忠诚，而且可以使教师对教育工作产生高涨的热情和浓厚的兴趣。作为一名教师，首先要认识到教育对国家社会发展的重要性，认识到教师工作的社会价值，树立“科教兴国”的思想，有从事教师职业的光荣感、神圣感。要忠于人民的教育事业，以饱满的情绪投入到教育工作中去，更要有“捧着一颗心来，不带半根草去”的无私奉献精神。诗人赵朴初在一首《金缕曲》的词中这样赞扬教师：“幼苗茁壮园丁喜。几人知，平时辛苦，晚眠早起！燥湿寒温荣辱，都在心头眼底。费尽了千方百计。他日良材承天厦，赖今朝血汗番番滴。光和热，无穷际。”在当前教师地位还不太高的情况下，教师要有一种“天下兴亡，匹夫有责”的社会责任感。另外，也应看到，在平凡的工作岗位上也能干出一番事业来。如中学教育专家魏书生，只有初中学历，当过民办教师，在一所中学教了几年书，最后干出了一番事业，成了全国知名人士。有了较强的社会责任感，有了热爱教育事业的信念，就一定能把教育工作做好。

2. 热爱学生，诲人不倦，乐于做学生的良师益友

托尔斯泰曾说：“如果一个教师仅仅热爱教育事业，那么他只能是一个好教师。……如果一个教师把热爱事业与热爱学生结合起来，他就是一个完美的教师。”热爱学生是教师热爱教育事业的具体体现，是教师职业道德的核心。教师热爱学生应体现在对学生的全面关心上。首先，要尊重学生，信任学生，包括尊重学生的品格和个性。不侮辱、讽刺、挖苦学生。其次，热爱学生还体现在对学生的严格要求上。因为严格要求是衡量教育行之有效的一种尺度，是出于教师对学生诚挚的关心，出于学生德、智、体全面发展的需要。严格，要严得合理、可行，符合学生的实际情况，有利于学生的发展。最后，要保护学生的合法权益，促进学生全面、健康发展。教师对于学生的合法权益进行保护，促进学生身心全面健康的发展是师爱的重要体现，也是师爱的落脚点。

3. 团结协作，互勉共进，形成正确的教师集体观

团结协作是调节教师与教师、教师与集体之间相互关系的道德规范。教育是一项系统工作，需要这个系统中每一个成员的积极努力，互相配合，才能使教育工作有效地进行。为此，每一个教师不仅要正确处理好与学生之间的关系，还要正确处理好教师集体之间的关系，在充分发挥自己个体积极性、创造性的同时，为建设良好的教师集体做出努力。

现代学校教育越来越强调通过教师集体来影响学生。青少年学生对教师的依赖性大，他们的学习兴趣和成绩在很大程度上取决于教师对他们的态度和教学水平。教师之间的不一致、不协调易造成学生偏科，不利于学生的全面发展。同时，团结协调的教师集体不仅能形成校内教育的合力，更有利于学生集体主义精神的培养。

4. 严于律己，为人师表，为学生树立良好的楷模形象

在教育教学过程中，教师不仅以自己的知识、技能去影响学生，还以其品德修养、道德情操、治学精神等对学生产生耳濡目染、潜移默化的影响。这种表率作用是任何其他教育因素都无法代替的。俄国教育学家乌申斯基曾说："固然许多事有赖于学校的一般规章，但最重要的永远取决于跟学生面对面交流的教师的个性，教师的个性对年轻人心灵的影响所形成的那种教育力量，是无论靠教科书、靠道德说教、靠奖惩制度都无法取代的。"教师劳动的这种示范性特点就决定了教师必须严于律己，以身作则，为人师表。教师要时时处处作学生的表率，给学生以积极的影响，促进学生健康成长。

在我国历史上，为人师表一直是教师的传统美德。孔子说过："其身正，不令则行；其身不正，虽令不从。"唐代教育家韩愈则进一步提出教师应"以身立教"的主张。我国伟大的人民教育家陶行知倡导"教师应当以身作则""以教人者教己"。

### （二）现代教师的职业知识

教师是人类文化科学知识的传承者。是学生掌握真理、认识世界和发展智能的引路人。掌握系统的科学知识，具有良好的文化素养，是从事教育工作的前提条件。因此，具有比较渊博合理的知识是教师做好本职工作的一个重要条件。一名合格的教师所应具有的合理的知识结构包括如下几个方面。

1. 扎实的专业基础知识

教师对自己所教学科的全部内容必须有深入透彻的了解，专业知识要精通。首先，教师要掌握所教学科的基础知识、基本技能、技巧，这是教好功课的前提。只有知之深，才能左右逢源，得心应手。其次，教师要了解所任学科的基本理论体系和它的历史、现状、发展趋势、最新研究成果以及与相邻学科的关系等。只有掌握比教学内容更深更广的知识，才能透彻地理解教材，灵活地处理教材，把握教材的重难点，深入浅出地讲解教材，最终取得良好的教学效果。最后，当今世界科技迅猛发展，知识不断更新，教师不仅要有足够的知识储备，而且要不断学习，进一步充实和完善自己，使自己的教学常教常新，永远充满生机活力。

2. 广博的文化修养

教师应该是个"杂家"，要努力做到"某一东西懂全部，一切东西懂一点"。首先，现代边缘学科越来越多，自然科学与社会科学之间的联系也日趋紧密，教师具有多方面的科学知识和文化修养，有利于拓展学生的视野，发展学生的智慧。其次，青少年学生兴趣广泛，求知欲和好奇心强，信息来源和获取知识的渠道多种多样，教师有了广博的文化修养，才能更好地给予珍惜爱护和因势利导。另外，教师要有美术、音乐、体育、科技等方面的兴趣爱好，才能有效地组织学生开展课外活动和进行班主任工作。总之，一个教师的素质不仅在于他的专业知识和教育理论的深度，从一定意义上讲，对各种教学艺术和宽广的知识面的运用也是一个成功教师不可缺少的素养。

3. 丰富的教育理论知识

《学记》强调："既知教之所由兴，又知教之所由废，然后可以为人师也。"可见，教师必须掌握教育理论，懂得教育规律。有位哲人说过：一位合格的教师知道教什么，一位优秀的教师知道怎样教，而教育理论就是研究怎样教的理论。苏霍姆林斯基认为："教师不懂教育学和心理学，就如同一个心脏专科医生不懂得心脏的构造一样，他的工作会在黑暗中摸索"；他还认为，"没有扎实的心理学基础，就谈不上教育素养。"

**（三）现代教师的职业能力**

从事任何一项工作，不仅需要掌握相应的知识，而且必须具备相应的能力。教师的工作水平即取决于他的知识结构，又取决于他的能力结构，这是完成教育任务的重要保证。现代教师能力素养一般包括如下几个方面。

1. 教学实践能力

教学实践能力是教师劳动的一项基本能力。

教师的教学实践能力归纳起来，无非是两大类：其一为对所教知识进行加工和处理的能力；其二为了解学生知识水平和心理特征的能力，即我们通常在备课时所说的"备教材"与"备学生"的能力。具体表现为：根据教学大纲和教学目的编制教学进展计划和教案的能力，分析和重组教材体系的能力，运用教学参考书及编写补充教材的能力，恰当选择和运用教学方法的能力，运用现代化教学手段和制作教具的能力，收集、整理、归纳教学反馈信息的能力等。

2. 语言表达能力

语言是交流思想的工具，教师的语言表达能力在教师工作中具有特殊的意义。这里所说的语言包括口头语言、书面语言及体态语言。其中，教师语言大量的是口头语言，对此要求应更严更高。教师的语言表达要求科学、严密、准确、清晰并富有感染力。要注意语言的逻辑性、通俗性、准确性、修养性。此外，在教学过程中，教师的体态语言也是不容忽视的，这种能力主要指教师运用身体各部分的动作和姿势来表达思想、信念、情感，如手势、体态、面部表情等方面。许多实验表明，教师恰如其分地运用体态语言，会大大增强口头语言和书面语言的表达效果，对交流师生间的思想情感，激发学生的学习兴趣，活跃课堂气氛，增强教学的感染力都有着重要作用。

3. 组织管理能力

教师的组织管理能力是一种复杂的综合能力，教师面对班集体进行教育工作，其组织管理能力必然会影响到教育教学工作的进行。归纳起来，这种组织管理能力包括四方面：一是教学过程中的组织管理，即课堂教学管理能力。教师面对不同个性特点的学生群体，既要把课堂组织得有条不紊，使学生有秩序地学习，又要创造出思维活跃和生动活泼的学习气氛。二是学生集体的组织管理。这主要是针对班主任而言，作为一名班主任，必须具有培育一个良好班集体的能力。三是建立与教师、家长和社会的联系，利用一切力量进行管理和教育的能力。四是具有进行工作总结，不断提高自己的能力。

4. 教育科研能力

教育是富有创造性的工作，现代教育教学活动的规律需要不断地研究与探索。每位教师在完成教书育人的工作任务的同时还要不断总结经验，参加教育科学研究。教师参加教育科学研究通常是与工作作实践相结合的，从实际工作中提出课题，结合教育教学改革任务进行实验研究，通过对实际情况的观察，积累第一手资料，从中进行分析探索，求得对教育教学规律的认识。教师在参加教育科研的过程中，要有正确选择课题、科学设计研究方案、进行实验操作、做好观察记录、积累系统资料、深入分析研究、形成研究成果等一系列科研能力。教师虽不同于专职研究人员，从事研究的主客观条件有一定限制，但基本的研究能力还是应该具备的，否则就无法承担起教育规律研究者的角色。现代学校普遍要求教师在完成教育教学任务中发挥创造性，进行一定的改革实验，定期提出研究报告或论文，因而教师必须懂得教育科研方法，具有教育科研能力，这是现代教师素质的必要组成部分。

### (四) 教育现代化对教师素质的新要求

人的现代化要求教育现代化，教育现代化要求教师素质现代化。随着我国教育现代化进程的深入和素质教育的全面推进，对教师素质也提出了更高和更新的要求。了解教师素质的时代特征，对提高教师素质具有重要意义。我们认为，以下素质是教育现代化进程中教师所应努力追求的。

1. 教育家的意识

现代教育更需要的是教育家式的教师，而不是教书匠式的教师。二者的区别在于，教育家式的教师不仅实际工作出类拔萃而且能自觉以现代教育理论来指导自己的实际工作，甚至还能形成自己比较系统和独到的教育思想和教育理念；教书匠式的教师或许书教得不错，但主要是个人经验自发、盲目和长期积累的结果，缺乏教育理论的自觉指导，更谈不上自己的教育思想和教育理念。此外，教育家式的教师具有丰厚的文化底蕴和高层次的学术境界，他们对学生影响和学生潜质的开发往往是深层次的、全面的和潜移默化的，其效力十分久远；教书匠式的教师文化底蕴和学术境界比较低下，往往只有片面依靠教书的技能技巧和学生的刻苦学习与死记硬背，对学生的影响和学生潜质的开发也往往是浅层次的、片面的、生硬与粗暴的。教育家式的教师与教书匠式的教师截然不同，犹如画家与画匠之别。诚然，最终能成为教育家式的教师毕竟是少数，但教师更应把这种追求看做一个过程。无论最后能否达到目的，都应努力使自己具有更多的教育家意识，使自己更接近于一个教育家。

2. 创新精神和改革意识

无论是从精神劳动本身的内涵来讲，还是从社会、教育和人的发展变化来讲，都要求教师在自己的工作中必须不断地创新和改革。创新和改革不仅是教师提高自身素质和教育质量所必需的，也是教师享受自我实现的乐趣和怡情的需要，否则教师就会感到自己的工作是日复一日、年复一年地循环往复，枯燥乏味，甚至会把自己的工作仅视为谋生的手段，不得已而为之。

3. 教育科学研究的意识和能力

无论是用教育理论指导教育实践，还是在教育工作中不断创新和改革，作为现代教师，都必须结合自己的工作开展一些教育科学研究，向科研要质量、要效益，走科研兴教、科研兴校的路子。教师工作在教育的第一线，很有资格也很有条件进行教育科学研究，特别是实践性较强的研究。

4. 健康的心理素质

在现代社会中，教师的角色日益多元化，不仅社会角色更加丰富，职能角色也变得更加多样，频繁角色转换和多方面的角色期望，使教师时常发生角色冲突。教师也是血肉之躯，面对日趋激烈的竞争和各方面的压力，如果教师不能对自己的心理状态经常做一些适当的调整，就可能出现心理障碍和心理疾病。由于方方面面的原因，现代社会中人们的心理问题越来越多，心理健康也越来越重要。教师的心理健康不仅关系到教师自身的整体健康水平，而且也影响到学生心理健康水平。

5. 获取和处理信息的能力

世界正在进入信息化的时代，信息高速公路逐渐四通八达，人们生活在信息的汪洋大海之中，获取和处理各种信息已成为现代人生活中的重要部分。教师职业是以获取和处理信息为主的职业，因此这方面的能力显得尤其重要。教师必须掌握现代社会中的一些基本的信息技术，特别是要掌握运用计算机获取和处理信息的能力。

6. 运用现代教育技术的技能

传统教育手段主要是粉笔、黑板，再加教师的一张嘴，至多还有一些简单的电化教育手段，效率较低，表现力有限，已远不能适应现代教育发展的要求。随着现代科技的发展及其在教育上的日益应用，新教育技术不断问世，其优越性越来越为人们所认识，不仅可以降低教师的劳动强度，更重要的是，只要运用得当，就能够明显地增强教学的生动性，提高教学的效率和效果。在教育日益现代化的今天，教师必须掌握多种现代教育技术，特别是要掌握计算机辅助教学和多媒体教学以及设计和制作课件的一般知识和技能。

## 三、现代教师角色

作为社会关系体系的一分子，教师必然处在社会体系中某一特定的位置，并相应地承担着自己的角色，就学校教育领域而言，我们可以将教师角色理解为：教师在学校教育中，为实现与其身份地位相对应的权利和义务时，所表现出来的符合社会期望的态度和行为模式的总和。

教师角色是指教师在跟学校课程有关的关系中所表现出的一种身份，以及由此而规定的行为规范和行为模式的总和。教师角色既代表着教师的社会地位，同时也蕴涵着社会对教师的角色期望。在新一轮基础教育课程改革中，教师的角色地位更是被置于前所未有的突出位置上。教师的角色转换不仅意味着教师的作用发生实质性的改变，同时也意味着学校功能的变化。因此，教师应站在改革的前列重新审视自己的角色，以适应我国教育改革的需要。

1. 由教书匠转变为教育研究者

长期以来，从事教学实践的中小学教师往往被排除在研究者范围之外，他们只是被动地听从教育研究者或课程专家的指导，成为专家研究成果或知识的接受者。教育研究者把研究获得的某种有关教育的理论知识或教育实践技术通过一定的手段传递给教师，然后通过教师应用于教学活动中。教师成为研究者意味着教师不再是一个旁观者，不再等待专家学者去研究与制订一套改革的方案与方法，而是教师自己在实践中进行研究，这样不仅可以提高教师工作的责任感，而且可以形成自己对教学活动的自觉意识，不断对自己的教育行动加以反思、研究与改进，从而促进自己的专业水平的提高。

实际上，教师也有能力对自己的教育行动进行反思、研究与改进。教师是同学生交往的主体，教师对学生、对教学过程往往最先感受到，同时，活生生的课堂又成为教师检验教育理论的理想实验室，从而能够系统地解决课堂中遇到的问题。而外来的研究者对教育实际情境的了解往往比较肤浅，提出来的建议往往难以切入问题的关键。此外，任何外来研究者都会改变课堂的自然状态，而教师是最理想的观察者，因为教师本来就置身于教学情境中。

2. 由独白者转变为对话者

教师作为学生的真诚对话者，不只需要掌握必要而精湛的对话艺术，更为重要的还在于教师应具有一种对话意识。正如滕守尧先生所说，对话主要是一种“‘对话意识’”“如果没有一种‘对话意识’，即使使用了纯熟而优美的语言，即使在谈话中有问有答，即使这种问答花样百出，那也只是机械的问答……绝非真正的对话。”这种对话意识“是一种民主的意识，是一种致力于相互理解、相互合作、相互共生和共存，致力于和睦相处和共同创造的精神的意识”。有了对话的意识与态度，对话就能互相投入，而投入的标志有时表现为激烈的争论，有时表现为内心深处的默默交流。意大利的瑞吉欧幼儿教育体系有一句名言是“接住孩子抛过来的球”，这是对话意识的一种体现。教师与学生作为对话者就如同打乒乓球一样，是彼此不断轮流“抛球—接球”的过程，教师不应只是“抛球者”（言说者），学生也不应该只是“接球者”（倾听者），教师与学生作为“抛球者”与“接球者”的角色应该是不断转换的。

“真正的对话，是那种建立在平等关系基础上的自由交流，是扫除了一切正规性和严肃性之后的随意性的和不拘一格的交谈。”在对话中，教师“走下神坛”作为伙伴跟学生相遇，在平等民主的氛围中体验感悟着真理的力量、对话的乐趣、人格的尊严与生活的美好，教师与学生围绕既符合任务又同为师生感兴趣的话题或教学专题展开畅所欲言的平等对话和信息交流。

3. 由课程的执行者转变为课程发展的主体

当人们反思20世纪课程改革的历史进程时，发现许多国家的课程变革计划并未真正得到实施，原因是教师对课程变革的态度并不像人们想象的那样积极。任何教育改革，若得不到学校教师的支持和配合，是很难成功的，教师的参与与否和参与程度是课程改革成败的关键所在。因此，教师不应再被视为课程变革计划的忠实执行者，而要成为课程开发者，创造性地予以实施。教师参与课程发展可以促进教师的专业发展，因为介入课程发展以后，教师会面临新的教学观念、材料和策略的挑战，有利于教师专业上的进步，并通过参与课程编制、改编和评价，提高他们对自己和教育的理解。因此，教师参与课程开发，不但是教师提高自身素质的要求，也是课程开发工作的必然需要。这样，教师作为课程的被动执行者、实施者的角色必须转换，转而主动参与课程的开发与设计。

4. 由学生学习的评判者转变为学生发展的促进者

新的教育评价理念要求教师从关注“人”的发展着眼，重视教育评价的教育与发展功能。这样，教师角色就面临着向学生学习和发展的促进者转换的任务。教师不能再把单纯的知识传递作为教学的主要任务，而应该担当起一个“促进者”的角色，促进学生的学习与成长。

教师即学生学习的促进者是教师最明显、最直接、最富有时代性的角色特征，是教师角色特征中的核心特征。尤其是在我国轰轰烈烈地进行新课程改革的进程中，教师作为促进者的角色就日显重要。新课程理念所倡导的教学是一个教师对学生不断提出新要求，并能够引导、帮助、调动学生主动性和积极性，促进学生不断成长的过程。促进者的角色如何扮演？据专家分析，促进者的角色有以下几个特性：一是积极地旁观。学生在进行自主讨论、观察，或者自己阅读思考时，教师要积极地看、积极地听，真实感受学生的所作所为、所思所想，随时掌握课堂中的各种情况，考虑下一步如何指导学生学习。二是给学生心理上的支持。创造良好的学习氛围，给学生以心理上的安全和精神上的鼓舞，使学生的思维更加活跃，探索热情更加高涨。在小学课堂上，促进者应更像是学生的朋友，是学生最可信赖的心理支持源。三是注意帮助学生培养自律能力。教育学生从小遵守纪律，跟他人友好相处，培养合作精神，做一个对自己、对他人负责的人。也只有这样，学生才能始终保持高涨的兴趣和热情，全身心地投入到学习的建构中，实现从“学会”到“会学”再到“乐学”的一步步跃迁。

# 第二节　现代教育教学活动中的学生

## 一、现代学生观及学生观分析

### （一）学生观分析

学生在教育过程中究竟处于什么地位？在教育著作中众说纷纭，莫衷一是。有人把儿童看成是“一张白纸”或“一块蜡”，是可以随心所欲或捏塑的。也有人把学生的头脑看成是“容器”，是可以任意填塞的。这些观点的代表者是教育史上的所谓“外塑论”者和“教师中心论者”。他们把学生视作完全消极被动接受外来影响的客体。德国教育家赫尔巴特主张：“培养心智的艰巨任务，从总体上讲应留给教师”“在教育的其他任何职能中，学生是直接在教师的心目中，学生对教师须保持一种被动的状态。”

与此相反的是“内铄论”者，主张“学生中心”，“现在，我们教育中将引起的改变是重心的转变……这里，儿童变成了太阳，而教育的一切措施则围绕他们转动。儿童中心，教育的措施围绕他们而组织起来。”把学生看做是能够完全决定整个教育过程和整个教育结果的主体。这两种主张都有极大的片面性。其错误在于或者低估、否认或者夸大学生在教育过程中的地位和作用，无论在理论上还是在实践上都是有害的。

德国教育家第斯多惠则比较客观，他认为，“基本的方法是要把学生作为运动的中心，而在学校里是把全班作为运动的中心，教师把自己看做是实现刺激的指导手段。他变成促进学生活动的工具……”“一个真正的教师指点给他的学生们的，不是已投入了千百年劳动的现成的大厦，而是促使他们去砌砖的工作，同他一起来建造大厦，教他建筑”“一个坏的教师奉送真理，一个好的教师则教人发现真理”，这样，他既肯定了教师的主导作用，又强调了学生的主体地位，而且把两方面结合起来，应该说，他的见解是深刻而全面的。

### （二）现代学生观

学生观问题是教育的一个根本性问题。每一位教师、特别是基础教育战线的教师要深入了解和认识学生身心发展的基本特点，正确把握教育与学生身心发展的关系，建立起基于学生发展、为了学生发展、切实促进每一个学生发展的学生观。

1. 人性化的学生观

当代教师要树立人性化的学生观，学生作为教育对象，是一个有血有肉的活生生的生命个体，是血肉之躯和精神灵性紧密相连的完整个体，是一个有思想、有感情的独立的人。教师一定要把学生当做与自己人格一样平等的人来看待，充分尊重学生，热情关心爱护学生，真诚无私地帮助学生成长与发展，为学生的成长与发展服务；要对学生负责，对家长负责，对社会负责，对国家和民族负责，对整个人类负责，使学生的身心素质和个性得到充分自由的发展。

2. 发展化的学生观

学生是发展中的人，这表明学生是不成熟的个体，同时又是具有巨大发展潜能的个体。教育之所以能够进行就是因为学生具有可教育性。教育应看到学生的未完成性，给学生创造发展的环境和机会，特别是教师对每一位学生的持久的期望会给学生更强大的发展动力。要尊重儿童在每一个阶段的独特需要和成长方式；另外，学生在成长的某一阶段的表现也并不表明他以后的发展方向与人生的最终成就。教师要在现实生活和全人观的背景下，思考学生的发展取向，从学生生命全程的需要出发规划学生的发展目标，既要注意学生知识、智力和学习成绩的提高与发展，又要关注学生健康的体魄、纯洁善良的心灵、乐观豁达的态度、友好合作的交往、勤奋质朴的作风等素质的发展。

3. 法制化的学生观

学生不单纯是一个接受教育的对象，而且是一个独立的社会成员，是一个具有自己法定的权利和义务的独立社会成员。在现代社会，既享有一定的法律权利又承担一定的法律责任，是一个法律上的责权主体。同时，学生也承担一定的伦理责任和享受特定的伦理权利，也是伦理上的责权主体。学生不仅是一个权利主体，还是责任主体，学校和教师要引导学生学会对学习、对生活、对自己、对他人负责，学会承担责任。在法制化建设迅速发展的今天，树立法制化的学生观，视学生为责权主体的观念，是建立学校民主、道德、合法的教育关系的基本前提，强化法制观念，尊重和保护学生的合法权利，是时代对教师的必然要求。

4. 主体化的学生观

学生是一个独立的社会成员，是学校教育活动中不可或缺的重要主体，他既是教育的对象，又是教育活动的重要参与者，学习活动的独立承担者。既然学生是教育活动的独立主体，教师就必须尊重学生的主体地位和作用。为了培养学生的主体性，教师要特别注意培养学生对自身行为的支配、调节和控制的能力，使学生在学习中能够自我发现、自我选择、自我指导，在活动中能够自我探索、自我创造、自我调节、自我监控，在生活中能够自我教育，自我激励。教师要注意反思学生自主性发展与自己的关系，建立起在教育过程中促进学生自主性发展的强烈意识和正确思路，通过发展学生的自主性，学生可获得可持续的发展。学生不仅是一个权利主体，还是责任主体，学校和教师要引导学生学会对学习、对生活、对自己、对他人负责，学会承担责任。在法制化建设迅速发展的今天，树立法制化的学生观，视学生为责权主体的观念，是建立学校民主、道德、合法的教育关系的基本前提，强化法制观念，尊重和保护学生的合法权利，是时代对教师的必然要求。

## 二、现代学生的地位

### （一）现代学生的社会地位

学生的社会地位属于学生权利问题。由于学生是尚未成熟的青少年儿童，所以他们的独立人格和独立地位经常被忽视，他们经常处于从属的和依附的地位。许多成人出于“为了孩子、关心孩子”的好心，一相情愿地把自己的价值观念、主观愿望强加给学生，并不研究和重视学生自身的需要。这是因为对青少年在社会中的主体地位和合法权利尚缺乏正确的认识。

（1）学生是权利的主体。从道义上讲，青少年学生是社会的未来，是国家的希望；从法制的角度讲，青少年也是独立的社会个体，他们不仅享受一般公民的绝大多数权利，而且受到社会的特别保护。

（2）学生的合法权利。青少年学生是社会权利的主体，享有法律规定的各项社会权利。我国儿童应享有受教育权、生命权、身体权、健康权、身体自由权和内心自由权、肖像权、名誉权、隐私权、受尊重的权利、独立财产权、民事活动代理权、休息娱乐权、获得良好的校园环境权等。

### （二）现代学生在教育教学活动中的地位

在教育史上，对学生在教育过程中的地位问题存在着长期的争论。主要有两种截然不同的观点，一种是以赫尔巴特为代表的“教师中心说论”，认为学生的心智成长全仰仗于教师对教学形式、阶段和方法的刻意追求和定式指导，学生对教师必须保持一种被动状态。这就把学生单纯看成教育的客体，无视学生的主体地位。另一种是以卢梭和杜威为代表的“学生中心论”把学生的发展看成是一种“自然”的、“自动”的过程，教师只能是这种过程的“仆人”，认为教育不应由教师直接控制，而应由学生亲自去获取某种生活经验和知识，把学生地位抬到绝对的高度。很明显，这两种观点各执一端，都没有真正回答学生在教育过程中的地位。在实践中许多教师或多或少地受到这两种观点的影响，使教育工作失之偏颇，从而贻误了学生的培养良机。对学生在教育过程中的地位问题，我们应该根据辩证唯物主义原理，客观科学地加以分析。

1. 学生是教育的对象

在师生共同参与的教育活动中，学生是教育影响的承受者，一切教育活动都是围绕学生的成长和发展而进行的。学生作为教育对象是由以下因素决定的。首先，学生处于身心发展的未成熟时期，对社会、家庭及学校存在着比较大的依赖性，在教育过程中，离不开教师对学生生活上的关心照顾，学习上的启发帮助，思想和行为上的引导和培养。其次，学生身心发展具有高度可塑性，又是处于身心发展的关键时期，接受什么样的影响和教育对学生生活上的关心照顾，学习上的启发帮助，思想和行为上的引导和帮助，对学生的身心发展至关重要。离开了教师的引导和培养，学生的发展就必将迷失正确的方向。

2. 学生是学习的主体

学生在教学过程中的客体地位并不排斥学生主观能动性的发挥。学生作为教育的对象，只有在自身有意识、有目的的情况下，才能把书本知识加以内化，并且能够有效地应用到实践中。学生作为学习的主体主要表现为以下几方面：

首先，学生在学习活动中的主动性。开始时，教师代表社会向学生提出各方面的要求，学生仍处于不懂、不会、不知的状态，只有在学生反映这些要求并转化成自身的要求时，学习活动才得以进行，才能实现这种要求的转变。学生要产生主动精神并通过自身的努力，才能实现知识的掌握、智能的发展和品德的形成。离开了学生的主动性，任何教育目的都不可能达到和实现。其次，学生在学习活动中的独立性。每个学生都有自己独特的个性，在活动中表现出自主和独立的倾向。学生的独立性，使学生在学习活动中表现出不同的态度和努力程度。因此，教师在教育过程中应该尊重学生的自主独立性，不能强求一律和包办代替，而应该是启发诱导学生自己去独立思考，自己实践探索，成为学习的主人。最后，学生在学习活动中的创造性。学生的创造性是他们的知识、智能、品德、体力的综合运用，是学习主体的最高表现。学习中的问题，不仅需要学生去掌握，还要学生通过创造性的活动去解决。要发挥学生的创造性，就要主动为学生创造性学习提供必要的机会和条件，启发和培养学生的创造性，发现和鼓励有创造性的学生。

3. 学生也是自我教育的主体

肯定了学生是学习的主体，也就是承认学生具有自我教育的特性，作为教育的真正含义应该是教育与自我教育的统一，在这一意义上，学生也是自我教育的载体。

学生作为自我教育的主体，首先，在促进自身的社会化过程中起重要作用。通过学生的自我学习、自我控制，个体逐步掌握社会所要求的知识、技能、态度、感情和行为规范，实现自我与社会的统一。其次，有助于调节学生的内在潜能。学生在选择接受社会要求和教育影响的同时，不断地激发和调动自我的内在力量，充分地发挥主观能动性，从而制约自己的活动，产生自我教育的作用。

学生生活在一定学生集体之中，学生集体同样是教育的主体，它对集体的成员产生巨大的教育影响。学生集体的教育因素包括集体的共同目标、集体的组织制度、人际关系、集体舆论和气氛。学生生活在集体之中，集体的共同目标往往作为一种既定的思想观念和信念，制约和同化个人的目标，激励学生为此去奋斗和努力；在班级、在集体的组织中，每个学生都要充当一定的角色，接受角色规范并履行角色行为，有助学生的社会化进程；在集体的人际关系中，学生不断与他人相处和相互作用，既满足个人的需要，又能体验各种情感和关系，对自己的潜能和个性的发挥和发展起着重要作用，同时，集体的舆论和气氛也在一定程度上制约着学生的思想言行，参与学生的态度和价值观的塑造，学生在集体气氛和活动中，受到熏陶和教育，正如马卡连柯所说的，集体自身就是很大的教育力量。

## 三、现代学生的发展

### （一）学生的社会化

1. 童年期的社会性发展

自我意识的发展。自我概念是个人心目中对自己的形象，包括对自己存在的认识，以及对个人身体、能力、性格、兴趣、思想等方面的认识。儿童的自我描述反映了其自我概念的变化。童年自我描述是从比较具体的外部特征逐步转向比较抽象的内部心理特征。

总体而言，整个小学阶段自我评价发展的趋势是从具体到抽象的过渡，是从对外显行为的评价到内部心理世界评价的发展过程。

亲子关系的发展。进入小学以后，父母与儿童的关系发生变化。首先，父母与儿童的交往时间发生变化。儿童与父母待在一起的时间明显减少，父母关注儿童的时间也有所减少。其次，父母在儿童教养方面所处理的日常问题的类型也发生了变化。在幼儿阶段，父母主要处理的是诸如衣、食、住、行等问题，但到小学阶段，父母更多的是处理诸如学习、做家务、同伴交往等问题。最后，父母对儿童的控制力量也在变化。

同伴关系的发展。童年期的社会交往主要是指儿童与同龄伙伴的交往。同伴交往是儿童社会性发展的非常重要的途径。正常的同伴交往不仅可以满足儿童集体归属感的心理需要，还可以促进他们的人格和社会认知的发展。

友谊的发展。友谊是建立在相互依恋的基础上的个体间持久的亲密关系。友谊是同伴关系的高级形式。童年期非常重视友谊关系，其意义在于：朋友为儿童提供学习上的相互帮助；社会交往中的相互支持；情感上的共鸣；提供解决问题和困难的力量；增加快乐和兴趣等。童年期的友谊为以后发展良好的人际关系奠定了基础。儿童选择朋友是一种相互关系，不同年龄阶段的朋友具有倾向性。影响儿童择友的因素比较复杂，具有动态性。

2. 青春期的社会性发展

自我意识的发展。按照埃里克森的观点，青少年期的主要任务是发展角色同一性，防止角色混乱。进入青春期后，与身体迅速发育相比，心理发展还很滞后。这种矛盾给初中学生带来了苦恼，使他们自觉或不自觉地将自己的思想从一直嬉戏于其中的客观世界中，抽回了很大一部分，重新指向主观世界，使思想意识再一次进入自我，一系列关于“我”的问题开始反复萦绕于心，导致自我意识的第二次飞跃。

情绪的发展。青春期的情绪表现，有时相当激烈、粗暴甚至失控，有人用“急风暴雨”来形容。人们认为平常的是是非非，却在他们那里引发出高强度的反应。有时他们的情绪高涨、热情洋溢，有时又会消极低沉、孤独压抑。这些烦恼和激情是他们自己难以控制的。如果消极情绪转化为心境，会使他们长期处于焦虑的情绪背景中。在这种心境和情绪的背景条件下，遇到不满或不平之事，遇到挫折或对抗，很容易爆发突发式的情绪，尤其是在父母面前更容易失控。虽然在平静下来时也会感到后悔，但又常会复发。作为父母要善于体谅他们的情绪状态，体谅他们的困境，不要“硬碰硬”，更善于因势利导帮助他们渡过难关。

随着第二性征和性功能的发展，出现性好奇和接近异性的欲望，又由于环境和舆论的限制，这种朦胧的好奇心和欲望感不得不被压抑，使之往往处于莫名的烦躁与不安之中。这是青春期的一个突出的困扰问题。他们要面临性扰动带来的欲望，又要面对压抑，还有在他人面前进行掩饰。如果在与异性的关系中某种行为受到指责和非议，他们还要经受压力。因此常常为此而经受烦恼和烦躁。在家庭中常因为这类事情而发生矛盾或严重冲突，乃至引发离家出走的事件等。

儿童在反抗期中的反抗，主要是指儿童对父母的依赖与自主之间的纠葛，以及由于对立而造成的子女与父母之间的矛盾冲突。这种状态的延续阶段就是反抗期。三四岁幼儿处于第一反抗期，初中少年进入第二反抗期。

第一反抗期的独立自主要求，主要在于争取自我主张和活动与行为动作的自主性与自由权；第二反抗期的独立自主要求则是全面性的，从外部因素深入到内在因素，从行为表现到要求人格的独立。

人际关系的发展，小学五六年级是同伴关系依从性较高的时期，即团伙现象，表现为六七个儿童经常在一起交往和游戏。进入青春期以后，他们需要有一个能够倾吐烦恼并能保守秘密的地方，这样，原先的团伙已经不能满足这种需要了，交友范围开始缩小，初中生最要好的朋友一般只有一两个，而且是同性别。选择朋友的标准包括：志趣相同、烦恼相似、性格相似、能相互理解。

进入初中以后，以父母为榜样的态度不再继续，代之为看到父母也有很多缺点，对父母的依赖减少了，而反抗性情绪却增加了。同时由于自身洞察力与对他人认识能力的发展，能够从人的整体人格对父母的优缺点进行全面的评价，多认为父母虽有缺点，但应受到尊重。

在小学儿童的心目中，教师还有着权威的地位。但到了初中阶段，随着认识能力的提高，学生不再盲目接受任何一位老师，他们开始对老师品头论足。初中生所喜爱的教师一般具有以下特点：热情和蔼、关心学生、知识渊博、讲课风趣等。

3. 青年期的社会性发展

自我意识的发展，高中学生自我意识的自我中心倾向逐渐减弱，对自己的人格特征和情绪特点的认识越来越客观。进入青春期以后，青年开始将注意力集中到发现自我、关心自我的存在上来。这是青年期自我意识发展的最主要的特点。

青年初期形成的自我意识还很不稳定，因而对他人有关自己的评价非常敏感。随着人生经验的积累，个体需要对自我意识不断地进行修正。自我意识的修正主要依据两个方面：一是生活中所积累的经验，特别是成功和失败的经验；二是来自他人的评价。

人生观和价值观的确定，根据国内外的研究资料，影响青年人生价值观的因素有三个主要的方面：其一，人生价值观的形成和发展受个体成熟因素的制约。其二，人生价值观的形成是在青年期的社会化过程中发展和形成的。其三，属于个人的因素，如与个人命运相关的突发事件等。个人的经历和生活经验也明显地影响个体的理想和价值观念。

按照埃里克森的理论，青年期的主要任务是建立亲密感。亲密感的范围很大，包括朋友关系的友谊，但最核心的关系还是指恋爱和婚姻。

恋爱和结婚是亲密感建立的中心任务，但这并不是亲密感建立的全部，还包括与家庭成员的关系、与朋友的关系。

进入青年期后，社会赋予青年人更多的角色。在家庭中要做丈夫或妻子、为人父母；在单位里又扮演另一种完全不同的角色。青年要参加工作，一方面是由于经济原因；另一方面，工作也是人生幸福的重要成分。

在青年期，人格总体变化不大，但随着年龄增长，青年人的人格表现得越来越成熟。也有研究显示，在 20～40 岁，一个人的自信、自尊、独立性和成就定向都有上升的趋势。

**（二）各年龄阶段学生身心发展特点**

1. 学前儿童身心特点

幼儿认知的发展。瑞士心理学家皮亚杰认为，婴儿期的思维特点是其直觉行动性，即在婴儿思维时离不开直接的感知与动作。3 岁以后，幼儿思维逐渐转为具有具体形象性的特点，即幼儿在思维主要依靠具体的形象或表象的联想。幼儿晚期，即到五六岁时思维水平进一步发展，出现了抽象思维的萌芽。

2. 小学生的身心特点

童年期的年龄范围是 7～12 岁，属于小学阶段。童年期的生活以游戏为主导转为以学习为主导，其主要任务是通过学校教学系统地掌握学习方法和学习态度，学会学习。

儿童的记忆容量随年龄增长而增加。小学儿童的数字记忆广度已经与成人水平接近。

记忆发展的主要特点：意义记忆在记忆活动中逐渐占主导地位；词的抽象记忆的发展速度逐渐超过形象记忆。童年期记忆策略的发展特点：复述、组织、系列化。

小学儿童思维发展的基本特点：在整个小学时期内，小学儿童思维逐步过渡到以抽象逻辑思维为主要形式，但仍带有很大的具体性；由具体形象思维到抽象逻辑思维的过渡，存在一个明显的“关键年龄”；逐渐具备了人类思维的完整结构，同时这个完整的思维结构还有待进一步地完善和发展；具体形象思维向抽象逻辑思维的发展存在着不平衡性。

小学儿童学习的一般特点：学生的学习是一种在教师指导下的认知或认识

活动；学生的学习过程是一种运用学习策略的活动；学习动机是学生学习或认知活动的动力；学习过程是学生获得知识经验，形成技能技巧，发展智力能力，提高思想水平的过程。

从小学起学习活动成为儿童的主导活动，对儿童的心理发展具有重要的作用。

3. 中学生的身心特点

中学生除了具备社会成员的一般特征之外，还具有青少年时期的特殊的身心特征。了解和掌握身心特征是教师开展教育工作的基本前提，根据学生的身心特征进行教育和培养是实现教育目的的重要保证。

（1）生理特征。初中生的生理特征：

我国学校的初中生，年龄一般十二三岁到十五六岁之间，处于少年期，或称青春发育期，是身体发育的关键时期。因此，初中生有许多特殊的生理特征，主要表现在身体形态、生理机能、神经系统和性成熟上。

初中男女生都处在身体发展的第二次高峰阶段，身高每年平均增长 6～8 公分，体重每年平均增加 2～4 公斤，骨骼和肌肉生长很快，但骨化尚未完成，肌肉耐力较差。开始显现男女的体型特点，脑的发育重点转向机能方面，神经纤维变粗并且髓鞘形成，神经细胞的分化已接近成人水平，兴奋与抑制过程的相互转换较快，兴奋性仍占优势。第二信号系统的作用显著提高，为初中生抽象逻辑思维的发展奠定生理基础。体内各器官功能有了很大发展并趋于完善，特别是性成熟开始，性器官发育较快，性腺机能开始活动。出现了第二性征，成为导致初中生心理发生变化的重要因素。近几十年来，性成熟有提早的趋势。

高中生的生理特征：

高中生一般年龄在十五六岁到十八九岁之间，进入了青年初期。高中生的生理发展与初中生同属一个大阶段，有一定的延续性和关联性。

高中阶段的男女生，身体生长的速度逐渐减慢，已经接近成人的标准，有的学生仍然在身高体重上有所增长，在体态上逐渐趋于匀称，男女体型也已稳定了，骨骼骨化过程基本完成，肌肉力量还在发展，所以高中生看起来已是一个成人；脑的结构和机能已和成人相等，神经细胞已发育完全，神经过程的兴奋与抑制达到平衡。第二信号系统的调节机能更加完善，同时，高中生的性机能已经发育成熟，性意识越来越强烈，这跟高中生的成人感、自我意识、行为性别化及人格发展有关。

(2) 心理特征。初中生的心理特征:

初中生在生理上的急剧变化发展，必然会带来心理上的一系列变化发展，使心理变得丰富复杂。归纳起来，初中生的心理特征主要表现在认识能力、情感、意志和自我意识上。

初中生的认识能力发展迅速，视听觉感受性均得到进一步发展，灵敏性甚至超过成人；时空知觉有较大发展，观察事物的目的性、持久性和概括性日益提高；注意的集中性和稳定性增强，集中保持时间能达到45分钟，有意注意逐渐发展起来，但仍与个人兴趣爱好相联系；记忆范围不断扩大，理解性记忆的比重增大，记忆能力显著提高；在思维方面，初中阶段基本可以完成形象思维向抽象思维的过渡，抽象思维逐渐占主导地位，并开始发展独立性和批判性思维，但是，初中生进行抽象思维时仍需要具体形象的支持，全面性和分析性不足。

初中生的情感丰富而不稳定，情绪和情感体验强烈，高兴起来手舞足蹈，失意时垂头丧气，变化快，易冲动，并且显得狭隘和肤浅。他们较重友谊，合群性发展很快，但由于经验和修养不足，往往不能区别友谊与包庇，高尚与庸俗，易受外界影响显得不够冷静，理智感、道德感和美感尚需慢慢培养，值得注意的是，由于性发育而带来的情绪变化，对异性萌发了好奇和爱慕，过分关注自己的形象而产生羞怯感，控制情感的能力还不够强。因此，需要教师正确的引导。初中生的意志明显增强，敢想敢干，独立性和自我意识都相对提高，喜欢自己去行动解决问题，而对长辈和教师的依赖性有所减弱，意志的坚持性则不足，表现出明显的脆弱性，自我调节能力不完善。

高中生的心理特征:

高中生在心理特征上，明显地比初中生更为成熟，发展水平更高。首先，认识能力又有进一步的发展。感知觉的目的性和系统性增强了，观察力有了很大提高，并且趋向精确和细致；注意力更加稳定；意识记忆发展较快，并且占据主要的地位；思维表现出更高的抽象概括水平，逻辑思维已占主导地位，思维的深刻性、独立性和批判性明显高于初中生；高中生的智力水平总体达到相当的高度，想象力也丰富和新异起来。其次，情感过程发展较快。情绪和情感体验仍然是强烈而富于热情，但相对初中生尤为稳定和深刻，趋于内向和分化；作为高级情操的理智感、道德感和美感有了新的发展，对友谊感、责任感、爱国主义情感及爱情的理解更为深刻。可以说，高中阶段是学生情感发展的关键期。最后，高中生意志水平仍不是很高，但比起初中生来说，意志的自觉性提高了，受暗示性减弱，克服困难的毅力也增强，自我调节能力逐步提高并有意气行事的特点。

# 第三节　现代教育教学活动中的师生关系

## 一、现代师生关系概述

师生关系是教师和学生在教育教学过程中结成的相互关系，师生关系包括彼此所处的地位、作用和相互对待的态度等。学校中的教育活动，是师生双方共同的活动，是在一定的师生关系维系下进行的。师生关系既受教育活动规律的制约，又是一定历史阶段社会关系的反映。良好的师生关系，是提高学校教育质量的保证，也是社会精神文明的重要方面。良好师生关系的建立、维系和发展，既是教育的基本要求，也是保证教育顺利实施的重要条件。为此，我们要认真了解师生关系的类型，掌握师生关系的功能。

### （一）师生关系的不同类型

我国学校的师生关系是社会主义社会关系的反映，也是对教育教学规律的认识和自觉运用的反映，是一种新型的师生关系。其主要表现是：①民主平等。确认师生在政治上、人格上和在真理面前是平等的，形成同志式的民主关系。教师是教育者，有教育和管理学生的职责，学生要虚心接受教育；同时，教师也要向学生学习，学生可以对教师提出意见和要求。师生共同探讨真理，服从真理。②尊师爱生。要求学生要尊敬老师、谦恭有礼，学而不厌，虚心聆听教师的教诲，服从教师的正确指导。教师要热爱学生，关心他们的德、智、体的全面成长，把他们看做祖国的未来和希望，以认真负责、诲人不倦的精神引导学生前进。③教师的主导作用与学生的积极性相结合。教师“闻道在先”“术业有专攻”，应当掌握教育方向、教学内容和进程，负责传授系统的科学知识、技能，发展学生的智力，帮助学生形成科学的世界观和良好的道德品质，充分发挥主导作用。学生既是教育的客体，又是进行自我教育的主体，而不是注入知识的容器；要相信学生，尊重他们的合理愿望，注意了解学生的年龄特点和个性特征；要按照教学工作的规律，启发学生学习的自觉性，充分发挥他们的积极性和创造性。

1. 教育关系

教育关系是师生关系中最基本的表现形式，也是师生关系的核心。师生之间的教育关系是为完成一定的教育任务而产生的。这种关系是从教育过程本身出发，根据对教师与学生在教育活动中各自承担的不同任务和所处的不同地位的考察，对两者关系做出的教育学意义上的解释。这种关系形式，并不随教师和学生的主观态度而转移，而是由客观条件所决定，并且在教师和学生的积极活动中得以表现。教育关系的建立，首先取决于教师的教育水平，直接受制于教师的专业知识、教育技能和人格力量等。在教育关系中，教师与学生的活动中心都与教育目标有关，并体现着学校教育工作的任务与特点。这种关系既应符合教育科学规律，又应体现教育创造艺术，既能为师生双方提供最大的发挥主体力量的空间，又能使双方的力量形成有效合力，从而使学生获得和谐发展。

2. 心理关系

师生之间不仅有正式的教育关系，还有因情感的交往和交流而形成的心理关系。心理关系是师生为完成共同的教学任务而产生的心理交往和情感交流，这种关系能把师生双方联结在一定的情感氛围和体验中，实现情感信息的传递和交流。师生心理关系是伴随着教学活动的开展而自然形成的，是教学活动中一种客观而基本的师生关系，它受到教学过程和结果的直接影响。由于教育教学活动是师生之间的互动过程，所以师生之间的心理关系在教育教学活动中也起着举足轻重的作用，并贯穿于师生关系的全过程。师生心理关系对教学活动具有重要影响，是教学活动得以展开的心理背景，并制约着教学的最终结果。同时，良好的教学过程和教学结果，会促进师生情感关系更加融洽和谐，所以加强师生之间的相互理解和沟通，直接关系到学生的学和教师的教，甚至会对学生世界观、价值观的形成产生很大的影响。优化师生心理关系是师生关系改革的现实要求。

3. 伦理关系

教育作为一种特殊的社会活动，折射着社会的一般伦理规范，同时又反映着教育活动独特的伦理矛盾，因此师生关系也表现为一种鲜明的伦理关系。师生之间的伦理关系是指在教育教学活动中，教师与学生构成一个特殊的道德共同体，各自承担一定的伦理责任，履行一定的伦理义务。这种关系处于师生关系体系中的最高层次，对其他关系形式具有约束和规范作用。学生的道德观念有很大部分是从教师那里直接获得的，教师会潜移默化地对学生施以道德方面的影响。这就需要教师不仅有广博的知识，还应该有高尚的人格和正确的道德思想，而这正是建立良好的师生伦理关系的关键。

但是，长期以来师生伦理关系在教育理论上没有受到应有的重视。师尊生卑是古代社会师生伦理关系的特点，而在现代社会，师生互相尊重、人格平等成为师生伦理关系的基础。人的全面发展是现代社会的基本价值追求，人性解放、民主自由是现代伦理的基本精神，因而，只有充分体现现代伦理基本精神的师生关系才是真正意义上的现代师生伦理关系。作为现代教育伦理本性的具体化和集中表现，现代师生伦理关系应具有促进学生全面发展、体现教育崇善的基本特性，这也是师生伦理关系改革的方向所在。

### （二）现代师生关系在教育教学中的作用

师生关系对教育的作用体现以下几个方面：第一，师生关系是学生固定个性养成的重要因素，正如本尼迪克特主张的那样，“教育具有建立或打破社会秩序的力量，赋予青少年自治和自我认识的能力，并向成年人转化的准备。”融洽和谐的师生关系会让学生乐观、自信，直接影响着学生知识的掌握和个性的发展。第二，师生关系对健康心灵环境的形成有着重要影响，教育学的大量研究表明：真正使学生产生问题的并非是物质环境，而是由教育者的教育观念、教育态度、教育行为等能对学生心理产生影响的诸因素所形成的心理环境。第三，师生关系对教育具有催化作用，良好的师生关系一方面能激发学生们浓厚的学习兴趣，促进学生身心发展；另一方面，也有利于教师教学水平的发挥，实现“教学相长”的双赢局面。

## 二、现代师生关系的变革

### （一）师生关系变革的基础

1. 人文主义：现代师生关系建设的核心理念

人文主义精神的实质就是肯定人作为生命的存在和精神价值，强调人在万事万物中的主体地位，反对将人物化和置于受奴役的地位，尊重人的思想、个性和尊严，强调人作为一个精神整体的存在，重视人的知、情、意全方位发展。基础教育课程改革就从“一切为了每一位学生的发展”出发，重视学生的主体性，对师生关系提出了新的要求。

2. 师生关系重构的生态学理论基础

基于时代新变化赋予现代师生关系的新要求，由生态学创始人奈斯所提出的生态智慧理念必然是新时期师生关系构建的理想模式。这种基于对“人类中心主义”批判、质疑与深层追问的生态价值观主要表征如下：一是整体性原则。生态智慧以整体性为价值本位，强调生态系统内各因子间的平等性，任何因子必须在与其他因子的有机关联、最后在整体生态体系中才能最终确证自己。二是关联性原则。生态智慧强调世界有机的生命体之间广泛而内在的普遍联系。三是共生性原则。生态智慧强调各生态因子间的对立统一，追求生态系统中诸因子的健康互动，以实现殊异和对立的价值达到统一。四是具体性原则。生态智慧反对抽象、唯一与专制，提倡对多样性、民主性及相对性的尊重。

3. 师生关系变革的教育人类学基础

从教育人类学的角度来看，师生关系是动态的文化特质，在文化传承和个性发展之中都具有举足轻重的作用的同时，也应该随着新型市场经济和素质教育的发展要求，发生着动态的更新，因此，改变传统意义上的主从式师生关系，建立新型师生关系应该是当前应该致力的重点工作之一。

### （二）新型师生关系

1. 民主性

他们在相互尊重、合作、信任中全面发展自己，获得成就感与生命价值的体验，获得人际关系的积极实践，逐步完成自由个性和健康人格的确立。民主意味着打破传统师生关系的专制性质，破除师生之间的支配与被支配、统治与被统治的奴役关系，意味着被尊重和公平表达意见的机会。教育中的民主则意味着师生的平等，相互尊重，尤其是学生积极参与同构教育过程的权利。教师要从昔日的“权威神坛”上走下来，“蹲下身来”，与学生平等相处。教师不再是独享权威的“训练者”“教导者”或者“控制者”，而是一位“促进者”和“向导”。民主还暗示着学生对学习和自身发展乃至未来人生的选择和设计权，满足学生的多元化、个性化发展需要。

2. 平等性

新型的师生关系不再是地位悬殊的主从关系，而是师生平等交流，共享知识、智慧、精神，共同把握生活、面向人生和未来的伙伴关系。平等首先是人格上的平等，师生都是作为完整的人进行交往的，不存在谁高谁低、谁强谁弱、谁制伏谁控制的现象，要使学生的人格得到应有的尊重，要把学生作为一个独立完整的社会人来看待，任何情况下都不要使学生的自尊心受到伤害；其次还要保障学生应有的权利，使其能以与教师平等的身份参与教学过程。

3. 共享性

共享性是师生作为教学的主体共同在教育活动中摄取对方创造的经验和智慧。这是一种共享，既是文化共享，即教师作为有教育者身份的人把知识、智慧、思想、经验等文化成果提供给而不是传授给学生，师生双方通过对话沟通获得新知，共同提高；也是责任共享，即师生共同承担教学任务，共同为教学成败负责；更是精神共享，即师生相互传递、理解和感受同一种精神体验。通过这几种共享，师生可真正成为同舟共济的人。

## 三、现代师生关系的建立

### （一）影响师生关系的因素

良好师生关系的建立，受多种因素的制约。这些因素有社会、家庭、学校管理人员、教师和学生等。

全社会尊师重教、尊重知识、尊重人才的良好氛围，教师职业成为人们羡慕的职业，有利于树立教师形象，也有利于师生关系的建立。

家庭也是影响师生关系的重要因素。家长的尊师重教的态度必然影响子女对教师和科学知识的态度。家庭的有力配合，有助于学生形成尊师的意识和行为，有利于良好师生关系的建立。

学校管理人员在建立良好的师生关系中，起着重要的协调作用。学校管理人员及时沟通学校与社会、家庭的关系，对社会和家庭进行宣传引导，使社会和家庭全力配合学校的教育工作，支持教师的工作；对教师和学生进行教育引导，引导教师关心爱护学生，努力做好本职工作；教育学生尊重教师，服从教师的管理和教导。学校管理人员的协调和沟通，能促进良好师生关系的建立、巩固与发展。

教师与学生是师生关系中矛盾的两方面。教师是矛盾的主要方面。良好师生关系的建立，归根到底取决于教师的职业素养和教师的工作水平。

### （二）良好师生关系的基本特征

1. 民主平等

我国是以公有制为基础的社会主义国家。我国的教师和学生，虽然在学校教育的组织系统中扮演着不同的社会角色，教师是教育者，学生是受教育者，但是他们都是为了建设社会主义国家这个共同的目标而完成各自的教学和学习任务，他们在政治上和人格上是平等的。教师借助于传授知识而培养受教育者，但教师和学生在真理面前是平等的。对我国中小学师生关系类型的分析研究表明，对立型、依赖型、自由放任型的师生关系下的教育教学效果，远不如民主平等型师生关系下的教育教学效果好。社会主义学校师生的民主平等关系，要求教师对学生负有教育管理的职责，学生要听从教师的教导。但也要求教师要向学生学习，认真接受学生提出的合理意见和要求。

2. 尊师爱生

学生对教师尊敬信赖，教师对学生关心热爱，是社会主义新型师生关系的重要特征。学生是国家的未来，民族的希望，关心爱护学生是期望他们承担起建设社会主义的重任。教师把爱的高尚情感投给所有学生，期望所有学生都能成长。学生对教师的尊敬和信赖随学生年龄和学识的增长而变化，小学生以教师对自己的态度为依据，中学生对教师的尊敬和信赖主要依据教师的学识和人格。爱生是尊师的基础，尊师是爱生的结果。教师是教育者，他在建立尊师爱生新型师生关系中起主导作用。

3. 心理相容

心理相容是群体成员在心理与行为上的彼此协调一致与谅解。它是群体人际关系的重要心理成分，是群体团结的心理特征。从师生之间人际关系的角度看，师生心理相容是指教师和学生集体之间、和学生个人之间，在心理上彼此协调一致，并相互接纳。心理相容以群体共同活动为中介，以成员彼此对共同活动的动机与价值观的一致为前提。教师与学生之间虽然文化水平不同，但教师和学生的社会目标和根本利益是一致的，在教师教导下学生集体与个人和教师的动机与价值观念也能达到某种一致。在社会主义学校里，师生之间的心理相容，是以教师教育活动为中介使他们彼此相互了解，观点、信念、价值观达到一致的结果。师生之间动机与价值观达到一致，教师的行动就会引起学生集体和个人的相应的行动，并得到学生集体和个人的肯定。心理相容造成的师生之间融洽的气氛，对维系正常的师生关系起着重大的情感作用，对维持学校秩序，保证教育教学任务的完成起着重大作用。

4. 教学相长

教育教学是师生双边活动的过程。在师生共同参与的教育活动中，双方存在着相互促进、彼此推动的关系。因为知识学问的掌握不能单靠教师的传递，还要靠学生自己的领悟、体验。教师的作用只是做学生掌握知识的领路人，提高觉悟的启迪者，他不应该也不可能代替学生自己的学习与思考。教师必须根据来自学生的反馈信息，调整教育计划与措施，这就促进了教师的提高。

### （三）建立良好师生关系的基本策略

在师生关系的建构过程中，教师应从以下几个方面着手。

1. 树立正确的学生观

教师首先要爱护学生，学生尊师是教师爱生的必然结果。教师必须正确认识学生的“学生感”“向师性”和“成人感”“独立性”的双重特点，尊重学生的人格，尊重学生的上进心和自尊心，鼓励学生努力进取，奋发向上，“关心每一个学生”“让每一位学生都能抬头走路”。

2. 教好功课，促进学生全面发展

在教师的全部工作中，教好功课，向学生传授文化科学知识和开发智力是教师工作的中心。课堂教学是教师对学生影响最大的空间。学生对教师的认同，首先是对教师工作素质和水平的认同。教师严谨的治学态度，良好的教学风格和教学方法，在教学中表现出来的热情和投入，管理教学过程的艺术，生动的语言，使学生获得掌握知识的成功和喜悦都会使学生喜爱教师的教学。反之，学生厌恶教师的教学，并由此产生连锁的“晕轮效应”。马卡连柯说过：“假如你的工作和学问都非常出色，那么你尽管放心，学生会站在你的一边。如果你的工作总是一事无成，处处看出你不通业务，那么尽管你和蔼可亲，但是，除了蔑视之外，你永远不配得到什么。”对此，教师必须有足够的认识，自觉增强教学基本功修养，不断改进教学方法，努力提高教学效果和教学质量，才能赢得学生的信赖。师生良好关系也会因此建立起来。

3. 提高师德修养，塑造高尚师德形象

师德是教师队伍建设的根本，教师整体素质的核心，也是良好师生关系建立的助推器。师德兴则教育兴，教育兴则民族兴。胡锦涛同志曾在会见全国优秀教师代表时强调：广大教师和教育工作者要时刻不忘党和人民的重托；把培养优秀人才作为自己的重大责任，要自觉加强道德修养，孜孜不倦地钻研业务，不断提高育人水平；要率先垂范，为人师表，真正成为学生健康成长的引路人。就是说教师应该忠诚党的教育事业，热爱学生、关心学生。教师是管人的人，但管人首先要学会做人，做好人，然后才有资格去教育管理人，正如孔子所说：“其身正，不令而行；其身不正，虽令不从。”如果不杜绝教师队伍中的不道德现象，不完善教师的人格形象，塑造学生灵魂又从何谈起？所以，教师应不断提高自身道德修养，树立高尚的师德形象。首先，要有敬业爱岗，立志终生植根于教育行业，专心治学治教，躬耕教坛，孜孜以求，无私奉献，这是干好教育事业的思想基础。其次，树立牢固的法制观念，学法讲法，以法执教，依照《中华人民共和国教育法》《中华人民共和国教师法》《中华人民共和国未成年人保护法》的有关要求，履行自身的职责和义务。再次，弘扬敬业、爱业、艰苦创业精神，并用《中小学教师职业道德规范》的标准约束自己，完善自己。最后，把“教书育人”与“教书育己”统一起来，从细小事情抓起，坚持经常，形成习惯，以身立教，为人师表，以自己高尚的人格形象给学生感染和启迪。学高为师，德高为范，桃李不言，下自成蹊。

4. 双向式“师道尊严”，构建师生关系的新走向

作为教师和学生在教育教学过程结成的相互关系的师生关系，它的走向是指师生关系的价值取向及其实践结构的发展趋势和方向。历史上有两种主要的师生关系价值取向：一是教师本位的师生关系取向，如传统“师道尊严”思

想；二是学生本位的师生关系取向，如民主、平等的理论和要求。现代教育需要民主、平等，也需要“师道尊严”。在新课改形式下，教育需要继承“师道尊严”的合理内核，剔除压迫、独裁、体罚等非尊重学生的方式，形成民主、平等式的“师道尊严”，即双向式“师道尊严”。双向式“师道尊严”是现代师生关系新走向，可称为“第三种结构”或“第三条道路”，具有尊重、沟通、分权等特性。

5. 改革教育制度，促成师生关系和谐发展

改革开放三十多年来，经济领域的市场化风习很快蔓延到学校，大家都处于竞争之中，师生之间又多了一层利害关系，最终导致师生关系利益化甚至市场化，这样怎能促成师生的和谐呢？学校工作应以学生为中心，老师的责任就是“传道、授业、解惑”，老师不是老板，更非警察。老师是知识的承载者、是知识接力中的前一棒，学生是老师知识的传承者和扩大者。要根除功利教育，让师生关系恢复和谐，仅靠教育者和受教育者转变观念是做不到的，而必须进行教育制度改革，并同步进行包括户籍制度、社会福利保障制度在内的制度改革，方可有成效。

6. 心理健康教育与生命教育有机结合

寻找青春期心理健康教育与关爱生命教育的最佳结合点，让学生真正的珍爱生命，将青春期心理健康教育上升到对生命的敬畏教育，感受生命是至高无上的。对青少年进行青春期心理健康教育是素质教育的要求，更是青少年“身”和“心”全面发展的要求；提升青少年的生活品质，让他们健康的成长、幸福的生活，是当代教育所要关注和解决的重大问题，也是教育的真正核心所在。作为未成年人教育主阵地的学校，应采用开设心理健康教育课或讲座，利用广播、电视、录像、黑板报等宣传工具，针对青少年的心理特点及知识要求，让青少年从多角度、多场合接受青春期心理健康教育。引导他们正确认识其身心发展特点，掌握解决问题的方法和技巧。转变不良行为，和谐自己的心灵，建立良好的人际关系，从而使其顺利度过青春期。通过设立心理咨询室、建立学生心理健康档案，使个别青少年的心理疾病得到治疗，不断提高其心理素质。探索学校、家庭、社区“三位一体”的心理健康教育模式，强化生命教育，打造“平安青春期”工程。

总之，建立民主、平等的新型师生关系应该从教师做起。转变教师思想观念是突破口；调动学生积极因素，建立学生评价机制是关键；坚持理解和尊重原则是保障。教师有热爱学生、无私奉献的精神，学生才会热爱教师；师生之间关系协调，两者才会产生感情上的共鸣，从而进入教育教学的最佳境界。有

时教师的一句平常话、一个普通的动作都会引起学生的内心波动，对师生关系产生正面或负面的影响。因此，建立民主、平等的师生关系的因素是多元的，绝不只是上面所探讨的几个方面。今后还应不断实践和总结，以期取得更好的成果。

### 推荐阅读书目

1. 蔡勇强，黄清，李建辉：《基础教育学》，厦门，厦门大学出版社，2006。

2. 孙志敏：《教师职业道德》，长春，吉林人民出版社，2009。

3. 袁振国：《当代教育学》，北京，教育科学出版社，2004。

4. 马勇，高福贵：《教育学教程》，北京，石油大学出版社，2000。

5. 陈梦稀，易小文，陈章顺等：《教育学》，长沙，湖南教育出版社，2006。

6. 靳玉乐，李森：《现代教育学》，成都，四川出版集团，2005。

### 学习思考

1. 现代教师的职业素质有哪些？
2. 促进教师专业化发展的途径有哪些？
3. 应该树立怎样的学生观？
4. 良好的现代师生关系有哪些特点？
5. 如何建立良好的现代师生关系？

# 第七章　教师专业发展

国家的重视、师范教育向教师教育的演进以及基础教育的现实和发展趋势构成了教师专业发展的背景。教师专业发展的途径多元化，主要有实践反思、伙伴合作、行动研究、终身学习、专业引领，每一个途径又有各自的原则及方法，教师只有在实践中不断运用这些方法，才能对其专业化发展起作用。教师专业化发展评价的主要功能是通过评价来对教师的专业发展予以帮助和支持，以调动教师内在发展需求为前提，引导教师通过自我反思、自我规划、自我学习，不断调控教育教学行为。

## 第一节　教师专业发展的背景及内涵

在漫长的原始社会、奴隶社会和封建社会，教师职业逐渐从其他职业独立出来，但还没有达到专业化，到了 20 世纪 90 年代教师专业化才逐渐被提上议事日程。21 世纪初，我国才提出教师专业发展，这是与我国社会经济发展相适应的。

### 一、教师专业发展的背景

近年来，随着我国基础教育的改革和发展，随着教师需求从数量满足到质量提高的转变，教师专业化问题也受到越来越多的关注。1998 年在北京师范大学召开的“面向 21 世纪师范教育国际研讨会”明确提出了“当前师范教育改革的核心是教师专业化问题”。

#### （一）国家日益重视高素质的教师培养是教师专业化发展的政策性背景

由于种种原因，在很长一段时间，我国理想的教师形象往往只是作为一种虚像而存在。教师形象与时代所需要的教师教育形态、教师的社会地位和待遇等没有在制度上形成彼此相适应的关系。《中共中央、国务院关于深化教育改革全面推进素质教育的决定》明确指出：“要实现素质教育就需要有高素质的教师。”高素质的教师是高等师范教师培养的预定目标，如何编织合理的高等师范教师课程体系是实现培养高素质的教师、提高教师的专业化水准的重要途径。这种政策性的要求实际上使教师培养同时面临着增加数量和提高质量的双重压力，也给教师教育的演进增加了政策性的拉动力，它将有利于教师专业化发展。

**（二）师范教育向教师教育的演进使教师专业化问题无法回避**

基于师范院校本身发展的需要、社会对各级各类教师的需要，以及教师培养和培训的需要，加上教育终身化理念的影响，定向型师范和非定向型师范、教育培养和培训等相关联的概念开始被整合到教师教育这样一个新概念之中。这反映了师资培养由一次性向终身性转变，由普通教育向职业教育等相关领域的全面拓展。事实上，这种现象从某个层面上说，是发达国家师范教育发展历程的复演，如美国、日本都在20世纪五六十年代完成了独立的师范院校向非定向师范院校发展的过程。但这又不是简单的复演，它实际上还反映了师资培养由基础教育领域向整个教育领域的拓展。提高教师的专业化水平，实际上是教师教育使师范性和学术性统一的现实途径和历史必然。

**（三）基础教育的现实状况和发展趋势对教师的质和量提出的新要求必然推动教师专业发展**

众所周知，日本依靠教育兴国，而日本的教育改革常常是以中小学教师培养改革为中心而展开的，日本在完成师范院校的转型后，从终身教育的观点出发，在延长教师职前培养教育年限的同时，努力推进在职教师的研修活动，并使两者在教师教育的概念上得以完善。目前，我国的基础教育改革开展得如火如荼，但其教师的来源问题却没有相应地跟上。如果不及时改变这种局面，中小学课程改革的效果和持续性难以从根本上得到保障，改革失败和畸形的结局可能难以避免。从基础教育的现实来看，适龄人口的状况对教育资源的配置影响越来越大。从世界人口发展格局来看，欧美和日本等发达国家，高校合并重组等资源整合行为实际上都与“少子化”① 相关联，我国香港和台湾也一样，而我国大陆的实际情况是，独生子女政策的长期实施实际上已经十分明显地影响着教师需求，并且受国力增强和人民财富增长等因素的叠加影响，社会和家庭对优质教育的需求急剧增加。日益强烈的择校行为实际上反映了优质教育资源的供给远远赶不上人们的需求。这种日益强烈的教育需求必然使提高教师专业化水准成为教师教育的题中之意。

---

① 少子化是指生育率下降，造成幼年人口逐渐减少的现象。

## 二、教师专业发展的内涵

关于专业，《现代汉语词典》做了这样的解释：专门从事某种工作或职业的称为专业。从职业社会学来看，一个职业进入专业的行列，必须符合专业的特征、标准或本质。① 早在1948年美国教育协会就提出了专业的八条标准：② 含有基本的心智活动；拥有一套专门化的知识体系；需要长时间的专门训练；需要持续的在职成长；提供终身从事的职业生涯和永久的成员资格；建立自身的专业标准；置服务于个人利益之上；拥有强大的、严密的专业团体。教师专业是从事培养人的、需要专门训练并有专门的知识、技能、职业道德的专门性的社会服务性职业。教师专业化指教师职业具有自己独特的职业要求和职业条件，有专门的培养制度和管理制度。教师作为专门职业，具有鲜明的专业性：①国家对教师任职规定的学历标准。②教师要有必要专业知识（学科专业知识和教育专业知识）和专业能力。③国家对教师有职业道德要求。④国家对教师教育有专门机构、专门教育内容和措施。⑤国家有对教师资格认定的制度和管理制度。⑥教师专业要不断地发展，教师要不断地调整自己的思想观念、价值取向、丰富专业知识和技能，以满足自身不同层次的要求。教师职业有自己的理想追求，有自身的理论武装，有自觉的职业规范和高度成熟的技能技巧，具有不可替代的独立特征。教师不仅是知识的传递者，而且是道德的引导者，思想的启迪者，心灵世界的开拓者，情感、意志、信念的塑造者。教师不仅需要知道传授什么知识，而且需要知道怎样传授知识，知道针对不同的学生采取不同的教学策略。教师职业的专业化既是一种认识，更是一个奋斗过程；既是一种职业资格的认定，更是一个终身学习、不断更新的自觉追求。

# 第二节 教师专业发展的途径与方法

## 一、实践反思——教师专业成长的必经之路

有学者认为，20世纪对教育而言是主体的发展与认同的世纪，进入21世纪，主体教育观更是风卷五洲。人是主体，教育应当以人为本，充分尊重与提

---

① 中国社会科学院语言研究所词典编辑室：《现代汉语词典》，第78页，北京，商务印书馆，2005。

② 林红：《教师专业化背景下的教师角色定位》，《开封大学学报》，2005（6）。

升人的主体性，这不仅直指学生主体的发展，也包含着教师主体发展。即教师在学习教育科学理念的同时，应当有充分的自主与自信，在自己的教学实际中建构自己的教学理论、教学知识和技巧。而要使教师既是教学的实践者，又是自身教学的研究者，一个十分重要的重要环节，便是不断进行教学反思。这是教师对自身教学行为的理性思考，也是对教学实践的自我诊断和评价。教师正是在这种自我反思、自我评价过程中实现自我的专业发展，走上教师是研究者的道路，而最终成为专家型教师。因此，著名教育心理学家波斯纳提出的教师成长公式便是“经验＋反思＝成长”。

什么是自我反思？北京师范大学肖川教授说：“教师的自我反思是指教师对各种教育观念、言论、教育方法、教育活动、教育事实和教育现象进行的自主判别和认真审视，特别是对自己的教学实践进行检视和反省。”① 何谓反思型教师？教育专家李振西认为：“通俗地说，就是带着一颗思考的大脑从事每天平凡的工作，就是通过思考，解剖自己日常教育实践而不断超越和提升自己教育境界的教师。”

应当说，教学反思是一个内涵相当宽泛的概念。它不仅指反思课堂教学行为，也指反思课前的教学计划与课后教学评价；它不仅指教师自身教学运动的反思，也指对学生学习行为的反思；它不仅可以反思总结教师自身的教学行为，也可以反思其他教师的教学行为。一句话，可以指对所有教学行动的回忆、思考、分析、检讨和评价。

教学反思的重点在思，既然是思，就得有思路，教学反思应当如何去拓展思路，这正是教师在开展教学反思，拟定教学反思时感到为难和困惑的地方。

**（一）教学反思的类型**

1. 正面反思

所谓正面反思是对成功的经验，既具科学性又具艺术性的教学行为的正面肯定，通过反思把教学行为提升到理论高度，充分展示它的闪光点，概括出带规律性的精粹。这种反思特别是在思索名师的教育教学中常有发生。

2. 负面反思

教育教学是一门遗憾的艺术，尤其是教学，即便是经验十分丰富的教师，对自己的某一堂课的教学，事后往往也会感到某些不足，如果再教一次，自信会教得更好。这似乎也说明了课堂教学只有更好，没有最好。正是从这样的角度看问题，教学反思的指向，总是会有许多负面反思，即反思自己教育教学行

① 肖川：《教育的理想与信念》，第104页，长沙，岳麓书社，2002。

为的不足或缺失，并把它提升到理论高度作归因分析。于是，教师教育教学的艺术也就在这种反思的积淀下，日臻成熟。

3. 侧面反思

有时候，教师的某一个课堂教学行为虽然不是十分精彩，也没有什么失误可供检讨，但由此却触发了相关的教学研究价值。这样产生的反思，属于侧面反思。为了更好地理解这一点，请看下面的案例①：

课堂上教师正在组织学生导读《猎人海力布》一课，课文中“要救乡亲们，只有牺牲自己”这一句，无疑是海力布舍己救人伟大精神的集中写照。可是学生们对此有异议，一位学生说：“海力布能不死吗？为什么救乡亲们他就非死不可呢？这样一位英雄死了多可惜，既救了乡亲而又不死，不是更好吗？”这时，另一位学生提出：“我有一个办法使海力布既不牺牲，又能挽救乡亲们。他可以把宝石借给那位老人，让老人把宝石含在口中听一听鸟儿的话，老人不就相信了吗？这样，如果每人听一遍，不都相信了吗？”老师说：“对啊，谁都不想海力布死，但时间来不及了，海力布只能选择这样做。海力布死了很可惜，但他挽回了全村乡亲们的生命，他死得伟大，有价值，是值得的。”

[反思] 教师的话说得不错，这样的课堂调控把学生的议论归入课文中心也无不妥。但仔细想来这种课堂状态却引发出我们的许多思考：首先，改革开放的大潮带来了生活方式的转型，这对小学生思维方式、思想观念的影响是十分深刻的。在今天开放的课堂里，学生思想活跃，话语自由，阅读感悟极富个性化的特征，他们往往是主流思想与非主流思想并存，似是而非的各种意思杂陈，对此，教师必须在对话中加以引导扶持，不可对学生议论掉以轻心。其次，“海力布能不死吗？”似乎有舍身救人的道德原则和“视死如归”的英雄气概。但问题并非如此简单，孩子的选择是既救乡亲而又不死的一种两全其美的愿望，是善良而美好的，富有人情味的。从这样的愿望中不是可以体现他们的那种敬畏生命、关爱生命的美丽人性吗？这是否应当肯定、鼓励，然后才是深读课文，进一步理解海力布为了赢得时间，使乡亲们“走得越远越安全”才毅然决然牺牲自己的意义。这并不是无谓的牺牲，而是不得不这样做。正因为如此，人们才会一代一代传颂他。

4. 立体反思

一个方形物体有 6 个面，如果我们能对某一个课堂教学片段从各个面去观察分析，这样的反思就是立体反思。

① 周一贯：《语文教研案例论》，第 84 页，宁波，宁波出版社，2004。

5. 多面反思

既围绕一个专题对多项课堂行为的反思，又围绕同一专题收集不同案例进行相互比较、印证、补充，可以呈现出解决这一专题的一些重要规律，形成可贵的研究价值，这便是多面反思的优越性所在。

### （二）教学反思的原则

教育教学反思应该遵循哪些原则呢？

1. 持续性原则

持续性原则是指教师的教学反思应贯穿在整个教师生涯。因为教育教学的具体情境是不断发展变化的，学生群体中也会不断出现新的情况和问题。随着教育情境的变化和新的教育理念的诞生，教师必须不断地根据新的情况对自己的教学作进一步的反思，以使自己的教学适应新的情境。进行一次教学反思即可受用终生的想法是与教育发展的理论相背离的。教师专业发展贯穿于整个教师生涯的持续过程，那么对教学进行反思也应贯穿整个教师生活中。非连续的、偶尔为之的教学反思是不能取得促进教师专业持续发展效果的。①

2. 坚持性原则

坚持性原则是指教师在教学过程中，应持之以恒地进行教学反思，并使之成为一个习惯。教学反思促进教师的专业发展是一个长期的过程，应持之以恒地进行。在每次教学实践前后，要养成及时反思的习惯。每天、每周、每月都要对自己本周、本月的情况作反思，及时了解自己在哪些方面获得了进步，使反思习惯化、制度化。②

3. 全员性原则（人人参与原则）

全员性原则强调学校中的教师人人都能进行教学反思。教学反思是通过教师个体专业水平的提高从而促进学校整体教学水平的提高，这就要求教师人人参与教学反思，自觉地追求自己的专业发展，营造出人人进行教学反思的文化氛围，而这种反思型的文化氛围又反过来成为教师积极进行教学反思的动力。学校应把通过教师的教学反思促进教师的专业发展这一活动纳入到整个学校的教师专业发展计划中，给教师人人参与教学反思提供一个制度保障，从而促使教师全员参与教学反思。

4. 共同合作原则

合作原则强调教师在进行教学反思时要争取校内同事和校外专家的帮助。

---

① 蒋志斌：《教学反思的内容、环节、与方法》，载《教育与管理》，1999（9）。

② 卢真金：《反思性实践是教师专业发展的重要举措》，载《比较教育研究》，2001（5）。

教学反思并非让教师把自己孤立起来，独自一人去面对教育教学上的问题，其本意是让教师自己主动地、积极地追求专业发展，保持开放的心态，随时准备接受好的、新的教育观念、更新自己的教育理念和专业智能。为此目的，教师可能要充分发掘、利用各种可利用的有助于自己专业发展的资源。因此打破相互隔离，敢于面对自己在专业发展过程中所存在的问题，寻求与同事的合作和帮助，寻求专家的指导，使教学反思更有效进行，从而促进自己的专业发展有更重要的意义。

5. 主动性原则

主动性原则强调教师主动参与教学反思，主动寻求自己的专业发展。教学反思是指教师将自己的教学活动和课堂情境作为认知的对象，对教学行为和教学过程进行批判地、有意识地分析与再知的过程，要求教师不断地对自己的行为以及做出行为的依据进行批判性的解构与重建。这就要求教师必须是在自我专业发展意识引导下产生进行反思促进自己专业发展的欲望，从而主动地进行教学反思。教师自己的主动参与保证了教师反思的深度、程度及反思的效果。没有教师的主动参与，就谈不上教学反思的效果，更谈不上这种反思促进教师的专业发展。

### （三）教学反思的方法

常用的反思方法主要有以下几种：

1. 反思日志

反思日志是教师将自己课堂实践的某方面，连同自己的体会和感受诉诸笔端，从而实现自我监控的最直接、最简易的方式。写反思日志可以使教师较为系统地回顾和分析自己的教育教学观念和行为，发现其中存在的问题，可以提出对相关问题的研究方案，并为更新观念、改进教育教学实践指明努力的方向。[①]

反思日志的内容可以涉及有关实践主体（教师）方面的内容，有关实践客体（学生）方面的内容，或有关教学方面的内容。如：

对象分析，学生预备材料的掌握情况和对新学内容的掌握情况。

教材分析，应删减、调换、补充哪些内容，教学顺序，包括环节设计、环节目标、使用材料、呈现方式与环节评价。

教学组织，包括提问设计、组织形式、反馈策略。

---

① 傅建明：《教师专业发展——途径与方法》，第145页，上海，华东师范大学出版社，2007。

总体评价，教学特色、教学效果、教学困惑与改进方案。

反思日志没有严格控制的时间限制，可以是一日一记、几日或一周一记，也可以是在教完一节课、一个单元、一个主题的记录，还可以是闲暇时随机发现的闪光点的记录。

反思日志的形式不拘一格，常见的有以下几种：

点评式，即在教案各个栏目相对应的地方，针对实施教学的实际情况，言简意赅地加以批注、评述。

提纲式，比较全面地评价教育教学实践中的成败得失，经过分析与综合，提纲挈领地一一列出。

专项式，抓住教育教学过程中存在的最突出的问题，进行实事求是的分析与总结，加以深入的认识与反思。

随笔式，把教育教学实践中最典型、最需要探讨的事件集中起来，对他们进行较为深入的剖析、研究、整理和提炼，写出自己的认识、感想和体会，形成完整的篇章。

教师可依个人的习惯、爱好来选择相应的方式撰写日志，也可以结合实际，创造其他的形式。

2. 课堂教学现场录像、录音

单对教学进行观察，很难捕捉到课堂教学的每一个细节。这是由于课堂环境具有多层性、同时性、不可预测性，许多事件会同时发生。对于教师来讲，一些很重要的事件很难被注意到，更不用说要把它们记录下来。随着现代信息技术的发展进步，各种现代化的设备也逐步走入教师的反思活动当中，为教师的反思插上翅膀。从早期的机械录音到现代的多媒体设施，信息技术为教师的反思提供了便利，使他们可以通过多种途径跨时空地进行自我反思。

对教师的课堂教学进行实录，不仅可以为教师提供更加真实详细的教学活动记录，捕捉教学过程的每一个细节，而且教师可以作为观摩者审视自己的教学，帮助教师认识真实的自我或者隐性的自我，有助于提高教学技能，改善教学行为。随着信息技术的发展，现在越来越多的学校使用数码摄像机进行课堂实录。一方面，数码摄像机一般比专业摄像机便宜；另一方面，操作也比较简单，后期的编辑制作方便，最后还可以刻录成光碟，易于保存。将成功的课堂教学录像制成光盘，可供其他教师特别是新手型教师培训和讨论。

课堂录音也比较简捷、实用。在教学、特别是语言教学中，教师可以通过课堂录音来分析自己或者学生有关语音、语法、用词等诸多语言现象，也可以对自己教学的某一方面进行细致的研究，教师通过对所收集数据的系统的、客观的、理性的反思，分析行为或现象的形成原因，探索合理的对应策略，从而使自己的教学更加有效。

3. 听取学生的意见

听取学生的意见，从学生的眼中来看待自己，可以使教师更好地认识和分析自己的教学。当教师在教学中不断听取学生意见的时候，可以使其对自己的教学有更新的认识。它可能会使教师因学生正按自己的期望不断进步而信心倍增，也可能会因学生与教师的期望背道而驰而大惑不解。征求学生的意见，遇到的最大障碍是学生不愿意说出自己的想法。解决这一问题的途径，一方面，可以采取匿名征求意见的方法；另一方面，还需要教师努力创造一种平等的、相互尊重和信任的师生关系和课堂氛围，从而使学生产生安全感。听取学生的意见，可以采用课堂调查表的方法。

课堂调查表可以了解学生对学习和教学的体验，从而帮助教师从学生眼中更好地了解和认识自己的成绩和不足。学生在学习过程中的感受对于教师更好地认识和理解自己的教育教学活动至关重要，作为教师关键是要了解学生有哪些感受。课堂调查表可以帮助教师较为准确地了解学生学习感受的有关信息，从而使教师的教育教学行为建立在对这些信息进行反思的基础上。

教师可以根据自身教育教学的实际情况制定适合自己需要的课堂调查表，通常以问答题或者选择题的形式出现，题量不限，但最好不要超过5个。调查表包括的内容因调查需要可以有所侧重，主要用于了解一周或几周内学生对教师教育教学行为的某一方面或某几个方面的感受，如教学方法的选择、形体语言的运用、突发事件的处理等。此外，教师还可以向学生了解这一周或几周内，什么时候感情最投入、什么时候最不能引起学习兴趣、什么时候感觉困惑和迷茫等。教师可以在课堂上留出5～10分钟时间，让学生回答课堂调查表，并以匿名的形式上交给教师。就调查表中涉及的较为普遍的问题，教师可以以班会的形式展开讨论，寻找恰当的解决方案。需要指出的是，对于调查表中反映出的问题，教师应进行批判性的分析和理解。在教师的教育教学实践过程中，有些教育教学形式或内容并不能因为学生的反对而轻易放弃。如，有的同学可能出于考入重点中学的原因，而在调查问卷中要求增加学业负担。教师则应对此进行深入分析，而不应轻易苟同。

4. 与同事的协作和交流

同事作为教师反思自身教学的一面镜子，可以反映出日常教学的影像，这些影像虽为自己所熟悉，但有时也会大吃一惊。譬如，开放自己的课堂，邀请其他教师听课、评课、听自己说课，或者听其他教师的课。

说课是教师在备完课乃至讲完课之后，对自己处理教材内容的方式与理由做出的说明，讲出这些过程，就是讲出自己的策略。而这种策略的说明，也正是教师对自己处理教材方式方法的反思。

课后，和专家、同事一起评课，特别是边看自己的教学录像，边评，则更能看出自己在教学中的长短。观摩其他教师的课堂，可以更好地发现自己所熟悉的教育教学活动中存在的问题，将讲课者处理问题的方式与自己的处理方式相对照，以发现其中的不同。

此外，每个教师在教学中都可能面临着相同的困境和问题，教师们聚集在一起，针对课堂上发生的问题，各抒己见，共同讨论解决办法，得出最佳方案为大家所用，达到共同提高的目的。这样，通过同行之间的对话、讨论，可深入探索，扩展教师的知识，促使教师更有效地进行思考，使教师把实践经验上升为理论。

## 二、伙伴合作——教师专业成长的有效办法

在传统的课程教学观中，课程往往体现着以知识为主要内容，以相对独立的学科为形态特点，教学以教师为中心，强调书本知识的学习。在这种状态中，教师作为独立个体教学，具有专业个人主义的特点，“我备我的课，我上我的课”。注重本学科知识的逻辑系统，忽视学习者的个体经验，使教师长期处于“孤军奋战”的境地，缺乏教师间的相互合作，尤其是教学上的相互沟通与对话，从而造成教育资源的浪费与教育质量的停滞不前，最终造成“教师教得很辛苦，学生学得很痛苦，但教学效果却差强人意”的局面。教师专业发展中普遍存在的孤寂问题，极大地影响着教师专业成长。教师在工作环境中接触最频繁的两类人就是学生与同事，但由于教室封闭的特性，所以大多数教师和同事之间分享专业观念的途径是极为稀缺的，教师可以说是一个非常寂寞的职业。教师只要紧闭自己的教室，不同课堂之外的文化沟通就不可能变革自己的实践，实现自己的成长。贝尔认为，学校发展与教师个人的发展关系密切，如果学校组织不健全，教师个人也难以得到良好的发展。当教师有了专业成长的理念，也掌握了有效率的成长途径之后，更迫切的需要便是营造一个适于教师专业成长的工作环境，使这些因素能以正面的形态适时地介入，以促进教师的专业成长。因此，促进教师专业成长必须从多元的角度改善教师的工作环境，发展学校为中心的专业成长模式，倡导合作的学校文化。

目前学校教师合作的载体已经存在，比如说教研组、课题组等，但是教师对合作的看法、合作对教学的影响等方面还是很少，通过对教师进行了调查和

访谈，大多数都认为自己的教学风格不是以合作型为主的，并且认为学校的教学合作氛围很差。①

### （一）伙伴合作的类型

1. 学科内合作

学科内合作是同一学科的同一年级或不同年级的教师之间教学合作，它可以促使教师之间学习，共同提高。教师之间在知识结构、智慧水平、思维方式、认知风格等方面存在着较大差异，即使同一学科讲授同一课题的教师在教学内容处理、教学方法选择、教学整体设计等方面的也是明显的。这种差异是一种宝贵的教学资源。通过教师之间就所教内容的互动，教师可以相互启发、互相补充，是思维、科研智慧上的碰撞。从而产生新的思想，使现有的观念更完善和科学，产生“1＋1＞2”的效果。比如语文学科，可以先把教学任务分为阅读、写作两大系列，然后再按文体进一步细化，并按教师的知识结构、能力倾向、教学风格进行分工，面向全年级、全校学生施教。这样不仅可以使教师在相互观摩中相互学习，取长补短，还可以激发学生的学习兴趣，活跃课堂气氛，预防、消灭课堂死角，增强教学效果。

2. 学科间合作

学科间合作即指跨学科合作。过去各学科教师常常以隔行如隔山的理由自我谅解对其他学科的陌生，不同学科的教师在教研上无对话的基础和需要，教研活动处于学科孤立的状态。新课程所倡导的学科综合的基本理念要求各学科教师加强联系，增进了解，共同探讨相关内容。通过不同学科教师之间的合作，进一步加强对各学科教材内容的共同分析研究，有机整合其他学科中的相关知识，利用、借鉴其他学科相关知识和教学方法，实现课程内容的有机整合，教育观念、方式方法的融会贯通，促进学生综合素质和能力的形成。例如《美术》七年级上册《神秘的色彩》，在授课过程中，将美术、音乐、科学等学科进行了综合，在出示色彩的三原色——红、黄、蓝过程中渗入了科学的光学知识，使学生科学地认识光与色彩之间的联系。又在色彩的情感环节中播放两段不同的音乐《二泉映月》和《命运交响曲》，通过音乐激发学生的情感，并能与色彩的象征、感觉互相联系，真正感受色彩的情感。②

---

① 傅建明：《教师专业发展——途径与方法》，第80页，上海，华东师范大学出版社，2007。

② 罗忠秀：《合作与合作学习》，载《四川教育学院学报》，2003（12）。

3. 课题合作

课题合作即指中小学教师以课题为载体，联合不同学科、不同年级、不同身份的教师共同研究教育实践问题，从找问题到解决问题的过程就是其合作的过程，目的在于使参与课题的每一位教师能从这一合作过程中慢慢改善对教学的反思，从而改进教学促进教师自身的成长。比如在一个课题的研究过程中，从学科来说，可以找语文、数学、英语等主学科，也可以找音乐、美术、体育、生化等学科的老师；从年级来看，有小学中高级的老师，也有初中老师；从身份来看，有青年教师和中年教师结合、有普通老师和行政老师结合等。在参与课题的过程中，教师们逐渐学会如何去发现问题，如何去寻找问题的解决策略、如何去解决问题等，从不同层面上改变教师自身对课题研究的看法，同时也在一定程度上改善自身的教学。

4. 中小学—大学联合

中小学—大学联合主要是利用一线教师丰富的实践经验和大学教师扎实的理论经验，两者结合在一定程度上弥补了教育研究中理论与实践相脱节的缺陷。教学的研究原本就是实践性的研究，其主体是教师，但是教师的教学研究需要庞大的周边领域的基础研究，以便为教学中产生的复杂问题的解决提供启示。因此，大学教师所进行的教学理论研究可以说是把教师用实践话语所提出的问题翻译成适合自己专业领域课题的理论话语来解决的，是形成理论话语与实践话语之联结的研究。中小学老师的实践为大学老师的研究提供了素材，大学老师的研究为中小学老师的实践提供指导。

### （二）伙伴合作的形式

1. 主授式

通过对所有合作学科的知识进行整合后，由所有合作学科的教师集体备课，确定教学目标，设计教学方案，由一名教师承担所有合作学科的教学任务。如《数学》七年级下册《制作人口图》，以数学为主，社会、信息技术等学科为辅，体会数学与其他学科及现实生活的密切联系。从收集人口知识，整理人口资料，了解我国人口现状，制作统计图等方面使学生认识并获得有用的信息，学会制作合适、形象的统计图，培养综合运用所学知识的方法和能力。这种通过教师集体备课，整合相关学科内容，提出新的教学目标，设计新的教学方案，由数学老师一人承担教学任务的模式，对教师的素质要求较高，教师工作量较大。

2. 系列式

这种模式较适合围绕一定主题进行的教学合作。它是由几个教师分别承担同一主题不同板块的教学任务，即在不同的学科间建立联系，在相关知识构成的总体框架下，将各科相关知识重新组织和编排，以形成新的系列，并在间断或连续的时间内轮流执教的教学模式。这种模式有助于各科知识的整合，又注意到每个知识点其内在的联系和发展。如《春》系列模式教学中，从语文学科的角度让学生阅读、朗诵孟浩然的诗《春晓》和朱自清的散文《春》，以感受人们对春的喜爱；从音乐学科角度让学生聆听歌曲《春天在哪里》《春天的故事》，使学生仿佛置于优美的意境之中，感受音乐美；从美术学科角度让学生充分发挥想象力，以春为背景进行自由绘画创作。这种模式与传统的教学有不同之处，是一种配合型的合作方式，相当于拼盘式，前后一致的相关内容可以使学生保持兴趣，学习内容在多学科中不断得到加强，可以产生学生据此能够掌握知识的心智的生长点，当学生以一种哲学的、审美的和创造性的方式学习并处理某一事实或概念时，课程内容的整合就鼓励着批判性思维的形成。同时，学科合作教学还传递着这样的一种观念，即学习不是一种机械的记忆的活动，而更是一种吸引人的无止境的发现的过程。

3. 主宾式

这种模式是指由一个教师担任主教任务，有一定联系的其他学科教师与其一起上课，担任主教教师的助教，协助其完成教学任务，实现知识的互补。这种方法比较灵活，而且有利于学生开阔视野，让学生领略来自不同知识结构，个性气质的教师的信息，构建网络状的知识结构。如初中社会《环境保护》这一教学内容与自然、语文、音乐老师合作。上课时，社会教师主讲环境污染的成因、环境污染的类型、环境污染的危害、环境污染的防治、保护环境这条线索的内容，以音乐教师的歌声作为开头和结尾呼应，中间多次请出自然老师、语文老师作为嘉宾、访谈者、智多星来实现师生的互动，还把学生分成四个组，分别根据自己感兴趣的话题与四位老师探讨交流，社会组的搞社会调查，自然组寻找防治污染的办法，语文组与音乐组做环保宣传。

随着新课程理念的逐步渗入，不同学科的相互融合，以及与现代信息技术的整合等，这些都要求教师间彼此合作，共同提高；而且教育是一个系统工程，需要社会、学校、家庭等多方面相互配合，共育英才。因此教师要学会与家长及时沟通，形成教育合力，教师学会合作显得尤为重要。在校本教研过程中，除了要强调充分发挥教师的个人研究意识外，也特别强调教师集体的作用，强调教师之间的专业切磋、协调与合作，互相学习，彼此支持，共同分享成功的经验。[①] 学校要倡导科学精神和实事求是的态度，营造求真、务实、严谨的教研氛围。通过开展形式多样的活动，如集体备课、课题研究、问题交流、新老教师结对等活动把团体合作学习方式引入到校本教研活动中，强化合作意识，实行资源共享，做到优势互补。开展教学观摩、问题讨论促进教师们互助互学，让教师在开放互动的环境里学习，感受合作的需要，享受合作的乐趣，实现教育教学的共同体。

## 三、行动研究——教师专业发展的基本途径

### （一）教师成为研究者的必要性

教师成为研究者的理想由来已久。早在 1926 年，国外就有学者在《教师的研究》一书中表达了这样的思想："教师有研究机会，如果抓住这种机会，不仅能有力而迅速地发展教学技术，而且将赋予教师个人工作以生命力和尊严。"此后，不断有学者强调培养研究习惯的重要性，他们认为教师开展研究有两个理由：一是这种研究具有训练的价值；二是有助于提供大量有关教育的科学信息。这一理想在英国课程论专家斯坦豪斯那里得到了继承，他不仅明确提出了教师成为研究者的概念，认为没有教师的发展就没有课程的发展，而且通过实施具体的研究计划，使这一概念转化成一个激奋人心的现实运动。斯坦豪斯认为，所有的课程研究和设计——无论是教师个人还是团体的，无论是学校自发研究的项目还是国家资助的项目，都是建立在课堂研究的基础上的，这在很大程度上依赖于教师的工作，教师是其实践者，最终也是最佳的裁决者。因此，在他看来，教育科学的理想是，每一个课堂都是实验室，每一名教师都是科学共同体的成员。[②]

教师角色由经验型的知识传授者向专家型的学习促进者的转换，迫切要求教师成为教育教学实践的研究者。而教师科研能力的培养，首先取决于教师对这种角色转换的理论意识的觉醒。教师只有切实认识到参与科研的必要性及其重要意义，才能激发起参与科研的动机和极大的热情。

（1）"教师成为研究者"口号的提出同国外教育师专业化思潮的兴起有关。长期以来，教师在很有很大程度上没有被作为专业人士看待，无法享受到律师、医生那样的待遇和地位，也少有人倾听他们的呼声。这些都源于教师没有充分建立起自己的专业标准，没有充分的工作自主权；他们往往只具有一些狭

① 柳夕浪：《教师参与教育研究》，载《教育研究与实验》，2001（3）。

② 徐斌艳：《教师专业发展的多元途径》，第 105 页，上海，上海教育出版社，2008。

隘的教学技能，对教学及其外部状况缺乏深入的思考和研究。

澳大利亚学者凯米斯从教师自主的角度探讨教师专业化问题。他认为，专门化职业有三个特征：第一，其成员采用的方法与程度有系统的理论知识和研究作为支持；第二，其成员以顾客的利益为压倒一切的任务；第三，其成员不受专业外势力的控制和限定，有权做出自主的职业判断。凯米斯认为，若按照以上标准来衡量当时教师教学活动，则难称其为专门职业。教师少有研究意识，而且严重缺乏专业自主，鉴于此，凯米斯及其他众多课程研究者开始致力于教师专业化的研究和宣传，希望通过提高教师的专业性来达到提高教师地位的目的。他们认为，教师除了应当具备界定的专业特性——诸如理解本学科的知识及结构、掌握必要的教学技能等外，还必须拥有一种扩展专业特性。其内容包括：把对自己教学实践的质疑和探讨作为进一步发展专业的基础；有研究自己教育实践的信念和技能；有在实践中对教育教学理论进行质疑和检验的意向；愿意接受其他教师或研究人员来观察自己的教学实践，并就此进行坦率而真诚的讨论。

总之，教师应成为批判地、系统地考察自己教育教学实践的研究者，从而更好地理解自己的课堂和改善自己的教育实践。这种自我研究既是教师职业自主性的表现，也能不断促进教师职业能力的发展。而教师要将职业者与研究者的双重角色完美地集于一身，除了掌握必要的研究技能之外，还要培养研究责任，通过切实体会到的责任感及所运用的技能不断向实践提问，并完成在自己的教育教学背景下对教育教学实践理解的理论化和系统化。

（2）教师成为研究者是提高教师综合素质和教学能力最有效的途径。由于教师在工作中进行的以自身教育教学实践活动为对象的研究是自我反省性的、旨在解决实际问题的研究，因此它有利于教师主动建构自己对课程、教学等方面问题的理解，使教师成为反思的实践者。也就是说，教师将有能力通过较系统的自我研究，通过研究其他教师和在课堂研究中对有关理论的检验，实现专业上（包括教学监控能力、整体教学水平和教育教学研究能力等方面）的自我发展。同时，这种研究也有可能带来关于学与教的基本规律的重要发现，从而促进教育科学本身的发展。

值得强调的是教师的教学监控能力与教师专业能力的发展密切相关。所谓“教学监控能力，是指教师为了保证教学的成功，达到预期的教学目标，在教学的全过程中将教学活动本身作为认识对象，不断对其进行积极主动的计划、检查、评价、反馈、控制和调节能力。”① 现代教学论研究表明，教师的教学监控能力是其从事教育教学活动的核心要素，是教师的反省思维或思维的批判性在其教育教学中工作的具体体现。教师研究将有力地促进教师教学监控能力的发展，随之带动教师专业能力以及教育教学水平的整体提高。

### （二）行动研究的过程

（1）对教育教学行动进行研究，发现问题，明确问题。教师借助内省和对话研究自己的行为，对自己的教学理念或教学模式进行质疑，在与新的理论、新的模式的比较中产生的各种想法，有助于教师形成问题意识，发现教学实践中存在的问题。

（2）分析问题、寻找问题的症结。教师通过对问题的分析和界定，把那些模糊的问题转化为比较明确的问题，把对教学现状的反思提升到对教学本质的把握，从而找准问题的症结。

（3）假设一种或多种解决问题的办法或途径。教师根据自己对教学对象的了解，对所收集到的资料的分析把握，形成解决办法的不同设想，用来解释情境，从而形成一个总体的行动计划。

（4）实践、尝试解决问题。由于行动研究的根本目的是解决实践中的问题，改善实践的质量，解决问题的各种假设，需要在实践中寻找证据，进行证实和证伪。因此，在这一阶段既要按总体计划实施行动，同时又要对行动情况进行观察记录，收集有关资料，不断分析，充分考虑现实因素的变化，根据需要做出适当的调整，保证计划顺利实施。

（5）总结。对整个过程进行总结，进一步明确问题是否解决，解决到了哪一步，还有什么问题需要进一步解决，并在此基础上发现新的问题或提出新的假设。

## 四、终身学习——教师专业发展的保证

知识迅猛更新客观上要求教师学会学习，养成学习的习惯。教师必须树立较强的教育科研意识，认真学习和掌握教育研究的基本方法和相关的理论知识，不断更新自己的知识结构；要做教学实践中的有心人，在教书育人的实践中学习、学习、再学习。经过不断的探究，锲而不舍，勇于革故鼎新，使自己的课堂常教常新。学习方式一般有以下几种：

1. 个体学习

首先教师要主动学习间接经验。其一是向书本学习，博览群书；其二是向

---

① 靖晶：《浅谈教学监控能力》，载《消费导刊》，2010（8）。

周围同仁学习，学习他们教书育人的经验和方法，结合自己的实际巧妙移植，可以少走弯路；其三是利用计算机网络学习，熟练的运用计算机获取、传递和处理信息，不断提高自己的信息素养。另外还要积极主动积累直接经验。要向实践学习，实践出真知灼见，实践长才干。

2. 师生互动学习

要积极实现师生间、生生间的互动探究活动。师生、生生、生与媒体间可以尝试互助式学习、合作学习、专题学习、网络探索学习、研究性学习等方式，使课堂教学能真正激发学生的兴趣，使之愿学、乐学、创造性的学。

3. 团队学习

合作是校本研究的途径与方式，若是教师个体进行研究，其教学行为只会产生一时的变化，但这种变化难以持久，也难以转化为群体教师的行为。唯有教师集体参与研究，才能形成一种研究的氛围，团队中成员不断超越自我，相互学习，取长补短，从全局利益出发，全面提升整体的教书育人水准，这样的研究才能真正提升学校的教育能力，全力打造学习型学校。

## 五、专业引领——教师专业成长的重要条件

专业引领通常是指通过具有教育研究专长的人员的先进理念、思想方法和先进的经验引导和带领第一线教育工作者开展教育实践探索和研究，促进教师专业发展，促进学校内涵发展的活动形态。

专业引领可以分为“显性的专业引领”和“隐性的专业引领”两大类。[①]我们不妨把看得见、摸得着的专家指导看做是显性的专业引领，而把没有专家的直接指导，教师运用先进理念、理论指导教育实践，看做是隐性的专业引领。所谓“显性的专业引领”人员，指的是教育研究的专家和行家，既包括教育科研人员、教研人员和大学教师等专业研究人员，还包括资深的专家型教师，如特级教师、学科带头人等。专业研究人员和专家型教师各有所长，专业研究人员的长处在于具有较为系统的教育理论、研究素养好，视野比较开阔，信息量比较大；专家型教师的长处主要在于具有丰富的实践经验，在理论联系实际上具有明显的优势。

专业引领是中小学教师专业成长的重要途径之一，但在实践中对专业引领的概念出现了一些理解上的偏差。主要表现为两个方面：一是关系定位不合

① 陈国红：《让专业引领成为教师成长的强力引擎》，载《上海教育科研》，2008 (1)。

理。不少教师把专业引领定位为一种由上而下的单向联系，引领者与被引领者是上位与下位的关系。在这种关系中，专家学者或特级教师们成为控制者与“立法者”，而教师则是其生产出来的知识的消费者和应用者，失去了应有的话语权力与主体性权力。整个过程充斥着控制与支配的阴霾，缺少对话与分享的气氛。二是操作模式单一，主要形式是以听讲为主，且在内容、时间与地点上较为固定和单一，如理论培训和专家讲座等，这种以听讲为主的操作模式虽然能在更新教师教育教学观念、丰富教师教育理论方面有一定的成效，但是对于教师教育教学实践能力的帮助并不明显。

专业引领并不等同于专家的单边引领，它是先进理念和实践经验的取长补短、共同引领。专业引领实际上是理念与实践的对话，同时也是理论工作者与中小学教师关系的重建。在专业引领中，淡化自上而下的教学管理职能，强化以课程、教学、教研为中心的研究、指导、服务职能；变由一般性的号召、组织、检查为通过深入课堂面对面的观察、诊断、交流，实现有效指导；变由教学工作的指导者、培训者、鉴定者，成为能够通过平等对话来促进教师专业发展的研究者、组织者和合作者。教研员只有真正深入教学的第一线，倾听学校的呼声，了解教师教学和研究中的困难和问题，才能为教师提供真正的，他们所需要的支持和服务。

总之，专业引领也不是专家一方的单向信息传输，而是专家与教师双向信息的传递与共振。学校教师充分主动地投入研究和实践，发挥每个人的创造性，而指导者适时点拨，即兴发挥，充分施展其聪明才智。更具体地说，这是建立在合作基础上的优势互补，通过互相交流，互相启发，互相碰撞产生火花，双方共同成长。因此，专业引领可以通过校本教研的方式有效地提高教师研究的水平，促进教师专业发展，促进学校教育改革和内涵发展。

### （一）专业引领的特点

1. 注重实效

传统的教学视导、教研员等可以直接凭学识和经验对教师进行有效的指导。但随着新课程改革对教师提出的新要求，教师现在需要的是实实在在地解决教学中的具体问题的方法和策略，而绝不仅仅是抽象的说教。因此，在专业引领中，专家、教研员、教师等必须共同研究，达成共识，使引领发挥较大的实效。

2. 突出主体

无论是科研专家还是学校的教研员，要想取得专业引领的成功，必须突出教师的研究主体地位，淡化甚至放弃个人权威，给教师更多的自由和自主权，以发挥教师的主动性和创造性。其中，在学校中教研员的专业引领大多是通过校本教研实施的，在校本教研中，如果仅仅是教研员唱独角戏，教师无动于衷，这种研究肯定是无效的。因此，忽视教师主体的专业引领对教师来说是没有丝毫指导意义的，也不利于教师的专业成长。只有教师创造性地参与到教研中来，并且敢于发表自己的意见，通过与专家、教研员的研讨，提高自己的研究能力，促进专业发展，专业引领才能取得成功，才能发挥实效。

3. 追求平等

在过去的科研活动中，基本上是采取专家或教研员讲，教师听的固定模式，教师多处于被动接受的地位。但在专业引领中，教师与专家、教研员处于同一个研究平台，共同讨论问题，共同研究课题，共同促进问题的解决，使教师与专家、教研员在引领中实现了真正意义上的合作关系，从而使教师的主动性、积极性得到充分发挥。因此说，讲究平等是专业引领的一个基本原则，它促使工作方式更加灵活，既调动了专家专业引领的积极性，也提高了教师参与研究的积极性，给学校的科研增添了无限的生机。

4. 讲究对话

对话是指建立在平等的基础上，双方之间进行智性的、富有思想的交谈或活动方式。这种交谈或活动方式能有效地激发出双方的思维与遐想，加深思维纵度，促进思维发散，如以产婆法教学显著于世的哲学家苏格拉底就擅长以对话启迪受教者的潜能。专家学者与中小学教师之间针对某一主题或问题，进行平等而深入的谈话或者活动，在这个过程中，不存在教训与被教训、支配与被支配、灌输与接收、施予与接收、施予与拒绝等对立、摩擦和互不兼容的现象。

**（二）专业引领的方法**

专业引领经历了一个发展过程。20 世纪 80 年代中期以前，专业引领主要表现形式有：学术报告、科研讲座；科研骨干培训班；课题论证、成果鉴定、中期课题检查汇报、专家现场点评指导等。在 20 世纪 80 年代中后期至 90 年代，出现了以专家领衔，以课题为纽带，率领一批学校校长、教师一起开展课题研究的形式。90 年代后期，出现了由科研机构和高校派出专家小组，定期到基地学校提供科研指导服务专业引领形式。近年来，上海、重庆等地还出现了“名教师工作室”，由专家型教师带领一批教师开展研究的形式和著名专家、教授直接主持对一批校长和骨干教师进行专门的研训一体化的专业引领的形式。在进行教师专业发展的校本教研或培训中，学校普遍都从问题入手，基于问题，通过同伴互助、学术讨论、专家咨询等专业指导鼓励教师进行行动研究，来帮助教师实现专业发展，同时，学校还争取校外的支持，与校外各种专业机构开展合作研究。下面介绍几种主要方法。

1. 科研讲座

科研讲座是学校教育科研中较为常见的形式。这种方式首先有助于教师打开教育的世界之窗，开阔教育的视野，扩大教师教育的信息量，有助于教师形成一个大的教育观；其次，这种方式有助于教师了解当前教育教改的形势、掌握教育改革的热点、难点问题等。认清教育发展的潮流和趋势；最后，有助于教师接受新思想，形成新观念，树立新理念。

学校一般将科研讲座，学术报告安排在业务学习时，通常采用专家一人讲，大家一起听的形式，这既丰富了教师业务学习的内容，又在短时间内扩大了他们的信息量，相对而言比较轻松，为大家喜闻乐见。例如，学校充分利用各种资源和途径为教师提供业务培训，增加教师的理念素养。另外，学校还组织期末的培训活动，利用专家的现场诊断，引领教师丰富知识，充实知识以更好地指导实践。

2. 专家咨询

专家咨询是指由专家与基层教师面对面地深入交谈，以帮助教师解决实际研究中存在的实际困难一种方法。它的优势在于双方面对面，气氛宽松，反馈及时，针对性强，使教师不再处于被动接受的地位，而是可以同指导专家平等对话和讨论问题，大大提高了他们的主动性和积极性。另外，在咨询过程中，教师可以根据自己感兴趣的问题，有什么问题就提什么问题，有什么想法就提什么想法，专家则围绕着教师们的发问，尽可能结合理论和实际，给予解答和引导。因此，这种双主体的活动方式调动了双方的积极性，使研究目标和内容更符合实际的需要。

从课题研究的角度来看，专家咨询时讨论的内容一般有：①课题前期立项内容：如何选择课题，设计课题，与课题有关的教育理论，观点，课题的研究背景及有关的情报资料，课题的研究目标，研究内容与研究方法，研究步骤与预想的研究成果等。②课题中期实施中的内容：课题研究目标、内容的调整，课题研究方法、步骤的实践操作，课题研究资料、数据的获取与处理，子课题与总课题的关系，子课题的调整及实践操作等；③课题后期总结的内容：课题数据、资料的分析，经验的提炼，研究报告、论文的撰写等。例如，每月由学校组织进行一次诊断答疑咨询会，对教师在教育教学过程中碰到的疑惑或问题给予解答，并提出下一步工作的建议，加强培训进程的调控，从而有利于教师困惑和疑难问题的解决，进而帮助教师找到较好的研究方向和切入口，提高研究能力和专业水平。

3. 合作研究

这种合作研究包括专家和教师的合作，也包括教师之间的专业沟通。其中，专家与教师的合作研究，既能发挥各自所长，又可弥补各自缺陷。在近年来的专家与教师的合作研究中，有的教师在专家的指导下试着开始从实践研究转向关注理论，专家也从纯文献资料和思辨的研究，转向更加关注教育问题。合作研究有以下几种形式：

（1）参与专家领衔的课题研究。这种合作研究强调专家与教师的双向互动，教师也成为研究的主体，并以学校为研究基地。在合作研究中，专家一般都会对教师进行培训，交流总课题的研究方案、课题研究的目的和意义，理论框架和技术路线，以及如何搞调查研究和实验研究。教师参加专家领衔的大课题的研究，除了关心和了解自己承担的子课题、掌握实践操作的要领外，还可以从全局上了解总课题，从专家思路、方案设计和技术路线中吸收营养，争取学到更多的东西，除此之外，教师还要在实践中不断地反思和总结，产生新感悟和体验，新的认识和进步，把参与专家领衔的活动，变成一个研究的过程，学习的过程，教师专业化水平不断提高和升华的过程。

（2）教师之间的专业沟通。新课程背景下，教师是引导者、设计者、组织者、参与者、合作者，鼓励教师参与专业交谈和沟通是促进教师专业发展的核心。专业沟通大致具有以下五个特征：[①] 教师都有表达想法并获得建设性反馈的诸多机会；教师都有讨论与他们日常工作和学校发展有直接相关的话题的充足时间；有确保每位教师都有发表看法和主张的机会的制度；鼓励发表不同意见；通过沟通，教师对一些问题有了更深入的了解。因此，为了教师之间进行有效的专业交谈和沟通，学校需要对教师的工作环境做出改善，为教师提供轻松的环境氛围，为教师交谈和沟通创造时间条件。

（3）加强专业技能。专业知识、专门技能是教师专业发展的核心所在。为了加强教师的专业技能，学校可以在专家的指导下实施一些基本的策略，例如，为了提升教师工作的理论含量，学校可以采取专家开讲座、学术报告等形式引导教师主动地运用不断发展的学科知识，及时更新教育理念；为了不断扩展教师的专业能力，学校应该提高所提供的教育服务的质与量，延伸学校的办

① 李瑾瑜：《新课程与教师专业发展》，第110页，北京，首都师范大学出版社，2003。

学功能，引导教师在良好的学校环境和氛围下提高专业能力素质。

教师专业化发展途径是非常丰富的，教师应当根据自身情况及周围的环境情况，采用一种或几种专业化发展方式，使自己尽快地成长起来。

# 第三节　教师专业化的标准与评价

## 一、教师专业化的标准

教师专业化应该有自己的标准，教师专业化的标准引起了各国研究者的关注。大家围绕教师专业化的标准展开了形形色色的讨论，并探讨出各种不同的方案。英国教育家霍勒教授对教师专业化的标准提出了六条要求：履行重要的社会服务；需要持之以恒的理论与实践训练；系统知识训练；高度的自主性；经常性在职进修；团体的伦理规范。伯而布斯等人则以分类的方法将教师专业化的特征作了如下概括：职业上的自主权；知识基础界限明确，高深博大，专业性强，深具理论性；对新到者的培训、证书和执照有控制权；有自我管理和自由制定政策的权威（尤其在职业道德方面）；忠实于公共服务等。目前最明确地正式表达了教师专业化标准的文件是美国卡内基基金会的改革委员会组织的全美教师专业标准委员会的《教师专业标准大纲》（1989）。它包括以下五方面要求。①

（1）教师接受社会的委托负责教育学生，管理他们的学习。它包括：认识学生的个别差异并采取相应的措施；理解学生的发展与学习方法；公平对待学生；教师的使命不停留于学生认知能力的发展。

（2）教师了解学科内容与学科的教学方法。它包括：理解学科的知识是如何创造、如何组织、如何同其他领域的知识整合；能运用专业知识把学科内容传递给学生；形成知识的多种途径。

（3）教师负有管理学生的学习并做出建议的责任。它包括：探讨适于目标的多种方法；注意集体化情境中的个别化学习；鼓励学生完成学习作业；定期评价学生的进步；重视第一位目标。

（4）教师系统地反思自身的实践并从自身的经验中学到知识。它包括：验证自身的判断；不断做出困难选择；征求他人的建议以改善自身的实践；参与

---

① 张贵新：《对教师专业化的理念、现实与未来的探讨》，载《外国教育研究》，2002（2）。

教育研究，丰富学识。

（5）教师是学习共同体的成员。它包括：同其他专家合作，提高学校的教育效果；同家长合作，推进教育工作；运用社区的资源与人才。

根据上述分析，关于专业化的含义与标准，我国研究者认为，教师职业的专业化标准是：①

（1）经过长期且连续的专业训练。要成为专业化的教师，必须经过大学本科以上的教育训练。由于教育职业具有知识加技能的特点，其专业实际上是双专业，因而更应提倡硕士层次的训练，我国从 1996 年开始教育硕士学位的试点工作就是一个积极的尝试。

（2）教师专业的核心是教学设计。专业训练中学科知识只是设计过程中的一个因素，除此以外，还有学习者分析、学习目标阐明、教学策略的制定、教学媒体的选择与应用以及教学设计成果的评价等。这是教师专业素养的综合体现，也是其专业水平最重要的标志。

（3）有现代教育思想。了解现代教育思潮（如全民教育思潮、教育民主化思潮、终身教育思潮、教育现代化思潮等）、现代教育理论（如人力资本理论、全民教育理论、素质教育理论和创新教育理论等）和现代教育观念（如现代教学观、学生观、教师观、人才观等），并把这些思想渗透在教育教学过程中。

（4）理解学生。了解学生、管理学生并培养学生与他人交往的能力。

（5）心理健康，并有良好的师德。

（6）不断反思，并积极从事教育科研。

（7）有严格的资格认定、评聘制度。

（8）以自己的专业水平取得教育实效，得到社会的广泛认可，并得到社会大众的尊敬和信任。对我国来说，教师专业化水平较低，社会认可度也不高，实现其专业化需要社会及教师自身特别是各级各类教师培训机构的共同努力。

## 二、教师专业化发展的评价

如何促进教师的专业发展，途径众多而说法不一。然而，不可否认，在促进教师专业发展过程中，对教师的评价犹如教师对学生的评价是促进学生发展的重要途径一样，教师的评价目的、准则及其方法，在很大程度上影响着教师的专业发展。虽然，我们重视着教师的专业发展，然而，当我们反观目前中小

---

① 孟万金：《职业规划：自我实现的教育生涯》，第 123 页，上海，华东师范大学出版社，2004。

学教师评价时，将会发现，我们所用的评价准则与评价方法是与教师专业发展的目的相背离的。长期以来，多数学校实行的是奖惩性评价制度，对教师的评价是以量化形式做出的终结性、功利性评价。在这种评价机制下，教师始终处于被动地位，它既不利于教师提高专业技能，也不利于激励教师对其专业潜能的开发和激发。如不少学校教师评价的做法，主要采用的是奖励性的评价，在年度考核中，指标内容包括师德、教学工作量、教学业绩、科研活动和成果、出勤率几项。分别由校领导、同行、学生和家长评分，赋予不同分值，累加统计得出总分。其结果与教师评优、奖金、晋升职称挂钩。奖惩性的评价虽然对教师发展有一定的作用，但过于简单化、表面化，流于形式或应付评价，对教师的专业发展不能真正地起到促进作用。①

要对教师专业化发展做出评价，首先我们应该弄清教师专业化发展的评价的功能。我们认为教师专业化发展评价的主要功能是由简单的评判转向促进教师不断发展，通过评价来对教师的专业发展予以帮助和支持，以调动教师内在发展需求为前提，引导教师通过自我反思、自我规划、自我学习，不断调控教育教学行为，认识教师的优点和存在的不足，激发其工作热情，以实现真正意义上的专业发展。

为此，我们认为教师专业发展评价的有效方法应该有以下几个方面。

1. 自主参与

自主参与方法中最重要的一种方法是自我评价的方法。自我评价在教师发展中具有重要意义，教学质量的提高，关键在于激发教师工作热情。著名的霍桑实验表明，金钱对看重经济的人来说，固然是重要的刺激因素，但对教师来说，它并非激励人的唯一因素，教师更是社会人，存在着社会、心理方面的需求。评价应是教师发展的内在动力不是外在压力，是教师认可的活动，起到引领导航作用，而不是带来职业倦怠。自主参与的评价强调发挥教师自评积极性，提高参与意识，强调评价的真实性和准确性。实现从外在规约走向内在需要，从知识掌握走向智慧生成，从单一的知性创造走向完整的生命创生，从知性教师观走向德性教师观。只有教师自我评价的评价，才是最好的评价，因为他们能把外在评价要求转化为发展的内部动力。毋庸置疑，教师评价对提高学校教育质量有重要作用，但教师对评价的态度并非都是积极的，评价常常变成机械的、形式化的活动，许多教师以一种害怕、怀疑甚至敌意的目光看待教师评价，而自主参与式评价，不仅是迎合外在制度性的考评，更是个人内在的态

① 韩传信：《论教师专业发展评价的准则与方法》，载《教师教育研究》，2009 (2)。

度和价值观的融入。建立以教师自评为主，辅以管理者、学生、家长、同事共同参与的交互作用的评价主体，探索教师自评方法，强调对自己教学行为分析与反思，让教师学会评价。

2. 质的评价

我国现行教师评价一级指标主要包括德、能、勤、绩几个方面，再设计二、三级指标，如思想品德指标又可拟定政治态度、教育思想、师德修养等。指标弊端在于忽视个体差异，不能因人施评，因课施评。一把尺量对所有教师显然是不合适的，因为教师工作是一项复杂的劳动，表现在任务多样性、过程复杂性、集体协作性、手段特殊性和劳动创造性等，还因为教师劳动更是良心活，不能单纯用外部表现来判断。我们认为通过诸如让教师自主制定专业发展规划，然后对于个人自主规划进行评价、指导，或者利用教师档案袋法，它记录教师成长过程、教育教学成绩、获奖情况、职业道德水准等。这种质的评价，旨在让教师能发现自身的价值与问题，从而能更好地自主发展。

3. 相对评价

这里的相对评价主要是指评价标准的相对。即评价标准既要注重统一要求，也要关注个体差异，为教师特色发展提供一定的空间。教师评价标准既是管理者对教师的期望，也是教师努力工作方向。由于地区、学校和所授学科差别较大，用统一标准，势必带来不公正。针对不同类型学校、不同的学科、不同年龄、职位的老师来说，教师评价标准是不一样的，有不同的评价要求。不同时期又有不同重点，有所区分。学科不同的教师，而且在不同教学时段有不同的教学设计，评价不搞一刀切，体现不同的风格。课堂教学效果具有复杂性、不确定性和非线性的关系，如果评价者单纯地用同一指标去衡量不同教师的课堂，或同一教师的不同课堂，那么，评价就缺少科学性，挫伤教师的积极性。当然，教师评价在一定期间，需要有一个相对认可的参照标准，如掌握学科的内容、教学能力等。

4. 过程互动

专业发展的评价应立足于教师未来发展，用动态的发展的眼光看待现实表现。相信没有最好，只有更好。教师专业发展是连续性的过程，不是一个简单的一次性完成的训练活动，而是一个终身的持续改进的教育过程。不仅要注重结果，更要注重发展变化的过程。评价需要及时的信息反馈和积极回应，由重考评走向重引导。同时，教师发展是跟学校、学生、教育发展紧密联系的，而非个人的发展。教师评价要结合学校性质、学生需要和社会发展目标而定，把教师置于一定教育制度和情境下来考虑，从而促进学校需求与教师需求的融合、教师心态与学校氛围融合、教师现实状况和未来发展的融合、教师受益与学校受益的融合。

总之，教师专业发展是一个长期的过程，促进教师的专业发展有很多方式，无论什么方式，都需要一种专业发展评价导向来保证。可以说如果没有专业评价方法的改进，就很难有真正意义上的教师专业发展。

## 推荐阅读书目

1. 时伟：《教师继续教育论》，合肥，安徽教育出版社，2004。
2. 洪明：《教师教育理论与实践》，福州，福建教育出版社，2007。
3. 徐斌艳：《教师专业发展的多元途径》，上海，上海教育出版社，2008。
4. 傅建明：《教师专业发展——途径与方法》，上海，华东师范大学出版社，2007。
5. 应湘：《教师专业发展与学生成长》，广州，暨南大学出版社，2007。
6. 欧阳明：《做一名学习型教师》，上海，华东师范大学出版社，2010。
7. 杨东：《培训的变革》，北京，北京师范大学出版社，2010。

## 学习思考

1. 教师专业发展的背景是什么？
2. 教师专业发展的途径有哪些？
3. 教师反思的方法有哪些？
4. 专业引领的方式有哪些？
5. 教师行动研究有何必要性？
6. 怎样对教师专业发展进行评价？

# 第八章　课程与教学（上）

课程是实现教育目的的手段或工具，是影响教育质量的重要因素，对学生认知、技能和情感态度价值观的发展起着极其重要的作用。为了更好地设计和实施学校课程，就应该对课程的本质、课程的类型、课程目标、课程内容、课程实施等相关理论有所了解。课程不可能一成不变，因而还得对课程改革的理论与实践有深刻的认识。

## 第一节　课程概述

### 一、什么是课程

课程的研究就是教育研究的中心，以至于如果没有对课程所涉及的问题进行详尽的考察，就不可能充分讨论教育的理论和实践问题。

翻开各类教育著作，几乎没有不提及课程的，但对课程的界定则是见智见仁，远没有达成共识，课程成了教育领域中含义最复杂、歧义最多的概念之一。要研究课程问题，必须对课程这一概念的含义有一个基本的认识。

#### （一）课程的词源分析

在我国，“课程”一词始见于唐代。唐朝孔颖达为《诗经·小雅·小弁》中“奕奕寝庙，君子作之”句作疏：“维护课程，必君子监之，乃依法制。”但他用这个词的含义与我们现在通常所说的课程的意思相去甚远。宋代朱嘉在《朱子全书·论学》中多次提及课程，如“宽着期限，紧着课程”“小立课程，大作工夫”等。虽说他只是提及课程，并没有明确界定，但意思还是清楚的，即指功课及其进程，这与我们现在许多人对课程的理解基本相似。

在英语国家中，英国教育家斯宾塞1859年在其《什么知识最有价值?》一文中就使用了课程（curriculum）一词，意指教学内容的系统组织。“curriculum”是从拉丁语“currere”一词派生出来的，“currere”的名词形式意为“跑道”（race-course），重点是在“道”上，这样，为不同类型的学生设计不同的“轨道”成了顺理成章的事情，从而引出了一种传统的课程体系，课程就被理解为“学习的进程”（course of study）；“currere”的动词形式则为“奔跑”，重点是在“跑”上，这样，着眼点会放在个体对自己经验的认识上。

### （二）课程定义的多样性

课程的定义繁多，按我国学者施良方的归类，大致可以分为六种类型：课程即教学科目、课程即有计划的教学活动、课程即预期的学习结果、课程即学习经验、课程即社会文化的再生产、课程即社会改造。①

为什么课程定义多种多样？课程定义多样性的原因有三：一是课程自身的复杂性；二是课程受社会和个体发展的影响，不同时代的课程又会有不同的含义；三是课程研究者的出发点和研究角度不同，就得出了不同的定义。课程既非纯粹的客观事物，也不是彻底的观念形态；既有被决定被制约的性质，又存在相当的自主和能动特点。在人类的各种活动中，课程是客观与主观统一、物质和精神结合的复杂对象。由于课程自身的复杂性，人们可以从不同的层次和角度出发研究和认识课程。有人关注课程的根本理念，有人关注课程的实践过程；有人着眼于课程的整体结构，有人着眼于课程的具体内容；有人侧重于课程的性质，有人侧重于课程的功能；有人强调课程对于社会的作用，有人强调课程对于学习者发展的作用。

### （三）理解课程定义时应注意的要点

我们在研究和学习课程问题时应该如何理解课程定义呢？我们认为，历史上所出现的每一种课程定义，都有其社会背景、认识论基础和方法论依据，而且它们所指的课程可能并不是在同一层次上的。因此，我们在理解课程定义时应注意以下几个要点：

（1）历史性。每一种课程定义，就像课程的问题一样，都是在特定历史时期、特定社会条件下出现的，理解课程定义不能脱离社会历史条件。

（2）知识观。任何课程定义都涉及知识或认识的性质，注意考察每一种课程定义所隐含的某些认识论的假设是很重要的。有些课程定义似乎表明：知识在任何地方都是同样的东西，人们不可能以任何方式去改变它。有些课程定义则隐含着：知识是个人主动构建的东西，是不断变化的。

（3）层次性。事实上，不同的课程定义，有时是指在不同层次上起作用的

---

① 施良方：《课程理论——课程的基础、原理与问题》，第3～7页，北京，教育科学出版社，1996。

课程。美国学者古德莱德认为存在着五种不同层次的课程：理想的课程（ideological curriculum）、正式的课程（formal curriculum）、领悟的课程（perceived curriculum）、运作的课程（operational curriculum）和经验的课程（experiential curriculum）。

每一种有代表性的课程定义都有一定的指向性，即都是指向当时特定社会历史条件下课程所出现的问题，所以都有某种合理性，但同时也可能存在着某些局限性。而且，每一种课程定义都隐含着研究者的一些哲学假设和价值取向。对于教育工作者来说，重要的不是选择这种或那种课程定义，而是要意识到各种课程定义所要解决的问题以及可能伴随的新问题，以便根据课程实践的要求，做出明智的决策。

## 二、课程的类型

课程类型指的是课程设计的不同种类或方式，是由不同的设计思想产生的。课程设计者的课程观不同，所设计的课程也会有所不同。由于人们划分课程类型的标准也不尽相同，课程类型名目繁多，我们只就学科课程与活动课程、综合课程与分科课程、显性课程与隐性课程、必修课程与选修课程进行介绍。

### （一）学科课程与活动课程

学科课程，是以学科的形式组织教学内容的一种课程，它以人类对知识经验的科学分类为基础，从不同的分支学科中选取一定的内容来构成对应的学科，从而使教学内容规范化、系统化。学科课程重视成人生活的分析与准备，重视知识的逻辑组织，强调训练的价值，各学科依据育人的不同要求而设置，不同类别的学科具有不同的训练价值。

学科课程强调知识的逻辑组织，有利于学生对系统知识的掌握，但不重视儿童的兴趣和需要，不利于学生积极主动性的发挥。

活动课程又称“经验课程”，与学科课程相对，它是打破学科逻辑组织的界限，以学生的兴趣、需要和能力为基础，立足于儿童的经验并为改造儿童的经验而设计的课程。

活动课程萌发于19世纪末期的欧美实验学校，杜威是最有影响的倡导者。到20世纪30年代，美国许多中小学（主要是小学）都开了活动课程。20世纪50年代初期，美国教育界对活动课程进行了批评，此后活动课程成了美国中小学课程的一种辅助形式。在我国，20世纪30年代就有人对活动课程进行研究，但新中国成立后的30年间没有对活动课程进行过认真的研究。20世纪

80年代中期开始，我国又有一批学者在中小学进行活动课程的研究与实验，新世纪的基础教育课程改革也强调在中小学开设综合实践活动课程。

活动课程重视儿童的兴趣和需要，重视教材的心理组织，重视从活动中进行教育教学，对促进学生积极学习，让学生体验知识的产生过程，让学生学会探究的方法，具有积极意义。但是，如果活动课程的比重太大，又组织不好，就可能影响学生对系统科学文化知识的掌握。

### （二）综合课程与分科课程

综合课程又称统整课程，是指把若干相邻学科内容加以筛选、充实后按照新的体系合而为一的课程形态。综合课程是以分科课程改革者的面孔出现的。它针对分科课程分科过度精细的学科化倾向，力主打破传统学科的界限，以适应科学技术发展日益综合化的需要。综合课程体现了这样一种课程取向：它有意识地运用两种或两种以上学科的知识观和方法论去考察和探究一个中心主题或问题。

分科课程是相对于综合课程而言的，它由一系列自成体系的科目组成的学科课程，它根据学校的教育目标、教学规律和一定年龄阶段的学生发展水平，分别从各门学科中选择部分内容，组成各种不同的学科，彼此分立地安排它们的教学顺序、教学时数和教学期限。分科课程强调各门课程各自的逻辑体系，教学以各个学科知识为中心分科进行。分科课程又可分为科目本位课程、学术中心课程和相关课程等。

### （三）显性课程与隐性课程

显性课程是人们精心设计的目标明确、内容全面、计划周密、结构复杂的课程。是学校有目的、有计划传授的学科，或者说是学校课程表内列入的所有有组织的活动。显性课程也叫显在课程、正规课程，其显著特征之一就是计划性。可以说计划性是区分正规课程与非正规课程的主要标志。列入课程计划的学科，也就是各门学科的知识体系，是文化传播的主体。学科课程分门别类地把不同领域的人类文化知识系统地组织起来，在学校教育中起着十分重要的作用，是课程结构的主体，是培养人才的主要依据。

隐性课程也叫隐蔽课程、无形课程、潜在课程等，是指学生在学习环境（包括物质环境、社会环境和文化体系）中所学习到的非预期或非计划性的知识、价值观念、规范和态度，是计划表上看不到的课程。隐性课程是非正式的、非官方的课程，具有隐含性。隐性课程具有涉及范围的广域性、实施过程的潜在性、影响的持久性、结果的难量化性等特点。

### （四）必修课程与选修课程

必修课程是指一个教育系统或教育机构法定性地要求全体学生或某一学科专业学生必须学习的课程种类。必修课程的本质特点就是强制性，它是社会权威在课程中的体现。必修课程中内含着的是民族、国家和人类共同的文化要素。

选修课程是指一个教育系统或教育机构里法定的，学生可以按照一定规则自由地选择学习的课程种类。选修课程是为适应学生的个性差异而开发的课程。选修课程一般分为必选课程与任选课程两类。必选课程指的是在规定的范围内学生必须选择的课程，一般是与学生的基础知识掌握、基本技能培养相关的课程。任选课程指的是拓宽学生知识面、培养和发展学生兴趣特长和潜能的课程，学生可以依据自身需要、爱好、能力等自主选修若干课程。目前新课程改革要求学校设置丰富多彩的选修课很大程度上针对的就是任选课程。

# 第二节 课程的构成

学校课程不是自在之物，是经课程人员的设计而构成的，是人为的，也是为人的。从课程设计的角度看，课程是由课程目标、课程内容、课程实施和课程评价构成，由于有专章讨论评价问题，我们在此就只对前三者进行分析。

## 一、课程目标

课程目标是指在课程设计与开发过程中，课程本身要实现的具体要求。它是一定教育阶段的学校课程力图促进该阶段的学生在发展品德、智力、体质、素养等方面所应达到的预期程度。课程目标与课程的关系往往是泛化的、导向性的，渗透在课程编制的各个方面，课程目标就是教育目的和培养目标在课程中的具体体现，课程目标的进一步分化，就是教学目标。课程目标主要包括认知、技能、情感和应用4个方面：认知方面包括基本概念、原理和规律，理解和思维能力；技能方面包括行为、习惯、运动及交际能力；情感方面包括思想、观点和信念，如价值观和审美观等；应用包括应用前三个方面来解决社会和个人生活问题的能力。

课程目标具有整体性、连续性、层次性和积累性等特点。整体性是指各类目标彼此之间相互关联，并非彼此孤立；连续性是指较高年级的课程目标总是较低年级课程目标的继续发展和深化；层次性是指技能和情感的目标需要在知识的基础上培养和形成；积累性是指没有低年级课程目标的积累，就难以达到高年级的课程目标。

在课程目标的表述方式上，不同价值取向的课程目标有不同的表述方式。泰勒等人主张“行为目标”的表述方式，认为课程目标是学习者预定发生的行为变化；斯坦豪斯则主张用“过程目标”或“内容目标”，即将课程目标表述为预先规定的学习内容、活动情境和过程。由于对课程目标的价值取向不同，所以，在制定课程目标时，其具体要求也不一样。因此，当代各级各类课程目标的价值取向呈现多元化的趋势。

## 二、课程内容

什么是课程内容？这是研究课程问题不能回避的基本问题。对这一问题的回答，会影响课程内容选择与组织。从总体上讲，课程内容是根据课程目标，有目的地选择的各种直接经验和间接经验的总和，它是课程的核心要素。

### （一）课程内容的概念

关于课程内容的实质，不同的人有不同的理解。自课程作为一个独立的研究领域以来，关于课程内容的理解主要有三种取向：课程内容即教材、课程内容即学习活动、课程内容即学习经验。

1. 课程内容即教材

课程内容在传统上历来被作为要学生习得的知识来对待的，这些知识以事实、原理、体系等形式反映在教材中，于是课程内容被理所当然地认为是上课所用的教材。教材又称教科书，是指以文字和图形等语言符号形式反映一定的课程内容的教学用书，是以事实、原理与体系等形式来说明课程内容中理论知识的体系，它是课程内容直接的物质载体，而不是课程内容本身。教材所载的内容也不完全等于课程内容，因为课程内容所包含的直接经验、情感经验是教材难以完全承载的。把课程内容等同于教材，就如同把课程等同于学科一样，犯了以偏概全的逻辑错误。

课程内容即教材，强调课程体系是以科学逻辑组织的，课程是社会选择和社会意志的体现，课程是既定的、先验的、静态的，是外在于学习者并凌驾于学习者之上的，学习者只能服从课程。

2. 课程内容即学习活动

课程内容即学习活动，强调学习者是课程的主体及作为主体的能动性，强调以学习者的兴趣、需要、能力、经验为中介实施课程，强调活动的完整性，突出课程的综合性和整体性，反对过于详细的分科，强调活动是人的心理发生发展的基础，重视学习活动的水平、结构、方式，特别是学习者与课程各因素的关系。

3. 课程内容即学习经验

把“学习经验”作为课程内容，强调的是学生对课程的理解、体验，强调学生已有认知结构的情感特征对课程内容的支配作用，认为课程内容不是由课程专家支配的，而是受学生控制的。课程内容中的知识只能是学会的，而不是教会的。把课程内容视为学习经验，有利于充分尊重学生在课程学习中的主体地位，但也给课程设计带来了更大的难度。

以上三种取向各有优劣。我们认为，课程内容是一系列比较系统的直接经验和间接经验的总和。课程内容是根据课程目标从人类的经验体系中选择出来，并按照一定的逻辑序列组织编排而成的知识和经验体系。

**（二）课程内容的选择**

随着人类社会的发展，可以成为课程内容的东西越来越多，而学生的时间和精力又有限，必须考虑课程内容的选择。课程内容是为学生社会化服务的，课程内容的选择必须考虑学生的身心发展规律和社会因素。社会因素中要充分考虑社会发展的需求和社会科学文化知识状况。国家通过制订各科目课程标准规定中小学课程的主要内容和要求。普通高中课程方案规定高中课程内容的选择应遵循时代性、基础性和选择性三个基本原则。一般而言，课程内容的选择应考虑以下几点。

1. 课程内容的选择必须以课程目标为主要依据

课程内容的选择受到多种因素的影响，但在这些影响因素中，应当以课程目标为最主要的依据。这是因为，课程目标作为课程编制其他各个阶段的先导和方向，作为对学习者的理想期望，是专家、学者、教师等经过周密的思考，认真研究了社会、学科、学生等不同方面的特点与需求的结晶。课程内容的选择必须合乎课程目标，在课程与教学的规划、设计、发展等过程当中，课程目标与课程内容之间应该是一种复杂的动态关系。课程目标不仅指导课程内容的选择与组织，也是选择设计评价方法与工具的参考。

2. 课程内容的选择必须适应学生的需求及兴趣

课程内容无论如何选择、如何设计、如何实施，最终的一个目的是使学生的潜力得到最大限度的发挥。在内容的选择中，必须意识到，选择出来的课程内容如果不能被学生同化和吸收，就永远只是一种外在物，对学生将来的行为、态度、个性等不会产生什么影响。相反，如果选择课程内容时，能够注意到学生的兴趣、需求和能力，并尽可能与之相适应，这不仅有助于学生更好地掌握科学文化知识，而且还有助于他们对学校学习形成良好的态度。事实已经证明，任何偏离学生特点的课程内容，无论过难或过易，都不会取得好的效果。例如，当前课程改革实验中的数学教材，为了适应学生的需求和兴趣，降低了课程内容的难度，突破了以往教材以知识为主线的设计方式，强调学生的数学学习活动，致力于改变学生的学习方式与教师的教学方式。数学活动是以学生为主体、在教师引导下的积极的学习活动，着重强调学生的数感、空间观念和统计思想及估计意识的发展，通过数与计算、图形与空间、统计与概率及实践活动等方面内容的安排，突出数学与学生生活的联系，可以促进学生的发展。教材精心设计了一些实践活动以拓宽学生学习的课程渠道。实践活动渗透在教材的正文和习题中，努力形成实践活动的系列化、多样化。习题的设计，在充分考虑学生的基本知识与技能的学习和掌握的基础上，考虑到了不同学生的不同学习需求。

3. 课程内容的选择注重内容的基础性

基础教育的性质和时代的特点决定了课程是为学生的终身发展打基础。因此，在浩如烟海的知识系统中，应该选择最基础的内容。所谓基础性，从一方面来讲，它具有普遍性或共同性，无论是事实知识或原理知识，都是客观上大量存在的事物，是学生学习和从事各种职业都用得着的工具。从另一方面讲，它具有发生性、起始性，后来学习的其他知识，都以它为准备条件，即它是知识系统中那些迁移力最强的知识。

4. 课程内容的选择应该贴近社会生活与学生生活

传统教育将学生置于一个理性的世界中，从而使学生失去了对生活世界的关注。而实际情况是每个学生都要在社会中生活，迟早都要解决就业的问题，都要进行劳动，都要遇到和处理实际的生活问题，都要适应社会的需要，为社会的发展服务。而且，只有与社会生活、学生生活紧密联系的内容，才能真正成为学生趣之所在、志之所向，所以课程内容的选择必须要回归生活。目前的各科课程内容的改革，都强调要回归生活。例如，新的数学教材充分考虑到学生的认识特点和数学课程标准的要求，对学习的内容进行重新研究与整合。在一年级下册教材中整合了加减法关系，在教材中做到有合有分。首先把加减法合起来安排，这样有助于学生提出问题（对同一个情境可以提出加和减问题），加强数学概念与生活的联系，使学生感受到加减法之间的联系，同时有助于知识的迁移，提高学习的效率。又如，对于除法的学习，教材设计了“分一分与除法”的内容，安排了大量的分一分的活动，从而使学生建立除法的概念，而不是单纯地从乘法去引入除法，这样有利于使学生在生活经验与除法之间建立联系。再如，把元角分的学习内容改为“购物活动”加强了数学知识的学习与社会生活的联系，而且加强了与加减法知识的沟通，渗透了解决问题的要求。

### （三）课程内容的组织

为了使学生的各种学习有效地联系在一起，使学习产生累积效应，还需要对选择出来的课程内容进行合理的组织，使其起到相互强化的作用。课程内容的组织可以从以下几个方面考虑：

1. 连续性、顺序性、整合性结合

连续性是指课程组织的“广度”范围之内的水平组织，是指直线式地陈述主要的课程要素。顺序性是指将课程内容、学习经验及学习材料组织成某种联结的次序。顺序性与连续性有关但又超越连续性，是指课程的“深度”范围之内的垂直组织规则，使学习的机会建立在前一个学习经验或者课程内容之上，但却是对同一课程要素作更深更广更复杂的处理。整合性是指在课程当中各种不同的课程内容之间建立适当的联系，以整合由于分割所造成的知识支离破碎的状态，从而达到最大的学习累积效果；是指课程经验“横”的联系，包括认知、技能、情意的整合与科目的整合。

2. 纵向组织与横向组织结合

所谓纵向组织，或称序列组织，就是按照某些准则以先后顺序排列课程内容。一般说来，强调学习内容从已知到未知、从具体到抽象，是历史上教育家们的一贯主张。20 世纪 70 年代以后，一些教育家开始强调课程内容的横向组织原则，即要求打破学科的界限和传统的知识体系，以便让学生有机会更好地探索社会和个人最关心的问题。然而，这种横向组织也出现了一些实际问题：任课教师要精通或熟悉各门学科的内容，而目前的教师队伍尚不具备这一条件；学校课程表难以安排，学校现有的物资设施也跟不上；学生难以应付目前通行的考试方式。

3. 逻辑顺序与心理顺序结合

所谓逻辑顺序，就是指根据学科本身的系统和内在的联系来组织课程内容；所谓心理顺序，就是指按照学生心理发展的特点来组织课程内容。现在倾向于学科的逻辑顺序与学生的心理顺序的统一。

4. 直线式与螺旋式结合

直线式就是把一门课程的内容组织成一条在逻辑上前后联系的直线，前后内容基本上不重复。螺旋式（或称圆周式）是指用某一学科知识结构的“概念结构”配合学生的“认知结构”以促进学生的认知能力发展的一种课程发展与设计。就一般而言，直线式与螺旋式各有其利弊，课程内容的组织应把二者结合起来，发挥各自的优势。

不管我们如何选择和组织课程内容，最终的着眼点是看它是否有利于学生健康的全面的发展。

## 三、课程实施

一个新的课程方案出台后，其最终的表达形式是官方正式颁发的课程政策文件，如课程计划、课程标准，它们以书面的方式存在。没有经过实施的行动，就无法落实和实现课程方案、课程理想，更无法达到课程设计中预期的课程目标。

### （一）课程实施的含义

课程实施就是把新的课程方案付诸实践的过程，也可以说是把书面的课程转化为具体教学实践的过程。

从本质上说，课程实施不是新课程方案的照搬，课程实施是一个过程，而不是一项事务，是一个动态的过程，而不是一种镜式反映，实施过程中必然涉及实施者的课程理念和个性化的工作，甚至涉及对课程方案的主要调整、修改和补充；课程采用之后的课程实施，需要由几方面的人员共同完成，这些人员包括教育行政人员、学校管理人员、教师、学生等，其中，教师是主要的实施者；在课程实施的过程中，实施者要根据课程方案的要求、实际的教学条件和学生的情况，确定实施方案，制定实施策略；课程实施应成为有计划、有组织的互动过程，一方面促进教师的专业成长；另一方面发展学生的课程体验，最终指向预期的教育目标实现。

### （二）课程实施的基本取向

把新的课程方案付诸实践的过程中，考虑到不同的学校有不同的实际情况，就会出现在多大程度上按事先制定好的课程方案进行的问题。有的是完全按事先制定好的课程方案原封不动的进行，有的可能是对事先制定好的课程方案稍加修改，有的则可能是打破事先制定好的课程方案。于是就有了课程实施的忠实取向、相互调适取向和创生取向。

1. 忠实取向

课程实施的忠实观强调课程设计的优先性和重要性，认为事先经过规划的课程具有示范作用和明确的效用，能够被教师毫无疑问地接受，而且应该被教师忠实地执行。持这一观点者把课程实施看成是忠实地执行新课程方案的过程。衡量课程实施成功与否的标准是课程实施过程对预定课程方案的实现程度。

课程实施的忠实观适用于某些特定的课程情境，特别适用于课程内容极为复杂、困难而且师生不容易准确理解、全面把握的新的课程方案，或是学生的理解需要建立在对课程内容作特定安排、详细说明的基础上，因此，课程实施的程度有必要预先加以具体的规定。

2. 相互调适取向

持这一观点者把课程实施看做是一个连续的动态过程，相互适应意味着课程实施是一个由课程的设计者和课程的实施者共同对课程进行调整的过程。调整包括两个方面：一是课程方案为适应具体教学情境和学生特点而进行的调整；二是课程实际以及教师和学生为适应课程方案而做出的调整。

课程实施的相互适应观强调课程实施不是单向的传达、接受，而是双向的相互影响与改变。课程并不是固定不变的，规定的课程与实施的课程可能是不同的，会在一些方面存在差异或不一致。在教学实际中，每个教师面临的情况都不同，每个教师解读课程的能力亦有高低之分，需要根据各方面的情况与可能作相应的调整。实际上，所有预先计划好的课程，在实施的过程中都必须经过修正、调整，才能满足特定且变化的教学情境。也只有这样，教师才能使学生的学习获得最大的效能。

3. 创生取向

持这一观点者把课程实施过程看成是师生在具体教学情境中共同合作、创造新的教育经验的过程。也就是说，课程并不是在实施前就固定下来的，课程是经验性、情境化和人格化的，课程实施本质上是在具体的教学情境中缔造新的教育经验的过程，在课程创生的过程中，已有的课程方案只是可供选择的一种参考。

课程实施的创生观重视真实的教学情境，强调教师和学生的主体性、创造性，最大限度地调动了师生的教学积极性，发挥了教师和学生在课程改革、课程实施过程中的作用。但也对学校“环境质素”、师生的创造才能提出了极高的要求，是否能适合大多数的教育实际情况，尚待进一步的研究。

上面我们分别探讨了课程实施的三种基本观点，每种观点都有各自的特点和适用之处。我们认为对所有的学校与教师而言，并没有一种最正确的课程实施方法，因为课程实施的过程极为复杂，不仅涉及课程设计人员事先的精心规划，也必然涉及学校教育与课堂教学的独特情境，以及教师与学生之间的多形式互动。

### （三）影响课程实施的因素

设计好的课程，到了教学实践中，为什么有的得到实施，有的却得不到实施？为什么新课程中，一部分得到了实施，而另一部分却没有？为什么在有些地方、学校、课堂中可以有效地实施新课程，而在其他地方却不可以？这里涉及影响课程实施的因素。

1. 课程方案的特征

课程方案本身的一些特征是影响课程实施的重要因素，这些特征是：可传播性，即向各地学校推行的难易程度；可操作性，即使用它们时的方便程度；和谐性，即与流行的价值取向和行为方式的一致性；相对优越性，即相对于原有的课程方案而言，新方案的长处。

2. 教师的特征

许多研究表明，教师是导致成功课程实施的决定性力量，特别是在课堂教学层面，教师成为课程实施的核心。影响课程实施的其他因素，一般都要通过教师这个因素发挥作用。教师是否参与了课程方案设计工作，教师是否以积极的态度对待课程方案，教师的个人背景、智力水平、知识才能是否符合新方案的要求，教师之间、教师和课程专家之间是否交流与合作，都对课程实施有重大影响。

3. 学校的特征

学校是课程方案的实施地，学校对课程方案的管理、领导和各种行政配合对课程实施有重要影响。学校工作人员（领导、一般行政人员和教师）的工作态度和工作策略直接影响课程实施。学校的支持系统如经费上的支持、人力的支援，对教师培训的支持，也直接影响课程实施。学校的物理环境和心理环境，对课程实施有较大影响。

4. 各种外部因素的支持

课程方案的实施，需要得到社会各界的支持，新闻媒体、社会团体、学生家长的理解和支持有利于课程实施，国家和地方政府政策的倾斜、财政和物质资源等，也会对课程实施产生很大影响。

5. 考试评价制度

如何评价学生、如何评价教师、如何评价学校，在很大程度上会对课程的实施产生影响。要使新的课程方案真正地得到实施，必须有配套的考试和评价改革。

在具体课程实施的过程中，可能对课程实施产生影响的因素很多，不同的因素对一个确定的课程所产生的影响也不同。我们应根据具体情况认真研究，确保课程方案顺利的实施。

# 第三节　课程改革

静止是相对的，运动是绝对的，课程也是一种动态的社会现象，它总要随着时代、社会的发展而不断得到变易和改进。在现代社会，课程改革既是教育改革的核心，又是课程发展变化的动力机制。若不对课程改革进行专门的研究，就很难对基础教育新课程改革中出现的问题给予正确的回答，更难保证基础教育新课程改革的有效进行。本节对课程改革的讨论，主要集中在三个方面：课程改革的含义、课程改革的动因、课程改革的基本模式。

## 一、课程改革的内涵

通俗地说，改革是把事物中旧的不合理的部分改成新的、能适应客观情况的过程，简言之，改革就是除旧布新。课程改革，也就是将课程中陈旧的不合理的部分改变为新的能适应社会、文化、儿童以及教育客观情况的特殊过程。

在我国，课程改革、教学改革与教育改革三个概念既有密切联系，也有根本区别。教育改革是改变教育方针和制度或革除陈旧的教育内容、方法的一种社会活动。教学改革是旨在促进教育进步、教学质量而进行的教学内容、方法、制度等方面的改革。而课程改革则是按照某种观点对课程和教材进行改造。

而在国外，比较流行的观念认为："课程改革包括整个课程图式的改造，包括设计、目的、内容、学习活动和范围等。最重要的是，课程改革包括前面提到的一切课程领域建立其上的价值命题的变革。"① 这样，课程改革的核心是价值命题的变革，范围包括课程设计、目的、内容、方法、活动方式等，课程改革包含了教学改革。

因此，在当代新的大课程观背景中，所谓的课程改革，简单来说，就是在改变课程领域的价值命题基础上彻底改变课程形式和组成成分的专门活动。首先，课程改革是以课程价值命题的改变为核心，它包括对价值、人员、社会和文化以及究竟什么构成教育和美好生活的基本命题的改革。课程价值是所有课程领域赖以立足的基础，课程领域包括课程概念、课程基础、课程设计、课程编制、课程研制、课程规划、课程实施、课程评价、课程工程等。其次，课程

① ［美］蔡斯：《课程的概念与课程领域》，见瞿葆奎主编：《教育学文集·课程与教材》，上册，第264页，北京，人民教育出版社，1988。

改革必然对课程形态或课程形式进行变革，这种变革包括渐变式，比如把分科课程形态变革为分科课程与综合课程相结合，把学科课程改革为学科课程与活动课程相结合；也有突变式，比如把学科课程改革为经验课程。最后，课程改革包括对整个课程图式的变革，即对课程要素或组成成分的全面变革，变革的范围包括课程的设计、目的、内容、学习活动和学习范围等。课程改革是教育改革的核心。

## 二、影响课程改革的主要因素

课程作为教育问题的核心，虽是一个人造系统，但并不完全是人主观构建的，它从属于整个社会系统，社会的政治变革、经济发展、文化变迁、科技进步必然会给课程带来重大影响。同时，课程是为学生发展服务的，学生的发展状况也必然影响课程改革。

### （一）政治因素与课程改革

从历史发展来看，政治因素对课程改革的影响和制约是多层面的、深刻的，较之科技、文化因素更为直接。政治因素对课程改革的制约大致表现为：政治因素影响课程改革目标的确定、影响课程改革内容的选择、制约课程的编制过程。政治因素对课程改革的影响并非总是积极的、进步的，有时也会产生消极的抑制作用，甚至使课程产生倒退。

### （二）经济因素与课程改革

经济因素对学校课程改革有着直接的推动作用。现代以来，由于科技的发展，生产过程日渐复杂，社会大生产需要提高劳动者的科技文化素质，所以学校课程门类日益增多，课程中科技知识的含量加重，学校课程更加贴近经济发展的需求。

经济领域劳动力素质提高的要求制约课程目标。在现代社会，经济发展对劳动力素质提出了新的要求。现代社会生产要求劳动力素质既要具备宽厚的基础知识、过硬的基本技能，富有灵活性、应变性、独创性，同时也要具有健全的心理品质，认知、情感、意志、道德、审美等要达到现代社会的水平。当代学校的课程改革需要围绕这些目标来展开。

地区经济差异性制约课程改革。经济因素对课程的价值取向、课程目标的综合性和课程结构的优化都有重要的影响。当今世界各国经济发展极不平衡，发达国家、发展中国家和落后国家的经济发展差异性极大。在一个国家内部，由于历史、地理和文化等方面的原因，各地经济发展也不平衡。课程改革既要考虑与一个国家经济发展的总体相适应，也要考虑各地经济发展的差异，实事求是，因地制宜，课程要为各个地区经济发展服务，促进地方经济的发展。

### （三）知识因素与课程改革

课程内容的主要源泉是人类积累的浩如烟海的科学文化知识。科学文化知识包含有不以人的意志为转移的客观内容，科学结构的演进又具有客观规律，因此科学文化知识也是制约课程的一种客观因素。

1. 知识的本质特征

在日常生活中，知识有时同“信息”“经验”等同义使用。但是，在科学的意义上，并不是任何一种信息或经验都能成为人类的一种知识；只有正确反映客观存在的那些经验、信息，才称得上真正的知识，因此，知识不包含错误的认识。马克思主义知识观认为，知识的本质是人在长期的认识世界和改造世界的过程中获得的关于自然、社会、思维的认识成果。这种认识成果是人对客观存在的真实反映。

知识因素本身具有相对独立性。第一，科学技术是第一生产力，但并不能因此而说明知识就是生产力，知识与科学技术是有一定区别的。另外，科学技术知识只有经过转化才能变成现实的生产力，它本身并不等于生产力。第二，知识不完全从属于政治经济制度。从人类认识的对象看，知识有自然科学知识、社会科学知识、思维科学知识之分。一般说来，社会科学知识同政治经济制度有直接的联系，而自然科学知识则是无国界的。第三，知识不同于社会意识形态。社会意识形态的本质是人们的社会价值观念体系，而知识则是以“真”为内涵的社会意识形式，它的核心和实质是提供关于一切客观对象本身的真实面貌和规律的东西。

2. 知识因素对课程改革的影响

知识与课程内容的关系是源与流的关系，人类长期积累的极其丰富的科学文化知识是课程内容的重要源泉。知识的发展对课程内容的量与质的改变都有重大影响。

首先，知识的增长影响着课程内容的更新。人类科学文化知识的发展大体可分为古代知识、近代知识和现代知识三个基本阶段。在这三个阶段，课程内容的广度和深度具有明显的差别。16～19 世纪，是近代知识形成的阶段。这一阶段是近代科学文化知识在欧洲形成、发展的时期，西方学校课程中逐步增设了代数学、三角学、植物学、动物学、物理学、化学等科目。到 19 世纪下半叶，自然学科不仅在各国实科中学里普遍开设，而且已进入文科中学，小学也增设了自然常识课。文艺复兴运动以后，特别是 18～19 世纪，资本主义国家的文学、语言学、历史学、经济学、法学、社会学、哲学等都先后建立并逐步发展起来。这对西方学校增设新人文科目起了很大的促进作用。自19世纪起，西方学校增设了现代本族语、现代外国语、公民、历史、地理、音乐、美术等科目，从而大大扩展了学校的课程内容。19世纪末以来，是现代自然科学和社会科学形成、发展的时期。现代自然科学的飞跃发展有力地推动了学校课程中物理、化学、生物、地理教材内容的发展。随着数学的迅速发展，欧几里得几何在中学数学学科中的地位发生了动摇；现代数学的思想、内容和方法已直接渗透到中学数学教材之中。应当指出，科学文化知识的增长与课程内容的扩展和更新之间既有一致性，又有矛盾性。其矛盾性在于，科学文化知识的增长是无限的，而课程内容的扩展和更新却是有限的。把握两者的一致性和矛盾性，是正确设计课程内容应遵循的一条方法论原则。

其次，科学结构的演进制约着课程结构的演进。科学结构经历了一个逐步演进的过程，即笼统综合化—纵向分科化—整体综合化的过程。自课程产生以来，学校课程的设置是随着科学结构的演进而变化、发展的。在古代，学校课程的设置有两个突出特点。其一是重文轻理，文科（包括神学）是古代学校课程的核心。其二，课程设置具有很大的综合性。我国自商朝至清朝中期，西方从古希腊到中世纪，学校课程的设置莫不如此。随着科学的分化，学校课程的设置也逐渐发生了分化。例如，在14世纪的西欧学校里，自然学科只有算术、几何、天文学。可是，从文艺复兴到16世纪，许多西欧学校增设了地理和力学。至17～18世纪，代数、三角、植物学、动物学、物理和化学已成为中学的重要科目了。与此同时，一系列新人文科目也相继在学校出现了。由于科学结构呈现整体化的发展趋势，20世纪60年代以来，不仅西方高等学校开设的交叉学科和边缘学科逐步增多，不少国家还在中学设置了综合学科，如综合理科、综合社会学科等。今天，在一些发达和比较发达的国家里，中小学的课程设置已呈现整体化的发展趋势。

**（四）学生发展与课程改革**

学校课程改革的动力不仅来自政治、经济、文化和科技发展，而且要充分考虑到学生的发展状态与心理特征，根据学生智力、能力的水平、倾向及其潜力来选择和组织相应的课程内容。

1. 学生身心发展的特性是课程课程改革的基础

学生对课程改革的反应非常敏感，课程改革符合其身心发展的实际，满足其需要，学生对此就欢迎；反之，课程改革脱离学生实际，学生就情绪低沉，对课程改革持反对态度。

学生身心发展的特性表现为整体性、连续性、阶段性和个别差异性。课程改革要体现学生品德、才智、审美、体质发展的整体性，各门课程要互相协调，注重课程结构的整体优化。课程要兼顾学生身心发展的连续性和阶段性的特点，要考虑课程结构的灵活性，既设置必修科目，也需要设置一定的选修科目，以适合不同学生的兴趣和需要，促使他们的个性和谐发展。

2. 学生的需要对课程改革有重要影响

人的心智功能受环境与教育的极大影响，但在外界影响下形成自我内在的东西，获得的知识与经验、掌握的思维与行为的能力、态度，又会反过来成为制约外部影响作用的条件。因此，课程对学生发展的效果，取决于学生内部的具体发展状态与心理特性相结合。所以，课程内容的选择必须同学生的内部需要结合，学校课程的改革必须满足学生身心发展的全面需要，促进学生身心的全面发展：一方面要着重满足学生学习书本知识的需要（间接经验的需要），开设促进学生品德、才智、审美、体质和谐发展的一系列科目；另一方面要适当满足学生获取某些直接经验的需要，在课程中设置促进学生身心主动发展的多种活动项目。

3. 学生的最近发展区是课程改革着眼点

最近发展区是苏联心理学家维果茨基提出一个概念。他认为在进行教学时，必须注意到学生有两种发展水平：一是学生现有的发展水平，指由一定的已经完成的系统所形成的儿童心理机能的水平；二是即将达到的发展水平。维果茨基把两种水平之间的差异称为“最近发展区”。它表现为“在有指导的情况下，凭借成人的帮助所达到的解决问题的水平与在独立活动中所达到的解决问题的水平之间的差异”。① 可以说，正是有待发展的处于未完成状态的心智功能是最能敏感地接受教育的影响，因此也是最有效地施加影响的发展区。课程改革要求学生学习的教学内容必须是超越了学生既有发展水平的东西，但同时又必须是经过教师指导，学生凭借已有的经验、知识与能力，可以了解问题的症结所在并得以解决的东西。否则，学生便不能构成自己的课题与问题去努力求得解决。课程应当着眼于学生的最近发展区去选择课程内容，实现新的发展，从而创造出又一个新的“最近发展区”，然后再着眼于这个新的发展区去选择课程内容。

① 朱智贤：《心理学大词典》，第1007页，北京，北京师范大学出版社，1989。

## 三、我国新一轮基础教育课程改革

改革开放以来，我国基础教育取得了辉煌成就，基础教育课程建设也取得了显著成绩。但是，我国基础教育总体水平还不高，原有的基础教育课程已不能完全适应时代发展的需要。为贯彻《中共中央国务院关于深化教育改革全面推进素质教育的决定》（中发〔1999〕9号）和《国务院关于基础教育改革与发展的决定》（国发〔2001〕21号），教育部决定，大力推进基础教育课程改革，调整和改革基础教育的课程体系、结构、内容，构建符合素质教育要求的新的基础教育课程体系。

### （一）新一轮基础教育课程改革的目标

《基础教育课程改革纲要（试行）》对课程改革的目标作了详细的说明。基础教育课程改革要以邓小平同志关于“教育要面向现代化，面向世界，面向未来”和江泽民同志“三个代表”重要思想为指导，全面贯彻党的教育方针，全面推进素质教育。

新课程的培养目标体现了培养21世纪新人的时代特征。要使学生具有爱国主义、集体主义精神，热爱社会主义，继承和发扬中华民族的优秀传统和革命传统；具有社会主义民主法制意识，遵守国家法律和社会公德；逐步形成正确的世界观、人生观、价值观；具有社会责任感，努力为人民服务；具有初步的创新精神、实践能力、科学和人文素养以及环境意识；具有适应终身学习的基础知识、基本技能和方法；具有健壮的体魄和良好的心理素质，养成健康的审美情趣和生活方式，成为有理想、有道德、有文化、有纪律的一代新人。充分体现了继承传统与面向未来结合、国际视野与中国特色结合、全瞻社会与关爱个体结合。

课程改革的总目标体现在各项具体目标中并通过具体目标来实现，因此《基础教育课程改革纲要（试行）》提出了新课程改革的6个具体目标①。

（1）改变课程过于注重知识传授的倾向，强调形成积极主动的学习态度，使获得基础知识与基本技能的过程同时成为学会学习和形成正确价值观的过程。

（2）改变课程结构过于强调学科本位、科目过多和缺乏整合的现状，整体设计九年一贯课程门类和课时比例，设置综合课程，以适应不同地区和学生发展的需求，体现课程的均衡性、综合性和选择性。

① 参见《基础教育课程改革纲要（试行）》，载《中国教育报》，第2版，2001-07-27。

（3）改变课程内容繁、难、偏、旧和过于注重书本知识的现状，加强课程内容与学生生活以及现代社会科技发展的联系，关注学生的学习兴趣和经验，精选终身学习必备的基础知识和技能。

（4）改变课程实施过程中过于强调接受学习、死记硬背、机械训练的现状，指导学生主动参与、乐于探究、勤于动手，培养学生收集和处理信息的能力、获取新知识的能力、分析和解决问题的能力以及交流与合作的能力。

（5）改变课程评价过分强调甄别与选拔的功能，发挥评价促进学生发展、教师提高和改进教学实践的功能。

（6）改变课程管理过于集中的状况，实行国家、地方、学校三级课程管理，增强课程对地方、学校和学生的适应性。

新一轮基础教育课程改革从指导思想到培养目标，到学科课程总目标再到学段目标，形成从宏观到微观、从抽象到具体的目标层次。在原有的知识技能目标基础上，增设了过程与方法、情感态度价值观两个目标维度，形成了三维目标结构，最终形成了多层次多维度的完整的课程目标体系。

**（二）新一轮基础教育课程改革的基本内容**

一提到课程改革，就有人联想到教材的变化，就是用新教材代替旧教材。诚然，课程改革要引起教材内容的变化，要用新的课程内容取代过时的不符合时代和学生实际的内容，但并不仅限于此。从《基础教育课程改革纲要（试行）》中可以看出，新一轮基础教育课程改革的内容十分丰富，涉及课程结构、课程标准、教学过程、教材开发与管理、课程评价、课程管理、教师的培养和培训、课程改革的组织与实施八个方面。

1. 课程结构

在课程结构上，新一轮基础教育课程改革整体设置九年一贯的义务教育课程。小学阶段以综合课程为主，初中阶段设置分科与综合相结合的课程，积极倡导各地选择综合课程。高中以分科课程为主。为使学生在普遍达到基本要求的前提下实现有个性的发展，课程标准应有不同水平的要求，在开设必修课的同时，设置丰富多样的选修课程，开设技术类课程。积极试行学分制管理。

从小学至高中设置综合实践活动并作为必修课程，其内容主要包括：信息技术教育、研究性学习、社区服务与社会实践以及劳动与技术教育。强调学生通过实践，增强探究和创新意识，学习科学研究的方法，发展综合运用知识的能力。增进学校与社会的密切联系，培养学生的社会责任感。在课程的实施过程中，加强信息技术教育，培养学生利用信息技术的意识和能力。了解必要的通用技术和职业分工，形成初步技术能力。

农村中学课程要为当地社会经济发展服务，在达到国家课程基本要求的同时，可根据现代农业发展和农村产业结构的调整因地制宜地设置符合当地需要的课程，深化“农科教相结合”和“三教统筹”等项改革，试行通过“绿色证书”教育及其他技术培训获得“双证”的做法。城市普通中学也要逐步开设职业技术课程。

2. 课程标准

新一轮基础教育课程改革用课程标准取代教学大纲。国家课程标准是教材编写、教学、评估和考试命题的依据，是国家管理和评价课程的基础。应体现国家对不同阶段的学生在知识与技能、过程与方法、情感态度与价值观等方面的基本要求，规定各门课程的性质、目标、内容框架，提出教学和评价建议。

新一轮基础教育课程改革依据各门课程的特点，结合具体内容，加强德育工作的针对性、实效性和主动性，对学生进行爱国主义、集体主义和社会主义教育，加强中华民族优良传统、革命传统教育和国防教育，加强思想品质和道德教育，引导学生树立正确的世界观、人生观和价值观；要倡导科学精神、科学态度和科学方法，引导学生创新与实践。

幼儿园教育则根据幼儿身心发展的特点和教育规律，坚持保教结合和以游戏为基本活动的原则，与家庭和社区密切配合，培养幼儿良好的行为习惯，保护和启发幼儿的好奇心和求知欲，促进幼儿身心全面和谐发展。

义务教育课程标准应适应普及义务教育的要求，让绝大多数学生经过努力都能够达到，体现国家对公民素质的基本要求，着眼于培养学生终身学习的愿望和能力。

普通高中课程标准应在坚持使学生普遍达到基本要求的前提下，有一定的层次性和选择性，并开设选修课程，以利于学生获得更多的选择和发展的机会，为培养学生的生存能力、实践能力和创造能力打下良好的基础。

3. 教学过程

新一轮基础教育课程改革要求教师在教学过程中与学生积极互动、共同发展，处理好传授知识与培养能力的关系，注重培养学生的独立性和自主性，引导学生质疑、调查、探究，在实践中学习，促进学生在教师指导下主动地、富有个性地学习。教师应尊重学生的人格，关注个体差异，满足不同学生的学习需要，创设能引导学生主动参与的教育环境，激发学生的学习积极性，培养学生掌握和运用知识的态度和能力，使每个学生都能得到充分的发展。同时，大力推进信息技术在教学过程中的普遍应用，促进信息技术与学科课程的整合，逐步实现教学内容的呈现方式、学生的学习方式、教师的教学方式和师生互动方式的变革，充分发挥信息技术的优势，为学生的学习和发展提供丰富多彩的教育环境和有力的学习工具。

4. 教材开发与管理

基础教育教材改革应有利于引导学生利用已有的知识与经验，主动探索知识的发生与发展，同时也应有利于教师创造性地进行教学。教材内容的选择应符合课程标准的要求，体现学生身心发展特点，反映社会、政治、经济、科技的发展需求；教材内容的组织应多样、生动，有利于学生探究，并提出观察、实验、操作、调查、讨论的建议。

新一轮基础教育课程改革实行国家基本要求指导下的教材多样化政策，鼓励有关机构、出版部门等依据国家课程标准组织编写中小学教材。建立教材编写的核准制度，教材编写者应根据教育部《关于中小学教材编写审定管理暂行办法》，向教育部申报，经资格核准通过后，方可编写。完善教材审查制度，除经教育部授权省级教材审查委员会外，按照国家课程标准编写的教材及跨省使用的地方课程的教材须经全国中小学教材审查委员会审查；地方教材须经省级教材审查委员会审查。教材审查实行编审分离。

改革中小学教材指定出版的方式和单一渠道发行的体制，严格遵循中小学教材版式的国家标准。教材的出版和发行试行公开竞标，国家免费提供的经济适用型教材实行政府采购，保证教材质量，降低价格。加强对教材使用的管理。教育行政部门定期向学校和社会公布经审查通过的中小学教材目录，并逐步建立教材评价制度和在教育行政部门及专家指导下的教材选用制度。改革用行政手段指定使用教材的做法，严禁以不正当竞争手段推销教材。

5. 课程评价

建立促进学生全面发展的评价体系。评价不仅要关注学生的学业成绩，而且要发现和发展学生多方面的潜能，了解学生发展中的需求，帮助学生认识自我，建立自信。发挥评价的教育功能，促进学生在原有水平上的发展。教师应对自己教学行为的分析与反思，建立以教师自评为主，校长、教师、学生、家长共同参与的评价制度，使教师从多种渠道获得信息，不断提高教学水平。学校管理部门、教师和学生应定期对学校课程执行的情况、课程实施中的问题进行分析评估，调整课程内容、改进教学管理，形成课程不断革新的机制。

改革和完善考试制度。在已经普及九年义务教育的地区，实行小学毕业生免试就近升学的办法。鼓励各地中小学自行组织毕业考试。完善初中升高中的考试管理制度，考试内容应加强与社会实际和学生生活经验的联系，重视考查学生分析问题、解决问题的能力，部分学科可实行开卷考试。高中毕业会考改革方案由省级教育行政部门制定，继续实行会考的地方应突出水平考试的性质，减轻学生考试的负担。考试命题要依据课程标准，杜绝设置偏题、怪题的现象。教师应对每位学生的考试情况做出具体的分析指导，不得公布学生考试成绩并按考试成绩排列名次。

6. 课程管理

新课改要求实行国家、地方和学校三级课程管理。即教育部总体规划基础教育课程，制定基础教育课程管理政策，确定国家课程门类和课时。制定国家课程标准，积极试行新的课程评价制度。省级教育行政部门依据国家课程管理政策和本地实际情况，制订本省（自治区、直辖市）实施国家课程的计划，规划地方课程，报教育部备案并组织实施。经教育部批准，省级教育行政部门可单独制订本省（自治区、直辖市）范围内使用的课程计划和课程标准。学校在执行国家课程和地方课程的同时，应视当地社会、经济发展的具体情况，结合本校的传统和优势、学生的兴趣和需要，开发或选用适合本校的课程。各级教育行政部门要对课程的实施和开发进行指导和监督，学校有权力和责任反映在实施国家课程和地方课程中所遇到的问题。

7. 教师的培养和培训

地方教育行政部门应制订有效、持续的师资培训计划，教师进修培训机构要以实施新课程所必需的培训为主要任务，确保培训工作与新一轮课程改革推进的同步进行。师范院校和其他承担基础教育师资培养和培训任务的高等学校或培训机构应根据基础教育课程改革的目标与内容，调整培养目标、专业设置、课程结构，改革教学方法。中小学教师继续教育应以基础教育课程改革为核心内容。

8. 课程改革的组织与实施

新课改规定教育部领导并统筹管理全国基础教育课程改革工作；省级教育行政部门领导并规划本省（自治区、直辖市）的基础教育课程改革工作。始终贯彻“先立后破，先实验后推广”的工作方针，坚持民主参与、科学决策的原则，积极鼓励高等院校、科研院所的专家、学者和中小学教师投身中小学课程教材改革；支持部分师范大学成立“基础教育课程研究中心”，开展中小学课程改革的研究工作，并积极参与基础教育课程改革实践；在教育行政部门的领导下，各中小学教研机构要把基础教育课程改革作为中心工作，充分发挥教学研究、指导和服务等作用，并与基础教育课程研究中心建立联系，发挥各自的优势，共同推进基础教育课程改革；建立教育部门、家长以及社会各界有效参与课程建设和学校管理的制度；积极发挥新闻媒体的作用，引导社会各界深入讨论、关心并支持课程改革。

### （三）对新一轮基础教育新课程改革的反思

新一轮基础教育课程改革从设计到逐步推行，已经有十多年时间，我们应该仔细地对这次课改实验进行反思，为更好地完善课程方案及课程实施服务。

从《基础教育课程改革纲要（试行）》和各科课程标准及相应的教材可以看出，本轮课程改革突出了一些很好的课程理念。全人发展的课程价值观、科学与人文整合的课程文化观、回归生活的课程生态观、综合取向的课程设计观、缔造取向的课程实施观、民主化的课程政策观都在本轮基础教育课程改革中得到了体现。随着新课程的推行，教育观念也在逐渐发生转变。有的学校成了教育改革的中心、科学探究的中心、课程发展的中心；教学成了对话、交流和知识创生的活动；教师成了研究者，学生成了知识的建构者，家长成了教育伙伴。

本轮基础教育课程改革非常重视课程实施的研究，课程实施中尤其重视学生学习方式的变革，新的学习方式强调教师指导下的学生自主探究，强调联系学生的生活经验和社会实际，强调各学科间的相互联系，强调凸显知识的发生与发展过程，强调加强学习的选择性。所有这些变化，都有利于学生整体素质的提高。

新一轮基础教育课程改革经过多年的实施，已取得了初步的成效，具体表现为：许多教研员、校长、教师、学生及家长对新课程已经接受和认可，一些教师的观念发生了根本性转变，课堂上师生教与学的方式发生了实质性的变化。

任何改革都会遇到阻力，课程改革是一个复杂的过程，新课程改革的深度、广度和复杂度无疑为其实施增加了难度，因此实施过程中不可避免地会出现各种各样的问题。由于我国各地的情况不同，一些地方课程资源严重缺乏，教师的观念和基本素质和新课程改革的要求还有相当大的差距，师资培训没有完全从根本上解决问题，考试与评价制度、方法滞后，这些都成了制约新课程有效实施的重要因素。这些问题还有待于进一步研究和解决。

### 推荐阅读书目

1. 廖哲勋，田慧生：《课程新论》，北京，教育科学出版社，2003。

2. 施良方：《课程理论——课程的基础、原理与问题》，北京，教育科学出版社，1996。

3. ［美］泰勒：《课程与教学的基本原理》，施良方译，北京，人民教育出版社，1994。

4. 张华：《课程与教学论》，上海，上海教育出版社，2000。

5. 励雪琴：《教育学是什么》，北京，北京大学出版社，2006。

6. 靳玉乐：《新课程改革的理念与创新》，北京，人民教育出版社，2003。

7. 钟启泉：《课程论》，北京，教育科学出版社，2007。

8. 中华人民共和国教育部：《基础教育课程改革纲要（试行）》，见教育部网站。

9. 中华人民共和国教育部：《普通高中课程方案（实验）》，见教育部网站。

10. 黄显华，霍秉坤：《寻找课程论和教科书设计的理论基础》，北京，人民教育出版社，2002。

## 学习思考

1. 我们应如何理解课程？

2. 在对中小学进行调研的基础上，谈谈课程内容的选择和组织应注意哪些问题？

3. 结合我国实际情况分析影响课程实施的因素。

4. 请你结合当地基础教育的实际情况对我国基础教育课程改革进行评价。

# 第九章　课程与教学（下）

学习本章的目的是了解有关教学的基本理论知识，并能运用这些知识更深入地理解现在的教学活动，以这些理论知识为指导更好地改进现有的课堂教学，提高课堂教学的质量和效率。通过本章的学习学生应了解教学的概念、教学的本质特性、教学的基本规律与基本原则、教学的基本环节、教学的基本方法等相关理论知识。

## 第一节　教学概述

### 一、教学的概念

#### （一）教学概念的不同表述

教学现象是非常复杂的。中外教育论著对教学的概念有不同的理解和认识，分析这些表述方式，可以帮助我们更深入地认识教学的本质。

王策三认为，所谓教学，乃是教师教，学生学的统一活动。在这个活动中，学生掌握一定的知识和技能，同时身心获得一定的发展，形成一定的思想品德。①

李秉德认为，教学就是指教的人指导学的人进行学习的活动。进一步说，指的是教和学相互统一的活动。②

黄甫全等认为，广义的教学是指教的人指导学的人以一定的文化为对象进行学习的活动。狭义的教学就是学校教学，是专指学校中教师引导学生一起进行的，以特定文化为对象的教与学的统一活动。③

苏联教育家斯卡特金认为，教学是一种传授社会经验的手段，通过教学传

① 王策三：《教学论稿》，第 91 页，北京，人民教育出版社，1985。

② 李秉德：《教学论》，第 2 页，北京，人民教育出版社，1991。

③ 黄甫全、王本陆：《现代教学论学程》，第 4 页，北京，教育科学出版社，2003。

授的是社会活动中各种关系的模式、图式、总的原则和标准。①

美国教育心理学家布鲁纳认为，教学是通过引导学习者对问题或知识体系循序渐进地学习来提高学习者正在学习中的理解、转换和迁移能力。

日本学者佐藤正夫认为，教学的课题就在于尽可能地发展人的全部潜力，使之掌握一定的知识、技能、态度、能力，使人能在社会中出色地活动，并为社会的存续发展与人类生活的进步向上做出贡献。②

从以上学者对“教学”概念的表述来看，国内学者侧重于从“教与学的关系”，以及“教学的目的”两个方面来理解和定义“教学”；国外的几位学者则侧重于从“教学的功用”方面理解和定义“教学”。

### （二）教学的概念

教学不是一种纯自然现象，而是一种人类特有的有意识的社会实践活动。对教学本质的探讨，应从两个方面来进行：第一是目的论层面，它凭借哲学资源，对教学的目的进行价值探讨。因为教学活动是人类有意识、有目的的活动。对此，只能用应然的规范属性或价值法则予以说明。第二是工具论或方法论层面，它凭借心理学、社会学等资源，对教学的手段、方式和方法进行科学的探讨。因为教学活动是以教师与学生之间的社会化交往为前提和形式的心理和行为变化过程，人的心理和行为变化是有规律的，适应这种规律变化是教学有效性的客观要求。教学的定义中应明确的或暗含的从两个方面给予说明：为什么而教学；应如何教学。因此，我们可以这样定义教学，教学是一种尊重学生独立思维能力，尊重学生自由意志，把学生看做独立思考和行动的主体，在学生与教师的交往和对话中，发展学生的智慧潜能、陶冶学生的道德情操，使每一名学生都能达到自己最佳发展水平的活动。③

### （三）教学与相关概念的关系

为了更好地理解教学，有必要对与之密切相关的一些概念进行比较。

1. 教学与教育

教学与教育既相互联系，又相互区别，两者是部分与整体的关系。教育包括教学，教学是学校进行全面教育的一个基本途径。除教学外，学校还通过课

---

① 顾明远：《教育大词典》（上），第71页，上海，上海教育出版社，1998。

② ［日］佐藤正夫：《教学原理》，第52页，钟启泉译，北京，教育科学出版社，2001。

③ 全国十二所重点师范大学联合编写：《教育学基础》，第174～175页，北京，教育科学出版社，2002。

外活动、生产劳动、社会实践等途径向学生进行教育。

2. 教学与智育

智育是指向受教育者传授系统的文化科学知识与技能，专门发展受教育者智力的教育活动，它是教育的一个组成部分，教学是智育的主要途径，但却不是唯一途径，智育也需要课外活动等途径才能全面实现；教学要完成智育任务，但智育却不是教学的唯一任务，教学也要完成育德、育体、育美等任务。智育是教育的重要内容，教学是教育（包括智育）的重要途径。

3. 教学与自学

自学包括两种，一种自学是教学活动以外的单纯的自学，即不从师受业而靠自己独立学习，这种自学与教学没有关系；另一种自学是教学中的自学，它与教学既有区别又有联系，因为教学由教与学两个方面的活动组成，其中学，既包括学生在教师的直接指导下的学习活动，也包括学生为配合教师上课而进行的预习、复习与独立作业等自学活动。因此，教学中的自学是教学的重要组成部分，并且以教学为前提。

## 二、教学的任务与地位

### （一）教学的任务

教学任务是学校教育目的的具体体现。完成教学任务的过程，也就是完成教育目的、发挥教学作用的过程。对于具体的教学活动来说，教学任务是活动的出发点，是确定教学内容和选择教学方法、手段的依据，也是衡量教学活动成败的标准。

教学任务是有不同层次的，例如，各级各类学校，各门学科，各个教学单元乃至每节课都有各自的教学任务。这里探讨的是教学的一般任务，它对于各个层次具体教学任务的确定有着普遍的指导意义。

1. 引导学生掌握系统的文化科学基础知识和基本技能

引导学生掌握系统的文化基础知识和基本技能，是教学必须完成的基本任务。基础知识主要是指学生必须掌握的课程计划和教学大纲中所规定的关于自然、社会和人类思维的基本知识。它包括学生为适应未来社会生活需要或进行专业学习所必须掌握的各学科的基本概念、定理、公式、法则和原理等基本内容。基本技能则是指学生为了进一步掌握知识、技能和日常生活所必需的最一般的技能。例如，口算、心算的技能，写字、阅读、构思、写作的技能，跑步、跳跃、掌握节奏的技能等。

2. 发展学生的智力、培养能力，促进学生个性健康发展

在教学中自觉发展学生的智力、能力，促进学生个性健康发展，是现代教学论提出的又一项重要任务。这一任务的提出是与当代科学技术迅速发展，知识更新速度加快，信息化、学习型社会来临，社会生产和生活方式发生深刻变化等密切联系在一起的。未来社会不仅需要人们掌握丰富的知识，更需要具备较高的智力和能力水平，需要具备完善的人格和健康的个性。

3. 培养学生社会主义品德和审美情趣，奠定学生科学世界观的基础

在教学中进行社会主义品德教育，既是由教学具有教育性这一客观现实决定的，也是由社会主义教育的性质和目的决定的，因此，在教学活动中，根据各科教材的特点，结合学生实践，有目的地进行思想品德教育是教学的一项重要任务。

审美教育是学生全面发展教育中不可缺少的组成部分，当教师给学生一种起着心灵感应作用的审美教育时，就能让学生在美的享受中接受高尚的、健康的思想感情的熏陶，这是一般道德说教难以达到的。在基础教育阶段，正是学生形成正确健康的审美情趣的关键期，教师在通过教学传递新观念、新知识的过程中，要充分发挥审美教育的独特作用，培养学生健康的审美情趣和审美能力。

基础教育阶段是学生思想观念、道德品质初步形成的时期。在这一时期进行思想品德教育和审美情趣教育的主要目的是为学生奠定科学的世界观、道德观、审美观和劳动观。

4. 发展学生体力，培养健康体魄

健康体魄是学生全面发展的一个重要方面。有了健康体魄，不仅能保证学生顺利完成在校期间的学习任务，而且可以为终身事业的发展和幸福生活打下了良好的基础。因此，学校教学必须将发展学生体力、培养健康体魄放在重要的位置，通过体育教学和其他各科教学培养学生良好的卫生习惯和健身意识，注重劳逸结合，讲究教学卫生，共同促进学生体力的发展。

### （二）教学的地位

教学是学校的中心工作。学校是培养人才的专门机构，教学则是学校培养人才的基本途径，它在学校教育工作中所占的时间最多，涉及的知识面最广，对学生发展的影响最全面、最深刻，对学校教育质量的影响也最大。因此，学校工作必须坚持以教学为主，学校应将大部分时间用于教学。在内容上，以学习书本知识为主，辅之以活动课程；在组织形式上，以课堂教学为主，辅之以社会实践。学校并非唯有教学工作，搞“教学工作压倒一切”也是错误的。教

学这一教育形式不能脱离其他教育形式而孤立地发挥作用，它必须与其他教育形式（如团队活动、社区服务、生产劳动等）相联系、相配合。所以，学校工作应该在保证教学为主的前提下，全面统筹、合理安排。

## 第二节　教学过程的基本规律和基本原则

### 一、教学过程的本质

#### （一）对教学过程本质的不同理解

教学过程是教师根据教学目的、任务和学生身心发展的特点，通过指导学生有目的、有计划地掌握系统的文化科学知识和基本技能，发展学生智力和体力，形成科学的世界观及培养道德品质、发展个性的过程。我国学者对教学过程的本质问题的认识大致可归纳为以下几类：

第一种观点是认识过程说，这种观点从认识论的角度出发，把教学过程看做一个特殊的认识过程。在此过程中，学生在教师的指导下认识世界，接受前人积累的知识；教师根据一定的教育目的、任务，引导学生掌握系统的文化科学知识和技能、技巧，使学生由不知到知，由知之不多到知之较多，从而发展学生认识世界的能力。

第二种观点是发展过程说，这种观点认为，教学过程不单是一个认识过程，更重要的是促进学生发展的过程，知识技能形成的最终目的是促进学生发展。

第三种观点是实践过程说，这种观点认为，教学过程是人类的实践活动之一，是教师和学生共同完成的实践活动。

#### （二）对教学过程本质的重新认识

结合前人的研究，我们认为，教学过程是一个集认识、实践、发展、交往等过程于一体的复杂的育人过程。

1. 教学过程是特殊的认识过程和实践过程的统一

教学是教师教和学生学相统一的活动。在这个活动中，存在着两种过程，教师的教授活动过程和学生的学习活动过程。

就教授活动过程看，它既是一种实践活动过程，同时也是一种认识活动过程，但主要是实践活动过程。教师在教学活动过程中要认识教材、了解学生，不断地反省自己的教学活动，所以，教师的教学活动是一种认识活动过程。但是教师的认识教材、了解学生、不断反省教学活动，不是单纯要理解教材、认识学生和研究教学，主要目的还是为了使教学活动取得明显的成效，更好地把学生教懂，更好地教会学生学会学习、学会创造、学会做人、学会共同生活，故教师的教授过程是一种包含了认识过程的复杂的实践过程。但同时，教授活动过程中的认识过程与实践活动相比较，教师的实践活动是主要的，其认识活动从属于实践活动。

就学习活动过程来讲，它既是一种认识过程，也是一种实践过程，但主要是认识活动过程。学生既是教师教的对象，又是学习的主体。教师的教就是要引导学生主动、积极地学习，引导学生在已有知识、经验的基础上通过自己的学习活动，使形象思维和抽象思维相互转化，已知和新知识相互转化，形成新的知识结构，并把书本知识转化成自己的精神财富，把知识转化为智力、能力，转化为思想观点。因此，学生的学习活动是一种认识活动。但是，学生的学习活动过程也含有实践的成分。学习活动的实践方式主要有：作业练习、实验操作、实习见习、参观访问、社会调查、生产劳动等。学生的实践活动内容包括：学科教学中的实践活动，如质疑问难、回答问题、演练等；课外活动中的实践活动，如科技类实践活动、兴趣类实践活动、艺体类实践活动、团队类实践活动等；社会实践活动，如参观访问、社会调查、见习实习、夏（冬）令营等。

学生在教学过程中的认识活动和实践活动，与人类一般的认识活动与实践活动相比较，具有特殊性。认识活动的特殊性表现以下几个方面：首先，教学中虽然强调直接经验的重要性，但以间接知识为主；其次，这一认识活动是在教师的指导下有计划、有组织地在学校进行的；最后，这种认识活动的目的不仅仅是为了认识结果，更是为了促进学生认知能力的形成。实践活动的特殊性则表现为：首先，学生面对的实践活动是一个经过“加工”了的实践对象；其次，这种实践活动的目的是为了让学生获得必要的感性的经验，而非为社会创造财富；最后，教学的实践活动方式不如一般社会实践广泛。

2. 教学过程也是一个发展过程

教学过程是教师通过传授知识技能而形成和发展学生各方面能力和个性品质的过程。教学应该促进学生的全面发展，既包括智力的发展，又包括非智力素质的发展；既发展学生的心智，也发展学生的体能，还要培养他们的人格品质。

教学过程还是一种特殊的交往过程。

长期以来，由于以科学认识论为基础讨论教学的本质，因而将教学的本质定义为一种特殊的认识活动。科学认识论是一种知识论、工具性认识论。以科学认识论为基础的教学遵从“知识本位”的文化价值观，倡导“教师权威”的价值取向，把理性知识看做客观存在的真理，将经典的自然科学知识和能够被规范化、系统化、逻辑化的社会科学知识看做教学的全部内容。其实质是追求认知性目标，给学生传授系统的科学知识，发展学生的认识能力，而情感、意志等非理性目标被忽视了。

2001 年颁布的《基础教育课程改革纲要（试行）》指出：要“改变课程实施过于强调接受学习、死记硬背、机械训练的现状”，倡导自主、合作和探究的学习方式，使学生在教师的指导下主动地、富有个性地和创造性地学习。与新课程相适应的教学过程，应是师生之间以对话、交流、合作为基础进行文化传承和创新的特殊的交往过程。

维果茨基的文化历史理论指出，人的心理发展是在人与人的交往过程中掌握了客观化了的人类历史文化发展感成就的结果，也就是说，对于社会性个体的发展，尤其是心理的发展，都是在一定的社会环境、文化环境及个体经历的具体情况下的历史的发展。正是在交往中，在成人的引导、指示下，儿童经历一个由外部的心理间活动到个体的内心活动的从外而内过渡的文化发展的过程。可以说，没有社会性的交往就没有教学。

作为社会性交往特殊形式的师生交往，同一般的交往相比较，其特殊性主要表现在以下方面：首先是它有独特交往目的，作为交往的教学的根本目的是促进每个学生的全面发展；其次是它有特殊的交往内容，其内容是经过选择、净化的人类文化精华；再次，它有特殊的交往主体，在教学过程中，交往双方是具有特定社会角色、担负不同社会期望的人——学生和教师；最后，它的交往形式具有特殊性，师生交往具有高度的自觉性和目的性，其目的是进行文化传承和创新，促进学生的全面发展。

## 二、教学过程的基本规律

任何事情都有它的客观规律，遵循规律办事才能获得成功。所谓规律，是指客观事物发展过程中的本质的必然联系，具有普遍性的形式。也就是说，规律具有客观性、必然性和普遍性。教学过程的规律就是教学现象中客观存在的、具有必然性、稳定性、普遍性的联系。

研究表明，教学过程的基本规律主要有以下五个：教学过程的社会制约性规律；教学过程的教育性规律；教学过程中教与学的互动性规律；教学效果的整体性规律；间接经验和直接经验相互作用规律。

## (一) 教学过程的社会制约性规律

教学过程的社会制约性规律是指教学目的、内容、方式和组织形式等必然受一定社会条件的制约。

首先，一定的教学目的、任务和内容是由一定社会的政治、经济制度所决定的。学校要培养什么样的人？要达到什么样的培养目标？通过怎样的课程去培养？这是任何社会统治者最为关心的问题。因此，教学目的、任务和内容必然要反映一定社会的现实需要和占支配地位的政治思想、意识形态及社会关系。

其次，教学目的、内容、方式和组织形式受一定社会的生产力和科技文化发展状况的制约。一定社会的生产力发展水平一定会影响教学活动，比如，原始社会生产力水平低，教育就是融入一定的生产生活中的，所以，当时的教育主要是教授一些生产生活方面的经验和技能，教学方式主要言传身教。农业社会时期的学校教育是为统治阶级服务和反映统治阶级意志的，学校的教学内容主要集中于人文学科、工具性知识以及读、写、算等基本技能，教学方式主要是师生授受的个别教学，对于那些没有机会接受学校教育的广大普通民众，他们接受的仍然是生活和生产方面的知识。到了现代社会，由于社会生产力的发展加快，对社会劳动者素质的也有了更高的要求，学校的教学内容也更丰富、更全面了，教学方式和教学组织形式也更加多样化、科技化。

最后，特定社会的文化价值、民族心理影响着教学目的、内容、方式和组织形式。如果说社会制度、生产力发展水平和科学技术是教学活动显在的决定因素，那么，文化价值和民族心理则是其潜在的决定因素。在不改变教学活动的基本结构的情况下，文化价值和民族心理往往使教学活动按照特定的理想、观念、信仰和思维方式发生某些深层的、隐蔽的变化，使即使是处于相同社会发展水平（如印度和中国）或相同社会制度（如日本和英国）的不同的国家之间，教学活动带有明显的个性差异。

## (二) 教学过程的教育性规律

教学永远具有教育性。教学的中心目标是传授各门学科的内容——来自文化各个领域的知识、技能，使学生发展出具备参与社会、政治、经济及文化活动所必需的知识、技能、技巧，但教学过程不是单纯的知识和技能的传承，它同时必然也是教育过程。

纽纳说过，“在教学中并不仅仅传授源于人类知识文化诸领域的知识、技能、技巧，它同时也传授立场、自然观、社会观、人类生活的价值和目标，即世界观的、政治的、道德的基本态度”。[①] 这就是说，在教学中只要是传授了各门学科的内容——诸学科的知识、技能，总会使学生增长某种见识，对世界、对社会采取一定的立场，并对人生的真谛、人类的幸福，形成某种观点。如此一来，便会导致他们对自身生活与劳动，或政治的、社会的活动与行为，产生一定的姿势和态度。所以说，教学总是伴随着教育的。

不仅教学内容总是具有教育性，教学的方式和组织形式也具有教育性。例如，学生在教学中采用什么方法进行学习将会深深地左右他们的态度和性格。学生如果只是被动地接受教师授予的东西，或是机械地模仿并死记硬背教师灌输的东西，往往会养成盲从及屈从的态度与性格。与此相反，唤起学生积极的探究精神，引导他们逐步依靠自己的力量来解决学习问题、发现知识，就会养成学生独立地、创造性地、友善地实现目标的态度和性格，形成锲而不舍的顽强意志与人格。

又比如，教学一般是以班级为单位进行的。在班级社会中总会形成一定的社会关系，交织着友爱与争执的气氛。在这种场合下，如果学习是以个人之间竞争的方式进行，彼此排他，就会养成学生相互歧视、分离、对立的利己主义或个人主义的态度和性格。反之，相互帮助、分工合作的教学方法将会助长学生的情谊，形成团结、友好、合作的良好社会道德特性。

### （三）教学过程中教与学的互动性规律

教学过程是教师和学生、教与学的双边活动过程，是教师指导学生进行学习的过程，教与学的矛盾是教学过程的主要矛盾，教学双边相互依存、相互影响，构成教学过程的复杂关系，教学双边关系中的教师和学生，都是教学过程中的能动性因素。教师在教学过程中起主导作用，学生在教学过程中的主体地位不容忽视。

1. 教与学的逻辑关系

教与学作为教学过程中两项主要活动，其逻辑关系至少有四种：①教等于学。指教师教多少，学生也能学多少。②教大于学。指学生对于教师所教的东西无法全部吸收，只能学到部分内容。至于每个学生究竟能学到多少，则取决于学生个人的能力和努力程度。③学多于教。指学生所学多于教师所教。④有教无学。指学生对教师的教授内容全然不知，没有学到教师计划要教的东西，但不排除学到其他非预期的内容，如厌学的态度。由此可见，教与学之间并不

① ［日］佐藤正夫：《教学原理》，第240页，钟启泉译，北京，教育科学出版社，2001。

必然存在“正比例”的逻辑关系，但必然存在某种逻辑关系，只是或者表现为“正效应”，或者表现为“零效应”，或者表现为“负效应”罢了。

2. 教师在教学过程中起主导作用

在教与学的矛盾关系中，教师的教是矛盾的主要方面，支配着学生的学。教师在教学中起主导作用有其必然性，这是因为教师的职责就在于要根据国家的教育目的、教学计划和教学大纲，有目的、有计划地通过“传道、授业、解惑”，将学生培养成为全面发展的有用人才。同时，教师“闻道在先，术业专攻”，受过专业教育，具有较高的思想品德、政治觉悟、广博的知识和丰富的生活经验，因此，教师有责任，也有能力主导教学过程，对成长中的青少年的身心健康发展负起责任。虽然，教师在教学中的主导作用是必然的，但是，教学过程中教师主导作用的发挥程度，还有赖于教师本身的素质水平的不断提高，教人者只有学高身正，才能为人师表。

3. 学生的主体地位不容忽视

学生是学习活动的主人，教学过程中教师的教只有以学生的主动学习为基础，才能取得预期的效果。一般来说，学生的学习主动性、积极性越大，求知欲、自信心、刻苦性、探索性和创造性越大，学习效果也越好。因此，教师要把人类积累的认识成果和经验转化为学生的精神财富，要把知识转化为学生的智力、能力和思想观点，必须通过学生自己的认识和实践才能实现，这是任何人都无法包办代替的。当然，学生主动性的形成与发展，离不开教师正确引导。为了增强学生主体性，使之真正成为学习的主人，教师应该注意提高学生对学习的认识，明确学习目的，端正学习态度，培养学生良好的学习动机和浓厚的学习兴趣，具备一定的学习能力，指导学生掌握良好的学习方法，养成良好的学习习惯。

**（四）教学效果的整体和谐优化规律**

教学过程的各种要素，各个环节能否共同组成优化结构，并作为一个和谐的系统发挥起整体最佳功能，从根本上制约着教学的最终效果。这是教学过程的一条重要规律。

1. 教学要素的和谐优化

教学过程的构成要素（包括教师、学生、教材、教学方式等）和影响要素（时间、场所、经费、设备等），对教学效果的优化具有重要意义，各种要素都具有一定的作用力，是其他要素所不能取代的；并且各种要素之间的相互联系的改善，亦会对教学效果产生十分微妙的影响；而所有要素及其相互联系所共同形成的系统整体，则会产生一种更大的“合力”作用，制约着教学效果所能达到的最大值。所以，教师在教学过程中应致力于充分发挥各种要素的作用，改善各种要素之间的相互联系，促进整体合力的产生，从而达到优化教学效果的目的。

2. 教学结构的和谐优化

组成教学结构的各个部分，像组织教学、检查复习、教授新课、巩固新教材和布置作业等，都应该根据教学实际合理地安排其在整体教学结构中的地位、顺序以及时间分配，使之成为一个和谐完整的结构体系，做到合理操作、协调配合、有效控制、相互促进，则教学必然会出现整体优化的效应，即出现整体功能大于部分功能之和的现象。如果教学过程中，仅仅局限于改善教学结构中的某几个部分，教学效果的改善往往有限。

3. 教学环节的和谐优化

教学过程的基本环节，诸如备课、上课、作业的布置和批改、课外辅导以及考核评定等，都是以各自的质量和效率保证了整个教学过程的质量和效率。教师必须统筹兼顾、全面计划、增强联系、环环相扣，不仅使每个环节的质量和效益得到保障，而且使整个教学的流程顺利进行，使整个教学过程的质量和效率得到保障。上课作为教学的中心环节固然应该重点对待，但其他环节也不容忽视，否则可能会造成一个环节出现问题，致使整个教学质量和效率降低的后果。

#### （五）间接经验和直接经验相互作用规律

在教学过程中，学生学习要以间接经验为主，直接经验是学好间接知识的重要基础和必要条件。因此，教学就是在直接经验的基础上，把书本知识转化为学生的知识的过程。在间接经验与直接经验的相互作用、相互联系中提高学生的学习质量，这是一条重要的教学规律。

1. 学生以掌握间接经验为主

学生获得知识有两种来源：直接经验和间接经验。一般来说，学生以学习书本知识等间接经验为主。学生和一般人学习间接经验不一样。学生在校学习，是要在较短时间内，学习人类已积累的用文字保存、积累和传递的较多的书本知识。这些书本知识是人类知识的精华，是经过教育工作者科学地组织和编排，以教材的形式呈现出来的。这是人类传递和发展知识最经济和最有效的捷径，可以使学生更快、更好地掌握人类积累的精神财富，成长为社会所需要的人。

2. 学习间接经验离不开学生的直接经验

间接经验和书本知识是学生所没有亲身实践的，在学习时如果没有个人的直接经验的参与和帮助，是很难对间接经验和书本知识进行接受、理解、消化和巩固的。学生总是借助已有的直接经验去学习书本上的间接经验的。学生个人的直接经验越丰富，则对间接经验的掌握越容易。

## 三、教学过程的基本原则

教学原则是根据一定的教学目的和对教学过程规律的认识而制定的指导教学工作的基本准则。我国中小学教学的基本原则包括：科学性与思想性统一的原则、直观性原则、启发性原则、巩固性原则、理论联系实际原则、循序渐进原则和因材施教原则等。

### （一）科学性与思想性统一的原则

科学性与思想性相统一的原则，是指教学既要授予学生以科学知识，保证教学的科学性，又要结合科学知识教学对学生进行思想品德及正确人生观和科学世界观教育。这一教学原则的主要依据是我国全面发展的教育目的和教学永远具有教育性规律。

要实现科学性与思想性相统一，要做到这样几点：

第一，教学内容的编写与选择要保证科学性与思想性的结合。要保证课程计划、课程标准和教材的科学性。在教学中教师要用正确的观点和方法分析教材，选择和补充教学内容。传授给学生的知识应该是科学的，对中小学生来说，要尽量教给他们一些可靠的、没有争议、能讲得清的基础知识和基本技能。在此基础上，可以向学生介绍一些不同观点，以培养学生的创新能力，扩大学生的知识视野。

第二，发掘教材的思想性。教师在教学中要注意对学生进行思想教育。在教学科目中，有些科目可以直接进行思想教育，如语文、历史等；另一些可以渗透思想教育内容，如讲物理可以渗透唯物主义思想教育。

第三，教师要不断提高自己的专业水平和思想素质。教师的专业水平不够显然不能保证教学的科学性，教师的修养水平不高也不能保证教学的思想性。

### （二）直观性原则

直观性原则是指在教学中通过实物、直观教具、现代化教学技术等手段，充分调动学生的多种感觉活动，丰富学生的感性认识，为学生正确理解书本知识和发展认识能力创造条件。这一教学原则的主要依据是间接经验与直接经验相互作用规律。

贯彻这一教学原则要注意以下基本要求：

第一，要根据教学的目标、内容和学生的年龄特征正确选用直观教学手段。直观手段一般可以分为三大类。第一类是实物直观，即直观观察客观事物、客观现象；第二类是模型直观，即观察客观事物或现象的模拟品，形成感性表象；第三类是语言直观，即教师用生动形象的富有感染力的语言，并借助肢体语言、语调等对对象作形象化的描述，以唤起学生对有关事物表象的重现。

第二，直观与讲解相结合。讲解能够集中学生注意力，指导学生对直观对象做定向的理解，揭示事物本质，而不是流于为直观而直观。在直观与讲解结合的过程中，教师要指导学生分析、综合、抽象、概括和推理等思维活动，发展学生的抽象思维。

第三，从运用直观发展到摆脱具体形象。直观是手段而不是目的。使用直观教具不能让学生对直观教具形成依赖，要锻炼学生以后不用直观也能形成表象。

### （三）启发性原则

启发性原则是指教师在教学过程中要善于启发诱导，充分调动学生的自觉性和积极性，引导学生独立思考，积极探索，融会贯通地掌握知识，提高分析问题和解决问题的能力。这一教学原则的主要依据是教与学的互动性规律。古代教育家孔子和苏格拉底都是最早提倡启发式教学的思想家。

贯彻启发性原则要注意以下几点基本要求：

第一，调动学生学习的主动性。教师要善于质疑，提出具有启发性的问题，指明所学知识的价值，以激发学生对知识的兴趣，并进一步培养学生对真知的探索和追求，加强对学生进行学习目的的教育，培养社会责任感和自觉积极的学习态度。

第二，启发学生积极思考，指导学生学会学习。启发的关键是使学生的思维积极活跃起来，向纵深发展。为此，教师要注意：①提出少而精、富有启发性的问题，启发学生的思维，并给学生以思考的时间，然后因势利导，使学生的认识步步深入；②启发学生理解学习过程，并结合学习过程对学生进行思维方法的指导，使学生学会思考；③引导学生亲自观察、动手操作，在多种教学实践活动中激发和培养学生积极思考及独立解决问题的能力。

第三，发扬教学民主。这是启发教学的重要条件，它包括：建立民主平等的师生关系，创设民主和谐的教学气氛，鼓励学生发表不同的见解，允许学生向教师提问等。研究表明，学生的学习兴趣和积极性是与情感密切相连的，融洽的师生关系会在学生身上产生良好的心理效应，使学生的聪明才智充分发挥出来。

### （四）巩固性原则

巩固性原则是指教学要引导学生在理解的基础上牢固掌握所学的知识和技能，把掌握的知识和技能能持久地保存在记忆里，并能根据需要准确而及时地再现和运用。这一教学原则的主要依据是教学效果的整体和谐优化规律。历代教育家都十分重视知识、技能的巩固问题，孔子要求“学而时习之”“温故而知新”，俄国教育家乌申斯基把巩固知识的复习称为“学习之母”。

贯彻巩固性原则有以下几点基本要求：

第一，讲课要清楚明白，使学生听懂学会，做到条理清楚、逻辑严谨、重点突出、生动形象。同时注意调动学生学习的积极性，使学生集中注意，深入思考，掌握教材的基本结构，把新的知识结构纳入已学知识的体系中。

第二，组织好复习和练习。复习和练习使得学生对所学的知识进一步条理化、系统化，使所学的知识得到强化，在运用知识和进行练习的过程中加深记忆。

第三，指导学生掌握科学的记忆方法，增强学生记忆的信心。心理学的研究揭示了记忆的规律，提出了科学的记忆方法，教师应遵循规律，为学生创造记忆的客观条件，结合有关的教学环节，将科学的记忆方法教给学生，增强学生对记忆的信心，加强情绪在记忆中的作用，因为对记忆失去信心，往往会导致失去学习信心。

### （五）理论联系实际原则

理论联系实际原则是指教学要以学习基础知识为主导，密切联系实际，丰富学生的感性认识，促进学生对知识的理解，注意运用知识去分析问题和解决问题，达到学以致用的目的。这里的实际包括学生已有的知识、科学上的最新成就、社会生产与社会变革的需要、学生的思想实际、生活实际等。“理论”主要是指书本知识。这一原则反映了间接经验与直接经验的相互作用规律。

贯彻理论联系实际原则有以下几点基本要求：

第一，书本知识的教学要注意联系实际，教学首先要按照课程计划、教学大纲或课程标准，指导学生认真学习书上系统的科学知识。学生学习书本上的理论知识是间接经验，学生本人对其中的大部分内容并无直接的切身体验。因此，要深刻理解、牢固记忆和灵活运用这些理论知识是有一定困难的。这就要求教师必须联系实际进行知识的讲授，联系学生的实际，联系科学知识在生产实践和社会生活的应用实际，联系最新科学成就的实际等。只有这样，教学才能生动活泼，使抽象的书本知识利于被学生理解和吸收，并转化为他们自己的智慧和精神财富。

第二，重视培养学生运用知识的能力。结合系统理论知识的学习让学生去接触一定实际和参加必要的实践，不仅有利于加强和促进理论学习，而且通过理论指导下的实践，可以更好地锻炼学生的实践本领，培养学生具体的分析问题、解决问题的实际能力和学生勇于实践的精神，以及培养学生综合运用知识的能力。

第三，补充必要的乡土教材。我国幅员辽阔，经济、文化发展存在着巨大差异，每个地方，每个民族都有自己特有的历史文化、物产资源、风土人情、经济结构。学校教材应该适当反映这些实际情况，使学生掌握一些能为地方经济和社会发展服务的实际知识和实际本领。

### （六）循序渐进原则

循序渐进原则是指教学要按照学科的逻辑系统和学生认识发展的顺序进行，使学生掌握系统的基础知识、基本技能，形成严密的逻辑思维能力。这一教学原则的主要依据是教与学的互动性规律和教学效果的整体和谐优化规律。

贯彻循序渐进原则有以下基本要求：

第一，严格按照教学大纲、教科书的系统知识组织教学内容。学生以认识系统的间接经验为主，各门学科的知识都是以相应的科学为基础的，其编排组织大都较好地反映了科学知识的系统性和学生认识的循序性。教学严格按照教学大纲、教科书来进行，有利于学生掌握学科的基本结构，从而掌握学科的基本内容，有利于学生的记忆和学习上的迁移。这要求教师不能随意删减教学内容，注意新旧知识之间的衔接，使当前学习的知识要合乎逻辑的发展，成为以后学习新知识的准备，使一切教学活动都系统而连贯，包括备课、讲课、实验、复习、检查等各个教学环节都要系统连贯。

第二，教学内容的呈现和讲解要符合学生的认识特点，抓主要矛盾，解决好重点与难点的教学。循序渐进并不是要求教学面面俱到、平均使用力量，而是要求区分主次，分清难易，有详有略，有快有慢地进行。教学中要把较多的精力和时间放在重点上，围绕重点对学生进行启发诱导，开展对话、讨论，进行作业和评议，以保证学生正确掌握知识和技能。

### （七）因材施教原则

因材施教原则是指教师要从学生的实际情况、个别差异出发，有的放矢地进行有差别地教学，使每一个学生都能扬长避短，获得最佳的发展。这一教学原则主要依据我国的全面发展的教育目的和教与学的互动性规律。我国古代教育家孔子就善于运用这一教学原则，宋代著名思想家朱熹评价道："孔子施教，各因其材。"

贯彻因材施教原则的基本要求如下：

第一，针对学生的特点进行有区别的教学。了解学生的个别特点是搞好因材施教的基础。教师应当了解各个学生德、智、体发展的特点，各学科学习的情况和成绩，有何兴趣、爱好和擅长，有何不足之处，然后有目的地因材施教，长擅救失。

第二，采取有效措施使有才能的学生得到充分发展。现行的班级授课注重面向全体，往往搞大家齐步走而难于照顾到学生的特点，使许多学生的才能发展受到限制，而现代科技的发展、国际上各个领域的竞争加强，都要求学校教学应当注意从小培养有特殊才能的人。因此，现代教学要重视探索和采用一些特殊的措施或制度，以保证杰出人才的培养。

# 第三节　教学基本环节和基本方法

## 一、教学工作的基本环节

教学活动是一个完整的系统，它在前进过程中是由一个个相互联系、前后衔接的环节构成的。其中任何一个环节都不能脱离整体或整体不协调。要全面提高教学质量，必须认真研究教学工作的基本环节，提高对每一个环节的质量要求。

从教师的角度来看，教学活动一般包括备课、上课、课外作业的布置与批改、辅导、答疑、学业成绩的检查与评论几个基本环节。

### （一）备课

备好课是上好课的前提。备课就是教师根据教学大纲的要求和本门课程的特点，结合学生的实际，选择最合适的表达方法和顺序，以保证学生有效地学习。对教师来说，备好课是加强教学的预见性和计划性，充分发挥教师主导作用的重要保证。

教师教学准备工作主要涉及教学内容和教学对象两个方面。由于这两者都是在不断发展和变化的，因此即使是很有经验的教师也仍要认真备课。

1．教师的备课主要是做好钻研教材和熟悉学生的工作

（1）钻研教材：钻研教材包括研究教学大纲、教科书和阅读有关的参考资料。钻研教学大纲是要弄清本学科教学目的、教材体系和基本内容以及在教学方法上的基本要求。钻研教科书是指教师要熟练掌握教科书的全部内容，包括教科书的编写意图、组织结构、重要章节以及各章节的重点、难点和关键。教师还应在钻研教科书的基础上广泛阅读有关参考书，精选一些材料以充实教学内容。

教师掌握教材一般要经过懂、透、化三个阶段。“懂”就是掌握教材的基本结构。“透”就是对教材融会贯通，使之成为自己的知识体系。“化”就是教师的思想感情要和教材思想性、科学性融合在一起，只有达到这个境界才算是完全掌握了教材。

（2）熟悉学生：为了使自己的教学能切合实际，有的放矢，教师必须完全深入地了解自己的学生。主要应了解学生的学习基础以及他们的思想面貌、个性特点和健康状况等。在了解全班学生的基础上还应把学生的学习情况加以分类，并选择好各类学生中的代表，着重对他们在学习上的优缺点进行细微的分析和研究，以便在课上加强指导，并通过提高他们的质量来带动其他同类学生，最后达到全班学生都得到提高和发展的目的。

2．教师备课时，还应编写以下三种计划

（1）学期（或学年）的教学进度计划。这种计划应在学期或学年开始前制订出来。内容包括：学生情况简要分析，本学期或学年的教学总要求，教科书的章节或课题，各课题的教学时数和时间的具体安排，各课题所需要运用的教学手段等。

（2）课题（或单元）计划。上课前，教师对教学大纲中一个较大的课题或教科书的一个单元要进行全盘考虑，并在此基础上制订出课题计划。课题计划的内容包括课题名称、本课题的教学目的、课时划分及各课时的类型和主要教学方法、必要的教具。制订单元计划时，教师应明确本课题在整个学科知识体系中所处的地位与前后课题之间的关系，考虑和上课配合的其他教学形式的运用。

（3）课时计划（教案）。教师的教学工作是由一个个课时来进行的。课时的准备是更直接、更具体的教学准备。课时计划一般包括以下一些项目：班级、学科名称、授课时间、教学内容、教学目的、课的类型、教学进程（包括教学内容的安排，教学方法的运用和教学时间的分配）、教具等。

课时计划有详略两种，可根据教师本人教学经验而决定其详略。课时计划不仅是上课的需要，而且也为总结和研究教学工作提供了资料。教师在课后应对自己的上课做自我分析并简要记录在课时计划后面。

### （二）上课

上课是整个教学工作的中心环节，要提高教学质量就必须上好课。上课也是教师教的活动和学生学的活动相互作用最直接的表现。上课应按制订的课时计划进行，但要根据课的进行情况，灵活地掌握，不为课时计划所束缚。上课对每个教师来说，是他的教育思想和教学能力的集中反映。对学生来说则是掌握系统知识、发展能力和个性的基本学习形式。上课的基本要求如下：

1. 教学目标明确

师生双方对一节课所要达到的教学目标应当明确。目标明确包含了两层意思，一是指目的要求要提得正确，合乎教材和学生的实际，应包括掌握知识、技能，发展学生的能力和培养思想品德等方面的目的，做到这三者的有机统一。二是指课堂上的一切活动都应紧紧围绕教学的目标进行。因此教师应通过各种恰当的方式让学生了解所要达到的目的，做到师生密切配合。确定目标是一节课的灵魂，课的目标决定了课的主要结构成分。

2. 教学内容正确

这就是要保证教学内容的科学性、思想性。在进行教学时应注意教材的重点、难点，使学生确定知识之间的内在联系，并能正确掌握。

3. 教学设计恰当

教师要善于启发，能调动学生学习的积极性。各种方法能有机结合、运用自如，使学生既有紧张的学习活动，又有生动活泼的学习气氛，师生配合密切、感情融洽。

4. 管理学习环境

教学应有严密的计划性和组织性，能以较少的时间和精力取得最大限度的教学效果，教师和学生都处于积极状态。教师要营造和管理好学习环境，为学生们学习科学知识和发展能力提供必要的时间、空间和资源。

总之，衡量一堂课的标准不仅要看教师教得怎么样，更主要的是要看学生学得怎么样，归根到底是要看单位时间内学生的学习质量和学习效果。教师上完课应及时进行质量分析，检查教学效果，以便不断改进教学。

### （三）课外作业的布置与批改

对学生布置课外作业是课内作业的继续和发展，是教学活动的有机组成部分。它的效果和上课的质量有直接关系，如果上课这个环节没有抓好，就会影响课外作业的进行。课外作业是由学生独立完成的。学生通过对作业内容的独立思考、作业时间的独立分配和安排以及对作业质量的自我检查等活动，可以使独立学习的能力得到很好的训练。

### （四）辅导、答疑

课外辅导、答疑是使教学适应学生个别差异，贯彻因材施教原则的一个重要措施。它是上课的一种补充形式，但不是上课的继续和上课的简单重复。一般可采取个别辅导和集体辅导两种形式。辅导不仅有利于学生的学习质量在原有基础上的提高，而且通过质疑、答疑，对教师教学水平的提高也是一种促进。对学习差的学生进行辅导，除了教师辅导，还可组织学习好的学生协助，以加强团结和友谊，有利于集体主义思想的培养。但学生的学习一定要首先强调独立钻研、自学为主，不应过多加重学习好的学生的负担。

### （五）学业成绩的检查与评定

学业成绩的检查与评定是测试教学效果，对教学过程进行调节控制，掌握教学平衡的一个重要环节。

首先，学业成绩的检查与评定可以促进学生的学习。通过成绩的检查，可以使学生从自己学习结果的反馈中及时获得矫正的信息，了解自己的学习情况和学习目标之间的差距，以进一步调整自己的努力方向。

其次，学业成绩的检查与评定也有利于促进教师的教学。对学生成绩的检查与评定，能较好地反映出教师的教学效果，是教师了解自己的教学效果、及时调整教学要求、改进教学方法的必要依据。它对教师加强责任感也有积极的作用。

学业成绩的检查与评定的作用还不单纯是衡量教学质量，而且也和国家选拔人才的要求联系在一起。检查什么，怎样检查，对教师教什么和怎样教，学生学什么和怎样学，都是一种最实际的引导。

科学合理的检查和评定对教学可以起积极促进作用，反之，则不仅不利于教学，而且还会挫伤学生学习的积极性和自尊心，阻碍学生的发展。

## 二、教学的基本方法

教学方法是为了达到一定的教学目标，教师组织和引导学生进行专门内容的学习活动所采取的方式、手段和程序的总和，它包括了教师的教法、学生的学法、教与学的方法。

### (一) 国内常用的教学方法

人们通过总结和比较筛选，把我国中小学常用的教学方法分为四大类十种，即讲授法、谈话法、读书指导法、练习法、演示法、参观法、实验法、实习作业法、讨论法、研究法。

1. 以语言传递为主的教学方法

(1) 讲授法是教师通过语言向学生传授知识的方法，分为讲述、讲解和讲演三种。使用要求：讲授内容要有科学性、系统性和连续性，注意启发学生，讲究语言艺术。

(2) 谈话法又称问答法，它是教师按照一定的教学要求向学生提出问题，要求学生回答，并通过问答来引导学生获取或巩固知识的方法，包括复习谈话和启发谈话两种。使用要求：要准备好问题的谈话计划，要善于提问，要善于启发诱导学生，要做好归纳小结。

(3) 读书指导法是教师指导学生通过阅读教科书、参考书以获取知识或巩固知识的方法，包括指导学生预习、复习、阅读参考书、自学教材等。使用要求：提出明确的目标、要求和思考题，教给学生读书的方法，加强辅导，适当组织学生交流心得。

2. 以直接感知为主的教学方法

(1) 演示法是教师通过展示实物、直观教具或演示实验，使学生获得知识或巩固知识的方法。使用时要求做好演示前的准备，要使学生明确演示的目的、要求和过程，讲究演示的方法。

(2) 参观法是教师根据教学目的组织学生到校内外一定的场所，直接观察事物及现象以获得新知识或巩固验证已学知识的一种教学方法，包括准备性参观、并行性参观和总结性参观三种。使用时要求事先要做好准备工作，明确学生参观的重点环节，参观过程中要加强指导，让学生有目的、有重点地进行选择，结束后要指导学生做好讨论总结，安排作业。

3. 以实际训练为主的教学方法

(1) 实验法是在教师指导下通过运用一定的仪器设备进行独立作业，观察事物和过程的发生和变化，探求事物的规律以获得知识和技能的方法，包括感知性实验和验证性实验两种。使用要求：做好实验前的准备，使学生明确实验的目的、要求和做法，注意实验过程中的指导，做好实验小结。

(2) 实习作业法是学生在教师指导下进行一定的实际活动以培养学生实际操作能力的方法。使用要求：做好实习作业的准备，做好实习作业的动员，做好实习作业过程中的指导，做好实习作业的总结。

（3）练习法是学生在教师指导下运用知识去反复完成一定的操作以形成技能技巧的方法，分为口头练习、书面练习、实际操作练习、独立性练习、创造性练习。使用时要求提高练习的自觉性，循序进行，逐步提高。

4. 以引导探究为主的教学方法

（1）讨论法是学生在教师指导下为解决某个问题而进行探讨、辨明是非真伪以获取知识的方法。使用要求：讨论的问题要有吸引力，要善于在讨论中启发引导学生，做好讨论小结。

（2）研究法是学生在教师指导下通过独立探索、创造性地解决问题以获取知识和发展能力的方法。使用时要求正确选择研究课题，提供必要的条件，让学生独立思考和探索，做到循序渐进、因材施教。

除了这些常用的教学方法以外，我国还创建了一些新的教学方法，比如六课型教学法、“讲讲、读读、议议、练练”的八字教学法、学导式教学法、情境教学法等，这些教学方法和外国的教学方法有异曲同工之妙。

### （二）国外流行的教学方法

随着心理学研究的不断深入、教育教学改革的需要和教育工作者的努力，教学方法在当代获得了前所未有的发展。国外创建了许多新的教学方法，其中三种有很大的影响力，它们是发现式教学法、范例教学法、“掌握学习”教学法。

1. 发现式教学法

（1）概念。发现式教学法是由美国著名心理学家布鲁纳提出的，是指学生在学习概念和原理时，教师只给他们一些事例和问题，让学生自己通过独立工作去发现问题、解决问题、得出结论的方法。这也正体现了它的特点，即学习的内容需要由学生自己发现。这类教学方法因其与科学方法类似而日益受到重视，但也因费时而不能成为主要的教学方法。

（2）过程结构。发现式教学法由四个环节构成。第一，教师创设问题情境：教师深入分析教学内容，向学生提出要解决或研究的课题。第二，学生提出假设或答案：学生在阅读和学习有关的教材、参考书的基础上对教师提出的问题做出各种可能的假设和答案。第三，检验假设：在教师指导下，学生根据不同的课题性质，通过思辨、实验、演示等，以讨论的形式对假设进行检验，正确的就可以作为结论和结果，错误的再修正假设。第四，做出结论：在充分讨论和验证假设的基础上，对假设进行补充、修改和总结，对教师提出的问题做出结论。

（3）适用范围。发现式教学方法在数理学科，特别在对其中的概念、理论、现象之间的因果关系和其他联系的教学中适用。

(4) 使用的基本要求。教师在使用发现式教学方法时必须做到：根据教材的特点和学生的实际确定探究发现的课题和过程；严密组织教学，积极引导学生的发现活动；努力创造一个有利于学生进行探究发现的良好情境。

为了便于对该方法的理解，笔者摘取了下面的案例：

根据物理实验教学要充分体现以“学生为主体，教师为主导”的原则，一位教师在教学中尝试用“发现式”进行实验课堂教学。在“用电压表和电流表测电阻”的一堂实验课中，他有意识地多准备了一些器材让学生进行选择。如在实验桌上多放一只已知阻值的电阻、一只电流表、一只电压表等，上课时，先组织阅读教材，讨论实验的目的、原理，观察器材，发挥每个学生的聪明才智。通过实验，要让学生进一步学会电流表、电压表的使用方法，测出未知电阻的阻值。实验结果是得出了多种电路的连接和实验方法。在组装线路时，有的只用电压表，有的只用电流表，有的电流表、电压表一起用……学生们设计了一种线路，再设计另一种线路，非常有兴趣地研究测量电阻的方法，掌握器材的规格和正确用法。课堂气氛非常活跃，学生处于积极主动的状态。

2. 范例教学法

(1) 概念。范例教学法是运用精选的知识经验以及事实范例作为教学内容，使学生掌握一般的、有普遍意义的知识，形成独立和主动学习的能力并养成独立批判、判断能力的教学方法。它是德国教育家瓦·根舍因等创立的。范例教学的目的在于通过学习精选过的隐含着本质因素、根本因素、基本因素的典型事例，使学生掌握一般的知识、观念，而不是要学生复述式地掌握知识。

(2) 过程结构。范例教学法由四个阶段构成：范例地阐明“个”的阶段，即通过整体的一个或几个特性来说明整体，也就是通过个别的典型特征来说明整体。范例地阐明“类”或“属”的阶段，对上一阶段获得的知识进行归类。范例地掌握规律范畴的阶段，即在前两个阶段的学习基础上，进一步探究出现律性的认识来。范例地获得关于世界经验和生活经验的阶段，即通过上述三个阶段的教学，进一步把获得的知识进行加工和应用，从而获得关于世界的经验和生活的经验。通过这一阶段，学生不仅了解了客观世界，也认识了自己，加强了行为的自觉性。

(3) 适用范围。范例教学法适用于文理学科的教学。

(4) 使用要求。教师在使用范例教学法时要做到：帮助学生主动学习；激发学生的学习动机；努力让学生认识知识内部的逻辑结构，掌握范畴性的知识；教师要引导学生发现。

为了便于对该方法的理解，笔者摘取了经济常识“树立正确的消费观”一课的教学案例如下：

邻居家20世纪80年代末原有的一台黑白电视机“退休”后，由一台18英寸彩电取而代之，使用至今没修过一次，图像清晰，看得也蛮顺心。近年来，每逢子女来他们父母处，就不免要唠叨几句，说什么现在还看18英寸彩电，多寒酸！谁家还没换大屏幕的！还开导说，现代人的消费观不能死抱住传统不放了，应该适应潮流，要学会享受生活。被他们这么一开导，他们的父母也感到有些困惑了。两位老人细细思忖，尽管经济上尚有换大屏幕彩电的能力，但换了以后，这台好好的18英寸彩电该如何处置？卖了吧，三文不值两文，可惜！不卖吧，让它躺着睡大觉，直到自然消亡。物不能尽其用，这算不算浪费呢？如果是属于浪费的话，那么与子女所说“适应潮流”之间的矛盾又如何解决？请就这台18英寸的彩电究竟该不该换提出你的看法。

3．“掌握学习”教学法

（1）概念。“掌握学习”教学法是通过操作教学时间实施“因学施教”，以每个学生掌握教学内容为标志，使每个学生都尽可能发展的教学方法。其代表人物是美国的卡罗尔和布卢姆等。

（2）基本原理。卡罗尔和布卢姆提出，学习结果的主要变量是学习时间。学习时间分为实际学习时间和必要学习时间。学习程度＝F（实际学习时间/必要学习时间）。实际学习时间是完成相对指定的学习任务所安排的教学时间，是由教师决定的，必要学习时间是学生完成指定的学习任务所必要的学习时间，对学生来说是因人而异的。从教师角度讲，要尽可能多地给学生足够的实际学习时间；从学生角度讲，教师要尽可能帮助学生缩短必要的学习时间。学习所花时间是掌握的关键，“掌握学习”教学法就是要找到为每个学生提供他所需要的学习时间的教学方法。

（3）过程结构。“掌握学习”教学法分教学准备和教学实施两个阶段进行。教学准备阶段的过程结构为：一、教师首先确定教学内容；二、教师把课程分解为一系列单元，并制定具体的教学目标；三、在新课程之前，对学生进行诊断性评价；四、编制各单元简短的“形成性测验”试题，预先确定并准备好可供选择的学习材料（如辅导资料、练习手册、学术游戏等）和矫正手段（如小组学习、个别辅导、重新讲授等），供学生遇到学习困难时选择；五、编制“终结性测验”试题，覆盖所有单元目标，目的是评价学生是否完成了该学科的学习任务。

教学实施阶段的教学过程结构为：一、教师首先向学生介绍掌握学习的一般程序，包括学习→形成性测验→（再学习→形成性测验）……→终结性测验→每个学生都达到教学目标；二、在新课程之前，对学生进行诊断性评价；三、在集体教学中给学生以相同的教学内容和教学时间；四、在一个单元学习结束时，进行一次“形成性测验”，掌握正确率达 80%～85% 即可通过；五、通过者进行加深学习，未通过者进行补救学习，这种补救学习可利用可供选择的学习资料（如辅导资料、练习手册、学术游戏等）和矫正手段（如小组学习、个别辅导、重新讲授等）；六、再进行一次平行性的形成性测验；七、进行“终结性测验”，评定每个学生的学业成绩。

（4）使用要求。教师在使用“掌握学习”教学法时应该做到：一、诊断学生要准确无误；二、激发每一个学生的学习动机；三、让每一个学生充分体验“学习成功”的喜悦；四、教师要引导学生不断总结和形成自学方法。

### （三）教学方法的选择和运用

对于教学方法的选择和运用，目前有一种误解，就是认为传统的讲授法已经不再需要，新课程提倡自主合作探究的学习方式，因此，将讲授法等传统的教学方法一下子打入“十八层地狱”。这是一种极端的片面的理解。新课程之所以在学习的方式方法上进行改革，并不是因为采用了讲授法，而是因为人们往往只采用讲授法而忽略其他方法的使用，而使学习方式方法过于单一，不利于学生的学习，这是改革的出发点。新课程提倡自主、合作、探究等学习方式方法，并不等于否定了讲授等方式方法，每种方法都必然有其自身的优点与缺点，因此更准确地说，新课程主张的是各种方法的整合，在具体的教学情境之中，采用恰当的方式方法，发挥每种方法的优势，形成优势互补的局面。

选择和运用教学方法应该考虑以下几个主要原则：

第一，坚持启发式教学，反对注入式教学。

启发式教学就是指教师从学生的实际情况出发，把学生当成学习的主体，应用各种方式方法调动学生学习的积极性、独立性、主动性和能动性，引导学生通过自己积极的学习活动掌握知识、形成技能、发展能力和促进个性健康发展。

启发式教学的精神是尊重学生的主体人格，强调指导学生的学习方法，重视学生的技能形成、能力发展和个性展示。它把学生看成既是教育的对象，又是学习的主体，充分调动学生学习的主动性，激发他们的学习兴趣和求知欲，从而积极地开展思维活动，在理解的基础上掌握知识。这种教学有利于促进学生的智力，特别是思考力的发展和培养学生分析问题、解决问题的能力，是一种科学民主的教学方法。

注入式教学也称“填鸭式”或“灌输式”教学，是指教师从主观出发，把学生置于被动地位，忽视学生的主体能动性，把学生看成是单纯接受知识的“容器”，只注重教学过程的知识传授。可以看出，注入式教学是把学生看成被动的教育对象，不注意调动学生学习的主动性和积极性，教师只是把知识灌输给学生，使学生生吞活剥，不加咀嚼地呆读死记，抑制了学生的思考力和创新精神。注入式教学方式既不利于学生真正领会掌握知识，又不利于其智慧的发展，是一种不科学不民主的教学方法。

第二，与教学目的和任务相适应。

教学目的和任务具体体现为每节课的教学目的和任务，每节课的教学目的和任务不同，选择的教学方法也有所区别。教学方法多种多样，不同的教学方法有不同的作用，各有特长，也就无所谓优劣之分。每节课有什么样的教学目的和任务，就应该有与之相适应的教学方法，同时更要依据实际条件，选择最佳的教学方法，防止教学方法格式化。

第三，与教学内容相适应。

教学任务是通过教学内容的传授实现的。这里的教学内容是指学科性质和一节课的教材内容。教学内容是制约教学方法的重要条件，学科性质不同，教学方法也有不同。同一学科，由于各节课教材内容不同，其方法的选择也有区别。同是传授新知识，如有概念性内容，主要选用讲授法；如是阐明事物的特性、揭示事物发生发展变化的规律，则可选用演示法。所以要依据教学内容来选择与之相适应的教学方法。

第四，与学生的心理特征、知识水平相适应。

学生的心理特征、知识水平、学习态度、智力发展水平等也是制约教学方法选择的重要方面。教师在选择教学方法时要考虑学生的已有知识水平以及心理特征，体现学生发展的具体性和特殊性，根据学生的个别差异选择不同的教学方法，满足学生个性化发展的需要。

第五，与教师特点相适应。

教师的业务水平、教学经验和个性特长等都是教师选择各种教学方法应该考虑的因素。教学方法是实现教学目的、任务的手段，是一种工具；教师在选择教学方法时，应该充分利用自己的长处，选用自己掌握得比较好的适合自身特点的教学方法。教师本身的特点决定了他偏重于哪种方法。

第六，与教学环境及教学条件相适应。

教学环境及设备条件的差异制约着教学方法的选择。在教学设备先进的现代学校里，教师可较多地选用现代化的教学方法；在教学条件简陋的学校，教师所选的教学方法就有所限制。教师在选择教学方法时应充分考虑实际情况，尤其是农村学校更需要自力更生、自制教具，为教学方法的多样化创设条件。

**（四）新课程提倡自主合作探究的学习方式**

在此次基础教育课程改革中，在学习方式方面倡导自主合作探究的学习方式，而且随着基础教育课程改革的深入进行，自主合作探究的学习方式将会为广大中小学教师所广泛使用，本部分将针对何谓自主合作探究的学习方式及其特征展开论述。

1. 自主合作探究学习方式的阐释

关于自主合作探究的学习方式有很多学者已经进行了阐述，笔者认为自主合作探究的精髓体现在以下几方面：

（1）自主——民主精神的体现。传统的教学过于强调学生要听话，要遵从教师的安排，这样的学生才能被称为好学生，结果接受完学校教育的学生在走进社会以后缺少创新能力，没有问题意识，所能做得更多的是服从。为了从根本上改变这种状况，新课程提倡学生要自主，学生有自主学习的权利，学生可以自主选择一些他们感兴趣的学习内容，在一定的条件下可以自主决定与其他同学的合作方式等。无疑，将自主权还给学生是民主精神在教学领域的体现。教学是教师与学生共同构成的活动，缺少了任何一方都不可能称为教学，学生在人格上有与教师平等的权利，只是与教师相比较而言，学生闻道在后，身体心理各方面还不太成熟，但不能因此而否定学生的自主权。要想使教学是一种民主的活动而非教师自己唱的独角戏，必须大力加强学生的自主权。

（2）合作——学生交往的需要。学生的学习不是学生个体独自的活动，学生在学习过程中有和同学交往交流的需要，笔者认为这是学生作为人的一种类特征，也就是说人作为一类的存在有诸多特征，而交往的需要则是一个最基本的特征，动物界也有动物与动物之间的相互作用，但是只有人类有意识、有目的的相互作用才能称之为交往。人有交往的需要，学生作为人类当中的一部分自然也有交往的需要，而且由于学习活动中经常会遇到学生个体无法解决的问题，这时候学生更加希望能够与其他同学一起来解决问题，借助于团体的力量、众人的智慧，问题会变得更容易解决，因此，学生之间的合作不失为一种解决问题的好方式，同时也是学生交往需要的本质体现。

就目前的教学实际而言，学生之间的合作主要是通过小组学习来体现的，通常将一个班级的学生分成几个小组（每组 4～8 人），每个小组内部有角色分工，有组长、组员等不同角色，并且在进行学习活动时，小组是以一个整体单位出现的，小组内的每个个体的表现直接与小组的成绩相关，因此，小组学习更能培养学生的团队意识。

（3）探究——创新精神的培养。探究与接受是截然不同的两种学习方式，接受往往是外在的东西强加给学生，学生通常是被动的，而探究则不然，探究是学生自己去做自己想做的，不是对现成东西的被动接受，而是充分发挥自己的主观能动性去解决一些未知的问题，在探究的过程中学生之间或许会有不同的结论，这是和以往只追求唯一答案的接受式的学习方式不同的地方，也正是因为这样在探究的过程中学生会得到许多意想不到的结论，从而培养了学生的创新精神。在探究的时候，激发学生的探究动机是关键的一步，如果学生连探究的欲望都没有，那探究也就无从谈起了，在激发学生的探究动机时可以通过参观访问等一些活动，也可以通过教师设置悬念等多种方式，不论采用何种方式，只要能激发学生的探究动机即可，一旦学生的探究动机被激发，在接下来的探究活动中，注意培养学生的质疑精神以及调动学生进行发散思维是核心的一环。

2. 自主合作探究学习方式的特征

自主合作探究的学习方式和以往的学习方式相比有很大的不同，表现出自己独有的特点：

（1）主体的活动性。作为教学主体的教师与学生在自主合作探究的学习方式中表现出极大的活动性，学生的主体活动主要表现为实际动手操作，积极动脑思维，动口表达交流，在亲身实践和体验中获得知识和技能。学生活动的内容具有实践的特点，注重通过实践活动获得直接经验，把书本知识运用到实践中去，使理论和实践结合起来。教师要创设活动情境，激发学生兴趣，为学生展示自我提供机会。

（2）师生的合作性。最新的课程理论认为：课程包括学习内容、学习环境、教师、学习者以及他们之间的相互关系。其中教师和学生之间的关系、学生与学生之间的关系、教师与教师之间的关系很大程度上影响着学习的效果。如果他们之间以合作、协作的关系来运行课程，那么就会取得更好的效果。

（3）内容方法的综合性。由于自主合作探究的过程中很多问题不能仅靠某一方面的知识来解决，更多的时候是依靠多学科多种内容的综合使用，在探究的时候，解决问题的方法也往往不是单一的，往往是多种方法综合使用才能行之有效。

（4）教与学的开放性。自主合作探究的学习方式打开了封闭的教学之门，使教学不仅加强课内与课外的联系，而且要加强校内与校外的沟通和学科间的融合。在教学内容上，现实生活中适合于教学的都可以引进课堂。在教学形式、教学渠道上，一切有利于学生学习、发展创造性思维、增长智慧才干的都可以引进课堂。

**（五）教学方法的发展趋势**

改革教学方法是提高教学质量的重要途径。随着社会的不断进步，从不同角度、不同方面来说，教学方法的发展呈现出与以往不同的趋势。纵观教学方法的发展趋势，我们从中把握到一些共同的特点，这些特点代表了教学方法发展的新动向。

（1）从教学方法研究的重心看，由“要素研究”向“过程研究”发展。教学过程各要素及其相互联系只有在教学活动过程中才能表现出来，忽视教学要素在教学活动中发生相互作用的具体过程，只能使教学方法研究越来越抽象，使教学方法难以进一步把握教学领域的微观问题和具体问题。“要素研究”只是流于对教学要素及要素之间的关系的讨论，形成了一些看似正确但对教学实践没有什么作用或没有什么直接作用的宏观理论体系。随着系统思想的传播，“过程研究”日益受到重视，教学方法的研究重心也从“要素研究”转向“过程研究”。“过程研究”把事物作为一个整体、作为一个完整的过程进行把握，注意在活动过程中考察各阶段、各环节之间的联系，注意在研究中、系统中、活动中研究不同要素相互作用的方式和表现形式。它注重把教学各要素放在一个过程中进行研究，这与“要素研究”相比，更注重结构与功能、整体与部分、过程与状态以及信息与反馈的辩证关系、内在联系和过程性联系，从而避免了“中心论”对不同教学要素的顾此失彼的现象以及由此造成的“中心”在不同要素之间“摆动”的现象。

（2）从教学方法的外在表现形式看，教学方法向多样化和综合化发展，教学方法体系向复杂化发展。教学方法的多样化表现在教学方法的数量众多上。实际教学中所应用的教学方法有上百种，没有固定的数量，并且在教学实践中还在不断产生新的教学方法。众多的教学方法各有其特点和优点，单一的教学方法很难完成一项复杂的教学任务，这就要求不同的教学方法有机结合、取长补短、优势互补。由于教学方法之间存在互补性，要完成复杂的教学任务时，多种教学方法的综合运用就是必需的。随着社会对人才规格要求的提高，教学任务将更加复杂，这就要求教学方法要趋向综合化这种更高级的形式，这是一个不可逆转的趋势。

教学方法的结构即教学方法的类别、层次以及各类别、各层次之间的关系。随着教学方法数量的增多，教学方法的种类、层次也在不断增多，教学方法的结构日趋复杂。教学方法结构的复杂性表现在划分教学方法种类、层次的标准和依据的复杂上。目前有一系列有代表性的分类，从不同标准、不同依据的角度对教学方法的分类构成了纵横交错的教学方法结构框架。随着教学方法划分依据和标准的增多、依据与标准自身的发展变化、角度的变化以及教学方法自身的丰富和发展，教学方法结构将日趋复杂化。

（3）从教学方法的直接价值表现形式看，由一维取向向多维取向发展。教学方法的直接价值是满足学生发展的需要。根据教学方法对学生发展需要满足维度的不同，可以把教学方法的直接价值分为横向价值和纵向价值。教学方法的横向价值表现为：传授知识、发展智力、形成能力、发展情感、关注社会化和个性化。传统的教学方法在横向价值方向过分强调知识、智力和社会性，忽视能力、情感和个性，结果使培养出的人才“有知识、缺文化，有学问、缺修养，有理论，缺行动”。随着人文主义思潮的兴起、素质教育的推进、信息时代的来临和知识经济的发展，人们越来越认识到能力、情感和个性在现代社会的重要性。现代人才的一个重要标志是具有鲜明的个性、丰富的想象力和创造性，这就要求教学方法在横向价值上向重视能力、情感、个性和创造性的价值取向发展。

教学方法的纵向价值是教学方法对人的不同年龄阶段的发展、终身发展的满足。传统的教学方法只注重教法，忽视学法，教学方法的纵向价值只表现在在校那段时间内。现代教学不仅重视教法也重视学法，所以教学方法的纵向价值开始由在校期间拓展到离校之后的所有时空。教学方法的纵向价值也开始由满足学生的阶段性需要向满足学生的全程性（终身）需要发展。

（4）从教学方法与教学手段的关系上看，由教学方法被动依赖教学手段向二者积极配合发展。教学方法和教学手段是密切联系的，这种联系主要表现在两方面：一方面，教学方法依存于教学手段；另一方面，教学手段通过教学方法发挥作用，“不能离开教学的模式与方法来孤立地讨论媒体的作用”。随着社会的不断发展和信息革命的不断进步，教学方法和教学手段的联系日趋紧密，并且呈现出与以往不同的特点。其特点如下：第一，新的教学方法往往产生于创造性地运用现代教学手段的过程中，而不是现代信息传播手段作为教学手段引入课堂导致了教学方法的产生。如微格教学就是一例，人们把现代教学手段创造性地应用于师资培训从而产生了一种新的培养教师的教学方法——微格教学。第二，对教学方法创造性地应用，才能真正使现代化教学手段的作用充分发挥出来。“尽管同一媒体载运的信号种类相同，但是教师使用媒体的方法不同，会得到差异很大的传播效果。从这两个特点看出，教学手段对教学方法的支持更深入，已从过去的教学手段对教学方法被动依赖转向这二者的积极配合。

### 推荐阅读书目

1. 王策三：《教学论搞》，北京，人民教育出版社，1985。

2. 李秉德：《教学论》，北京，人民教育出版社，1991。

3. 黄甫全，王本陆：《现代教学论学程》，北京，教育科学出版社，2003。

4. 全国十二所重点师范大学联合编写：《教育学基础》，北京，教育科学出版社，2002。

5. ［日］佐藤正夫：《教学原理》，钟启泉译，北京，教育科学出版社，2001。

6. 田慧生，李如密：《教学论》，石家庄，河北教育出版社，1996。

7. 马云鹏：《课程与教学论》，北京，中央广播电视大学出版社，2006。

8. 冯文全：《现代教育学新论》，成都，电子科技大学出版社，2007。

### 学习思考

1. 结合教学实例，谈谈教学过程的本质。

2. 教学过程有何规律？在教学实践中如何遵循教学规律？

3. 教学过程要遵循哪些基本原则？

4. 新课程对教学方法有何新要求？

5. 教学方法的发展有哪些新动向？

# 第十章　德育与心理健康教育（上）

德育与心理健康教育存在本质的区别，但是德育与心理健康教育又有着极为密切的关系。

德育方法是教育者与受教育者相互作用的中介，是架设社会品德要求与个体品德生成的桥梁与纽带，它在社会品德规范转化为个体品德的过程中具有极其重要的枢纽作用。德育方法可分为宏观层次、中观层次和微观层次三个层面。在市场经济条件下，现行“授—受”式德育方法死板而又缺乏生气活力，应当从以下方面去寻找变革的突破口：变训斥式为疏导式、变封闭式为开放式、变包办式为自治式、变单一式为综合式、变保守式为创新式，探索并运用一些新的德育方法：利益调节法、登门槛技术法、冲突引导法、情感激励法、自发对称破缺法、无意识教育法。因此，本章将对德育方法的含义、分类、我国现行德育方法存在的问题、德育方法的国际借鉴、中国传统德育方法的启示、现代德育方法的创新等一系列问题进行全方位和立体式的探讨，最后结合社会主义市场经济新的时代背景提出德育新方法的一些构想。

## 第一节　德育方法概述

德育方法的内涵是什么，如何对德育方法进行分类，德育方法的运用要注意些什么问题，这是德育方法论中的一些基本理论问题，必须首先做出回答。

### 一、德育方法的含义

为了弄清德育方法的含义，首先有必要对方法一词进行简略考察。

“方法”一词，在英文中为“method”，而英文“method”一词又是来自希腊文“methodos”，其大致意思是做事或采取行动的步骤或手续。列宁曾经指出：“方法也就是工具，是主观方面的某种手段，主观方面通过这个手段和客体发生关系。”① 由此可知，方法是人们认识世界或改造世界（包括人类自

① ［苏联］列宁：《哲学笔记》，第236页，北京，人民出版社，1956。

身）的工具与手段。同时方法又是人们在长期认识世界与改造世界的实践过程中基于人脑对现实世界的客观反映而从实践中总结出来的行为方案或方式。“工欲善其事，必先利其器”，良好的方法作为实现目的的手段，其积极意义是显而易见的。

何谓德育方法呢？人们对这个问题的认识和表述并不完全一样，但概括起来大致有三种。

第一种是从教育者角度立意去定义德育方法的。如苏联凯洛夫主编的《教育学》认为德育方法就是“教师为了达到德育的某种任务而采取的一切措施，就是教育手段。”① 华中师范大学等六院校合编《德育学》对德育方法也作了大致相同的表述：“德育方法是指教育者用以培养、形成和巩固受教育者品德所用的方式和手段。”② 这种定义看不到学生在德育活动中的地位与主体作用，从单纯的“教”的角度立意，明显地带有赫尔巴特“教师中心论”的色彩，因而存在着非常明显的理论缺陷。

第二种是命题式定义。如胡守棻主编《德育原理》所下的定义为：“德育方法是为完成德育任务所采用的手段。”③ 冯文全等主编的《教育学》给德育方法下的定义是：“德育方法是指为了实现一定的德育任务所采取的各种方式和手段。”④ 此种定义较之第一种教师中心论式定义无疑具有进步意义，但隐去使用德育方法的行为主体，给人一种比较模糊的感觉，加之言辞过于简略，失之语焉不详。

第三种是“双边活动式”定义。我国德育理论界权威人士鲁洁教授认为：“德育方法是为达到既定教育目标，教育者、受教育者参与德育活动所采取的各种方式的总称。”⑤ 胡厚福所下的定义是：“德育方法是为达到德育目的，实现德育内容，在德育原则指导下，运用德育手段进行的教育者和受教育者相互作用的活动方式的总和。”⑥ 该种定义把德育方法理解为师生双方的活动方法，这是具有进步意义的一面，也是其较具科学性的一面。但是，与此同时，第三种定义无论是鲁氏用的“总称”还是胡氏用的“总和”来充当“德育方法”的

---

① ［苏联］凯洛夫：《教育学》，第232页，沉颖等译，北京，人民教育出版社，1953。

② 华中师范大学教育系：《德育学》，第168页，西安，陕西人民出版社，1986。

③ 胡守棻：《德育原理》，第2页、第164页，北京，北京师范大学出版社，1989。

④ 冯文全等：《教育学》，第255页，重庆，西南师范大学出版社，1998。

⑤ 鲁洁，王逢贤：《德育新论》，第386页，南京，江苏教育出版社，2002。

⑥ 胡厚福：《德育学原理》，第286页，北京，北京师范大学出版社，1997。

“邻近的属概念”，显然是严重违背了逻辑学上关于“实质定义法”（又称“科学定义法”）的基本要求的。实质定义法的公式是“被定义项＝种差＋邻近的属”。因此，根据该公式，若将充当被定义项的“德育方法”作为一个整体概念，其邻近的属概念则无疑是“教育方法”；若只将“方法”当做一个被定义项，把“德育”看做“方法”的定语，那么“方法”的邻近的属概念或意义大致相等的概念则有“方式”或“手段”，但无论如何不会是含义广大无边而又捉摸不定的“总称”或“总和”。如果从语法上进行分析，其错误也是非常明显的。为了清晰地呈现上述两定义的句子基本结构，我们把鲁氏和胡氏定义项中的定语成分去掉，得到的句子基本结构是：“德育方法是……总称”和“德育方法是……总和”。显而易见，上述两种说法其句子中的主谓搭配是很不恰当的。此外，鲁氏定义中的“为达到既定教育目标”的状语修饰也太失之宽泛，因为“教育目标”还包括智育、美育、体育等目标，而德育方法显然不可能是为了实现如此宽泛的目标，它的目的只是为了德育目标的达成。胡氏定义中的“实现德育内容”更为明显地犯了“动宾搭配不当”的语法错误，而且，定义的语言表达不简练也违反了定义要求用简短语句揭示概念的本质属性的基本要求。

综上所述，根据德育有关理论和逻辑学关于定义的规则和基本要求。我们认为，德育方法可以作如下表述：

德育方法是指为了实现一定的德育目标，在德育活动中教育者和受教育者所使用的方式与手段。

## 二、德育方法的分层与分类

正如事物的本质有层次之分一样，我们认为，德育方法按照其抽象概括的程度的不同，也是可以进行分层的（即层次的高低）。在此基础上，又根据一定的划分依据，对不同层次的德育方法再作具体的分类，以使研究更为具体与深入。

我们可以把德育方法分为宏观层次、中观层次和微观层次三个层面。宏观层次的德育方法是指作为行动原则或指导思想的方法；中观层次的德育方法是指具有比较明显的操作方式的方法；微观层次的方法则是指在具体的德育实践活动中所运用的极有针对性的具体方法。

### （一）宏观层次的德育方法及其分类

宏观层次的德育方法是作为指导思想或行动原则的方法，它具有哲学方法论的意义。这一层次的德育方法比较深刻地反映了德育规律，同时也是人们在长期的德育实践中对经验的总结、概括与提炼，它的抽象化程度最高，是对中观层次德育方法的宏观统御。这一层次的方法在传统的教育学和德育学理论中常被称做“德育原则”。宏观层次的德育方法具体包括：方向性和现实性相结合；知行统一；说理疏导和纪律约束相结合；发扬积极因素与克服消极因素相结合；尊重热爱学生与严格要求相结合；集体教育和个别教育相结合；德育影响一致性与连贯性等。

**（二）中观层次的德育方法及其分类**

中观层次的德育方法，其抽象概括程度上比不如宏观层次，下比又胜过微观层次，是介于二者之间的带有明显可操作性的方法。这一层次的方法在运用上要受到宏观层次方法的影响与制约，同时，它又对第三层次的具体方法产生影响与制约作用。这一层次方法常常高频率地出现在教育学和德育学的理论描述中，它们是：说服教育法；榜样示范法；实际锻炼法；情感陶冶法；自我修养法（又称自我教育法）；品德评价法等。

**（三）微观层次的德育方法及其分类**

微观层次的德育方法是在德育实践中具体操作的方法，它受到宏观方法和中观方法的双重统御，是直接施诸于实践的方法。因此，在三个层次的德育方法中，它的抽象概括的程度是最低的，同时其具体化程度又是最高的，它对德育活动的效率具有最为直接的影响。这一层次的德育方法，具体包括：讲解法；报告法；谈话法；讨论法；参观法；访问（调查）法；示范法；常规训练法；活动锻炼法；奖励法；惩罚法；评比法；操行评定法；阅读指导法；人格感化法；环境陶冶法；艺术熏陶法；自我约束法；自我完善法；如此等等，不一而足。这些具体方法的实施，一般都有具体的步骤、实施要领和一系列的操作程序，具有技能性、技巧性和技术性等操作特点。

此外，根据德育方法对受教育者品德形成是产生立竿见影式的直接影响还是水滴石穿式的渐进性与间接性影响，又可将其分为明示方法（显性方法）与暗示方法（隐性方法）。如以进行直接的品德知识灌输的说服教育法，以培养学生品德行为习惯的常规训练法，以引导学生见贤思齐的榜样示范法等，这些属于显性（明示）方法；而对品德产生间接影响的环境陶冶法，人格感化法，艺术熏陶法等则属于隐性（暗示）方法。

以上三个层次的德育方法共同构成了德育活动的方法体系，分别对德育实践产生着不同性质的影响。

# 第二节 市场经济条件下的德育方法的变革

社会主义市场经济的建立，使人的主体意识日渐觉醒，人的主体性得到充分的张扬。然而，纵观学校德育实践中所采用的方法，大多还是老一套的方法，死板而又缺乏生气活力的"授—受"式方法。这些都是与时代精神格格不入的，极大地阻碍了德育内容的展现与学生的内化，特别是对新的内容、活的内容、精的内容的传播与宣传起到了消极的抑制作用，造成德育效果欠佳、作用不明显的不良后果。因此，为了提高德育的科学性与实效性，必须要进行德育方法的改革和德育方法体系的建构。

## 一、对我国现行德育方法的反思

我国现行的诸多德育方法，层次不一，形式多样，但其宗旨似乎只有一个——把社会所要求的品德规范"传授"给受教育者。这是一种典型的"内容中心模式"。它往往只限于向学生传授一套固定的品德规范。但改革开放以来，特别是市场经济新体制的建立，传统的价值体系遭遇了严峻挑战，其内部范畴之间的历史地位和作用发生了更新或逆转，而一时又谋求不到适应时代的、为大多数人承认的、相对稳定而又内部协调的价值体系。因此，在德育目标的价值取向上，依然是从社会需要角度出发，强调德育是培养能接受或继承既定社会秩序与道德规范的个体，而作为个体的人的价值问题及人格独立问题依然没有得到应有的关注。反映在德育功能上是片面强调外在功能，而忽视德育本身的育人功能。正如有学者指出："中国自古以来的教育传统，其主导的一面是强调教育的适应性，我们今天似乎还在继承这个传统。"① 受之支配的德育方法是一种以整体与社会秩序为价值取向的方法。在这种观念的支配下，德育方法的作用更多被定位在实现维护整体利益与社会秩序的目的上。所以，教育者只限于用一种单一品德规范体系和道德价值观去影响受教育者，把某些品德规范的掌握等同于德育的全部。因此，所用的如说服教育法、榜样示范法、行为训练法、奖励与惩罚等方法，基本上都是在为这种单一品德规范体系的传授进行操作，从而使这些方法"具有明确的规定和必须服从的强制性"，以致使这些方法都具有程度不等的灌输味道。

这种"不顾品德内化规律，否定道德学习主体化，用规范宣讲取代心性修

① 王道俊：《关于教育的主体性问题》，载《教育研究与实践》，1996（2）。

养的纯外铄过程，成为中国德育的现实的主流特征”。[1] 这种强制性与灌输性的德育方法，片面强调以整体或社会价值为取向，而忽视了作为社会与历史主人的价值和主体能动作用。它直接导致了两大消极后果的产生：

第一，由于忽视或否定了受教育者在德育过程中的主体地位与作用，导致德育效果很差，甚至无效。据一项调查表明，有 87.4%的学生认为言行不必一致，只有 12.6%的学生认为应该一致。[2] 这说明现行的以灌输为主的方式只是施教者一相情愿的行为。因缺乏受教育者主体的参与，至多只能强迫他们做什么，不做什么，说什么，不说什么，而无法做到使人们想什么，不想什么。它或者只能暂时改变人们的行为，而不能从根本上使学生树立正确的道德观念。因为学生对规则的遵守不是出于内心的品德需要，而是由于外界的压力，当然也就缺乏品德行为的自觉性和行为主体的责任感。

第二，由于忽视了主体性道德素质（即自律性道德素质）的培养，客观上造成德育过程中的修身过程处于消极、被动、甚至中断的局面。长此以往，学生自我教育的主体性和创造精神受挫，并趋于萎缩甚至消失。瑞士心理学家皮亚杰就曾指出：同儿童是自己认知结构的建构者一样，儿童也是其道德世界的积极建构者，任何外来影响都只有通过儿童的认知结构的过滤才能发挥作用。因此，这种等待装载的心理和灌进道德洞穴中的方法，不仅不能促进反而限制了儿童智能和道德的发展。

此外，还有少数地方的少数教师奉行虐待型德育方式，这是一种严重摧残儿童身心的反道德方法。肉体惩罚不仅使学生身体受到痛苦与摧残，也使其人格受到侮辱、人权受到侵犯、精神上受到打击。在我国一些偏僻地区和封建意识严重残存的一些农村学校，教师体罚学生的情况是比较普遍的。其手段多种多样、五花八门，如罚站、罚跪、罚静坐、罚扫地、打耳光、揪耳朵，甚至还有让学生吞纸屑，让学生互相扇耳光或打嘴巴的卑劣“教育”手段。这些极为错误极其反道德的“德育”方法使学生丧失主体意识和主体人格，与其说是“德育”，毋宁说是“奴育”更为准确。这种虐待型德育方式直接导致了学生或奴性十足、唯命是从，或厌学、逃学、偷窃、乱交朋友、破罐破摔、崇尚暴力、离校出走，甚至轻生自杀等。

---

① 单振涛：《学校德育的功利化倾向及其成因分析》，载《教育研究与实验》，1997（4）。

② 丁喻：《中学生思想品德表现“游离”现象成因及其教育对策》，载《教育研究》，1987（3）。

究其产生以上问题的原因，可以说是多方面，但概括起来有以下几点：

一是传统伦理道德思想根源。首先，中国传统伦理道德的一个鲜明特征就是伦理、哲学、政治三位一体。这种植根于血缘为纽带的宗法制社会中的伦理——政治型道德传统具有强烈的世俗化倾向。一方面，表现在政治原则从伦理原则推导出来，但实际上，伦理原则后来又是为政治原则服务的。例如，封建伦理道德是以“三纲五常”为核心来论证等级制和封建剥削的合理性的。另一方面，表现在个人“修身”方面有着明确的政治目的性，那就是“治国平天下”。这种用某种既定的政治要求和标准来固定道德，片面强调道德的政治实用价值，把政治功能与道德功能混同起来的做法，使道德的实践规范作用成了唯一作用。最终也使道德教育失去了独立的伦理学意义。其次，封建等级制社会形态客观上要求受教育者在特定的人伦关系中定位，认同道德规范，自觉地、绝对地服从社会秩序。所用的方法就是以体认圣贤的训示为旨归。虽然孔子早就倡导过“不愤不启，不悱不发”的启发式教育方法，但实际上是要求学生在“仁、义、礼、智”的规范中游弋，不能越雷池一步。这样，久而久之就形成了权威主义的灌输方法。

二是“棍棒教育”的传统使然。中国自古就有“不打不成才”“黄荆棍子出好人”“打是爱、松是害”的德育方法遗训。加之我国封建历史悠久，又未经历像欧洲“文艺复兴”那样的启蒙运动，人权思想、法律意识在不少教育者心目中尚未确立起来，“师道尊严”则是阴魂不散。因此，一些人骨子里认为：打骂体罚学生是天经地义的事情，算不得什么。

三是受苏联伦理学和凯洛夫《教育学》思想的影响。在我国，马克思主义伦理学体系是以苏联的伦理学为范本建立起来的，而那时的苏联伦理学是以规范性为根本特征的。它把伦理视为单纯的行为规范学，把道德理解为“调节人们行为的规范的总和”，把规范和社会约束作为道德最主要的特征。这样伦理思想对于加强社会意识形态功能和参与社会政治生活的力量以及统合社会道德价值观念有着积极作用。但同时又具有自身的缺陷，主要表现为过于强调道德的社会本质和整体性价值意义，而忽视了道德的个体性、内在主体性。因而致使这种伦理学所提供的一些道德规范缺乏主体内化的理论力量而置于宏观形式上的外在约束性地位，不易为个体所自觉认同与践履。此外，凯洛夫主编的《教育学》，在论述德育过程、原则、方法时，也主要是着眼于教师的活动，很少揭示学生的主观能动性对形成思想品德的作用。如在德育过程的师生地位问题上，片面强调教师的主导地位，忽视学生的独立性、积极性，忽视学生的自我教育。基于这种对德育的理解，德育实践活动便缺乏对人的关注和对人的主体性的重视，只注重德育的外在价值与功能，并建立起一套强制性的、规范性的德育方法。

由上可知，传统的德育方法有其特定的社会背景、历史与文化根源。如果说在高度统一的计划经济时代它还多少有点道理的话（其弊是明显大于利的），那么在弘扬人的主体性和实行市场经济体制的今天，是明显有违时代精神的，因而必须要进行变革。

## 二、德育方法变革的基本设想

基于传统德育方法的弊端，我们认为，应当从以下方面去寻找变革的突破口。

### (一) 变训斥式为疏导式

在现行的学校德育中，一些教师忽视市场经济条件下学生思想的新情况与新特点，不去研究学生思想的新变化，在教育中仍坚持传统的训斥式教育。认为对学生的要求越严，对学生的品德效果也就越好。殊不知，这种对学生的压服式教育因没有师生间的民主式情感沟通，没有学生发自内心的主动参与，效果是极差的。比如，教育者口若悬河，津津乐道，学生则是充耳不闻、兴趣索然，甚或心猿意马，昏昏欲睡。因此，教师在德育过程中应注重以情动人，循循善诱，给学生以人格感化。只有这样，才会使德育真正取得实效。否则，教师无论出自何种目的，对学生进行挖苦讽刺，实施体罚心罚，都会使学生产生反感与对立情绪，不利于学生的品德培养。

### (二) 变封闭式为开放式

在长期的计划经济模式影响下，学校德育一直处于自我封闭的状态。学校总是把学生束缚在校园里，禁锢在课堂上和书本中，让学生不加思考地接受既定的政治思想与价值观念。极个别学校甚至开历史倒车，实行所谓的“封闭式”管理，关起门来“育人”。这种德育方法严重脱离丰富多彩的社会实际生活，剥夺了学生的社会生活和道德实践经验，不给学生创造认识社会，自我进行判断与思考的机会。这种封闭性德育方法不利于学生形成科学的世界观、人生观、价值观，不利于学生的品德成长和成熟。因此，在改革开放与实行社会主义市场经济的新形势下，学校应从现实出发，把学生从学校的禁锢和书本的束缚中解放出来，让学生走出“世外桃源”，自己去亲历社会、观察社会、思考现实问题。这即是说，对于社会现实问题，不搞回避式的消极防范，不掩饰社会矛盾，而是实事求是地去引导学生观察、分析、比较与判断。在开放的德育环境中使学生真正产生免疫力，形成辨别真善美与假丑恶的本领。

### （三）变包办式为自治式

包办式是传统德育方法特点之一。许多教师只注重对学生外在影响作用，置学生的主观能动性于不顾，企图用一边倒的德育代替与包办学生的自我教育。事实上，德育过程与学生思想品德形成过程不是完全同一的，因而还必须经过内化与转化环节，这就必然要求学生的积极参与。否则，即使学生能高谈阔论仁义道德，也未必真正具有相应的品德情感与行为。因此，在德育过程中，教育者必须注重培养学生的自我教育能力，最大限度地调动学生的主观能动性，改变家长式的德育方法，在充分尊重、信任学生的前提下，平等地对待他们，引导学生主动参与德育过程，并在德育实践活动中培养学生形成自主、自强、自教、自学、自治、自理等自我教育的能力与行为的习惯。

### （四）变单一式为综合式

受传统的德育观念与思维定式的影响，一些教育者只会按常规走路，习惯于单独运用某一方法，存在着单一化的倾向。德育综合化的发展趋势要求教育者具有多视角，运用多种德育方法，全方位地影响教育学生。德育有多种模式，多种途径，运用的方法也不尽相同，对哪一种方法都不能绝对地肯定或绝对地否定（错误方法排除在外）。因此，教育者既要重视每种方法的特有功能，更要重视多种方法的最佳组合，以发挥教育方法的整体功能。

### （五）变保守式为创新式

传统的德育方法比较墨守成规，唯书唯上，存在着求“静”怕动，求“稳”怕变等不足。实际上，德育方法的生命力同所有事物一样在于创新，当社会条件、教育对象、德育内容等发生深刻变化后，德育方法必须要随之进行相应改革。德育方法创新没有什么固定模式，但要遵循德育的基本规律，坚持实事求是原则，从教育对象等实际出发，处理好继承与创新的关系。当前，德育正朝着综合化、科学化与信息化的方向发展。运用现代化手段实施德育，是德育工作走向现代化的重要标志。我们要学习借鉴古今中外的一切有益经验，结合实际，大胆实践，在德育方法上有所创新。

## 三、德育方法变革的基本原则

德育方法的变革虽无固定模式，但从方法变革的指导思想来看，它必须遵循以下原则。

### （一）德育目标和任务的实现最为有效的原则

德育目标是整个德育实施的归宿所在。因此，是否能有效实现德育目标，是抉择实施方法最重要的尺度和依据。因而，以方法是否能最有效地实现德育目标和任务进行衡量，是德育方法变革的最基本的原则。

实施的方法对于实现一定的目标是否有效，从事物展开的程序来看，需要在德育实施展开后，其实际过程已经显现出来的情况下才能证实。因而在实施之前就确定最有效于德育目标和任务的方法似乎不太可能。但人的思想是有能动性的，凭借既往的经验和客观的预测，是可以达到正确估计的。为此，要求教育者要进行以下分析、判断与预测。

首先，要求教育者对德育的目标和任务进行认真分析。认识德育目标和任务的性质、特点，找出它对方法的具体要求；其次，要求教育者根据以往经验（可以是自己的，也可以是他人的）从方法体系中提取若干与其目标和任务的性质特点要求相通之处的方法进行选择，从中选出一个或几个与其相符合的有助于德育目标与任务实现的方法；最后，需要预测选择出的方法对德育目标与任务的实现中能产生的作用。如果分析预测出所显示的方法的作用越是理想，确定的方法对其德育目标与任务实现就可能越是有效。经过这样一番判断与选择，最后确定的方法就可能达到对德育目标与任务的实现最为有效的程度。

### （二）与德育内容最为协调的原则

德育实施过程中，德育方法不仅受制于德育的目标及任务，而且还受制于德育内容。德育方法必须与德育内容相结合，达到一种协调状态，才能对教育对象产生思想与行为的积极影响。脱离一定教育内容的方法只是一种单纯的行为方式，达不到教育目的；脱离一定教育形式和方法的内容，不可能同教育对象发生思想与行为的联系，当然也就谈不上对教育对象的影响和作用。两者配合得越好，德育实施过程的整体效能就越高。为此，要求德育工作者在选择和设计方法时，必须把与教育内容相协调作为考察评估方法的重要尺度与依据，从而做到两者的最佳协调。

一般来说，德育内容规定着实施方法的特定要求，不同的教育内容要求有不同的实施方法与之相配合。判断某种方法与一定的教育内容是否协调一致，主要靠教育的内容来分析与判定。所谓教育内容分析，就是剖析教育内容的结构、性质、特点和形式，明确教育内容对特定工作方法的要求。比如，开展社会主义教育活动，从内容的性质和特点上看，要求教育者向教育对象提供具有一定理论深度的抽象信息和较为直观、生动的现实信息。两种不同的性质和特点的信息材料，显然需要两种不同特点的方法为载体。抽象而深刻的内容，需要灌输与说理的方法与之配合；而生动、直观的现实信息，则可用实地参观、访问等方式与之配合，以强化其真实性、感染性。由此可见，对德育内容的性质、特点认识越深刻，越容易找到与之相符合相协调的方法。

**（三）教育对象最能接受与最为满意的原则**

德育方法从受教育者的角度看，它实质上是影响教育对象态度、思想和行为的方法。要使教育对象接受影响，必须采取为教育对象所能接受和满意的方法。所谓为教育对象满意，是指教育者采用的方法符合教育对象认识水平和心理发展规律。它既有助于教育对象接受教育要求，理解教育内容，又为教育对象所喜闻乐见，有较强的吸引力。教育对象对教育方式方法越满意，就越能够激发他们的参与动机。他们的主动性、积极性发挥得越充分，教育活动取得的成效也越好。这就要求教育者在设计、选择和使用方法时，把方法是否最为对象接受与满意作为衡量的重要标准。

要使设计、选择和采用的德育方法最为教育对象所接受与满意，教育者应当从以下两方面入手：其一，要充分了解教育对象的思想特点、品德水平、兴趣爱好、个性倾向，根据这些特点来设计和选择方法；其二，要让教育对象也参与方法的拟定、选择和使用，教育者要不耻下问，虚心征询教育对象对方法的意见、看法和建议，研究他们对使用过的方法的好恶体验，根据他们的要求和意愿选择方法。

**（四）与教育主体最相适宜的原则**

普通心理学表明，人们只有从事他最适宜的活动时，其身心潜能才能得到最充分的发挥，取得最优异的成绩；当他从事不相适宜的活动时，即使付出很大努力，也难收到理想的效果。所谓相适宜的活动，是指工作性质、过程和技巧等，适合个人的知识、经验、兴趣爱好、能力、气质和性格等特点。从施教者角度看，德育方法是教育者的教育方法。教育者在运用某种方法进行德育时，不仅复制着这种方法所包含的一系列动作方式，而且展示着他的知识经验、兴趣爱好和能力气质等。只有当实施方法最适宜教育者的个性优势，为他驾轻就熟，教育者才可能取得预期的教育效果。因此，在设计、选择德育方法时，还要考虑方法是否与教育者最相适宜。

要做到德育方法与教育者相适宜，首先，要求教育者提高自身的教育能力、丰富自身的知识，使自己具备适应多种方法的能力与知识。如需要运用灌输方法时，自己能纵横古今，既有深刻的理论，又有喜人的幽默；需要运用寓教于乐的方法时，自己能歌善舞，能弹会画；需要运用个别的谈话方式时，自己能善解人意，敏锐抓住要害，抚平对方伤痛与不满。其次，要求教育工作者在设计、选择和使用具体方法时，发挥独立性与创造性，利用自身优势，创造新的方法。

### （五）与教育环境保持和谐的原则

德育总是在一定的环境中进行的。这里的环境包括宏观的政治经济和文化思想环境，也包括微观的工作条件、团体气氛、人际关系等。环境因素制约着德育实施的全过程，德育方法只有同特定环境保持和谐平衡状态时，才能发挥应有的效能。在德育实践中，人们常遇到这样的问题：在毛泽东时代行之有效的方法，到了改革开放的年代就失灵了；欧美国家有效的激励方法，引进到我们的学校德育中有的还产生负面的效应；开放城市中的成功经验，带到农村学校就难以奏效。出现这种现象的原因之一，就是由于时间、地点、条件等环境因素的变化，破坏了那些方法与特定环境的和谐平衡状态。因此，适应环境变化，根据时间、地点、条件的转移而进行德育方法的不同设计、选择与使用，使德育方法与环境保持最佳和谐状态，是变革德育方法的又一重要原则。

总之，从我国当前的基本国情、德育内容、德育者、德育对象等实际情况出发，对德育方法进行变革或创造性地运用，并遵循一些基本原则，是德育方法论中的一个重要课题。

## 四、现代德育方法的重心转移

人类的道德活动总是基于经济活动之上并为经济活动所制约。如果说封建的自然经济给予政治与道德领域的影响是等级主义与封建专制主义，那么市场经济要求人们成为独立的商品生产者、经营者与自由的雇用劳动者。这实质上是要求人们摆脱封建宗法共同的束缚与统治，它要求给予人们平等与自由，使人们摆脱以“人的依赖关系”到“以物的依赖为基础的人的独立性”。从另一个方面看，由于市场经济引起的广泛交流冲破了各种不同的民族局限与地域局限，给每一个单独的个人创造了无比丰富的社会关系，催化着个性的丰富和人性的发展。这一经济过程在社会伦理道德方面的反映就是“人格的普遍提高”，人类的主体性活动呈现出前所未有的广度与深度。可以这样说，任何一种社会经济类型在何种程度上促进社会生产力等物质基础的增长与发展，也就同样程度地促进人类道德的进步。这也是马克思主义伦理思想的一个基本观点。

当前，我国已经从计划经济转向了市场经济，而市场经济特别强调人的主体性、能动性，突出人的个体价值。人的主体性，一方面，表现为人对客观世界规律的能动掌握；另一方面，表现为人的自觉能动的创造，集中体现为人的独立性、主动性、创造性上。因此，市场经济在为人的独立、平等与自由创造现实基础的同时，不可避免地带来了道德观念的转变，同时也带来了德育改革、发展与进步的契机。因为市场经济造就的是多样性的社会，这大大拓宽了人们的生活空间。社会的信息化，价值的多元化，促进了政治的民主化，这必然使学生的自觉性、自我意识增强。因而，传统的德育方法就需要变革，把“教”的单向运行变成“教”与“学”的双向运行，并将重心由“教”转向“学”，关注“学”的主体性，甚至以“学”为教学的主旋律。这种德育方法变革的核心思想就是对学生个性、主体性的重视。

应该说，德育方法的重心由“教”转向“学”，既是对受教育者主体性的关注和培养，也是社会发展的必然要求。现代社会完全改变了传统单一的社会文化体系，使受教育者有比以往任何时候都多得多的选择，因而，要使他们形成统一的清晰的价值观念显得越来越困难。这就必然引发人们对价值教育的关注，即对价值的选择与判断能力的关注。因为，在品德形成过程中，受教育者既要解决自身与客观事物之间的认知关系，又要解决自身与客观事物之间的价值关系。从某种意义上说，人们的行为往往更多地受价值判断的支配。早在20世纪30年代，美国心理学家哈特肖恩和梅就“诚实”“服务”“利他主义”及“自我控制”等品质对1万多名8～16岁的儿童进行了为期2年的实验研究。研究结果表明：儿童的道德行为由于情景性质的不同，说教式的道德教育对儿童品格几乎没有什么影响。[①] 这项著名的“品德教育研究”对当代道德教育理论的影响很大，并为新的德育观的产生提供了科学的理论基础。到了20世纪70年代，价值教育、价值判断能力的培养被提到了德育的首要地位。出现了价值澄清模式、价值分析模式、体谅模式、道德认识发展模式等（这些在后面将有专章论述）。其共同点是：它们都强调在多元、多变的社会形势下加强学生自主意识、认识能力的培养和参与实践精神的塑造，帮助学生在对各种价值观审慎思考的基础上做出正确的、理智的选择并鼓励他们亲自实践。总之，重视教育对象的主体地位，重视教育对象在德育活动中的自主能动性已成为人们的普遍共识。

无论是从社会现实需要出发，还是从人的品格完善的需要出发，德育方法

---

① 戚万学：《冲突与整合——20世纪西方道德教育理论》，第11页，济南，山东教育出版社，1995。

的重心都应该从只注重教育者的“教”（迫使受教育者接受、服从具体的品德规范），转移到受教育者的“学”上来，重视学生的自主性、能动性与创造性，提高他们的道德判断能力与道德选择能力。这种重心转移向学校德育提出了新要求：在德育过程中向学生传授的道德价值应当是有用的，与他们的生活相关并能指导他们的生活，有助于解决所面临的道德问题；在品德行为的养成实践中，要发展学生的批判性思维和自主意识，而德育方法的运用必须是基于理性的。在全部德育活动中，应坚持对学生自由、自治的尊重，体现自律品德教育精神。它要求行为者主体自我立法、自我调节、自我践行，而不是依附抽象的道德法典，或受外在标准与外部力量的支配，从而最大限度地实现自己的道德价值。这种重心转移的德育方法是以培养学生的自主人格、独立思维能力、批判性意识，促进学生品德自律、发展理解能力以及尊重真理、热爱知识为特征的。它既不是灌输式注入，也不会是塑造或打磨，而是启发与构建。比如，以说服教育为例，不仅要向学生说明道德规范，使其遵守，更为重要的是向学生提供广泛的信息，让其自觉地自主地进行甄别与选择。只有把教师的疏导和学生的自觉选择有机结合起来，才能把教育者的教育要求内化为学生的需要，进而生成新的品格。所以，同样是说服，要使限制性说服与开放性说服有机结合起来，同样是行为训练，要把遵守与选择两种方式结合起来，以达到他律与自律的有机整合与统一。

## 第三节　德育方法的创新

“由于教育的不当与学生学习方法的错位，不仅使学生产生了视‘学海如苦海’的苦学体验，而且使不少学生产生视‘考场如刑场’的紧张心理；不仅使学生的知识接受与智力发展没能齐头并进，而且知识与技能的形成也远未同步。”① 这段话虽然原是针对我国学校教育活动中的智育方面存在的教学方法不当而讲的，但它所揭示的道理和反映的问题同样适合于我们对德育方法的思考，因为在我国现在的学校德育领域中依然是存在着类似问题的。比如，不少人把德育课变成了智育课，在德育内容的处理上，重概念分析，重知识传授，搞死记硬背，不重学生的内化，不注重情感渗透，导致知行脱节；德育方法的运用呆板、单一、甚至用智育方法代替德育方法；心中有“书”，照本宣科，

① 冯文全：《学生学习过程的基本环节与方法探微》，载《四川师范学院学报》，1996（3）。

然而目中无“人”，无的放矢；如此等等，导致了学校德育的低效、无效甚或负效。邓小平曾痛心地指出：“我们最大的失误是教育（指德育）。如果沿此话题继续追踪，也许可以说：德育最大的失误是德育方法运用的失误。”德育方法事关德育目标和任务的能否实现，正如毛泽东所指出的那样：“我们不但要提出任务，而且要解决完成任务的方法问题。我们的任务是过河，但是没有桥或没有船就不能过，不解决桥和船的问题，过河就是一句空话。不解决方法问题，任务也只是一句空话。”① 德育方法就是实现德育目标与任务的“船”与“桥”。况且，现在时代变了，“过河的方法”也不能仅仅依靠过去的“旧船”和“老桥”。正像邓小平指出的那样：“时间不同了，条件不同了，对象不同了，因此解决问题的方法也不同。”② 真是一语中的。面对新的时代背景，江泽民对德育工作的方法创新还作了特别强调：“加强和改进德育工作，过去行之有效的好传统、好办法要坚持，更重要的是要适应新情况下不断探索新的方式、方法、手段和机制。”③ 上述引论说明，新时期的德育不能简单地重复过去的老方式、老办法，而应该“随时应变”，与时俱进，探索并运用一些新的德育方法。④

## 一、利益调节法

所谓利益调节法，是指在学校德育工作中，把利益作为驱动器，教育者根据学生所追逐的利益目标，积极创造实现个人正当利益的环境条件，激发学生完成各项任务的积极性，并在这个过程中形成符合社会需要的品德的德育方法。

这一方法的提出是基于如下依据：

第一，伦理道德依据。“道德一开始就是一种调节个人利益与社会利益的行为规范，道德原本的用意在于维护社会共同利益的尊严。实际上，道德的崇高价值就在于它是共同利益的维护者”，⑤ 也即是说，道德的核心问题是利益问题，正如恩格斯所指出的那样，道德不是什么别的东西，它是从各阶级的“利益”中引申出来的。而我们过去在这个问题上所犯的认识论错误是极大的，

① 《毛泽东选集》，第一卷，第 139 页，北京，人民出版社，1991。

② 《邓小平文选》，第二卷，第 119 页，北京，人民出版社，1994。

③ 江泽民：《在中央思想政治工作会议上的讲话》，载《人民日报》第一版，2000-06-29。

④ 冯文全：《论新时期学校德育方法的变革》，载《中国教育学刊》2005（5）。冯文全：《从构建和谐社会视角看德育与社会的和谐共生》，载《教育研究》，2006（12）。

⑤ 魏英敏：《新伦理学教程》，第 250～251 页，北京，北京大学出版社，1993。

总以为道德的根本追求就是人无止境的无条件的毫不关心个人利益的“自我牺牲”。试问：这种彻底否定个人利益的正当追求的所谓“道德教育”又怎么可能使人产生道德需求和激起人接受道德教育的动机与热情呢？

第二，市场经济体制的客观要求。“今天，我国实行的是市场经济，而市场经济的实行无疑靠的是利益驱动，因此，不可不讲求功利，不能不注重个人利益。这种变化，有助于为经济和道德生活注入生机，使人们的义利观发生变革。”① 中国的经济改革之所以能取得举世瞩目的成就，毛泽东靠政治与道德说教几十年没能解决中国老百姓的温饱问题而邓小平的改革开放政策之所以几乎是在一夜之间就使中国人吃饱穿暖，市场经济新体制之所以大快人心而使中国经济驶入“快车道”，其根本原因就在于它把人们的“责、权、利”高度地凸显了出来，最大限度地激发了人们的劳动热情和劳动潜能。这不能不使我们的德育方法创新引以为鉴。

第三，马克思主义唯物论的“义利观”。马克思主义认为：道德作为一种意识形态，它是建立在一定的物质基础之上的，“都是当时的社会经济状况的产物”。② 中国古代唯物主义思想家都直言义与利的统一关系，如墨子说：“义，利也。”③ 荀况认为：“义与利者，人以所两有也，虽尧舜不能去民之欲利，然而能使其欲利而不克其好义也。”④ 在荀子看来，人们对利的追求是无可厚非的，教育的作用就在于使人不要见利忘义。汉代的唯物主义思想家司马迁更是把人们对利益的正当追求放在首位，他说：“天下熙熙，皆为利来；天下攘攘，皆为利往”。⑤ 在司马迁看来，对利益的追求是人类行为的原动力。而且，他的话还揭穿了那些“荒淫无耻、唯利是图，但又‘口不言利’的统治者”的伪善面目。⑥ 马克思主义经典作家继承和发扬了人类历史上一切优秀的思想成果，马克思指出：“人们奋斗所争取的一切，都同他们的利益相关。”马克思主义认为，人不是出于自私自利的本性才去追逐个人利益，而是由于历史的客观条件决定了个人要追求自身利益（只有到了共产主义社会，个人利益与社会利益才会高度融合而表现为一个统一体）。当这种追逐不适当地表现为个

① 冯文全：《孔子的“道义”与“功利”思想辨析》，载《内江师范学院学报》，2003 (3)。

② 《马克思恩格斯选集》，第三卷，第 134 页，北京，人民出版社，1975。

③ 《墨子·经上八》。

④ 《荀子·大略》。

⑤ 《史记·货殖列传》。

⑥ 任继愈：《中国哲学史》，第二册，第 3 页、第 100 页，北京，人民出版社，1985。

人利益的过分追求时（只顾自己，不顾他人与社会），才显示出一个人的自私心。人为什么会有利益的追求呢？这是由人的生存和发展的历史条件决定的，马克思认为：“现实的人，作为个体”，他总是“从自己出发”“各个人的出发点总是他们自己，当然是处于既有的历史条件下和关系中的自己”。在马克思主义看来，人是全部人类活动和全部人类关系的本质、基础，历史不过是追求着自己的目的的人的活动而已，并且这种目的总是和利益联系在一起。“‘思想’一旦离开‘利益’，就一定会使自己出丑”，所以，马克思的结论是：“正是自然的必然性、人的特性（不管它们表现为怎样的异化形式）、利益把市民社会的成员彼此连接起来。”如果我们运用马克思主义的观点对“义”与“利”作一下理论分析，我们会发现：“利，一般是指人们物质需要与精神需要方面获得的某种好处（不过更多地强调的是前者，后者的需要与满足常称为‘名’，所谓‘图名图利’‘名利双收’）；义，是指个人应当承担的社会责任与义务，这种责任和义务的落脚点，实际上是在满足个人需要的同时也要考虑到社会和他人的需要。义，只不过是利的另一种说法而已”。[①] 一句话，义与利是辩证统一的，任何将二者割裂开来或厚此薄彼的义利观都不是马克思主义的义利观，都是错误的义利观。

由此可知：重视个人利益的“利益调节法”，是我国社会政治经济发展的客观要求，是德育之道德教育的应有之义，也是马克思主义义利观在社会主义学校德育方法领域的正确体现。利益是人的行为的原动力，满足人的利益需要既是人的行为的出发点，又是人的行为的最后归宿。运用利益调节法，应处理如下两对关系：

一是处理好个人利益与社会整体利益的关系，人们的道德行为每时每刻都存在着个人与社会、个人与集体、个人与他人之间经济利益上的矛盾。教育者要帮助学生分析各种利益关系，既重视对个人利益的关怀，又强调以社会整体利益作为关怀个人利益的前提，使其树立国家、集体、个人利益三者兼顾的利益观。当个人利益与集体利益、他人利益和国家利益发生矛盾的时候，要以大局利益为重，以个人利益服从大局利益。人在应该的情况下，做出一点利益的自我牺牲不仅是必要的，也是品德高尚的重要标志。当然，我们绝不提倡无原则的个人利益的自我牺牲，个人利益的正当追求是应该得到提倡的。

二是处理好物质利益与精神利益之间的关系。人们的利益需要既有物质方

---

① 冯文全：《孔子的“道义”与“功利”思想辨析》，载《内江师范学院学报》，2003 (3)。

面的，也有精神方面的。物质利益的需要是最基本的需要，它是精神需要产生的前提与基础。学生都是物质财富的消费者，而非生产者，因此，他们的物质利益的需求与满足常常是低水准的和最基本性的。这就要求教育者要严于律己，以身作则，不能穿金戴银或身着奢华服装出现在学生面前，而要着装简洁、朴素而又不失典雅；学校和老师更不可巧立名目乱收费以损害学生的物质利益，相反地，学校和老师都应当对学生在校的衣食住行等物质利益问题给予最大限度的确保与关怀；此外，还要告诉学生如何正确地看待物质利益等。这样才能给学生在物质利益方面以正确导向。在此基础上，教育者要积极引导学生对高尚的精神需要的追求。比如，对那些能正确处理个人利益和他人利益或大局利益的学生，给予大张旗鼓地宣传与表扬，歌颂他们的先进事迹，并给予适当的物质奖励；对那些不能正确处理个人利益与他人利益或大局利益的学生，甚或损人利己的学生，要给予严肃的批评教育甚至惩罚。做到奖惩分明，创造一个有利于实施利益调节法的德育环境——让学生切身感受到：利人也利己，损人也损己。这样，坚持不懈地实施利益调节法定能使学校德育质量大为提升，使学生形成如何正确地处理个人与他人、与集体、与国家之间的利益关系的品德意识和品德行为。

## 二、登门槛技术法

所谓“登门槛技术法”，是指在学校德育工作中，教育者运用心理学中的“认知协调”理论，在学生普遍认可的“基础道德标准”的前提下，循循善诱，逐渐提高受教育者品德水平的德育方法。

“登门槛技术法”，是依据两位心理学家的一个心理实验提出来的。1966年，弗里德曼和弗雷泽做了一个有名的实验，即无压力屈从——“登门槛技术”。实验是这样的：实验者让助手到两个居民区劝说人们在各自的房前竖立一块写上“小心驾驶”的大标语牌。运用了两种不同的劝说方法——直接方法和间接方法。在第一个居民区，运用了直接方法，即直接向人们提出竖牌要求，结果遭到居民的普遍反对，赞成者仅为17%；在第二个居民区，运用间接方法，先请求居民在一份赞成安全行驶的请愿书上签字——这是很容易做到的小小要求，几乎所有的居民都照办了；过了数周，再去向他们提出竖牌的要求，结果赞同者高达55%，为什么产生了两种不同的结果呢？原因在于：人们往往拒绝难以做到的或违反意愿的请求；但当一个人对某种小请求不便拒绝或找不到拒绝的理由时，就会增加同意这个请求的倾向；而当一个人卷入了某项活动的一小部分后，为了避免自我认知不协调，保持“前后一致”的人格形象，就有可能接受更大的要求，这就是“登门槛效应”。我们将这种方法移用到德育活动中来，便可称作登门槛技术法。实施该方法要注意以下两点：

第一，以“核心道德标准”为基本要求，逐步提高道德标准。要使学生的品德进步，不能硬性地提出要求，也不能一下提得太高，而应首先提出基础道德标准，诸如诚实、公正、相互尊重、遵守社会公德等基本要求；然后，在此基础上逐步提高对学生的品德要求。切不可操之过急，企图一蹴而就。第二，保护学生自尊心。自尊心是自我意识中最敏感的部分，是肯定自我形象、维护自我尊严的心理需要。任何人都不允许别人亵渎、侵犯个人的自尊心。日常生活中的一些矛盾、纠纷和一些攻击性行为，往往都是因为自尊心而引起的。

## 三、冲突引导法

所谓冲突引导法，是指在德育活动中，教育者利用各种道德冲突情景，让学生走进道德冲突场合，间接“体验”各种道德场合，辨析各种道德的利害实质，以引导学生理性地走出道德冲突，并树立正确的人生观、价值观和道德观的德育方法。

这一方法是依据进化论的观点提出来的。进化论认为：进化的过程是一个不断出现冲突、不断在冲突中选择又不断化解冲突的过程。以此类推，人类道德的进步和人的品德的发展也是在道德冲突中理性选择的结果，诚如恩格斯所指出的那样：“历史是这样创造的，最终的结果总是从许多单个人的意志的相互冲突中产生出来的。”① 在经济全球化和我国建立市场经济的条件下，各种道德观念、价值理念的冲突到处存在，不可避免。在这种新的社会现实面前，我们不能畏缩不前，而应该勇敢地直面现实，在充满道德冲突的社会环境中开展德育工作，使学生在处理现实的道德问题、体验道德冲突的过程中加深对社会主义品德规范的认识与理解，促进学生的品德发展。具体实施时要注意以下几点：

首先，正视道德冲突现象的存在。所谓道德冲突，是指道德主体在进行道德选择时所遇到的矛盾状况，即道德主体在特定情况下必须做出某种选择，而这种选择一方面要符合某一道德原则，另一方面又要违背另一道德原则；一方面实现了某种道德价值，另一方面又牺牲了另一道德价值，从而使主体陷入举棋不定、左右为难之境地。这在现实生活中确实随时存在，是我们必须面对、不能回避的问题。其次，理性地面对冲突。在社会生活中，四处存在着新与

① 《马克思恩格斯选集》，第四卷，第478页，北京，人民出版社，1975。

旧、中与西、传统与现代、进步与落后等诸多道德冲突现象，并往往使人们感到眼花缭乱，甚至无所适从。在这样的社会环境中，我们不可能也不能把学生置于“思想无菌室”中，而只能帮助学生理性地面对冲突。最后，要引导学生走出冲突。柯尔伯格认为，实施这种方法，先要判断学生的道德水准，然后选择适当的道德两难故事引导学生进行讨论。此外，还可以将学生思想中的“困惑点”“疑难点”提取出来让学生进行讨论，在此基础上加以引导，使学生“通过冲突，冲刷、洗涤思想上、道德上的污泥浊水，蜕掉肮脏陈腐的东西，吐故纳新，超越自我，实现自我完善”。① 使他们在冲突的道德现实中形成正确的道德价值观。

## 四、情感激励法

所谓情感激励法，是指在德育活动中，教育者运用真挚感人的言语、举止、表情、情景以及其他情感因素作为教育手段来调动学生的情感活动，使学生的心灵受到感化的一种德育方法。

这一方法是根据心理学上的“罗森塔尔效应”提出来的。美国心理学家罗森塔尔曾经在一所学校进行了一次类似于智力测验的“发展预测”实验。实验之后，他向老师透露说有几个学生“智商”过人，将来会在学业上大有作为。其实这几个被他说成“智商过人的学生”也只是一般学生。过了一段时间后，他又去该校调查，发现向老师暗示过的“智商过人”的学生，其学习成绩有了普遍的进步，而且情感丰富、求知欲望很强。是何原因呢？原来这几个学生自从被告知老师“智商过人”后就一直受到老师的“另眼相看”，并且因此而始终处于一种良好的环境之中。由此可见，教师若对受教育者进行积极的情感投入，并为此创造良好的外部环境，会产生一种常规教育难以达到的理想效果。这一实验充分说明了情感激励在德育工作中也会有重要作用。运用情感激励法要做到以下两点：

一是满腔热情地对待学生。心理学研究表明，感情是一只无形的手，它会促使人们产生某种行为倾向。在现实生活中，有些事情并非十分顺理成章，也并非完全符合科学要求，但由于有情感的介入，事情也做得很成功，这就是情感的魅力。所谓“人非草木，孰能无情”，因此，教师要以饱满的热情和诚挚的关爱去对待学生，给学生以一种积极的情感导向，以激起学生的情感回应与共鸣。二是要“晓之以理，动之以情”。在德育过程中，理论的讲解、理性的疏导是完全

① 何建华：《道德选择论》，第 249 页，杭州，浙江人民出版社，2000。

必要的，但若教师只是板着一副面孔生搬硬套、照本宣科，则会大大降低德育内容的教育力量。如果教师不仅是晓之以理，而且还饱含激情，做到声情并茂，则会使学生在愉快的心境中领悟知识、培养情趣和升华个性。

## 五、自发对称破缺法

所谓自发对称破缺法，是指在德育工作中，教育者首先将品德规范固化在一些先进分子身上，再通过这些学生的行为示范以影响和扩散到其他同学的品德形成上的一种德育方法。

这一方法是依据物理学中的“自发对称破缺”原理和心理学上的“从众心理”而提出来的。“对称”是自然科学用的一个普通概念。当系统状态发生变化时，若从无序均匀分布状态变化为有序结构，对称性则降低，物理学上称之为“对称破缺”；而那种由于自身原因导致对称性降低、有序度增加的情况则被称为“自发对称破缺”，物理学上自发对称破缺的现象很多，比如海森堡研究过的磁矿石的例子：在一种带磁物质中，假设我们能够安排使无数个磁针指向任意方向，混乱之后不久便井然有序了——在某个地方，一堆磁针就会或多或少地指向同一方向，而且它们会“劝使”相邻的磁针最后指向同一个方向。这种自发对称破缺现象在社会领域中也经常表现出来，例如，假设在某一时间人们对他们说的话并不在乎，就可能由于群体压力的作用，两个人在同样场合说同样的话，所以，“人们并没有他们自己的喜好”。[①] 这就是俗话中所说的“随大流”，心理学上称之为“从众心理”。运用这一方法，要注意以下事项：

首先，选择好作为导向用的“初始影响对象”。这种对象包括各方面的先进典型和非正式群体中的“意见领袖”（“意见领袖”原是新闻传播学中的一个术语，意指在信息传播过程中的富有影响力的普通人物，这里借指在学生群体中有一定威信和感召力的人）等受人们关注的人物。其次，对初始影响对象的教育和导向内容要积极健康，方法要得当。耗散结构理论认为，系统从无序状态向有序状态的演化是系统不断地对称破缺的过程。同理，人的品德结构作为一个系统，也是一个不断从无序状态走向有序状态的过程，因此也是一个不断对称破缺的过程。一个人品德的形成具有连贯性，如果初始影响具有积极健康的因素，就会有利于一个人的品德的不断提高。

---

① ［美］阿·热：《可怕的对称》，第226页，荀坤，劳玉军译，长沙，湖南科学技术出版社，1997。

## 六、无意识教育法

所谓无意识教育法，是指在德育活动中，使学生通过无意识心理活动，在轻松愉快和不需意志努力的情境中内化教育者提出的品德要求，以提高思想品德的德育方法。

这一方法是依据心理学中的“无意识”理论提出来的。弗洛伊德认为：“意识活动所包含的内容是极少的，在大多数情况下，大部分自觉性认识都长期‘潜伏着’，换言之，都是无意识的，不为我们的意识把握和理解。”① 这即是说，无意识心理活动在人的认识活动中占有极其重要的地位，在德育过程中运用无意识德育法，有利于打破传统的灌输方法，避免正面说教引发的逆反心理。心理学的研究表明，在某些情况下，教育目的越明显，就越容易引起人们的逆反心理或对抗心理，德育尤其如此。人们对于越是得不到的东西，越想得到，越是不能接触的东西，越想接触，这就是所谓的禁果效应（也称为“潘多拉效应”）。因此，要像政治社会学家莫里斯·迪韦尔热所说的那样：“思想意识的传播不能采取直线的方式，只反复灌输一些无意识的行为方案，这些方案决定着人们必须按照意识的方向行动。”② 实施无意识教育法，要做到以下要求：

首先，要精心组织活动。无意识教育法的关键是要寓教于乐，寓教于积极的活动之中。各种校园文化活动一方面可以满足学生的表现欲；另一方面又在无意识中对学生起到了自我教育的作用。所以，组织各种校园活动或社会实践活动是很重要的。其次，要充分发挥各学科教学的德育功能。中国自古就有“文以载道”的优良教育传统，而且各科本身就有丰富的德育因素，正如作者在德育方面曾分析过的那样，“如语文课。可以通过对英雄人物和先进事迹的介绍分析，提高学生的思想觉悟；历史课可以通过讲述我国五千年的文明史，树立起学生的民族自豪感。即使像数学、物理、化学这样的纯客观知识的学科，也可以通过数学上正负数的教学，物理学上‘同性相斥、异性相吸’原理的教学，化学上‘化合与分解’的教学，使学生建立起最初的辩证唯物主义的观点；音乐、美术课可以陶冶学生的情操；体育课可以锻炼学生的意志，使学生养成遵守规则等好品

---

① 弗洛伊德：《弗洛伊德文集·性爱与文明》，第161页，腾守尧译，合肥，安徽文艺出版社，1996。

② ［法］莫里斯·迪韦尔热：《政治社会学》，第91页，杨祖功，王大东译，北京，华夏出版社，1987。

质。”① 尤其是一些学识渊博，人格高尚的老师，他们在学生心目中享有崇高的威望，他们的话语常被奉为金玉良言，他们的行为往往成为学生效法的楷模。最后，要优化校园环境。无意识教育法注重的是启发和诱导，强调的是直觉和灵感，追求的是一种“此时无声胜有声”的效果。因此，它要求德育要在良好的环境氛围中进行。良好的环境能使人在情感上产生共鸣，在理智上受到启发，在行为上趋向一致。例如，在一尘不染的现代化超级商场，在清洁如镜的城市中央街区，为什么没有人随地吐痰、乱扔纸屑？是因为一位无形的优美如画的“环境管理者”在监督、约束着他，使他不能也不忍那么做。此外，整顿校风、净化班风、改进学校教职员工的工作作风等都是无意识教育法的重要内涵。

# 第四节　德育方法的运用要注意的几个问题

德育的实效性问题是一个由来已久的话题，也是一个较难解决的问题。笔者在分析这一问题的原因时，曾经指出：“德育是一种心灵与心灵的碰撞，情感与理智交融的教育活动，其艰难性和复杂性是其他任何性质的教育所无法比拟的。因此，要特别讲究方式方法。没有科学的德育方法，没有一定的教育技巧，即使理解和掌握了德育规律，即使德育原则烂熟于心，即使有一副铸就人世间品德的好心肠，也是难以完成‘育人’的重任的。德育实践中不乏这样的现象：教育者苦口婆心，受教育者则充耳不闻；教育者声色俱厉，受教育者则无动于衷；教育者‘软硬’兼施，受教育者则依然故我……其根本原因何在呢？乃是因为方法的不对。”② 正如有学者指出的那样：“好的德育内容只有通过有效的方法才能为受教育者所接受，进而转化为他们的人生准则。”③ 如果不适当地或是错误选择、运用了德育方法，是难以将品德要求转化为学生个体的品德的，甚至还可能产生负面效应。因此，正确的选用德育方法就显得特别重要。本节着重从四个方面来探讨一下这个问题。

## 一、应有利于德育目标的实现

德育目标统率着全部德育活动，包括德育方法的运用。我们必须在与德育目标的联系中，在德育目标的实现程度上去评定德育方法的得失。马卡连柯曾

① 冯文全等：《教育学》，第269页，重庆，西南师范大学出版社，1998。

② 同上书，第225页。

③ 班华：《现代德育论》，合肥，安徽人民出版，1996。

经指出：方法和目的的关系应当是检查教育逻辑的正确性的试验场所。从这种逻辑出发，我们就不能允许有不去实现我们既定目的的任何方法。然而，在现实的德育实践中，忽略甚至忘记德育目标的情形并不十分少见：如在运用榜样示范法时，榜样确实是树立起来了，学生也热热闹闹地学了。但是学习的效果如何，不少教育者却往往关注不够，于是常常是蜻蜓点水式的德育，对于学生心灵的触动，对于学生思想状况与行为改善作用不大。这里有两种脱离德育目标的现象需要注意：一种是片面地追求德育活动的数量；另一种是盲目地信仰教育者和受教育者语言的力量。现实德育实践中存在的第一种倾向，往往不去注意德育方法实施的实效，而是去片面地追求形式上的“多样”。以至于德育活动开展得丰富多彩，但真正指向、达到德育目标的活动却很少，这不能不说是一种背离德育目标的华而不实的德育；后一种现象表明，不少德育工作者对于自己及其教育对象的语言的“迷信”。其实，教育者的语言并不能确保引导学生至要求的道德境界，而学生语言表白更不能看成是他们所能或已经达到的德育效果上的实际程度。所以，始终想到怎样去有效地实现德育目标才是选择与应用德育方法的真正正确的态度。事实上，无论是说服教育法、陶冶教育法、实际锻炼法、品德评价法还是自我教育法等诸多德育方法，其目的指向只有一个，那就是改善受教育者的思想认识状况，并使他们将老师提出的品德要求付诸实践，并进而形成良好的品德习惯。

因此，杜绝形式主义，反对在德育方法的运用上“耍花招”，就不能不成为德育方法的选用应有利于德育目标的实现的题中应有之义。形式主义是德育工作的大敌，它使德育工作流于表面，造成虚假的繁荣和外表，不能给德育活动带来实效，它常常引起学生反感、抵触，从而大大削弱德育的功能。所以，我们不论选用传统的好的德育方法，还是尝试和运用现代德育新方法，都必须立足于德育目标的真正实现，重视学生的品德内化。

## 二、要使学生的主体性得到充分发挥

在选择与运用德育方法时，一定要考虑到学生主体性的充分发挥，这是因为品德与主体具有不可分性。没有主体的能动参与，可以说就没有真正的德育。传统的德育正是忽视甚至抹杀学生主体性的一种教育。它以权威主义的规范伦理学作为哲学基础。表现在教育方式上，首先认定一种先定合理的品德规范，然后无条件地让学生接受与服从，肯定一些行为，否定另一些行为，并武断地认定在任何情况下社会都是绝对先于个人的，唯有符合社会利益的行为才是道德的，将个人隶属于社会，完全漠视社会应当是人的社会，抛弃了个人合理而正当的利益追求。这种德育方法从根本上蔑视个人的自主理性，蔑视人的价值、自由与尊严，人为地撕裂了个人与社会的辩证关系，是一种错误的、缺乏人性的教育手段与教育理念。这种思想在相对保守、封闭、单一的社会状态下还多少有点合理性，但在今天开放的、价值多元的社会里，则越来越显示其落后性与不适应性。如果今天我们还仍然采取“我主你从”“我说你听”的完全无视学生是一个主体性存在的人的德育方法，德育就会失去吸引力，甚至引起学生的反感和价值观的迷茫。类似“驯兽”式的行为训练、记诵问答，不仅陷入机械决定论的泥潭，完全藐视、压抑了人的主体意志和主动精神，而且将德育完全降格为一种规范要求，看不到它更具有创新与提升人生价值和主体人格的一面，导致德育完全丧失其个体享用性功能。可以说，德育方式上的简单划一是我国学校德育的惯用模式。教育者总认为把正确的道德知识和规范教给学生，学生就会全部相信和接受，并依此去形成品德行为与习惯，将学生视为装载品德知识和规范的容器。这种单纯灌输式的、扼杀学生主体性的方法早已为国际德育界所不齿，如西方国家早就把影响力不大的“道德说教”（moral sermonizing）称作“间接方法”（indirect method）而加以摒弃（draw away），因此，我们不能逆历史潮流而动。

目前，在我国的德育实践操作层面上，传统德育方法的上述特征仍显示出支配、影响的现实力量，要想实现德育对现时代的有力回应，就必须清除这一倾向，并切实地着眼于学生主体性发挥，使受教育者从被人教育与控制转向自我教育与自主调节。现代社会正处于开放、多元、多变为重要特征的历史时期，受教育者必须形成发展自我判断、自我抉择、自我调控、自我完善的能力。德育的维护性功能与发展性功能的充分实现，要求受教育者摒弃奴性人格而成长为具有自主理性的自律者、开拓者和超越者，学生为此应该不断激发自身的品德活力，不断提升生命的价值与意义。所以，德育方法的选择与应用应突显学生主体性的培育和发挥，要时刻警惕和保持其非强迫性的一面，力争使学生的品德学习与品德实践成为一个高度自觉自愿的过程，要彻底抛弃那种对学生只进行机械灌输的注入式方法。此外，还要考虑学生品德发展的阶段与水平，针对学生不同的个性特征、不同的品德发展阶段与水平，选择和运用切合学生实际的德育方法。

## 三、强化品德践行

德育应该向学生进行一定的品德知识与规范的传授，但这远不是其最后旨归。唯知主义德育观的弊端正是在于对品德认知在品德形成中的作用的过分夸大。其实，品德推理与判断能力的形成是比较容易的（它绝不像自然科学知识那样高深难懂，而且学生有丰富的感性认识)，难的是品德践行。不管从理论，还是从实践上，人们都不能确证只要对品德知识有所理解和在此基础上形成成熟的判断与推理能力，就能自然而然地形成相应的品德行为及习惯。因此，德育方法的重点不在于学生能记诵和理解多少政治原则、思想信条、道德戒律或法纪规范等，而在于人们在行为实践上去认真地践履和实行。只有不仅在口头上，而且也在行动上体现了品德规范与要求的时候，一个人才具有真正的品德。德育与智育是有区别的，在智育上，一般来说，学生知识掌握得越多，运用知识解决问题的本领就越强。但这也仅仅是在一般意义上而言，我国的“应试教育”造成学生“高分低能”的情况已是一个不争的事实。况且德育方面本来就更不一样，一个人口头上的夸夸其谈并不意味着他有与之相匹配的品格，所谓“表里不一”“言行不一”讲的就是知行分离的现象。要克服这种现象，唯有加强行为实践与锻炼，把对学生的品德要求实实在在地落实到学生一日的学习和生活之中去，千万不能止于教育者的空洞说教和学生道德言语上的信誓旦旦。德育方法应充分体现德育的实践性质和学生品德的养成性培育，使学生的整个生活成为真正道德的生活，实现品德规范在实际生活中的引导、激励和提升作用，使他们不仅在思想上、更在行为上成为真正有德性的人。

## 四、综合运用多种德育方法

德育方法多种多样，有传统的，也有现代的，有外国的，也有我们自己的，其应用方略也是不一而足。从辩证的观点来看，每种方法既有优点，也有不足，仅用其中一种或几种是不利于提高德育的实效性的。在德育实践中，必须要综合运用多种德育方法，使它们形成优势互补，组合成一个有机整体，以扬长避短，发挥综合优势。此外，学生的品德形成过程是复杂的，不仅有学校影响，还有社会和家庭影响；不仅有物质条件基础性作用，也有精神和意识的能动作用；不仅有外部因素的介入，更有内部因素的主动参与。学生个体的品德结构往往也不是均衡的，水平更不是一致的。这一系列因素决定了德育方法的选用必须要具灵活性与创造性，或侧重于认知的发展，或侧重于情感的陶冶，或侧重于意志的训练，或侧重于行为习惯的养成。因而必须综合运用多种方法，这样才能充分发挥德育方法体系的综合影响力。

世界上没有一成不变的、在任何情况下绝对永远有效的方法。列宁指出：“有人开出这样一种药方，或者定出这样的一般法则，声称它似乎适用于一切情况，这是荒谬绝伦的。每个人的肩膀上都应该长着自己的脑袋，以便能够在各种特定的情况下进行考察。"[1] 因此，德育方法的运用没有固定模式，教育者只能在深刻把握德育理念、德育内容、德育对象、德育环境和德育规律的基础上做到因时制宜，因地制宜、因人制宜、因内容制宜。从而创造性地综合运用各种德育方法，以最大限度提高德育的实效和促进学生的品德的健康发展。

## 推荐阅读书目

1. 檀传宝：《学校道德教育原理》，北京，教育科学出版社，2007。

2. 冯文全：《德育原理》，成都，四川人民出版社，2010。

3. 冯文全：《多学科视角下对德育本质的反思》，载《教育研究》，2005（10）。

4. 冯文全：《从构建和谐社会视角看德育与社会的和谐共生》，载《教育研究》，2006（12）。

5. 冯文全：《对"教师是主导、学生是主体"命题的多学科视角的审视》，载《教育研究》，2007（10）。

6. 冯文全：《学校德育如何做到以人为本——马克思恩格斯人的本质观的现代启示》，载《教育研究》，2008（12）。

7. 冯文全：《关于"生活德育"的反思与重构》，载《教育研究》，2009（12）。

8. 冯文全：《论孔子对老子德育思想的借鉴——基于〈论语〉与〈道德经〉的解读》，载《教育研究》，2010（12）。

9. 鲁洁：《德育新论》，南京，江苏教育出版社，2000。

10. 杜时忠：《德育十论》，哈尔滨，黑龙江教育出版社，2003。

11. 徐向东：《道德哲学与实践理论》，北京，商务印书馆，2006。

## 学习思考

1. 简述德育活动的方法体系及对德育实践的影响。
2. 社会主义市场经济对德育方法产生的影响。
3. 我国现行德育方法的弊端有何表现？其成因是什么？
4. 德育方法进行变革的基本原则是什么？怎样进行变革？
5. 新时期创新的德育方法有哪些？如何使用？
6. 如何正确使用利益调节法？

---

① 《列宁全集》，第四十一卷，第52页，北京，人民出版社，1972。

# 第十一章　德育与心理健康教育（下）

心理健康教育在我国大陆发轫至今已二十余年，其重要性已逐渐为社会各界认同，但学校心理健康教育的推广实施仍然困难重重。本章从健康、心理健康、心理健康教育等基本概念入手，对心理健康和心理健康教育进行了较系统的论述，目的是让学习者不仅了解心理健康教育的现实意义和发展趋势，也能把握心理健康教育的目标、原则、内容、途径与方法，根据学校及学生的实际情况，有效组织心理健康教育，从而提高学生心理素质，全面推进素质教育，促进学生全面发展。

## 第一节　心理健康概述

### 一、健康的定义

健康是每个人的追求，但人们对健康的理解却有一个发展过程。长期以来，人们理解的健康就是没有疾病。随着医学的发展和社会的进步，人们对健康的认识也在发生变化。20 世纪 30 年代，美国健康教育家鲍尔和霍尔（Bauer，W. W. & Hull，H. G.）认为："健康是人们在身体、心情和精神方面都自觉良好、精力充沛的一种状态。其基础在于机体一切器官组织机能正常，并掌握和实行适应物质、精神环境和健康生活的科学规律。另外，还形成这样一种态度，也就是不把健康看做是生活的最终目的，而看做是争取使生命更高尚、更丰富所具备的必要的物质条件，而这种生活是以有益于人群的建设性服务为特征的。"① 1947 年，世界卫生组织（WHO）在成立宪章中指出：健康乃是一种身体的、心理的和社会适应的健全状态，而不只是没有疾病或虚弱现象。这一理解已得到广泛的认可。1978 年，国际初级卫生保健大会发表《阿拉木图宣言》重申："健康不仅是疾病与体弱的匿迹，而且是身心健康、社会

① 贾伟廉：《健康教育学》，第 2 页，北京，人民卫生出版社，1988。

幸福的完美状态。”“健康是基本人权，达到尽可能的健康水平，是世界范围内的一项最重要的社会性目标。”① 所以，真正的健康应包括健康的身体、健康的心理和行为，即只有当一个人身体、心理和社会适应都处于一个良好状态时，才是真正的健康。

## 二、心理健康的定义

心理健康是现代人的健康不可分割的重要方面，那么，什么是心理健康？1929 年，在美国召开的第三次全美儿童健康及保护会议上，与会学者提出：“心理健康是指个人在其适应过程中，能发挥其最高的知能而获得满足、感觉愉快的心理状态，同时在其社会中，能谨慎其行为，并有敢于面对现实的人生的能力。”英格里士（English，H. B.）指出，心理健康是一种持续的心理状况，当事者在那种状况下能做出良好的适应，具有生命的活力，并能充分发展其身心的潜能，这乃是一种积极的丰富的情况，不仅仅是免于心理疾病而已。②

凯兹和列维斯（Katz，B. & Lewis，R.）认为，心理健康指的是人的情绪稳定、智慧敏锐以及社会适应良好的状态。③

第三届国际卫生大会（1946）认为，所谓心理健康，是指身体、智能及情感上与他的心理健康不相矛盾的范围内，将个人的心境发展成最佳状态。具体表现为：身体、智力、情绪十分协调；适应环境、人际关系中彼此能谦让；有幸福感；在工作和职业中能充分发挥自己的能力，过有效率的生活。④

《简明不列颠百科全书》指出，心理健康是指个体心理在本身及环境条件许可的范围内所能达到的最佳功能状态，但不是指十全十美的绝对状态。⑤

较为普遍的观点认为心理健康是能够充分发挥个人的最大潜能，以及妥善处理和适应人与人之间、人与社会环境之间的相互关系。包括两层含义：一是与绝大多数人相比，其心理功能是正常的，无心理疾病；二是能积极调节自己的心理状态，顺应环境，能有效地并富有建设性地发展和完善个人生活。

---

① 贾伟廉：《健康教育学》，第 2 页，北京，人民卫生出版社，1988。

② 周燕：《关于我国学生心理健康研究的几点思考》，载《教育研究与实验》，1995（1）。

③ Katz，B & Lewis，R，*The Psychology of Abnormal Behavjor*，2nd ed.，1961，p. 611.

④⑤ 刘艳：《关于心理健康的概念辨析》，载《教育研究与实验》，1996（3）。

基于以上观点，我们认为，心理健康是指个体在与环境交互作用的过程中，生理、心理和行为各方面达到协调一致，并保持良好的心理功能状态。

## 三、心理健康的标准

以什么作为心理健康的标准，怎样才算是心理健康，这是一个比较复杂的问题，学术界也是众说纷纭，仁者见仁，智者见智。

1946年，第三届国际心理卫生大会提出的心理健康的标准是：身体、智力、情绪十分调和；适应环境，人际关系中彼此能谦让；有幸福感；在工作和职业中能充分发挥自己的能力，过有效率的生活。

《简明不列颠百科全书》认为，心理健康的具体标准是：认知过程正常，智力正常；情绪稳定乐观，心情舒畅；意志坚强，做事有目的；人格健全，性格、能力、价值观等均正常；养成健康习惯和行为，无不良行为；精力充沛地适应社会，人际关系良好。美国人格心理学家奥尔波特（G. W. Allport）提出了六条标准：力争自我的成长；能客观地看待自己；人生观的统一；有与他人建立亲睦关系的能力；人生所需的能力、知识和技能的获得；具有同情心，对生命充满爱。美国人本主义心理学家马斯洛和密特尔曼（A. H. Maslow & Mittelman）提出了心理健康的十条标准：充分的安全感；充分了解自己，并对自己的能力作适当的估价；生活的目标能切合实际；与现实环境能保持接触；能保持人格的完整与和谐；具有从经验中学习的能力；能保持良好的人际关系；适度的情绪表达及控制；在不违背团体要求的情况下，能作有限度的个性发挥；在不违背社会规范的前提下能适当地满足个人的基本需求。

陈家麟将心理健康的标准概括为：智力发展正常；情绪稳定乐观；意志品质健全；行为协调适度；人际关系和谐；人格完整独立。

王登峰提出了心理健康的几条指标：了解自我、悦纳自我；接受他人，善与人处；热爱生活，乐于工作和学习；心理健康的人能够面对现实、接受现实，并能够主动地去适应现实，进一步地改造现实，而不是逃避现实；能协调与控制情绪，心境良好；人格和谐完整；智力正常；心理行为符合年龄特征。

关于心理健康标准，各国专家有不同的理论依据和具体标准，而我国根据国情和社会经济发展的需要，根据最新国内的研究结果，我们认为心理健康的主要特征应包括以下相互联系的8个方面：

1. 智力正常

智力是以思维能力为核心的各种认识能力和操作能力的总和。它是衡量一个人心理健康的最重要的标志之一。正常的智力水平是人们生活、学习、工作最基本的心理条件。一般来讲，智商在130以上为超常；智商在90以上为正常；智商在70～89之间为亚常；智商在70以下为智力落后。具有正常智力的人，能正确、客观地认识自然和社会，头脑清醒，能以积极正确的态度面对现实、适应社会生活。衡量一个人的智力发展水平要与同龄人的智力水平相比较，及早发现和防止智力的畸形发展。

2. 情绪反应适度

情绪反应适度指情绪的产生由适当的原因引起，情绪持续的时间随客观情况的变化而变化，情绪表现乐观而稳定，心胸开阔，对一切充满了希望，既不为琐事耿耿于怀，也不冲动莽撞，能保持平常心，以愉悦的情绪去感染人。一个人的情绪反应适度，就会使整个身心处于积极向上的状态，对一切充满信心与希望。

3. 意志健全

意志是有意识地确定目的，调节和支配行动，并通过克服困难和挫折，实现预定目的的心理过程。一个人意志是否健全主要表现在意志品质上，其中行动的自觉性、果断性、坚持性和自制性是意志健全的重要标志。

4. 人格统一

人格是指一个人的各种心理特性的总和。主要包括人格的倾向性和人格的心理特征两个方面，前者是人格的动力系统，主要是需要、动机、兴趣、意志等；后者体现个体之间的差异性，主要指能力、气质和性格。人格的各种组成要素之间关系协调，人的行为就正常；如果失调就会造成人格分裂，产生不正常行为。人格具有独特性、稳定性、整体性、功能性的特点，一旦形成就对人的心理和行为产生影响，形成统一、协调、健全的人格，对维护心理健康具有重要意义。

5. 人际关系和谐

人际关系是人与人在沟通与交往中建立起来的直接的心理上的联系。人际关系和谐具体表现为：在人际交往中，心理相容，互相接纳、尊重，而不是相互排斥、贬低；对人情感真诚、善良，而不是冷漠无情；有良好的集体观念，乐群、奉献，而不是见利忘义，损人利己。良好的人际关系是心理健康的重要标志，也是维持心理健康的重要条件之一。

6. 与社会协调一致

与社会协调一致指一个人的思想和行为符合社会规范的要求，态度积极，行为得体。心理健康的人应与社会保持良好的接触，认识社会，了解社会，使自己的思想、信念、目标和行动，跟上时代的脚步，有随社会发展变革及时调控自己的能力。而不是逃避现实，悲观失望，或妄自尊大、一意孤行、逆历史潮流而动。

7. 自我意识正确

自我意识是个体对自己存在状态的认知。包括自我认识、自我监督和自我调控。正确的自我意识表现为：有自知之明，在集体中自信、自尊、自重，少有自卑之心，也不傲视他人；对自己的优缺点有正确的评价与要求；在实践中不断开发自己的潜能，以实现自己的理想与人生价值。

8. 心理符合年龄特征

人的一生可分为不同的年龄阶段，各阶段在心理发展上都表现出相对稳定的心理特征，称为心理的年龄特征。人们将人的一生分为胎儿期、婴儿期、幼儿期、童年期、少年期、中年期和老年期。不同的时期有不同的心理特征。一个人的认知、情感、行为举止等符合他的年龄特征，即是心理健康的表现。如果严重偏离相应的年龄特征，心理发展严重滞后或超前，则是行为异常或心理不健康的表现。

心理健康的标准不是一成不变的，随着时代和环境的变化，人们对健康的理解和健康的标准也在发生变化。即使同一时期，也没有万能的健康标准，针对不同的人群，考虑不同的历史文化背景，也应该有相应的心理健康标准。

# 第二节　心理健康教育概述

学校心理健康教育是根据学生的生理、心理发展特点，运用有关心理教育的方法和手段以维护和增进学生的心理健康，促进学生身心和谐发展和素质全面提高的教育活动。

## 一、心理健康教育的产生与发展

心理健康教育作为教育的一个组成部分，总是随教育的产生而产生，随教育的发展而发展的。

### （一）心理健康教育思想的萌芽

古代斯巴达人即重视健康教育，通过“五项竞技”不仅使儿童养成健康的体魄，也有利于顽强的意志以及勇敢、坚忍、顺从等品质的培养。

柏拉图认为，人的灵魂由理念、意志与情感三个部分组成。他重视心理健康教育。他说：“我认为一种适当的教育，只要保持下去，便会使一国中的人性得到改造，而具有健全性格的人受到这种教育又变成更好的人，胜过他们的祖先，也使他们的后裔更好。”① 柏拉图把教育分为音乐教育与体育教育，认为音乐教育陶冶心灵，体育教育锻炼身体。并且心灵教育应与体育教育相结合。柏拉图还论述了学科教学的心理健康教育意义。他认为，算术、几何及天文等科学虽有实用价值，但它真正的价值不在这里，而在于他们能唤起人的思维能力，改变人的心灵，使它从感性世界转向精神世界。以算术为例，其重要意义在于它“能够唤起思考的能力，引导心灵去面向本质和实在”。② ［古希腊］亚里士多德认为：“人们的活动为本身的快乐所加强、所延长、所改善，又为异己的快乐所妨害……如果一个人感到写和算对他是痛苦的，他就不肯再写，也不肯再算了，因为这些活动是一些痛苦。”③ 这一观点说明儿童的学习与兴趣是紧密相连的，学习不应该是一件苦差事。

夸美纽斯在《大教学论》中论述了儿童身心发展与心理健康问题，提出“人人都应该祈求自己具有存在于一个健康的身体里面的一个健康的心灵”。

我国古代教育家孔子重视对学生的兴趣、情感、意志等方面的心理健康教育，他认为“知之者不如好之者，好之者不如乐之者”④ “学而时习之，不亦说乎？有朋友自远方来，不亦说乎？人不知而不愠，不亦君子乎？”⑤

春秋战国时期的管仲对心理健康有所论述，他在《管子·内业》篇中说：“凡道无所，善心安爱”；“定心在中，耳目聪明”；“心全于中，形全于外，不逢天灾，不遇人害”；“大心而敢，宽气而广，其形安而不移”⑥。

### （二）心理健康教育的发展

早在 1894 年，法国比纳（A. Binet）创立了“儿童心理研究社”，制定了专门用于鉴别儿童智力发展水平的“比纳——西蒙智力量表”，首开了心理学应用于学校教育的先河，因此，比纳被尊称为“世界学校心理健康教育之父”。1896 年，威特默（Lightner Witmer）在美国宾夕法尼亚大学开设了第一家心理诊所，向有学习困难的儿童提供直接心理服务，开创了美国心理学为教育服务的先河，因此，威特默被尊称为“美国学校心理健康教育之父”。1915 年，

① 张焕庭：《西方资产阶级教育论著选》，第 518 页，北京，人民教育出版社，1964。
② 戴本博：《外国教育史》，第 123 页，北京，人民教育出版社，1989。
③ ［古希腊］亚里士多德：《尼各马可伦理学》，第 220～221 页。
④ 《论语·雍也》。
⑤ 《论语·学而》。
⑥ 《管子·内业》。

格塞尔（A. Gesell）被康涅狄格州聘为学校心理学家，在全州对儿童进行智力测验，对有特殊需要的儿童进行分班，他被看做是第一个获得“学校心理健康教育家”或“学校心理学家”头衔的人。

系统地研究和实践心理健康教育是在20世纪50年代才开始的，布鲁姆1956年公布了教学目标分类说，他把教学目标分为认知、动作技能和情感三个方面，说明教学过程总是围绕学生心理健康发展来进行的。20世纪60年代后，各国普遍规定由专业工作者担任心理健康教育工作。美国60年代就制定了全国性的专业辅导人员培养目标及辅导规程。“美国学校辅导主任协会”颁发的《小学辅导主任工作》和《中学辅导主任工作》中对辅导人员职责均作了专门的要求。此后，随着人本主义心理学的盛行，开发人的潜能，实现人生价值成为心理健康所追求的目标。20世纪70年代以来，心理健康教育向预防性和发展性层面推进，即促进学生身心健康，形成健全人格，发挥潜能，自我实现。

2000年3月，美国白宫首次召集了有关儿童心理健康问题的会议。随后，美国卫生与公众服务部、教育部和司法部下属的十几个部门，于2000年9月联合举行儿童和青少年心理健康问题大型讨论会，在广泛征求各方意见的基础上，美国卫生局于2001年正式出台《儿童心理健康国家行动议程》，标志着美国解决青少年心理健康问题的国家级战略基本成型。

20世纪80年代初开始，我国一些学者和研究机构（如上海市精神卫生中心等）开始进行学生心理健康状况的调查，并发表了一系列有关报告，在教育界产生了广泛的影响。1992年，原国家教委制定下发了《中小学生心理健康教育基本要求》（试行），心理卫生教育被列为八项主要教育内容之一。1999年8月13日教育部颁发了《关于加强中小学心理健康教育的若干意见》，就中小学开展心理健康教育的指导思想、基本原则、主要任务和实施途径以及实施心理健康教育的组织领导、师资队伍建设、条件保障等提出六个方面的意见。2002年9月教育部又印发了《中小学心理健康教育指导纲要》，共有20条内容，对中小学心理健康教育的指导思想、原则、任务与目标，不同年龄阶段教育内容，开展心理健康教育的途径和方法，以及组织实施和实施过程中应注意的问题等都作了明确的规定，这是关于进一步指导和规划全国中小学生心理健康教育工作的重要文件，对我国心理健康教育的开展提供了政策保障。

## 二、心理健康教育的目标

心理健康教育的目标指学校心理健康教育要达到的预期结果。它是学校教育目标的重要组成部分，与德、智、体、美、劳共同构成了全面发展的教育目标。

心理健康教育的目标的确立受多种因素制约。国家心理健康教育的指导性文件、中学生心理健康状况的实际、国际心理健康教育目标的变革趋势都在影响着目标的制定。

1995年，《中华人民共和国教育法》以法律的形式规定了“教育为社会主义现代化建设服务，培养德、智、体等方面全面发展的社会主义建设者和接班人”。2007年，党的“十七大”明确要求：“要全面贯彻党的教育方针，坚持育人为本、德育为先，实施素质教育，提高教育现代化水平，培养德智体美全面发展的社会主义建设者和接班人，办人民满意的教育。”“全面发展”必然是身心的全面发展，“心理健康”不仅是“全面发展”的重要组成部分，更是“全面发展”的有力保障。正是“全面发展”为心理健康教育目标的确立指明了方向。

2001年，《基础教育课程改革纲要》提出新课程培养目标应体现时代精神，在改进传统教育目标的同时，构建了新时代的目标体系，强调培养“具有初步的创新精神、实践能力、科学和人文素养以及环境意识；具有适应终身学习的基础知识、基本技能和方法；具有健壮的体魄和良好的心理素质，养成健康的审美情趣和生活方式”。这一论述为确立心理教育目标提供了具体化的目标导向。

国际上心理健康教育目标在20世纪发生了两次转变，一是从“第二次世界大战”结束到20世纪60年代末，心理健康教育从关心身心因素的制约到关心社会因素的制约。1948年，第三届国际心理卫生大会发表了《心理健康与世界公民》的纲领性文件，要求各国心理卫生工作者必须十分重视社会因素对心理健康的意义。二是20世纪70年代以来，由于受人本主义心理学的影响及国际竞争对人才的迫切需求，心理健康教育从努力提高个体的适应能力到力图全面提高人的心理素质，挖掘人的心理潜能方向转变。

2002年8月，教育部颁布《中小学心理健康教育指导纲要》把心理健康教育的目标分为总体目标和具体目标。

总目标：提高全体学生的心理素质，充分开发他们的潜能，培养学生乐观，向上的心理品质，促进学生人格的健全发展。

具体目标：使学生不断正确认识自我，增强调控自我，承受挫折，适应环境的能力，培养学生健全的人格和良好的个性心理品质，对少数有心理困扰或心理障碍的学生，给予科学有效的心理咨询和辅导，使他们尽快摆脱障碍，调节自我，提高心理健康水平，增强自我教育能力。

这一目标具有鲜明的时代特点：

(1) 反映了国际心理健康教育的发展趋势。20世纪70年代以来，随着科技迅猛发展，国际竞争加剧，人们纷纷探寻竞争的制胜之道，最终达成共识：无论科技的竞争、经济的竞争、军事的竞争，还是综合国力的竞争，归根到底都是人才的竞争、教育的竞争，因此“培养什么样的人”成为世界各国关注的共同话题，教育改革也成了不可阻挡的世界潮流。教育的根本任务不仅是给学生传授现成的知识，更注重对学生持续发展能力的培养。心理健康教育义不容辞地担负起开发人的潜能，提升人的素质的光荣任务。

(2) 反映了我国青少年心理健康方面存在的突出问题。改革开放以来，随着社会的急剧变革，工作压力加大、生活节奏加快、竞争愈演愈烈，人们的心理问题也愈来愈多。家庭结构的变化，使独生子女、单亲家庭、留守儿童成为21世纪我国教育面临的重大难题。学生的自我意识太强、自理能力太差、自我教育不足，缺乏承受挫折的能力与社会适应能力。学生中的杀人、暴力、离家出走、网络成瘾等都是学生心理问题的外在表现。培养健全人格，解除心理困扰是青少年学生的迫切需要。

(3) 反映了我国教育改革的发展方向。改革开放三十多年来，我国虽力主教育改革，从素质教育的提出到新课程改革的全面推行，新的教育体制、教育观念、教育手段与教育方法，早已成为教育工作者喜闻乐道的话题，但改革成效明显不足，以知识为中心、以升学为目的的教育仍然大行其道。学生课业负担过重、考试期待过高、就业压力过大的现状依然没有改变。新课程改革构建了我国人才培养的三维目标，“良好的心理素质”成为教育改革的理想目标之一。

## 三、心理健康教育的任务

《中小学心理健康教育指导纲要》明确指出：心理健康教育的主要任务是全面推进素质教育，增强学校德育工作的针对性、实效性和主动性，帮助学生树立在出现心理行为问题时的求助意识，促进学生形成健康的心理素质，维护学生的心理健康，减少和避免对他们心理健康的各种不利影响；培养身心健康，具有创新精神和实践能力，成为有理想、有道德、有文化、有纪律的一代新人。完成这一任务要求：

(1) 面向全体进行心理健康教育，是推进素质教育的重要举措。心理素质是人的素质结构的重要内容，心理素质的好坏不仅影响整体素质结构的优劣，还直接影响人的其他素质的发展。无论科学文化素质、还是思想道德素质与劳动技能素质都是通过人的认知、情感、意志和行为表现出来的。作为心理素质构成的核心内容——认知、情感、意志和行为，随时都会在其他素质中表现出来。心理健康教育经过多年的发展，已经从问题诊断与社会适应向促进发展的方向转变。当发展成为教育的主题时，心理健康教育也不再是针对个别有心理问题的学生的心理诊断与问题矫正。而应该面向全体，以促进发展为目的，最大限度地开发人的潜能，使学生学会学习、学会认知、学会做事、学会生存。

（2）与学校德育工作相结合，积极推进心理健康教育。学校德育工作是一个复杂的系统工程，渗透在学校工作的方方面面。心理健康教育既有其独特的教育功能，也能有力推动学校德育工作。《中共中央关于进一步加强和改进学校德育工作的若干意见》要求："通过多种方式对不同年龄层次的学生进行心理健康教育和指导，帮助学生提高心理素质，健全人格，增强承受挫折、适应环境的能力。"2004 年，《中共中央国务院关于进一步加强和改进未成年人思想道德建设的若干意见》提出："进一步加强中小学生的心理健康教育和青春期教育，有条件的中小学校要开设学生心理辅导咨询室，建立中小学心理健康专兼职骨干教师队伍，加强对心理健康教育骨干教师的培训，积极化解学生各种心理问题。"可见心理健康教育已成为学校德育工作不可分割的重要成分。学校德育与心理健康教育工作相结合，不能以德育取代心理健康教育，也不能以心理健康教育取代德育工作，而是要明确二者的区别与联系，德育关注价值判断，心理健康教育重在对问题做出心理分析而不作价值判断。提升学生心理健康水平，有助于形成学生正确的道德认知，培养良好的道德情感，锻炼道德意志，形成道德行为。

（3）积极关注有心理困扰和心理障碍的学生，开展补救性和矫治性的心理咨询和辅导。心理健康教育既要面向全体，进行预防和发展性教育，也要针对个体的心理问题对症下药，开展补救和矫治工作。补救是针对学生心理的缺陷，培养学生应有的心理品质。矫治是针对学生已有的心理问题，通过矫正、治疗改变原有的心理状态。近年来有心理困扰和心理障碍的学生愈来愈多，对学校心理咨询与辅导的要求也愈来愈高。针对学生个体的心理咨询与辅导工作显得日益迫切。

（4）维护学生心理健康，必须营造良好的心理健康教育环境。学生的心理问题都是在学习、生活、交往的过程中产生的。营造良好的学习生活环境，首先是营造良好的课堂学习氛围。课堂是学生活动的主要场所，也是学生心理问题的发源地，学生的学习问题、自我意识、人际关系问题主要是在课堂学习中形成的。一是要建立民主、平等的师生及同学关系；二是要形成积极认同、相互支持的学习风气；三要留有自我表现的发展空间，让每个学生都有展示自我的机会。其次是营造良好的生活环境。包括良好的校园环境、优质的生活服务环境、安全的社区环境以及和睦的家庭环境。学生心理问题的产生受多种因素制约，学生除了在课堂上学习，课外活动、家庭生活、社会实践都在对学生心理健康产生影响，加强学校、家庭、社会结合，为学生营造良好的学习生活环境，是保障学生心理健康的重要举措。

## 四、心理健康教育的意义

### （一）时代和社会发展的需要

（1）竞争的时代，人们的心理问题日益突出，心理健康教育势在必行。随着改革开放的不断深入，人们的生活节奏加快，工作压力加大，人们的心理问题也日益突出。据2007年年初北京心理危机研究与干预中心发布的《我国自杀状况及其对策》数据显示，在中国，自杀是第五大死因，15～34岁人群的首位死因。中国每年有28.7万人死于自杀；200万人自杀未遂。这些人中只有9%的人在精神科就诊过。当富士康跳楼事件接连发生以后，全国云集一百多位心理学专家进行干预，普通人的心理健康才更加引起社会的关注。

（2）知识经济时代对人才的质量、规格提出了新的要求，良好的心理品质成为高品质人才的必备条件。人类走过了漫长的农业时代，越过了快速发展的工业时代，正昂首阔步进入知识经济时代。如果说农业时代依靠土地，工业时代依靠机器，那么知识经济时代依靠的就主要是人，依靠人的潜能的开发，依靠人对知识的运用。美国管理学大师彼得·德鲁克认为知识经济是建立在人类对知识的占有和使用的基础之上的经济形态。其核心是“人”，因此21世纪国际教育改革的潮流就是关注培养“什么人”以及如何“培养人”的问题。《教育：财富蕴藏其中》提出来了教育的四大支柱：“学会认知、学会做事、学会共同生活、学会生存”。以色列前总理佩雷斯认为现代教育要教会学生三大本领：“一是会继续学习；二是会与不同的人一起共事；三是在不同的环境下都能生存发展并作出贡献。”我国新一轮课程改革也提出了人才培养的三维目标，无论表述如何不同，本质上都关注现代人的质量与规格，关注了人的心理健康。

（3）构建和谐社会需要和谐发展的人。构建社会主义和谐社会是加强党的执政能力的重要举措。中国共产党十六届四中全会分析了社会不和谐的原因、表现，并提出了构建社会主义和谐社会的策略。资源分配不均、地区发展不平、收入分配不公被认为是社会不和谐的具体表现。我们不应该忽视这样一个问题，个体发展的不和谐不仅是对社会不和谐的反映，更关系到和谐社会建设的成败。个人是社会的细胞，人的畸形发展必然导致社会病态现象的产生，贪婪导致腐败、愚昧导致落后。紧张、焦虑、抑郁、易怒等不良心理品质，不仅影响学生的学习效率，也会影响学生的人际关系、社会适应及身心健康，甚至导致犯罪。心理健康教育通过培养和谐发展的人，开发人的潜能，增强社会适应能力及自我调控能力，减少因心理问题引发的社会矛盾，从而推动和谐社会的建设。

**（二）教育改革与发展的需要**

（1）教育目标关注学生全面发展。新中国成立以来，我国确立了全面发展的教育方针，但由于教育评价制度的相对滞后，长期以来形成了以升学为目的的“应试教育”模式，片面发展、高分低能、社会适应不良、心理健康堪忧，成了我国教育挥之不去的阴影。我国第八轮课程改历数过去教育之弊端，倡导培养具有创新精神、实践能力、具有良好心理素质的新型人才，不仅为心理健康教育提供了机会，更为心理健康教育提出了更高的要求，心理素质不仅是素质教育的组成部分，更应当成为个体素质结构的核心内容。没有良好的心理素质，其他素质的发展就是一句空话。

（2）加强和改进学校德育工作的重要举措。德育工作的目标是提升道德认知、培养道德情感、锤炼道德意志、形成道德行为习惯，每一层目标的实现都必须以良好的心理品质为基础。长期以来，学校德育工作注重对学生的思想、政治、道德教育，而忽视了对学生良好心理品质的培养。1998 年 3 月 16 日教育部颁发的《中小学德育工作规范》中第二条规定：“德育即对学生进行政治、思想、道德和心理品质教育，是中小学素质教育的重要组成部分，对青少年学生健康成长和学校工作起着导向、动力、保证作用。”这一规定说明心理品质教育是德育的重要组成部分。随着学生心理问题增多，学校与社会对心理健康教育的认识不断增强，在一些地方心理健康教育已与学校德育工作并驾齐驱，共同发挥育人的功能。

**（三）学生全面发展的需要**

（1）学生的心理问题不容忽视。2005 年心理学家曾对 3000 名中学生进行心理调查，发现 42.73％的学生经常感到“做事容易恐慌和紧张”，55.92％的学生经常感到“对面临的感情过分苦恼和烦闷”，47.41％的学生觉得“人与人之间的关系太冷漠，感到无法与人相处和交往”，62.26％的学生在“心情不舒畅时找不到朋友倾诉，常感到孤立无援”，46.63%的学生“对考试过分紧张，经常心烦意乱、感到无法接受”。学生的心理问题不会随学生生活而结束，若得不到及时矫治，便会形成稳定的心理品质，影响其一生的发展。据另一项调查，刚入学的小学生约有80%对自己的学习能力极其自信，而当他们到16岁时，这一比例降到了18%，这些不良情绪，包括自卑、退缩、厌学、紧张、焦虑、恐惧、抑郁等心理疾病，相当一部分是师源性的。可见，教育者不仅是预防或解决问题的执行者，同时也是问题产生的刺激源，心理健康应从教育者自身入手。

（2）学生健全人格的形成需要心理健康教育。从“陈海洋伤熊事件”“马加爵杀人事件”到“李刚门”事件，都凸显了学生的人格缺陷。有研究表明：“80后”存在思想和性格的缺陷是：以自我为中心、虚荣、贪图享受、注重眼前利益、喜欢逃避责任，这也是“80后”作为独生子女一代形成的社会问题。引导健康需要，激发良好的动机是形成健全人格动力之源，提高认知水平和行为能力，培养学生正确的处事态度和行为方式是健全人格形成的关键所在。

（3）培养学生的社会适应能力需要心理健康教育。青少年学生最终都会成为社会的主人，社会的急剧变革要求学生具备不断变革的能力。有一项关于大学生创业的调查表明：我国大学生创业的比例不到毕业生总数的1%，并且他们创业的成功率也比较低。据教育部2004年的一项报告显示，在全国成立比较早的97家学生企业中，赢利的仅占17%；学生创办的公司中，5年内能够生存下去仅有30%。这说明学生学习的书本知识与社会实际之间存在较大的距离，同时学生适应社会的能力较差。社会适应能力是学生综合素质的体现，但正确的自我意识、积极的生活态度、良好的人际关系、健康的行为方式却是任何人适应社会不可或缺的心理品质。

## 五、心理健康教育的原则

学校心理健康教育的原则是心理健康教育过程中必须遵循的基本要求。人们根据多年来心理健康教育成功的经验总结出的基本原则有：全体性原则、全面性原则、主体性原则、发展性原则、针对性原则、保密性原则、活动性原则等。

全体性原则。指心理健康教育要坚持面向全体，为全体学生服务。这是我国的教育方针所决定的，也是心理健康教育的任务和发展方向所决定的。贯彻这一原则：一是制订心理健康教育计划时要着眼于全体学生，在确定教育内容时要考虑大多数学生共同需要及普遍存在的问题，使全体学生达到心理健康教育的最基本要求。二是要注意给每个学生受教育的机会，只有每个学生的心理健康，才能构建全体学生的心理健康。三是注意学生的特殊需求并给予帮助。

全面性原则。指心理健康教育要以系统论的观点作指导，动员各方面的教育力量协同参与，以促进学生心理的全面发展为目的，开展心理健康教育工作。从个体发展的角度看，心理健康是一个复杂的系统，包括心理过程和个性心理两大方向，只有整体发展了才是健康的表现，任何顾此失彼的健康教育都会造成发展的不和谐。从心理发展的制约因素看，个体心理发展是主客观因素相互作用的结果，正确处理个体发展与学校、家庭、社会的关系，协调三方面的教育功能，从而保障心理健康教育的有效实施。贯彻这一原则既要树立“全人”的发展观念，及时发现和弥补发展的缺陷，又要整合各方教育力量协同配合，共同促进学生心理的健康发展。

主体性原则。指心理健康教育过程要尊重学生的主体地位，充分调动学生的主动性和积极性。这是因为学生是发展的主体，教育活动围绕学生展开，教育效果也只能从学生身上体现，没有学生的积极主动参与，教育就是一句空话。正如皮亚杰所言，没有认识主体的能动作用，认识就得不到发展。贯彻这一原则：一是要全面了解学生，了解学生的发展水平，了解学生的发展需要，这是教育实施的基本依据；二是要尊重学生的主体地位，充分调动学生参与教育活动的主动性与积极性，使学生真正成为活动的主体、发展的主体；三是教育者也要发挥教育主体的主导作用，对学生施加有计划、有意识的影响，而不是弱化甚至取消教师的引导作用。

发展性原则。指以发展的观点指导学校心理健康教育工作，使之取得理想的教育效果。学校教育的目的在于促进学生发展，青少年正处在发展的关键期，决定了学校心理健康教育应以发展性教育模式为主。贯彻这一原则，首先，应确立发展的教育目标，而不是预防或医治心理疾病。其次，教育内容或方式的选择、方法的运用应有利于促进学生发展，即引起学生身心的变化。而不是像其他学科教学一样，理解、掌握系统的知识，以升学考试为目的。最后，以发展的眼光看待学生的心理问题，做好预防问题产生、维护健康状态、促进心理发展等方面的工作。

针对性原则。指心理健康教育应根据学生的身心发展的特点和规律，有针对性地实施教育。学生心理发展具有程序性、阶段性、不平衡性和差异性等特点。不同的时代学生心理发展也具有不同的特征。心理健康教育只有针对学生心理发展的共同特征及个体差异，设计教育目标、选择教育内容和方法，才能做到对症下药、因材施教，使每一个学生都能得到发展。

保密性原则。指在心理健康教育过程中，应尊重个人的隐私权，对不宜公开的个人信息应保守秘密。心理健康教育，尤其是个体的心理咨询，必须建立在信任与坦诚交流的基础之上，不能保守秘密，受教育者的尊严和隐私就没有保障。贯彻这一原则要求：一是要尊重个人隐私，以恰当的方式采集个人的信息资料；二是管理个人的信息资料，未经许可不得扩散个人信息；三是对学生心理问题的联合处理，应限制在特定的范围之内，避免对学生造成不良影响。

活动性原则。指心理健康教育要重视通过活动来促进心理发展。活动是心理的本源，是心理产生和发展的最重要因素。维果茨基认为人的高级心理机能，是在活动特别是在人际交往过程中发展起来的。心理健康教育不是以掌握系统的心理健康知识为目的，而是以促进学生身心健康发展为目的。离开了学生自身的活动，无论是身体的活动还是心理的活动，任何强加的“教育”都是徒劳的。贯彻活动性原则：一是教育活动的形式要多种多样，让每个学生都能参与进来，而不仅限于课堂教学；二是活动的设计和组织，要符合学生的心理特征，具有针对性；三要体现学生是活动的主体，只有学生主体的活动，才能使学生产生真情实感，从而促进其身心发展。

## 第三节　心理健康教育的内容与方法

### 一、心理健康教育的内容

心理健康教育的内容由心理健康教育的任务、目标、学生心理发展的年龄特征所决定。由于我国中小学心理健康教育仍处于“初级阶段”，目前，全国还没有统一、固定的内容要求。有学者把心理健康教育的内容分为学习、人格和社会适应三个方面。陈家麟教授将其具体化为学习心理指导、智力训练、情感教育、性格教育、耐挫能力培养、人际关系指导、性心理健康教育、自我意识发展指导。根据学校心理健康教育的目标，我们将心理健康教育的内容分为心理健康的维护、心理问题的矫正和心理潜能的开发三个层面。

#### （一）学生心理健康维护

这是最基本的层面，面向全体学生，以普及心理健康的基本知识，树立心理健康意识，了解常用的心理调节方法为行动指南，主要目的是维护学生的心理健康。具体包括：

（1）智力训练。智力是在人们认识客观事物的过程中所形成的稳定的心理特点的综合，它包括观察力、注意力、记忆力、想象力和思维力。我国学者刘华山（1998）认为，帮助学生以科学的态度认识智力的实质、智力发展的制约因素、智力与学业成绩的关系，正确了解自己的学习潜能，对于提高学习成效、维护学生心理健康具有重要意义。

（2）学习心理指导。学习心理活动是学生的主要心理活动，调查表明学生的心理问题主要是由学习引起的。美国心理学家赫伯特格·乔伊说过："未来的文盲已不是不能阅读的人，而是没有学会学习的人。"① 对学生进行学习心理指导，就是要指导学习方法、激发学习动机、培养学习兴趣、养成良好的学习习惯，提高学习效率。

（3）情绪心理指导。情绪活动是心理活动的重要内容，情绪不良或情绪失控不仅影响学生的身心健康，也影响学习效果。青少年的情绪带有冲动性和两极性，情绪指导要教会学生把握和表达自己的情绪情感，学会有效控制、调节和合理宣泄自己的消极情感，体察与理解别人的情绪情感，并进行相关技巧的训练，如敏感性训练、自我表达训练、放松训练等。

（4）人际关系指导。人对环境的适应主要是对人际关系的适应。丁瓒教授认为："人类的心理适应最主要的就是对人际关系的适应，所以人类的心理病态，主要是由人际关系失调而来。"人际关系指导应围绕亲子、师生、同伴及其他社会关系进行，指导学生正确认识各类关系的本质，并学会处理人际互动中各种问题的技巧与原则，包括冲突解决、合作与竞争、学会拒绝，以及尊重、支持等交往原则。

（5）健全人格的培养。健全人格是各种人格特征的完美结合。美国人格心理学家奥尔波特提出了"成熟者"人格模型，马斯洛提出了"自我实现者"人格模型。培养健全人格就是要引导健康需要、激发积极动机、培养高尚兴趣，使学生的人生观、价值观、理想、信念、性格与气质都朝健康的方向发展，使之智能结合、言行统一，与他人和社会保持和谐的关系。

（6）自我意识指导。自我意识在个性的形成和发展中具有重要地位，良好自我意识的形成，不仅有利于处理个体与环境的关系，更有利于个体潜能的开发，健全人格的培养。自我意识指导就是要通过训练和教导帮助学生科学认识自我，悦纳自我，正视自己的优势与不足，学会调节控制自我，发展自我，树立良好的自我形象。

（7）性心理教育。即关于性生理和性心理知识的传授与分析，帮助学生建

---

① 唐红波等：《中小学生学习心理辅导》，第 83 页，广州，暨南大学出版，1997。

立正确的性别观念和性别认同，指导学生认识和掌握与异性交往的知识及技巧，如异性同学交往指导、早恋心理调适等。

## （二）学生心理行为问题矫正

这是面向少数具有心理、行为问题的学生而开展的心理咨询、行为矫正训练的教育内容，多属矫治范畴。具体包括：

（1）学习适应问题，主要指围绕学习活动而产生的心理行为问题，如考试焦虑、学习困难、注意力不集中、学校恐惧症、厌学等；

（2）情绪问题，主要指影响学生正常生活、学习与健康成长的负性情绪问题，如抑郁、恐惧、焦虑、紧张、忧虑等；

（3）常见行为问题，主要指在学生生活、学习中表现出来的不良行为特征，如多动、说谎、打架、胆怯等；

（4）身心疾患，主要指因心理困扰而形成的躯体症状与反应，如神经衰弱、失眠、疑心症、神经性强迫症、癔症等；

（5）性行为问题，主要指由于性心理障碍而产生的各种性变态行为，这一问题在中小学生中出现的比例较少。

## （三）学生心理潜能开发

奥斯汀博士研究发现：人脑有巨大的开发潜能，大脑两半球功能不一样，呈交叉控制状态，注重右脑开发，使左右脑协调工作，可达到 1＋1＞2 的效果，其结果往往会增大 5～10 倍甚至更多。中小学时期是心理潜能开发的最佳期。通过对学生积极的自我暗示，及记忆、思维等方面的专项训练，不仅可以激发学习热情，使学习过程变得轻松愉快，还能开发学习潜能，大大提高学习效率。

此外，还应注意根据学生年龄的不同特点和发展需要，在小学、初中、高中 3 个不同阶段中侧重选择不同的内容开展学校心理健康教育。例如，小学阶段通常以适应学校生活与学习、养成良好行为习惯为主要内容；初中则以青春期教育、人际关系调适、情绪调控、自信心培养、学习能力提高、人格塑造等为主要内容；高中通常又围绕学习能力提高、考试焦虑调适、升学就业辅导、人格培养、人生观教育等为主要内容。同时，还应考虑上述各阶段心理健康教育内容之间的衔接与系统性，以期形成学校心理健康教育的科学体系，体现循序渐进和螺旋式上升的特点。

## 二、心理健康教育的途径与方法

### （一）心理健康教育的途径

学校心理健康教育的途径，一般通过下列方式进行：

（1）心理健康教育课程设置。学校心理健康教育课程是着眼于受教育者心理健康水平提高、心理素质优化和心理潜能开发，以心理知识传授、心理品质培养和心理问题辅导为内容的一门课程。这种课程的设置不同于一般的学科课程，不是以传授系统的理论知识为主，而是将有关心理科学的理论和技术化为学生可以参与的活动，学生在活动中理解心理学知识，体验心理的发展过程。目前，由于师资队伍缺乏，教材建设滞后，多数学校还没有专门的心理健康教育师资，也未能开设专门的心理健康教育课程，心理健康教育只作为思想品德课的组成部分在课堂教学中实施，这对推进心理健康教育的发展是不利的。

（2）学科教学中渗透。教学是学校的中心工作，也是对学生影响最大的活动。促进学生全面发展，维护学生心理健康是学科教师义不容辞的责任。在各科教学中渗透心理健康教育要求教师：确立心理健康的教育目标；建立良好的师生关系，创设心理健康教育的环境，增强学生学习过程中愉快的情绪体验；发掘教材中的心理健康教育因素，引导学生的认知、情感、意志和行为向健康的方向转变；指导学生科学的学习方法，养成良好的学习习惯。

（3）各种活动中渗透。皮亚杰认为，儿童智慧、思维的发展，是通过儿童主体的认知结构从物理环境和社会环境的经验之间的同化和顺应的相互作用——活动而实现的。儿童只有自己参与活动，才能获得真实的知识，形成自己的假设，并给予证实或否定。除课堂教学活动以外，学生还广泛参与学校的常规管理、课外活动、班团活动等。

（4）心理健康教育讲座。讲座是以专题的形式，针对学校、年级或某一学生群体共同面临的心理问题，以摆事实、讲道理的方式进行心理健康教育。如青春期心理保健、考前心理辅导等，其特点是专业性强、针对性强、主题鲜明、省时高效、简便易行。目前，许多没有心理健康教育专业教师的学校，常常用请校外专家讲座的方式来对学生进行心理健康教育。

（5）心理咨询。是指咨询者运用心理学的理论、方法和技术，给来访者以启发、帮助和教育，促进其健康发展的过程。按分类标准不同有个别咨询与团体咨询、直接咨询与间接咨询、发展咨询、适应咨询与障碍咨询、门诊咨询、电话咨询、书信咨询与现场咨询等。一般说来咨询应由取得从业资格的专业人员实施，但目前学校心理咨询尚处在起步阶段，能配备心理学专业的指导教师占少数，多数是搞学生工作的教师兼任学校心理咨询工作。

(6) 环境熏陶。儿童的心理健康与其所处的环境有直接的关系。学生心理问题与其所在的学校环境密切相关。师生关系融洽、学习气氛浓厚、生活环境优雅，则学生积极乐观、勤奋好学，心理健康状况良好。反之，紧张、焦虑、敌视、怀疑、封闭、抑郁等心理问题就容易产生。学校环境包括物理环境和心理环境，关键是心理环境。建立民主、平等的师生关系及同学关系，营造轻松愉快的学习氛围，建设温馨宜人的生活环境是培育健康心理的温床。

(7) 家校合作。学生心理问题的产生和发展，家庭环境和家庭教育是不可忽视的因素。一些心理问题的诊断与矫治，家长的参与是必不可少的，对学生进行心理健康教育，家校合作，会收到事半功倍的效果。因此，学校要引导家长树立正确的教育观，建立良好的亲子关系，采取科学的教育方式，优化育人环境，配合学校教育，为子女的健康成长创造条件。

**(二) 心理健康教育的方法**

心理健康教育的方法指为达到心理健康教育的目的而采取的方式与手段。根据心理健康教育的任务不同可把教育的方法分为诊断、教育和干预三种类型。

1. 心理诊断法

心理诊断的定义很多，不同学者从不同角度分析了心理诊断的实质。一般认为，心理诊断是以心理学的方法和工具为主，对个体或群体的心理状态、行为偏移或障碍进行描述、分类、鉴别与评估的过程。常用的诊断方法有：观察法、谈话法、问卷法和测验法。

观察法是指研究者根据一定的研究目的、研究提纲或观察表，用自己的感官和辅助工具去直接观察被研究对象，从而获得资料的一种方法。科学的观察具有目的性和计划性、系统性和可重复性。运用观察法要求：目的明确、准备充分、信息收集完整、做好观察分析。

谈话法是心理分析中一种为获得临床信息、建立“帮助关系”而与被咨询者进行的一种会谈方法。包括摄入性会谈、鉴别性会谈、治疗性会谈、咨询性会谈、危机性会谈五种。谈话法要求：态度中性，维持一种非评判性表情、语言、态度，使患者感到轻松；提问中避免失误；不讲任何题外话；不用指责、批判性语言；不给绝对性结论；诚恳、客气，不用生硬语言作结束语。

问卷法是通过由一系列问题构成的调查表收集资料以测量人的行为和态度的心理学基本研究方法之一。其优点是，能在短时间内调查很多研究对象，取得大量的资料，能对资料进行数量化处理，经济省时。其主要缺点是，被调查者由于各种原因（如自我防卫、理解和记忆错误等）可能对问题做出虚假或错误的回答。因此，要做好问卷设计并对取得的结果做出合理的解释，必须具备丰富的心理学知识和敏锐的洞察力。

测验法就是采用标准化的心理测验量表或精密的测验仪器，来测量被试有关的心理品质的研究方法。常用的心理测验有：能力测验、品格测验、智力测验、个体测验、团体测验等。

2. 心理教育法

心理教育法指通过教育者有目的地施加影响，促进学生认识与行为改变，以维护或促进学生心理健康的方法。教育的方法多种多样，常用的有：认知改变法、榜样示范法、心理训练法、环境陶冶法等。

认知改变法是通过摆事实、讲道理，使学生端正对心理健康的认识并形成正确观点的方法，俗话称说服。要使学生自觉地优化心理素质，首先要提高其认识，启发其自觉性，调动其积极性，用说服的方法使学生明白为什么要这样做，应当怎样做。

榜样示范法是教育者以自身或他人的良好心态、模范行为影响学生，促进其形成健康心理的方法。这种方法的特点是把抽象的道理具体化、人格化、以生动具体的形象影响学生心理，使教育有很强的吸引力、说服力和感染力。优秀人物、教师、同伴都可做示范，在心理健康教育中身边人物的健康心态更具有传递和示范作用。

心理训练法是指通过有目的的心理练习，对被训练者进行有意识的影响，使其心理状态发生变化，以达到适宜的心理程度，满足提高心理水平，增强身心健康需要的教育手段。

环境陶冶法是指通过创设某种环境，使学生在其中受到熏陶，以维护心理健康状态或提高心理健康水平的方法。

3. 心理干预

心理干预指教育者通过采取一定的措施改变学生的心理与行为问题的方法，常见的方法有：放松干预法、系统脱敏法、冲击法、厌恶法等。

放松干预法指通过训练有意识地控制自身的心理生理活动，降低激活水平，改善机体紊乱功能的心理辅导方法。目的在于改变肌肉紧张，通过肌肉放松达到精神放松，以应付学习、生活中产生的压力。放松的方法也是多种多样，常用的有：呼吸松弛放松、想象放松、自我暗示放松等。

系统脱敏法。脱敏就是脱离、消除过敏的意思。它是指当学生对某种人、事或环境产生过分敏感的反应时，在当事人身上发展起一种不相容的反应，使本来可以引起敏感反应的事物，不再引起敏感反应。此法常和放松干预法结合使用。其程序是：全身放松；建立敏感等级，由当事人想象从最恶劣的情境到最轻微焦虑的情境；放松想象从最轻微的情境逐级提升，直到对刺激源不再敏感。

冲击法也叫暴露法、满灌法，就是给予当事人引起强烈焦虑或恐惧的刺激，从而使紧张焦虑或恐惧消失。具体办法是让当事人进入最使他感到焦虑或恐惧的情境，同时不允许其采取逃避行为，当事人出现心跳加快、呼吸困难等强烈反应后，最担心的事情还是没有发生，最后焦虑或恐惧相应减弱或消退。使用此法，必须对当事人有充分的了解，以免发生意外。

厌恶法指运用惩罚的、厌恶性的刺激，通过直接的或间接的想象以消除或减少某种适应不良行为的方法。一般原理是，把令人厌恶的刺激，如电击、呕吐、语言斥责等，与当事人的某种不良行为相结合，形成一种新的条件反射，以对抗原有的不良行为，进而消除这种不良行为。此法带有惩罚的性质，使用时应征得对方的同意。

### 推荐阅读书目

1. 孙时进，张海燕，陈增堂：《心理健康教育理论与方法研究》，上海，华东理工大学出版社，2010。

2. 姚本先：《学校心理健康教育新论》，北京，高等教育出版社，2010。

3. 曾玲娟，陈劲：《学校心理健康教育教程》，北京，北京理工大学出版社，2009。

4. 傅宏译：《班级心理健康教育理论与操作（中小学班主任培训教材）》，南京，南京师范大学出版社，2007。

5. 陈家麟：《学校心理健康教育——原理与操作》，北京，教育科学出版社，2004。

6. 黄希庭：《心理学导论》，北京，人民教育出版社，1991。

7. 林崇德：《发展心理学》，北京，人民教育出版社，1995。

8. 刘华山：《学校心理辅导》，合肥，安徽人民出版社，1998。

9. 钱铭怡：《心理咨询与心理治疗》，北京，北京大学出版社，1994。

10. 莫雷，张卫：《青少年发展与教育心理学》，广州，暨南大学出版社，1997。

11. 李丹：《儿童发展心理学》，上海，华东师范大学出版社，1997。

## 学习思考

1. 如何理解健康与心理健康的含义？
2. 联系实际谈谈学校开展心理健康教育的意义。
3. 结合实际分析学校心理健康教育应确立什么样的教育目标？
4. 如何在学科教学中渗透心理健康教育？
5. 结合案例分析运用谈话法应注意哪些问题？
6. 收集材料说明我国心理健康教育的现状并预测其发展趋势。

# 第十二章　班级管理与班主任工作

班主任工作是学校工作的重要组成部分，也是教师成长的必要途径。做好班主任工作，首先要了解班主任工作的作用、基本任务、基本原则、基本方法。在此基础上，尝试运用班主任工作的基本理论解决班主任工作中常见的一些问题，如班集体建设、后进生教育、偶发事件、学生“厌学”、学生“早恋”、学生“网络成瘾”等。

## 第一节　班主任工作的构建

班级是班级授课制的简称，是学校教育工作中的基层组织。学校中的大部分活动是以班级为单位开展的。班级是学校为实现一定教育目的，将年龄和知识程度相同或相近的学生编班分级而形成的有固定人数的基本教育单位。① 班级是学生成长的摇篮，是学生活动的基地，是陶冶学生的熔炉，是学生自我教育的课堂。要实现班级的上述作用，就必须在中小学设置班主任。在现代学校里，设置班主任有利于学校开展工作，有利于对学生进行教育，有利于对学生的管理，也有利于教师自身的不断完善。

### 一、班主任的作用

班主任不是单纯承担德育一项任务的教师，把班主任与“德育”画等号是错误的。同样班主任也不只是从事日常管理、考考勤、维持一下纪律或是上传下达，负责一些事务性工作的。因此，正确认识班主任的作用，有利于班主任工作的开展。

#### （一）班主任是学生健康和谐发展的直接责任者

班主任负责学生成长的各个方面的工作，德、智、体、美以及对学生其他

---

① 赵治修等：《班主任工作与技能训练》，第 1 页，北京，中国建材工业出版社，1997。

方面的教育工作都要由班主任参加和实施，这是其他教师所不能取代的。如果班主任偏颇于学生成长的某方面，学生的健康和谐发展就会受到影响。在学校对学生的工作中，班主任又处于教育的有利地位。班主任是受学校委派负有对学生的全面责任，在工作中又与学生处在一种特殊的关系中，使学生从心理上认定实施教育工作，一般情况下比起其他教师的教育力度较大，作用更全面。班主任又与学生长期相处，对学生的成长过程了解得更清楚，更能有效地对学生进行教育。同时，班主任与学生长期相处中容易建立深厚的感情，这对学生健康和谐发展起到的作用更直接、更全面。

**（二）班主任是学校基本工作的实施者**

学校是以班级为基本单位的，学校工作的格局就由此形成了以班级为单位来开展各项工作。不论是教学工作、学生品德教育工作、学校的其他各方面的管理工作等，都离不开班级；学校的整体运转也是由班级的各项活动推动的。身负着这样“基本单位”的全权责任的班主任，自然地就发挥着学校基本工作实施者的作用。

**（三）班主任是沟通学生与学校、社会和家庭的桥梁**

首先，班主任是沟通学生与学校的桥梁。整个学校工作是个立体的全方位的工程，这个立体的全方位工程的目标指向学校的全体学生。学校的立体全方位格局中，对各个部门沟通和连接的纽带就是班主任。学校的教学工作、品德教育工作、文体工作、日常管理工作、课外活动工作；学校共青团、少先队员及其他社团组织；学校的各个年级之间、各个部门之间，在各自的运行中，都要归结到班级中来，归结到班主任的连接和协调中来。

其次，班主任是沟通学生与社会的桥梁。由于学生生活在社会中，社会的各种势力、各种思想、各种潮流、各种形象、各种稀奇古怪的东西都会对学生有着各种各样影响。在这种情况下，班主任要努力去发扬积极因素对学生的影响。这个工作只凭借学校、教师是不可能完全实现的，必须依靠社会力量来实现。在这个过程中班主任就应该发挥沟通学生与社会的桥梁作用。

最后，班主任是沟通学生与家庭的桥梁。学生来自不同的家庭，家庭是每个学生受教育的另一个环境，同样可以影响学生的成长。家庭中的亲情关系，是很好的教育资源。班主任要努力争取家长的配合来共同教育学生。班主任不能“孤军”奋战，因为班主任与家长的教育对象都是相同的。学校要争取家长这支强大的教育队伍，这个工作得由班主任来实施，所以班主任是发挥着沟通家长的桥梁作用。

### （四）班主任是社会精神文明建设的促进力量

在社会总人口中，我国在校学生数多达两亿多，占人口的1/6左右。这意味着整个社会的面貌，尤其是精神文明状态，与学生的关系极大。学生的文明表现、德育水平、仪表举止都反映整个社会精神文明的面貌。学生的精神文明面貌受学校教育的重要影响。而学校在各个精神文明的建设中班主任是重要的建设力量，尤其是班主任在日常生活与学生的广泛接触中，对他们的行为、举止、文明礼貌的表现有着较详细的了解，这更有利于对学生进行教育和影响。班主任是与学生较长时间相处的人，能坚持对学生进行成长教育，对学生的精神文明状态起到很大的影响。所以班主任是精神文明的直接建设者，又是促进精神文明建设的主要力量。

### （五）班主任是教师自身完善的实践基础

一个教师应该具有教育和教学的能力，缺乏其中某个方面的能力，都不能算作“完整”的教师。有些教师具有教学能力，但不知道如何去教育学生，这样是不符合要求的。教师培养的是全面发展的人，如果只有教学能力，没有教育能力，就不能对学生的成长作出更全面的贡献。

在师范院校的学生中，他们在师范院校的多数时间、多数功课，是学习专业知识，而对如何当好班主任，却学习得较少。有些师范院校的毕业生能够担任班主任，也只是凭借个人工作能力、组织能力和管理能力，缺乏科学的理论指导。每个教师都要努力做到既是教学能手又是称职的班主任，这才是职业能力的完善，才是合格的教师。

## 二、班主任工作的对象

毛泽东曾说：“不论做什么事，不懂得那件事的情形，它的性质，它和它以外的事情的关联，就不知道那件事的规律，就不知道如何去做，就不能做好那件事。”① 班主任的根本任务就是教育学生，而要教育学生首先必须了解学生。因此，学生是班主任的工作对象。这一对象具有以下本质属性。

### （一）班主任工作对象是自然实体和社会实体完整统一的人

班主任工作对象是人，首先是一个自然实体，是一个生命体，作为自然实体，就必须遵循生物学规律。因此，班主任必须主动地顺应这些客观规律，遵循人的自然发展规律。同时，人还是一个社会实体。任何人都处于复杂的社会

---

① 《毛泽东选集》，第一卷，第168页，北京，人民出版社，1991。

关系中，并具有时代特色，而且总是在一定社会历史条件许可的范围内获得发展。因此，班主任必须了解学生的种种关系，熟悉时代的客观要求，按照社会发展的需要培育学生，使之健康发展。

### （二）班主任工作对象是具有丰富情感、独立人格和自觉能动性的人

学生有着自身独立的人格，有着自己的思想、需要、情感、爱好、愿望和尊严，应当得到正当的尊重和满足。他们对成长过程中的教育影响和其他外部影响，并不是消极被动地全盘接受和吸收，而是积极地影响外部环境并自觉地参与到教育过程中，同教育者一道共同完成教育任务。因此，班主任在工作过程中，应有较强的察言观色的能力，才可能对学生进行有效的教育。

### （三）班主任工作对象是渴望得到发展的人

学生由于身心未成熟，因而可塑性极强，发展潜力很大。从学生的角度看，“向师性”是他们的重要特点之一。“向师性”是指学生都有尊重、崇敬教师和乐意接受教育者教诲的自然倾向，都希望教育者热情地、认真负责地教育他们，并注意、重视、关怀和鼓励他们，以促进他们的发展。可见，学生都具有一定受教育需求，渴望在教育者的帮助下，满足和发展自己，以逐步实现完善自我的追求。

### （四）班主任工作对象是以学习为主要任务的人

学习是人类生活的普遍现象。班主任的工作对象是学生，更是以学习为主的一种社会角色。学生作为未来社会实践的参与者和创造者，必须把人类已有的科学文化知识变成自己的精神财富。而且其学习是以掌握前人和当代现成的文化科学知识为主，以学习间接经验和书本知识为主，并有经过专业训练的教育者做指导。学生处于人生成长的关键时期，他们的学习是为了继续深造或为就业做准备。因此，他们把学习当做自己的主要任务。

## 三、班主任的任务

很多人强调班主任是负有特殊使命的教师，这主要是从它的任务来讲的。班主任究竟有什么样的任务，说法不一致，这跟班主任的任务多而杂有关系。但是，班主任必须对自己的工作任务有一个较为清晰的认识。

### （一）班级管理的内容

班主任的一项重要任务是管理本班的学生。班级管理的实质是使班级在班主任组织领导下，成为一个团结向上、井然有序、运作正常的集体。班级管理的内容很多，常规的管理有学习活动的管理，包括上课、课外作业、考试、学

生集体自修等。生活纪律的管理，包括考勤、日常作息安排、维持各种活动的纪律、清洁卫生、执行守则、保持学校正常秩序等。班级组织的管理，包括组建班委会、选拔各种活动组织的负责人、指导学生干部工作等。计划管理，包括制订班主任计划、班主任工作总结、学生短期活动计划、分项工作计划等。评价管理，包括学生的总体评价及单项评价如操行评定、学习评定、身体评定、参加各项活动的评定、阶段性评定等，对学生的表扬、批评、奖励、惩罚等。偶发事件管理，包括学生中出现意外事故，学生离家出走，打架斗殴等。从这些管理内容可以看出，班级管理是个复杂的工作，但每项内容都有规律可循，结合班主任理论知识和正确的方法，在实践中不断总结经验，有针对性地搞好班级管理工作。

### （二）指导班级活动

指导班级活动是班主任的另一项任务。班级学生是班主任工作的主要对象。班级活动包括日常学习活动、指导团队活动、组织文化体育活动、组织社会实践活动、组织班会活动、组织公益活动、组织课外科技特长兴趣活动、组织参观访问调查活动、组织军事训练和旅游活动等。指导班级活动要有计划性、目的性。班主任指导班级活动要善于抓住教育时机，要做到活动前有准备，要让学生对活动有新鲜感，要把学生的积极性调动起来，并及时反馈、及时调节。

### （三）教育影响学生

在所有班主任应该承担的任务中，教育影响学生是班主任的中心工作，也是班主任工作的最终目的。教育影响学生也是其他学科教师的任务，但班主任比其他教师责任更重大，首先，班主任肩负着班级学生的全面教育和培养责任。其次，班主任能够通过多种教育渠道，采取多种教育活动方式，更直接、更广泛地对学生施加教育影响。再次，班主任能够有更长的时间教育影响学生，不仅平日接触学生时间更长，而且一般情况下带一个班的时间也较长。最后，班主任从身心教育影响学生，培养学生立志、修身、成才、进取、适应社会等。

### （四）协调同事

班主任只靠自己的力量还不能完全教育好学生，还必须协调同事共同做好教育工作。班级集体的组成除了班主任、学生之外，还包括所有的科任教师。学生在校内受的是整体教育，组成整体的各个部分都起作用。任课教师通过某门功课对学生进行智力开发，渗透德育以及其他教育活动，是对学生整体教育的重要组成部分。但各门学科的教育工作的独立性很强，要将各科教学协调起来，这只能由班主任去完成。班主任协调各科教师，首先，要明确应该在教学中突出什么，达到什么目的。其次，班主任要在活动安排上进行协调。各科教师在教学时面对的是一个班的学生，有时难免活动冲突，班主任应该起到协调作用，使班级各项活动井然有序。再次，为了更好地把握学生情况，班主任要协调各科教师对学生情况的反馈，互相沟通，并主动向各科教师介绍学生更全面的情况，以利于科任教师开展教育工作。最后，班主任要协调各科教师共同搞好班级工作，使每位教师都增强责任心，都对班级工作关心和出力，都从各自的角度与班主任共同做好班级工作。班主任除了协调科任教师以外，还要协调校内的有关部门如图书馆、食堂、实验室、学生生活的负责人等。这些部门同样可以做到对学生的影响，因此班主任要争取他们支持工作、教育学生、反馈情况。

### （五）沟通家长

家庭教育对学生性格的形成、素质的好坏，以及现实的表现都有重要的作用。家长可以形成学校教育的助力，也可以形成阻力。因此，注重家长参与教育，密切联系家长，加强与家长的联系是班主任又一重要的任务。联系家长的主要目的是取得家长与学校的共识和一致；取得家长对学校的帮助和支持；了解学生在家庭、社会的表现，与家长研究共同的教育方法，最终达到班主任与家长形成教育合力，让家长的教育观念和教育目的与教师一致。

### （六）联系社会

随着提倡在社会大背景下教育学生，班主任应重视沟通社会的工作，形成社会与学校的正向教育合力，把不利的社会影响作用弱化。班主任联系社会主要做三方面的工作。一是借助社会教育力量到学校来教育影响学生；二是把学生有组织、有目的地放到社会上去接受积极影响；三是学校与社会合作，形成有组织地来往，使其成为班级活动的一部分。班主任要完成这方面的任务，就必须加强这方面的锻炼以便能更好地适应。

### （七）服务学生

为学生服务是班主任的职能，也是班主任的一项任务。因为教师的职责就是为学生服务的，教师的一切活动都是为了学生的成长服务的。班主任要做好学生的生活、文化、学习等方面的服务工作。服务与教育是分不开的，班主任做好学生的服务工作有利于接近学生、了解学生，有益于对学生的教育。只有把教育与服务结合起来才是班主任“服务任务”的到位。

## 四、班主任工作的特点

班主任工作的性质、作用、任务以及教育、社会和学生的发展特征等决定了班主任工作有自己的一些特点。

### （一）时代性和先进性

当今世界，科学技术迅猛发展，国际竞争日趋激烈，几乎所有国家都在进行着生活方式、思维方式、价值观念的变革。在我国，随着改革开放和市场经济的确立和发展，新事物、新问题、新观念不断出现，生活方式日新月异。班主任必须正视这一现实，面对新的形势，转变教育观念，体现出班主任工作的时代性与先进性。

### （二）全面性

班主任要对班级学生全面负责、全面管理学生德、智、体、美、劳等诸方面，还要协调科任教师和校内其他部门的关系，沟通社会和家长形成教育合力等。工作的全面性是班主任工作的突出特点。

### （三）创造性

班主任工作的对象是具有一定的天赋、理智、情感、意志以及各种独特品质的活生生的人。因此，在班级教育过程中，存在着各种矛盾和各种复杂的关系，都需要认真加以解决和处理。班主任要根据国家制定的统一要求来培养、教育他们，又要根据学生的个性特点因材施教，使每个学生的个性得到充分发挥。因此，班主任在工作过程中，充分体现了创造性的特点。

### （四）高效性

班主任作为班级的组织者、管理者、教育者和指导者，工作千头万绪。要实现自己的目标，班主任就必须合理利用人力、物力、财力，科学安排工作，有效支配时间，讲求工作效率，才能取得最好效果。

### （五）经常性

班主任与学生的关系非常密切，接近本班学生的时间和机会比其他任课教师要多得多。从早到晚，从课内到课外，从班集体到学生个人，各种各样的问题和事务都需要班主任及时处理，这就体现出班主任工作的经常性。

### （六）针对性

唯物辩证法告诉我们，任何矛盾都是具体事物的矛盾，都有特殊性，具体事物要根据其特殊性进行分析。班主任工作要取得好的效果，就必须联系本班级的特点，抓住矛盾的特殊性，针对本班学生中存在的问题，“对症下药”，辩证施教，突出针对性。

### （七）示范性

班主任的人格对学生有着最具体、最直接、最深刻的影响。正如苏联教育家加里宁说的：“教师的世界观，他的品行，他的生活，他对每一现象的态度都这样或那样地影响着全体学生。这点往往是觉察不出来的，但还不止如此。可以大胆地说，如果教师很有威信，那么这个教师的影响就会在某些学生身上永远留下痕迹。”[①] 班主任与学生的接触，要比一般教师接触的时间和机会多得多，他（她）的示范性也大得多。班主任的一言一行，一举一动，常常为学生所效仿。这种示范性反过来要求班主任要特别注意以身作则，言传身教，为人师表。

# 第二节 班主任工作的原则和方法

## 一、班主任工作的原则

遵循班主任工作原则对班主任工作的规范化、对班主任理论的深化，对班主任工作实践的指导有重要意义。概括起来有知行统一原则、启发疏导原则、因人施教原则、严爱相济原则、公正民主原则、集体教育与个别教育相结合的原则、教育影响一致性和连贯性原则等。

### （一）知行统一原则

知是指对是非、善恶、美丑的认识和评价。行是行为，即人们在一定的思想认识、情感、信念、意志支配下所采取的行动。知行是辩证的统一过程，相互联系，相互作用。知是行的基础，行是知的结果。班主任工作的一个很重要方面就是为了提高学生的思想觉悟，形成正确的道德观念，养成良好的作风和行为习惯。知行统一原则正是反映了班主任工作过程就是培养学生知情意行转化的过程这一客观规律。班主任在进行转化时要注意：一是将书本知识转化为学生自己的知识；二是将知识转化为认识社会生活中现实问题的能力；三是将知识和能力转化为学生的思想和行为。这些转化的最终形成，都是在不断实践

① ［苏联］加里宁：《论共产主义教育和教学》，第 177 页，北京，人民教育出版社，1948。

过程中有意识培养和训练的结果。因此，班主任要把教育与生活紧密结合起来，使学生做到知行统一。班主任在坚持知行统一原则时还必须坚持言行统一的示范作用，切记不能搞形式主义，不要让学生承担做不到的诺言。

**（二）启发疏导原则**

坚持启发疏导原则是我国社会主义教育的目的、任务所决定的。提高学生的思想觉悟，归根结底要靠说服教育，使学生心悦诚服地接受正确的思想。正如毛泽东说的："凡属思想性质的问题，凡属于人民内部的争论问题，只能用民主的方法去解决，只能用讨论批评的方法去解决。"① 启发疏导原则符合学生的思想特点。学生只有在民主的、生动活泼的气氛中才可以闪烁出思想的火花，产生独到的见解。

坚持启发疏导原则，绝不是不讲纪律，不要规章制度。认真制定和严格执行各项纪律、规章制度，也是培养学生良好的道德品质，养成自觉遵纪守法的行为习惯，培养学生坚强意志和克服不良行为动机的能力的一种必要的教育手段。班主任要根据学生的兴趣爱好和发展倾向等状况，从正确的积极方面加以启发引导，使学生的思想品德的发展由自发变为自觉。有经验的班主任善于用这一点来组织学生参加一些有益的活动，切忌一味地去禁止和制裁。

**（三）因人施教原则**

因人施教原则是指班主任工作时，必须充分了解教育对象，针对他们的年龄特征、时代特点和个性差异，以及德、智、体发展的现状，有的放矢地提出教育要求，选用恰当的内容和方法，解决不同学生所存在的问题，以充分发挥班主任工作的实效。

**（四）严爱相济原则**

严爱相济原则指班主任应该把尊重热爱学生与严格要求学生有机结合起来，使它们相互作用，爱寓于严，严出于爱。班主任对学生实施这一原则，是对学生负责的精神，同时体现了师生民主、平等、友爱的新型关系。班主任首先要掌握严的特点是：以严为前提，以奖惩为手段，以达标为目的。具体来说，可以从以下三方面着手。第一，要制定一套既科学又实用的行为规则和要求，使学生有章可循，有据可依。第二，要有一个合理的奖惩制度。第三，建立一个以班干部为核心的班级自我管理制度。

---

① 《毛泽东选集》，第五卷，第 368 页，北京，人民出版社，1991。

### （五）公正民主原则

所谓公正，就是在实现教育目标的过程中，无论对人对事都要公正、平等，要努力把每个学生都培养成社会所需要的人，不能分亲疏，分彼此。所谓民主，就是要在围绕如何实现教育目标的问题上，师生都要以同等的权利发表意见和做出努力。公正与民主之间是辩证统一的，是一致的。公正是民主的前提，而民主是公正的保证。作为班主任，既要帮助学生树立民主意识，又要自己树立民主意识，为班集体创造民主气氛，要善于和学生在平等友好的气氛中讨论班级事情，并在民主发表意见的基础上，集中正确的意见。

### （六）集体教育与个别教育相结合的原则

集体教育与个别教育相结合的原则是指班主任在工作中，要通过集体的力量教育个别学生，又通过对个别学生的教育影响集体，把教育集体与教育个别辩证地统一起来。良好的集体对于培养学生的集体主义观点和集体荣誉感有巨大的教育作用。集体由个人组成，而每个人由于家庭环境、社会影响、个人生活和自我努力程度不同，存在着个别差异，具有各自不同的气质性格和志趣爱好，这就要求班主任必须在抓集体教育的同时，针对每个学生不同的特点及个性，做深入细致的思想政治工作。个人的进步又影响和促进着集体的发展。因此，班主任还要加强个别教育，把集体教育与个别教育紧密地结合起来。

### （七）教育影响一致性和连贯性原则

教育影响一致性和连贯性原则是指班主任应主动协调学生与家长、社会及来自其他各方面的教育影响，使学生按照教育方针和培养目标，统一地发挥作用，并前后连贯地去影响学生。影响学生思想形成因素的广泛性、社会性及形成过程的长期性、渐进性，是制定这一原则的主要依据。班主任贯彻这一原则就要做到统一学校内部各种教育力量的步调，保持教育力量影响的一致性，统一学校、家庭与社会影响，起到中间桥梁作用。教育的实践告诉我们，学生形成一个正确的观点，养成一种良好的行为习惯，都需要教师耐心细致、连续不断地做好许多工作。特别是要转变学生已经形成的某些错误观点和不良行为习惯，更需要长期地、不间断地进行教育才能有效。

上述七条原则是相互联系、相互补充的。班主任必须在实践中综合运用、灵活掌握。对任何一条原则的贯彻和应用，都要从具体的对象、时间、地点、条件出发，具体问题具体分析，不能生搬硬套，变成了僵死的教条，就会失去它们的教育作用。

## 二、班主任工作的方法

班主任工作的方法，是为完成班主任工作任务和实施班主任工作的内容所采取的具体手段。也可以说，它是班主任为进行班级教育而采取的各种影响方式的总和。班主任在工作中基本的教育方法有以下几种。

### （一）说服教育法

说服教育法是以摆事实，讲道理，以理服人来提高学生思想认识的方法。说服教育法是调节班主任与学生、学生与集体、学生与社会的相互关系的重要方式，是激发学生的积极性的一种方法。它的特点在于教育者要十分重视向受教育者进行正面教育，循循善诱，启发自觉，以理服人，充分调动受教育者的主观能动性。

### （二）陶冶教育法

陶冶教育法是利用教师的爱和各种情境中的教育因素对学生实行潜移默化，耳濡目染，心灵受到感化的一种教育方法。“陶冶”二字的本意是“陶者制陶，冶者制金”，是一种生产方法。我国古代教育家将这种生产方法创造性地移植到教育领域。

陶冶教育的方法主要有班主任的感化、环境陶冶、艺术陶冶等。陶冶教育方法的最显著特点首先是它体现了教育者对受教育者无私的真诚的爱，对受教育者的理解、尊重、关怀和信任。其次是置受教育者于一种活动情境中，使受教育者在不知不觉中，在有意识与无意识相互作用的过程中，犹如身临其境、心入其情、全神贯注、进入角色，经过较长时间的定向熏陶，最后渐渐地达到陶情冶性之目的。

### （三）实际锻炼法

实际锻炼法是班主任组织学生参加一定的实际活动，在行为实践中锻炼思想、培养优良品德和行为习惯的方法。运用这一方法时，要与晓之以理、动之以情相结合，不断提高学生参加实践锻炼的意义的认识，使其产生自觉锻炼的要求；要对学生严格要求和督促检查，使他们严格按照组织活动的要求去行动；要要求学生实际锻炼后进行总结，以巩固学生已获得的道德信念和行为习惯，激发积极投入行为实践的再要求；要从小抓起，从日常行为抓起。

### （四）奖惩激励法

在班主任工作中，表扬与批评、奖励与惩罚，是一种有力的教育手段。正确使用可以起到扶持正气、打击歪风邪气、鼓励先进、鞭策后进的作用，可以创造人人争相进取的氛围。

美国心理学家威廉姆·杰尔士说："人性中最深切的要求是渴望别人的欣赏。"善意的赞美实际上是一种投入少收益大的感情投资，是一种驱使人奋发向上、锐意进取的动力源泉。但班主任在对学生进行表扬、奖励时要恰如其分，收到夸而有信，夸而得体的效果。表扬的语言应该是容易为听者接受、理解和受到感染的；要着眼于发展变化。横向比，考虑受表扬的学生的实际表现要比班里一般同学突出一些，付出的努力多一些；纵向比，考虑到该学生的前后变化即他在原有的基础上有了进步；要及时，即学生取得一些进步时，马上给予表扬，尽可能在公众场合进行表扬；要创设条件，发挥表扬奖励法的积极作用，对于有些学生在他们身上一时难以找到值得称赞的品质，这时教师就要想方设法创造环境和条件，使这样的学生在集体活动中有机会表现自己的某些优点；要善于运用背后表扬。人都讨厌别人背后说自己的坏话，但背后表扬则是教育学生很有效的方法。

如果说表扬是对学生长处和好的思想行为予以肯定的评价，那么批评就是对学生错误思想和不良行为的否定评价。惩罚的实质在于使违反纪律的学生能够了解并体验到集体的指责。批评惩罚是通过否定学生的某种行为使他情绪上受到一种被罚的体验，而抑制原有的反应，禁止他的不良行为。惩罚必须以尊重学生的人格为前提。运用批评惩罚法时，要明确教育目的是为了帮助犯错误的学生改正错误，也是使全体学生特别是有类似错误的学生受到教育，同时注意选择时间、场合、措辞、方式要恰当，表情要面带微笑，要宽容；要客观、公正，批评惩罚要对事不对人，切忌感情用事，千万不要说过火的话，不要以尖刻的指责、挖苦、讽刺、甚至粗话或暴力；要以学生的心理基础为前提；要选准恰当的时机，有经验的班主任在对犯错误的学生进行批评惩罚时总给予"冷处理"，先给学生一段反思的时间，再有针对性地进行教育；要巧妙运用集体的力量，班主任在运用集体力量进行批评惩罚时，要注意用一切方法使被批评的学生看到，虽然大家对他的不良行为表示不满、愤慨，甚至厌恶，但师生们对他是善意的，愿意帮助他改正错误的，同时要看到，对个别学生进行批评必然影响全班学生，因此，要注意使全体学生受到教育，让他们体验到集体对个别学生的要求是一种强大的力量，从而产生服从集体的意向。

**（五）目标管理法**

马卡连柯说："培养人，就是培养他获得未来快乐的前景的道路。"① "前

---

① ［苏联］马卡连柯：《论共产主义教育》，第199页，北京，人民出版社，1980。

景”指的是目标。目标是引出行动的前提条件；目标通过对活动的控制和调节，使行动在全过程中朝着自身实现的方向前进。在班主任工作中，要把指导学生和班集体确立奋斗目标作为一项基本建设。班主任应该从本班学生实际情况出发，设计与规划奋斗目标和工作蓝图，要在学生灵魂的建设上去发挥工程师的主导作用。

### （六）启迪教育法

启迪教育法是指班主任及时察觉和探明学生心灵中的矛盾或问题，适时适度地予以暗示、点拨和教育，力求把问题解决在萌芽状态之中的方法。运用启迪教育法设计，要树立是非好坏的标准，要创造条件让学生在实践中自己教育自己，要启迪他人醒悟，要有耐心等待和反复工作的毅力。

### （七）因势利导法

因势利导的意思是班主任要善于发现和利用学生的闪光点，调动其积极因素，发展其进取向上的优势，创建一个蓬勃生机的班集体。运用这一方法时，班主任应敏锐地发现“势”即趋势的最佳时机，如在新学校、新班级、新起点面前形成新的心理平衡，萌发新的需要，从而做出新的努力之“势”；在新学期或新学年常有追求之“势”；偶然的成功，信心倍增，争取更大成功的获胜之“势”；身陷困境，背水一战，以求成功，拼力一搏之“势”。班主任要善于“因势”，发现“势”就要延伸、壮大。

### （八）心理疏导法

心理疏导法是根据心理学原理，运用科学的方法对心理异常和具有心理障碍的人进行疏通和引导的一种教育方法。实施心理疏导法，使学生先成人，后成才。心理疏导法是提高学生心理素质的前提，是驱动学生人格发展的动力，是开发学生潜能的条件。学生中常见的心理异常情况有认知异常、情感异常、行为异常、心理承受力异常等。这些异常情况有社会原因，也有家庭、学校和学生自身的原因。班主任在运用此方法时，要加强对学生心理发展状况的观察，密切师生关系，为学生创设倾诉的环境，要引导学生形成正确的人生观，要帮助学生学会控制自己的情绪，要教学生学会自我娱乐等。

### （九）个案分析法

个案分析法是要了解某项工作的规律，就必须从典型调查开始。正如毛泽东指出的那样：“任何领导人员，凡不能从下级个别单位的个别人员、个别事件中取得具体经验者，必不能向一切单位作普遍的指导。这一方法必须普遍地提倡，使各级领导干部都能学会使用。”① 运用个案分析法时，要选择有代表性的典型，要“点面结合”，也就是处理好从个别到一般，再由一般到个别的认识过程。在条件允许的情况下，多分析几个案例，多掌握几种情况，才能避免班主任用典型指导工作时可能出现的失误。

归纳以上九个班主任工作方法得出：班主任只有掌握学生的特点和班级的实际情况以及时间、地点、条件的变化，灵活地综合应用，才能获得良好效果。班主任也可以根据自己的经验和聪明才智，创造出更多更好的新方法，促进学生更好地健康发展。

## 第三节　班主任应注意的几项重要工作

### 一、班集体建设

马克思说：“只有完善的集体，才能造就完善的人。”个人的成长离不开集体，人的智慧和才能只有在集体的生活和实践中，才能逐步产生、发展和完善起来。教育了集体，团结了集体，之后，集体自身就成为一种强大的教育力量。因此，班主任要用班集体这个强大的教育力量来教育学生。班主任要建设一个良好的班集体，并且要懂得组织和培养良好班集体的方法。

#### （一）班集体的形成和发展

班集体的形成有一个过程。它的形成和发展经历了几个阶段。班主任只有掌握良好班集体发展阶段的不同特点，采取恰当的方法，才能有效地引导班集体的成长。

1. 组建班级阶段

新学年开始，新班级组建，学生来自各地各校，同学之间、师生之间都不熟悉和了解，相容心理少，试探心理多，大家都有一个相互了解和熟悉的过程，学生心中尚无班级的概念，学习、生活、活动都要靠班主任的具体指导。这一阶段若不抓紧，则易出现松散的状况。所以，班主任首要任务是建立班级学习、生活的常规制度，向全班学生提出切实可行的要求。其次，主动提出并组织丰富多彩的活动以促进学生之间的交往，增进了解、逐步提高班级群体的吸引力。此外，班主任要尽快地在熟悉和了解学生的基础上积极选择和培养积

---

① 《毛泽东选集》，第三卷，第900页，北京，人民出版社，1991。

极分子，为下一阶段工作打好基础。

2. 班集体初步形成阶段

要想尽快组建一个坚强有力的班集体，必须建立班干部核心。因此，在这一时期，班主任应积极向全班学生推荐班干部人选，并通过民主选举组建班委会。这一阶段，虽然初步形成了班级核心，但班级的行为规范尚未成为学生的共同需要，集体舆论尚未形成，班级奋斗目标还没有变成全班学生的共同追求和行动的动力。为此，班主任一方面要加强对班干部的培养，要求他们在班级中发挥骨干作用；另一方面要扩大积极分子队伍，进一步开展活动，增强班级的凝聚力。

3. 班集体形成和发展阶段

在前两个阶段工作的基础上，班级群体已成为班集体。这时期班主任要注意培养特色班风。同时，班主任注意适当地放手让学生独立去完成工作，并注意班内的小群体和个别学生的教育，提高各项活动的质量，促进全班每一个学生的个性全面发展。

### （二）组织和培养良好班集体的方法

良好的班集体不会自发形成，而要在班主任精心组织和培养下才能逐步建立起来。组建班集体是班主任工作的中心环节。要组织良好的班集体还必须要做好以下几项工作。

1. 确立班集体目标

由于目标具有导向、凝聚和激励作用，用目标来鼓舞学生，这是形成班集体强有力的手段。班主任向班级学生提出的目标必须实事求是，符合班级的实际，考虑学生的年龄特点和接受水平。目标要鲜明、具体、生动、富有鼓动性。班主任制定了目标后，还要积极做好正面教育和引导工作，使全班学生理解并接受这个目标，从而统一全班学生的认识。一个目标实现后，班主任要及时提出更高的目标以鼓励学生不断进步。

2. 班干部的选拔和培养

学生干部是班主任的得力助手，是形成班集体的核心力量，也是班集体形成的一个重要标志。班干部的选择要求是，有良好的思想品德，热情的服务态度，勤奋的学习精神，较强的组织能力。新编成的班级可以组成临时班委会，领导班级各项工作并同时进行考察。班级达到合群后可以采用自荐、竞选等方式产生班干部。中途接班的班主任对前任班主任选定的干部，一般不要急于变动，最好是到规定改选时再换。个别对班集体的形成确实有不良影响的干部，可以做适当的调整，但一定要注意工作方法。

班干部的选拔要特别注意的是，要给每个学生表现才能的机会，除了给优生机会外，也要给中等生和后进生机会，尽可能把学生的优点发挥出来，激发全体学生的主人翁精神，形成共同管理班级的局面。另外，要着力选拔好班长。班长要总体负责全班的各项事务，实际上班长就是班主任助理或者是副班主任。

3. 创设班内良好的人际交往环境

班内良好的人际交往环境是指在一个班集体里形成的民主、平等、融洽的师生和同学之间交往的心理氛围。这样的环境必然能使每一个成员心情舒畅、愉快，都积极投入班集体生活之中，使班集体具有很强的凝聚力。因此，班主任要做到热爱关心学生，建立民主平等的师生关系；要努力倡导同学之间建立团结友爱的关系；要让每个学生明确自己在班里的有利地位并树立班级主人翁意识；要正确引导学生以地缘关系、趣缘关系和情缘关系为纽带而形成的小群体。如果班主任引导得好，就能成为班级工作的有益力量，引导不好，就会成为班级工作的阻力。

4. 培养优良班风

班风是一个班级特有的风貌。它是班级绝大多数学生言论、行动和精神状态的共同倾向或表现。班风发端于舆论的形成。一个班集体的舆论持久地发生作用，就会形成这个班的班风。班风的特点在于自觉性和持久性。优良的班风是在班主任长期培养下逐步形成起来的。因此班主任要有意识地结合本班学生的具体情况，向学生讲解树立良好班风的重要性。在班风建设中，班主任更要身先士卒，从自己做起。班主任要认真做好开学工作。开好了头，就有了主动权，就为班风建设的正规化、科学化奠定了基础。要坚持经常化、制度化、科学化抓好班级常规工作。抓好常规既是班级管理的一个重要内容，也是班风建设最有效的一个途径。

5. 开展经常性的班级教育活动

班级教育活动是指一个班全体同学参加的教育活动。开展经常性的班级教育活动是培养班集体的重要途径。活动越丰富多彩，班集体越团结、越有朝气、越富有吸引力和凝聚力。班主任的智慧在于：要吸引学生，要使每个学生在那些最能充分展现其天赋、才能、兴趣爱好的活动领域里表现学生的积极性，要在学生集体活动中确立学生相互关系的真正的人道制度。对于班级活动的参与不能只局限于几个固定的角色，应让更多的学生得到锻炼和施展才华的机会。

6. 开好主题班会

主题班会不仅能行之有效地解决问题，而且对班集体和学生的成长也有着积极的影响。主题班会是由班委会在班主任的指导下，围绕一个主题或针对班上的某个问题而组织的教育活动。它是班级教育活动的中心形式。组织主题班会应精心布置，充分准备，注重实效。主题班会有以下要求：主题词要“小”而“明”，要有鲜明的思想性；依据要充分，坚持目标的准确性；内容要“新、近、实”，选材对主题的服从性；形式要生动活泼，坚持可接受性；要让学生全员参与，坚持群体性；组织过程要严谨，坚持教育的完整性。

7. 严明纪律，制定班规

任何一个集体，如果没有统一而严明的纪律，就不能巩固和发展下去。班级的纪律教育，要从正面告诉学生应该怎么做，怎么做才是对的，怎么做是不对的。纪律具有向导和约束作用。班主任在一切班级活动中都应贯穿自觉遵守纪律的教育，进行遵守纪律行为的训练，执行纪律必须一视同仁。对个别违反纪律的学生，要恰当地在集体背景下教育，指导学生对违纪者批评帮助，以起到个人教育集体、集体教育个人的效果。

## 二、后进生教育

所谓后进生是指那些成绩差，对自己要求不严格，经常受到批评教育，一般进步效果不明显的少部分学生。这些后进生并不意味着永远不前进，只是进步的先后早晚的问题。因此，对后进生不能总是批评，可以适当采取表扬的教育方法。

### （一）对后进生表扬的原则

1. 以鼓励为主的原则

班主任的鼓励是学生进步的动力，尤其是后进生，班主任要热心地关照他们，耐心地做好他们的转化工作。缺点不是后进生所固有的。因此，班主任要善于寻找后进生身上的闪光点，鼓励他们进步。他们取得的点滴成绩，都是难能可贵的，班主任要给予及时的表扬。

2. 以引导为主的原则

进步不是优生的专利，后进生也有进步的心理要求，有时甚至也很强烈。当先进学生站在领奖台前，他们投以敬佩的目光，给以热烈的掌声，这时班主任要给予他们精神鼓励，给他们指出进步的方向，改正缺点的措施，并做到经常检查和督促，做后进生的知心人、引路人。

3. 以转化为主的原则

后进与先进是相对而言的，一切事物都是发展变化的，后进生也不是固定的，也可以向好的方面转化。班主任对后进生的转化教育不能急躁，要培养学生的自尊心和自信心，要做到动之以情，晓之以理，使他们的缺点得以克服，优点和长处得到更好的发挥，逐步得到转化，向先进行列迈进。

4. 扬长避短、长善救失的原则

班主任对后进生的教育，要善于发现他们的长处，及时表扬、鼓励。在公众场合，尽量避免谈后进生的过失或不足，以减轻他们精神上的负担和压力，绝不能采取粗暴、压服的教育方式。

### （二）对后进生表扬的途径和方法

1. 班会表扬

班主任对后进生，可在班会上进行表扬。表扬的材料要真实、可靠，有影响力。必须使后进生感到自己也能进步，也可以在全班学生面前表扬。这就增强了他们进步的自信心。

2. 家访表扬

班主任对后进生，要利用家访互通情况，把学生在学校的进步表现，及时反映给家长，使学校和家庭的要求一致，鼓励学生积极进步。

3. 单项奖表扬

班主任既要善于发现后进生的长处，又要适当举办各种相应的竞赛活动，给后进生创造表现自我的机会，使他们的特长得到充分发挥，给他们某个方面发奖励，增强自尊、极力进步。

4. 谈话表扬

班主任对有进步的后进生，利用课余、活动之余找他们谈话，以谈心的形式，对他们进行鼓励、表扬，使他们在亲切自然的气氛中找到进步的勇气、力量和方向。这种表扬效果极佳。

5. 任职表扬

为了鼓励、鞭策那些特长突出、进步幅度较大、在学生中有一定威信的后进生，班主任可根据班级的实际情况，让他们担任一定的职务，促使他们克服缺点，发扬优点，在实际工作中培养和锻炼，以利于尽快进步。

## 三、学生的偶发事件

班主任在工作期间总会遇到一些偶发事件。偶发事件的矛盾起因可能是学生引起的，也可能是学生被动中引发的，甚至是某些恶作剧和学生性格异常所造成的。还有的偶发事件本不是学生自身的矛盾，但却使学生受到影响，如家庭中的突然变故，以及其他事件的牵连等。总之，偶发事件的成因不定，后果具有破坏性。因此，班主任应该掌握正确的原则和方法来处理偶发事件。

### （一）处理偶发事件的原则

偶发事件虽然其内容和形式各异，但因为一般都有共同的特点，所以班主任也能够遵循一定的原则来处理。这些原则有：

1. 了解情况、把握分寸的原则

偶发事件发生后，学生一般都处在不冷静的状态中，从而会形成一种紧张的气氛。这种气氛常常会影响到班主任的心理，使班主任容易冲动和急于解决矛盾。由此又使班主任忽视对偶发事件成因和来龙去脉的认真了解，这样就难以把握处理偶发事件的分寸，甚至会造成处理不当或处理失误。因此，班主任只有在了解情况后才能把握分寸，对偶发事件做恰当地处理。

2. 冷静沉着的原则

偶发事件的发生，往往会出现很极端的情况，这时学生十分激动，集体也十分紧张，同学们十分关注班主任的态度和情绪。所以，班主任必须要遵循冷静沉着的原则，才能够使学生不慌乱，同时也给学生一个示范教育作用，让学生养成临危不急的作风。遵循冷静原则时，班主任要做到迅速果断处理应急情况，化解激化的矛盾冲突，稳定当事人的情绪，对全班同学提出要求，并随机采取必要的措施。此时班主任不能过多地去指责学生，不能慌乱无措，不能表现出无能为力。

3. 诚恳尊重学生的原则

处理偶发事件常出现的情况是学生与班主任不协调，甚至存有戒心，或是存有敌意。因此，班主任在处理偶发事件时要对学生有诚恳的态度，要尊重学生的人格，保护学生的隐私，并以此作为处理偶发事件的一个原则。班主任要真心实意地去帮助和开导学生，不能翻旧账，不能孤立学生，更不能挖苦学生。

4. 教育大多数的原则

偶发事件多半是比较孤立的事件，也多数是发生在少数学生身上，但处理偶发事件却要着眼于大多数，着眼于教育的效果。除了某种涉及学生隐私的事件不宜在学生中公开外，多数事件都是可以作为教育的内容。班主任处理偶发事件的目的不仅仅是解决某个具体的问题，平息某个矛盾，而是要通过对偶发事件的处理，使学生总结经验教训，学习如何处理生活上的、思想上的矛盾，使多数学生受到教育。

### （二）处理偶发事件的方法

依据处理偶发事件的原则，一般情况下，班主任在处理偶发事件过程中，应该掌握以下一些方法。

1. 做到心中有数，坚持有的放矢

心中有数是处理偶发事件的前提和基础。班主任要充分掌握情况，做到是非明晰、判断准确，责任清楚，并能够把握处理的分寸。这样才能做到解决矛盾和教育学生时有的放矢，才能使学生心服口服，并达到教育大多数的目的。

2. 做到感情沟通，坚持以理服人

班主任在处理偶发事件过程中要与学生在感情上沟通，以爱护和关心作为处理与学生关系的基础。能够与学生感情上靠拢甚至贴近，就会产生教育学生的基础，这样进一步了解学生的工作就比较容易做了。有的班主任在处理偶发事件时特别是对犯错误的学生，态度生硬，感情淡漠，使学生望而生畏，不敢说真话，结果势必造成处理偶发事件的困难，甚至留下后遗症。所以，班主任要加强修养，注意控制自己的情绪。

3. 淡化负面影响，坚持冷处理

偶发事件不仅有突发性，还常伴有爆炸性，可以引出许多负面影响。因此，在偶发事件后，班主任首先要考虑这种事件会引起什么反应，会涉及哪些学生或哪类学生，然后在处理该事件时，视具体情况对这些学生进行教育。其次，班主任要对可能产生某种较大负面影响的偶发事件，采取淡化的方式，处理方法要从容，处理结论要深思熟虑。要特别指出来的是，淡化偶发事件不是压下来，不处理或拖延处理，而是要深入调查情况，仔细策划教育对策，以求得到对更多学生的正面教育。

## 四、学生“厌学”现象

厌学是一种学生对学习厌倦、厌恶的心理现象。这种情绪有多种表现，例如，学习动机不强烈，学习兴趣弱，学习态度不端正，迟到、早退，上课开小差，作业马虎，甚至借故不完成，无故缺课，顶撞老师，极端的甚至逃学，无故离校。

### （一）学生厌学的原因

1. 原因一是学校教育的失误

从学校看，应试教育的指挥棒导致学生超负荷，学生无休止的上课，强化练习、补课、考试，特别是面临升学考前的几个月机械式的练习让学生连喘息的机会也没有。在这样的压力下学生很容易厌恶学习。教材太难，作业太多，缺少休闲时间等也会让学生觉得学习是痛苦的。另外学校教学管理跟不上，对无心上学的学生没有采取有效措施，教师的教学态度、教学方法都不理想，师生感情不融洽，教师对差生的态度不恰当，伤害了学生的自尊心和自信心等，这些都会引发厌学。

2. 原因二是社会与家庭的错误观念

部分家长不顾学生的自身条件，对子女期望过高，要求过严，给孩子造成了太大的压力，而有的家长对子女娇惯溺爱、百般纵容，有的家长又教育方法不恰当、简单粗暴，有的对子女学习不关心以及单亲家庭缺乏管教等都起到推波助澜的作用。此外，社会环境复杂，社会上一些不良风气进入校园也会造成学生厌学。

3. 原因三是学生个人心理健康水平

厌学学生的心理健康水平很低，个人自尊程度低，即使考试只有 20 分也都满不在乎，甚至有部分同学以低分为荣；有的学生不与别人交往，不请教教师，自认为样样不如人；甚至有部分学生因自己家庭环境差而自卑、厌学；有部分学生在校什么活动都喜爱，就是不爱学习，满脑子都是如何去玩。

### （二）解决学生厌学问题的一些做法

当前的学校教育，由于受上述因素影响，学生容易厌学。为了使学生身心健康和学习有成，学校、教师、家长都应想方设法帮助他们克服、矫治厌学的情绪，预防逃学。要做好这点，可采取以下方法。

（1）要消除导致厌学的各种影响源，使学生愿学、乐学。一是消除各种客观的影响源，如学业过重、教法不当、环境不良等。二是从学生主观的影响源入手，消除厌学学生认识的偏差，学习目的的不明确，学习过程中的自卑、无能的消极情绪等。

（2）要加强心理健康教育，使学生学会心理调适的方法和技巧，使学生的心理、人格得到健康发展。为此，学校要开展心理辅导活动，专门开设心理辅导课程。

（3）要培养学生的自尊意识。教师的歧视与学生学习过程中失败的情绪体验，都会引起学生自尊水平的降低，教师对学生要增加爱的情感，给学生以“教育爱”，激发学生愉快的情绪体验和对健康情感的需要，才能提高学生学习的兴趣，提高自尊水平，避免厌学情绪、逃学行为的产生。

（4）建立学校、社会、家庭互动协作的教育网络，让学生与教师、家长沟通，及时解决存在的问题，只有这样才能减少或避免厌学的现象。

## 五、学生“早恋”现象

近年来，主要是中学生中“早恋”的情况比较突出，且出现年龄逐渐下滑，人数逐渐增多，程度逐渐加深的趋势。作为班主任，有责任教育、帮助学生处理好这一问题。

### （一）班主任要科学地认识和对待中学生“早恋”问题

班主任必须正确区分学生当中友情与早恋的界限，端正自己的态度。从教育实践看，班主任既要讲清不能早恋的道理，又要尊重正常的异性之间的友谊；既要不能诋毁丑化学生真诚的情感，又要教育学生理智地把握情感，不宜过早坠入爱河。

### （二）班主任对“早恋”要加强预防、引导和教育

1. 加强青春期教育

对中学生青春期教育，必须坚持以人生观的教育为中心，使青春期教育与人生观教育、道德教育和法制教育等相结合。通过人格、伦理、法律等多方面具体思想品德的教育，引导他们按社会道德规范的要求，形成科学的两性观念，把对异性向往的情感与本身的义务、职责、志向结合起来，树立正确的人生观，培养人的尊严感，责任感和自制力，使学生在恋爱问题上真正成熟起来，全面提高自己的思想品德修养。

2. 开展多种活动，正确引导感情的转移

班主任要热爱学生，帮助学生开展各种有益的课外活动，努力创造一个健康、宽松的男女交往环境，引导学生在集体活动中进行正常异性交往和情感交流，以增进对异性的了解，建立对异性的正常态度和友好纯真的关系。在多种多样的活动和健康宽松的异性交往环境中，促进学生身心健康发展。

3. 坚持正面引导

青春期教育往往涉及一个人生活、思想上最隐私、最敏感的领域，它是一项细致复杂的教育任务。班主任对学生春情萌动的表现，既不能压制打击，又不能放任不管，而是必须掌握学生心理发展的特点与规律，理解学生所发生的各种变化需要，耐心细致地做好思想工作。坚持正面理解、尊重、指导并宽容学生。

4. 要充分发挥班主任在学校、家庭和社会相结合的教育体系中的桥梁和纽带作用

班主任要致力于调节各种教育力量，以优化青春期的教育环境。现代社会的传播媒介越来越多，学生跟社会接触的渠道多了；家庭对子女的关心、接触和教育也逐渐增多。这两者对学生的影响也明显增强，同时就弱化了学校对学生的影响。因此，班主任要调节好社会和家庭的教育力量。

## 六、学生“网络成瘾”现象

现在在中学里，留守生、借读生和后进生的数量特别多，尤其是留守学生

的数量在逐年增加，而且管理的难度特别大。留守生的父母常年在外，对子女缺乏有效的监督管理。借读生的家大都离学校较远，自由支配的时间多，很多学生沉溺网络，有的甚至通宵上网。后进生的问题更是严重，由于学习成绩差，在学习方面没有成就感，尤其是毕业班的学生，考学无望，便自暴自弃，到网络中找回“自信”与“成功”。他们上网常做的事情就是玩游戏、聊天、浏览不良网页等，严重影响了他们的学习和身心健康。

这类学生群体迷恋网络情况十分严重，又常常处于辍学的边缘，很难管理。作为班主任，应该从中逐步摸索出一些简单易行的管理方法。如要经常观察这些学生的上课情况，要特别注意他们迟到、旷课、请假、打架的原因。班主任要广泛收集影视素材进行正面教育，引导他们文明上网，健康上网，自觉远离网吧。班主任要弥补学校、家庭管理的盲区。针对实际情况，班主任就要制订一些更细的措施。如让一位或几位思想品德过硬的学生来帮助一位有网瘾的学生。让他们吃饭、住宿、学习、做值日等都在一个小组，对他的学习、生活进行多方面的帮扶；建立与学生监护人的有效联系。扼制这类学生上网，要常抓不懈。学生的心理也有很大的反弹性，只要班主任稍一放松，他们就会重新回到网吧。要求家长也应在时间、金钱上加以控制，最好能看在身边，让他们真正回到生活学习的正轨后再慢慢放手。

班主任除了以上涉及的几项重要工作外，凡是涉及学生健康成长的都是班主任的重要工作。班主任应该遵循学生身心发展规律，结合学生实际情况，正确运用班主任工作的原则、方法，认真完成班主任工作以发挥其重要作用。

## 推荐阅读书目

1. 赵治修等：《班主任工作与技能训练》，北京，中国建材工业出版社，1997。

2. 白铭欣：《班主任的科学与艺术》，北京，华龄出版社，1996。

3. 侯彦良：《中学班级管理的点滴尝试》，载《基础教育参考》，2007(9)。

4. 张玉森等：《班主任工作艺术》，哈尔滨，哈尔滨工业大学出版社，1994。

5. 梁福胜：《农村中学学生厌学的原因及对策》，载《广东教育》，2006(8)。

6. 陈晓红：《正确对待中学生的“早恋”》，载《职业技术》，2006 (10)。

7. 李从明：《谈谈对网瘾学生的管理》，载《文学教育》，2008 (12)。

## 学习思考

1. 班主任工作的基本任务是什么？
2. 班主任工作的原则有哪些？
3. 班主任工作的方法有哪些？
4. 组织和培养学生良好班集体的方法有哪些？
5. 处理学生偶发事件的方法有哪些？
6. 班主任怎样预防学生“早恋”现象？

# 第十三章　教育政策与法规

当代教育的科学性日益明显，制度化、法治化进程显著加快。任何教育改革和发展，都离不开教育政策的引导和规范，离不开教育法治的保障和约束。作为未来的教育工作者，理应对教育政策法规有日益自觉的关注与思索，不断增强教育政策法规意识，培育足够的教育政策法规素养。这就需要我们，全面了解教育政策法规知识，努力培养教育政策法规意识，切实改进教育政策法规实践，深刻进行教育政策法规反思，不断提升自己的专业化程度，为成为合格的21世纪教育工作者奠定坚实的基础。

在我国日益走向理性、科学、法治的当今时代，无论是教育与社会及其他外部因素之间，还是教育内部各要素之间，其关系的调整及利益分配，都越来越制度化。这对于包括教育工作者在内的教育相关各方人员而言，既是一种保障和规范，又是一种要求与约束。在这种情况下，教育事业再也不像早先那样只是依靠私人感情、个人权威或畸形的师道尊严来维系或支配，而已经成为一种社会公共事业。教育这种社会公共事业的运作与管理，一是通过一定的教育政策规章；二是依据一定的教育法律法规。① 二者既相互区别，又紧密联系。

## 第一节　教育政策与法规概述

### 一、教育政策与法规的含义

#### （一）政策与教育政策

1. 政策的含义

在现代社会，“政策”一词的使用极其频繁，对它的研究和认识也日益深入。在我国，大陆学者多把政策看做是“国家机关、政党及其他政治团体在特定时期为实现或服务于一定社会政治、经济、文化目标所采取的政治行为或规

① 阮成武：《小学教育政策与法规》，前言第1页，北京，高等教育出版社，2006。

定的行为准则，它是一系列谋略、法令、措施、办法、方法、条例等的总称”。港台地区学者则把政策看做是“政府选择作为或不作为的行为”、“政府所采取对公私行动的指引”。在西方，学者多强调政策“是对全社会的价值做权威性的分配”“是一种含有目标、价值与策略的大型计划”。一般认为，政策包括四个方面的要素：一是政策主体；二是目标取向；三是活动过程；四是行为规范。①

2. 教育政策的含义

古代虽也有所谓的文教政策，但“在近代国家出现之前，教育被看成是私事，因而不时兴教育政策。随着近代国家公共教育制度的确立，国家的教育政策变得重要了”②。

根据我国《辞海》对政策的诠释，教育政策可以被理解为：教育政策是一个政党和国家为实现一定历史时期的教育发展目标和任务，依据党和国家在一定历史时期的基本任务、基本方针而制定的关于教育的行动准则。

在西方，有学者很强调教育政策与一般公共政策的一致性。如美国学者彼得森认为，“教育政策的制定与其他政策相比并没有更多的自由。……并没有令人折服的理由，根据说明教育政策有如此显著的特征和区别，以至于对它们的研究需要特殊的分析，特殊的概念，或者特殊的方法”③。

在吴志宏等看来，“教育政策是政府在一定时期为实现一定教育目的而制定的关于教育事务的行动准则”④。这是一个较受认可的界定。

### （二）法规与教育法规

1. 法规的含义

从字面上看，法规就是法律规范。所谓法律，是指体现统治阶级意志、经国家制定或认可并以国家强制力保证实施的行为规范的总和。其特征有三：法律由国家制定或认可；法律以国家强制力保证实施；法律是一个阶级的概念、历史的范畴，它不是从来就有的，也不会永远存在下去。

而此处的“法规”，是一个泛称概念，包括国家立法机关以及授权行政机

① 陈振明：《公共政策分析》，第42～44页，北京，中国人民大学出版社，2003。

② ［日］筑波大学教育学研究会：《现代教育学基础》，第199页，钟启泉译，上海，上海教育出版社，2003。

③ ［美］斯图亚特·S. 那格尔：《政策研究百科全书》，第442页，林明等译，北京，科技出版社，1990。

④ 吴志宏等：《教育政策与教育法规》，第4页，上海，华东师范大学出版社，2003。

关制定的各种法律、法令、规则等规范性文件。

2. 教育法规的含义

教育法规是法规的有机组成部分，包含了相当丰富的内容。一般来说，教育法规是指国家立法机关以及授权行政机关制定的，规定和调整教育活动、教育关系的法律、法令、规则等各种规范性文件的总称。它的制定主体是多元的，不仅有最高权力部门，也有地方权力部门，以及各级政府部门。在我国，教育法规主要包括全国人民代表大会及其常务委员会制定的教育法律、地方权力部门制定的地方性教育法规、国务院制定的教育行政法规、各部委及地方政府制定的教育规章、规定等。

## 二、教育政策与法规的类型

### （一）教育政策的分类

根据不同的分类标准，教育政策可以分为多种类型：

（1）根据教育政策的效力差异，可以分为元政策、基本政策和具体政策

教育元政策又称教育总政策，是关于怎样制定教育政策的政策，其实就是一个国家发展教育事业的总方针和总原则，一般都来自于执政党中央、国家最高权力机关或最高行政机关。教育基本政策是连接元政策和具体政策的中间环节，一般针对教育的某一领域或某个方面制定，多由最高行政机关制定。教育具体政策是针对特定问题，依据基本政策制定的具体行动方案，既可由中央部门制定，也可由地方政府部门制定。

（2）按照不同的教育阶段，可将教育政策区分为学前教育政策、初等教育政策、中等教育政策、高等教育政策、成人教育政策

这是一种横向分类法。虽然一些教育政策在各个教育阶段都是适用的，如贯彻国家的教育方针、提高教师的社会地位等政策，是各个阶段交叉重复的。但是，不同的教育阶段，也有着自己的特殊要求，如关于教师学历、教学形式、课程教材等方面的政策，在不同阶段就大异其趣。

（3）根据教育政策作用的性质，教育政策可分为鼓励性政策和限制性政策

鼓励性政策奖励人们朝着政策目标努力，促进教育事业发展，多用“鼓励”“希望”“提倡”等词语表达；限制性政策则限制人们的行为选择，以制止政策所不希望发生的教育行为，多用“不得”“不准”“严禁”等词语表达。

此外，还可以根据教育政策作用时间的长短，将之区分为长期政策、中期政策、短期政策；也可以按照教育政策影响的空间大小，将之区分为全局性政策和局部性政策。

### (二) 教育法规的分类

根据不同的分类标准，教育法规可以分为多种类型：

1. 根据法规的效力等级，可以区分为不同层级的教育法规

这实际上是教育法规在表现形式上的纵向排列。在我国，教育法规一般包括以下层级：宪法层面的教育法（即宪法中的教育条文，由全国人民代表大会制定）；教育基本法（由全国人民代表大会制定）；教育单行法（由全国人民代表大会常务委员会制定）；教育行政法规（由国务院制定）；地方性教育法规（由地方人民代表大会及其常务委员会制定）；教育行政规章（由中央教育行政部门制定）及地方政府教育规章（由地方政府制定）。

2. 根据教育关系的构成要素，可以区分为不同部门的教育法规

这实际上是教育法规在调整领域的横向覆盖。主要包括义务教育法规、职业教育法规、高等教育法规、社会教育法规、成人教育法规、特殊教育法规、教师法规、教育经费法规以及学校法规、教育行政法规等部门法规。

此外，根据立法方式的不同，可以将教育法规区分为成文教育法规与不成文教育法规；也可以根据立法机构的性质，将教育法规区分为国家教育法规、地方教育法规或权力机构教育法规、行政机构教育法规；还可以根据法规内容的性质，将教育法规区分为实体性教育法规和程序性教育法规。

## 三、教育政策与法规的特征

### (一) 教育政策的特征

教育政策作为公共政策的一部分，必须体现公众在教育利益上的公益性。但教育政策又不是公共政策的简单演绎，它除了具有公共政策的利益博弈、价值分配、权威强制等一般特征外，还具有自身的特点。

1. 教育政策活动影响具有突出的广泛性

相对来说，公众对教育事务更为熟悉，教育利益更是直接涉及千家万户的根本利益，故教育政策经常成为社会大众关注的热点，具有广泛的社会影响。

2. 教育政策活动对象具有强烈的主体性

教育政策活动以教育者、受教育者及其教育活动为对象，其利益主体是人，因而教育政策活动更多地表现为一种“人—人”之间的主体间性。这就要求教育政策活动必须首先确立人作为主体的地位，并依靠人的主体性来达到目标。

3. 教育政策利益关系具有明显的复杂性

教育政策分配的教育利益和资源，主要不是金钱、物资、权力、地位等物

质方面的利益，而是对个人发展机会、条件和资格的认定。由于这些方面涉及人和社会发展与存在的基本价值，为此，教育利益的分配必须兼顾国家、社会和个人的需求，力求社会公平、公众满意。在这一过程中，国家干预和介入就十分必要且重要；社会组织和个人对教育利益的追求和实现应当在国家政策和法律框架内，既受其保护，又受其制约。

### （二）教育法规的特点

同其他法规一样，教育法规也体现了法的本质属性，具有一般法规的特征，如程序性、规范性、确定性、普遍约束性及强制性等。同时，教育法规也还有自身的特点。

1. 教育性

教育法规主要依靠宣传教育和行政措施来加以贯彻执行，只有涉及民事责任或刑事责任时，才依法追究民事责任或刑事责任。许多教育问题的解决，除了教育法规的运用外，往往还需要通过学术研讨、平等讨论、科学评估的方式，或思想沟通、说服教育等措施来予以配合。

2. 行政主导性

教育行政法律关系是教育法律关系的重要内容，同行政法规有较强的关联性。这与民事关系的双向性以及刑事关系的触犯刑律性有着明显的差异，体现了突出的行政主导性。

3. 广泛性

从教育法规的内容上看，它规定了教育的目的、任务、原则、学校设置的条件、教育主管机关权限、教育教学、科研、行政管理等工作，以及教师、学生、职工等的权利与义务，还确定了教育基本制度以及学校与社会、国际交往的关系准则等，十分庞杂。

## 四、我国教育政策与法规的关系

一般认为，在本质上，教育政策与教育法规在职能上具有完全的一致性，都是国家政府为解决教育事业发展中的问题而产生的行动方针和行为准则。因此，从某种意义上说，教育法规可以说是教育政策的体现形式之一，而教育政策又可分为法规形式的政策与非法规形式的政策。

### （一）教育政策与法规的联系

在我国，教育政策与教育法规的共同之处主要体现在以下几个方面。

(1) 它们都是社会主义上层建筑的重要组成部分。

（2）它们的经济基础都是以公有制为主体的社会主义市场经济，都由社会主义市场经济基础决定并为之服务。

（3）它们都以马克思主义、毛泽东思想、邓小平理论以及党的基本路线为指导思想。

（4）它们都代表了人民群众的根本利益，是广大人民群众共同意志的体现。

（5）它们都是党和国家管理教育的重要手段，是教育管理者和教育管理相对人在教育活动中的行为准则和基本依据。

**（二）教育政策与法规的区别**

教育政策与教育法规毕竟不是同一个概念，二者虽然存有紧密的联系，但仍然有多方面的区别。

（1）二者基本属性不同。教育政策可以是政党意志的表现，不一定要具有国家意志的属性；而教育法规是通过国家政权表现出来的国家意志。

（2）二者约束力不同。教育政策不具有国家强制性，只对部分人有约束力；教育法规具有国家强制性，对全社会成员都有约束力。

（3）二者制定机构和执行机构不同。政党组织和国家机构都可以制定和执行教育政策；而只有国家机构才能制定和执行教育法规。

（4）二者表现形式不同。教育政策主要以决定、指示、决议、纲要、通知、意见等形式出现，内容比较广泛、原则和概括，突出指导性，富有号召力；教育法规通常以条文形式出现，一般都是直接陈述句，主谓分明，语意清晰，明确告知人们可以做什么、必须做什么、禁止做什么。

（5）二者执行方式不同。教育政策主要依靠组织和宣传，启发人们自觉遵循，强制力比较有限；教育法规以国家强制力为后盾，要求社会成员必须遵照执行。

（6）二者稳定程度不同。教育政策会随着教育工作形势、任务的变化不断调整和修订，灵活性较突出；教育法规多由成熟的教育政策转化而来，一般不轻易变动，具有更高的稳定性。

（7）二者公布的范围不同。教育政策不一定在全社会公布，有的教育政策只在一定范围或一定时期公开；教育法规一经审议通过，必须通过权威方式，向全社会公布，让全体民众知晓，以便一体遵行。

## 第二节　教育政策运行过程

教育政策从制定、执行到评价，多个环节构成了一个完整的运行过程。

## 一、教育政策的制定

这是教育政策运行过程的基础环节。

### （一）影响教育政策制定的因素

教育政策的制定是一个十分复杂的过程，多种因素从不同层面、各个角度影响着教育政策的制定，构成了教育政策环境。其中，社会环境包括一个国家或区域的政治、经济、文化、人口状况以及所面临的国际局势等因素，它们对教育政策制定的影响更为直接。

第一，政治因素。教育政策制定首先是一种政治行为。政治因素中的政治信仰、政治价值观和意识形态等方面对教育政策目标的确立、教育政策方案的选择等起着举足轻重的作用。第二，经济因素。一个国家或区域的经济状况，在很大程度上决定了它们在教育政策上的选择。毕竟，经济基础是教育政策最基本的物质条件。第三，文化因素。就任何民族而言，都会在长期的历史进程中逐步形成一套特有的民族意识、民族心理、民族情感，并积淀为民族文化，通过口头、书面等多种传媒表达出来，进而对教育政策的制定产生巨大影响。第四，人口因素。人们在拟定教育政策时，通常都要考虑到一定时期、一定区域的人口出生率、文盲率等因素。可以说，一个国家的人口数量、质量、结构等多方面的状况，都会影响教育政策的选择。第五，国际环境。随着全球化趋势的加剧，人才的跨国流动及国际教育交流与合作的不断增加，非义务教育阶段的教育有了更鲜明的服务业属性，教育政策对此不能不有相应的体现。

### （二）教育政策制定的主体

应该看到，教育政策环境中的因素不会自动作用于政策制定。事实上，真正对教育政策制定产生举足轻重影响的因素，还要首推教育政策制定者和教育政策制定组织这些制定主体。其中，教育政策制定组织主要包括立法机关、行政机关、政党、思想库、利益团体。教育政策制定者通常包括立法者、行政官员、专家智囊、司法人员以及利益团体代言人等多种影响政策制定的人员。

### （三）教育政策制定的步骤

教育政策制定通常被看做教育政策的形成或规划，具体指的是从问题到方案再到合法化的过程。这一过程主要有以下步骤：

（1）识别教育政策问题。这包括搞清多个方面的问题，如教育问题的性质如何，教育问题的严重程度怎样，教育问题的范围怎样，解决教育问题的代价大小，教育问题的可评估性高低等。

(2) 明确教育政策目标。教育政策目标有价值目标和可评估目标之分。前者回答制定政策的必要性问题，决定着政策目标的贯彻程度；后者强调政策所指向的数量、质量、组织目标及保障措施，会影响政策的实施进程。

(3) 设计教育政策方案。设计教育政策方案是教育政策制定的中心环节，其任务就是要在前述准备的基础上，为后边的教育政策决策提供足够数量和质量的备选方案。设计教育政策方案应该遵循以下基本原则：系统性、科学性、民主性、创新性。

(4) 选择教育政策方案。如果说设计教育政策方案是教育政策制定的中心环节的话，那选择教育政策方案就是教育政策制定的关键环节。要把诸多的备选方案转化为实际政策，就要对这些备选方案进行比较、鉴别，做出取舍，它直接关系到教育政策质量的优劣。为了更好地在备选方案之间进行比较、衡量和选择，需要建立相应的评估标准。一些被普遍采用的衡量标准主要包括成本、效益、效用、效率、平等、管理难度、合法性及政治可接受性。根据这些标准，对照政策目标，反复权衡利弊，从备选方案中挑选出较为合适的方案。在很多情况下，所选择的方案往往不是最理想或最先进的，而是现阶段最能被接受和可行的方案。

(5) 教育政策合法化。教育政策合法化是指被选择的教育政策方案获得合法地位或上升为法律的过程，具体包括教育政策内容合法、决策过程合法以及教育政策法律化三个方面。

## 二、教育政策的执行

对解决教育问题而言，制定教育政策仅仅只是基础和前提，更重要的还在于将选定并合法化的政策方案加以实施，这就进入了教育政策的执行阶段。

### （一）教育政策执行的含义

我国台湾学者林水波、张世贤认为，政策执行可谓是一种动态的过程，在整个过程中，负责执行的机关与人员组合各种必要的要素，采取各项行动，扮演管理的角色，进行适当的裁量，建立合理可行的规则，培塑目标共识与激励士气，应用协商化解冲突，以期成就某种特殊的政策目标。大陆学者陈振明则将之界定为一个动态的过程，是政策执行者通过建立组织机构，运用各种政策资源，采取解释、宣传、实验、实施、协调与监控等各种活动，将政策观念形态的内容转化为实际效果，从而实现既定政策目标的活动过程。①

① 陈振明：《公共政策分析》，第225页，北京，中国人民大学出版社，2003。

简言之，教育政策执行，就是为实现教育政策目标，将教育政策内容转变为教育现实的动态行动过程。它包括四个方面的要素：教育政策执行主体，教育政策执行对象，教育政策执行方案，教育政策执行条件及环境。

### （二）教育政策执行的步骤

教育政策执行是一个非常复杂的动态性行动过程，包含着多种行动组合，需要采取一定的执行顺序和步骤。这些步骤主要包括：

（1）理解和宣传教育政策。执行者只有对教育政策有充分认识和把握，才会积极主动地准确执行；目标群体只有对教育政策全面接受和服从，才能对政策做出热切的回应。这一切，都需要对教育政策的大力宣传，详细解释，增进理解，创造政策施行的良好环境和条件。

（2）提供资源保障。实施教育政策需要以足够的资源为基础。无论是国内还是国外，在执行教育政策的过程中，政府都需要拨付相当充足的经费，从财力上予以充分支持，保障教育政策的有效执行。

（3）健全组织机构。教育政策执行需要建立一定的工作机构。一般而言，凡是常规性的教育政策，其执行可以通过已有的执行机构，如常设的教育行政部门来加以落实；而对于从前没有涉及的教育政策，或非常规的教育政策，就需要组建专门的工作机构，并配备富有经验的领导者和精干高效的工作人员，为教育政策执行提供坚强有力的组织保障。

（4）进行教育政策实验。由于教育政策往往牵涉面广，影响力大，一旦出现偏差就会造成重大损害。因此，在全面实施之前，常常要先进行小范围的政策实验，以验证政策，及时发现问题，总结实施经验，使政策趋于完备。

（5）全面实施教育政策。一旦经实验而趋于完备，教育政策就进入全面推广与实施阶段。这是教育政策执行过程中涉及面最广、操作性最强、产生最大政策影响的环节。这要求严格依据政策目标，遵循政策执行基本原则，充分调动政策资源，整合各方政策力量，确保政策执行取得实效。

（6）教育政策执行总结。在一项教育政策执行到一定阶段后，需要进行及时的总结，对前一阶段政策执行状况作总体的回顾与反思，发现经验，找准问题，切实地修订与完善政策，推进政策的健康运行。

### （三）教育政策执行的问题与对策

教育政策执行难以一帆风顺，总会出现各种偏差现象，给教育政策实施带来严重后果，需要采取相关策略来予以弥补。

1. 教育政策执行问题的表现

有研究者将教育政策执行中的问题概括为“教育政策失真”，主要包括以下表现形式：

第一，教育政策偏离。执行教育政策时完全偏离政策目标，违背教育政策原有的精神与内容，导致政策执行的“走形”与“变味”。

第二，教育政策缺损。执行教育政策时仅仅执行政策中的部分内容，其余的被遗弃，使政策内容和效果大打折扣，严重缩水。

第三，教育政策泛化。将仅仅适用于某一时期、某些区域或某一教育领域、部门的教育政策，在更广泛的时空中实施，以至教育政策的调控对象、范围、力度、目标都超越了原有政策的要求。

第四，教育政策表面化。教育政策颁行后，宣传得轰轰烈烈，但却长期按兵不动，执行只停留于表面。

第五，教育政策附加。执行教育政策时，执行者增添了原有政策所没有的内容，以致政策执行融入了不合时宜的附加成分。

2. 教育政策执行问题的成因

教育政策在执行中出现各种偏差的原因十分复杂，主要有以下几个方面：

第一，教育政策本身存在局限。有的教育政策目标过于理想，超越了执行者的知识、能力、经验及思想水平的范围；有的教育政策缺乏执行所需要的资源条件；有的教育政策方案过于含糊笼统，缺乏必要的操作性；有的教育政策与其他公共政策缺乏协调。

第二，教育政策宣传和解释不力。执行机构和人员没有充分重视宣传工作，公众对教育政策抱有疑虑，缺乏认同，以致目标群体利益需求与教育政策的利益指向难以吻合，政策执行受到消极对待甚至遭到强烈抵制。

第三，教育政策执行主体存在问题。政策的制定和实施不可避免地涉及资源分配，而资源分配实际上就是一种利益关系。在许多时候，政策制定者和政策执行者的利益并不是总是一致的，因此经常会发生利益冲突。利益冲突的结果，往往使得执行者在执行过程中，有意无意地对政策大打折扣，以维护自身利益，从而对政策带来极大损害。

第四，教育事务本身具有一定的特殊性。教育内容尤其是基础教育的内容比较稳定，教学结构体系较为固定，教师的教学方式有保守倾向，不愿轻易变化；教师更愿意选择那些可以立竿见影地提高学生成绩的教育政策；教师的教学行为有一定的自主性，并非学校管理层可以直接而随意地左右；许多教育政策具有明显的“增压性”，增加了教师的负担和压力，导致教师因反感而抵触。

3. 缓解教育政策执行问题的策略

为了有效地执行教育政策，需要根据教育政策执行问题的成因，采取有针对性的策略。

第一，加强教育政策研究，力求教育政策本身更为科学与合理。严格把握教育政策的制定过程，使教育政策更加科学化、合理化，这是避免教育政策出现执行偏差的基础。为此，需要加强教育政策研究，清晰把握教育政策与教育改革和发展的关系，以先进、科学的教育思想和理念，以及一切从实际出发的原则来指导教育政策的制定，为教育政策有效执行奠定坚实的基础。

第二，强化教育政策执行机构的作风建设和执行人员的素质建设。首先要建立健全合理的执行机构，明晰执行责任，增强执行功能；其次要加强作风建设，保证执行从严从实；最后要注重人员培训，提高执行者的政策能力和水平，为教育政策执行提供有力保障。

第三，大力宣传和深入解释教育政策，增进目标群体的认同和理解，提高政策施行对象的顺应度。不断增强目标群体对教育政策的认同和理解，可以极大地降低他们对政策执行的抵触和反抗，这就需要执行者深入调查，耐心细致地宣传和解释，并把宣传解释工作贯穿在整个教育政策运行的全过程，为教育政策的顺利施行创造优良的环境。

第四，承认教育工作的特殊性，谨慎行事，稳扎稳打。教育必须改革，教育政策也要扎实执行，但是，必须注意成熟一项政策，才能推行一项政策；一旦实施，就必须要有充分的条件和资源；不要过快过多地推出教育政策，否则将无法保障而难以执行，反倒损害教育政策的权威。

## 三、教育政策的评价

教育政策评价问题已经引起日益广泛的关注，这是由于教育政策评价可以改进教育政策制定系统，推动教育政策有效实施，提升教育政策水平。

### （一）教育政策评价的含义

教育政策评价又称教育政策评估，其含义也比较多元化。学者袁振国在《教育政策学》中认为，“所谓教育政策评价，是指按照一定的教育价值标准，对教育政策对象及其环境的发展变化以及构成其发展变化的诸种因素所进行的价值判断。”① 从这里可以看到，教育政策评价是对教育政策运行的全面评价。它既诊断政策执行结果，又促成政策的完善；既关注政策本身的优劣，又关注

① 袁振国：《教育政策学》，第347页，南京，江苏教育出版社，2001。

影响政策制定及执行的诸多因素。

### （二）教育政策评价的标准

要进行教育政策评价，首先就需要确立评价标准。根据教育活动的实际情况，教育政策评价从教育政策执行状况和执行后结果这两个方面来进行是比较恰当的。

1. 教育政策执行情况评价

对教育政策执行情况的评价，主要包括以下几个方面：

第一，教育政策执行是否按照原定方案实施。这需要全面考察教育政策的执行是否存在执行偏差，如教育政策是否出现偏离、泛化、表面化、缺损、附加等走形变样的情况。

第二，教育政策执行机构是否健全。要仔细考察执行机构分工是否明确、职能部门运行是否正常、执行者是否充分了解政策的内容和性质。

第三，教育政策所需资源是否充足。没有充分的资源，尤其是物质资源，任何一项教育政策都很难获得真正的执行。我国许多教育政策执行情况有违初衷，资源短缺是重要原因。

第四，教育政策是否满足了大多数人的需求。教育的根本宗旨是确保每个受教育者教育机会的公平，避免教育机会受到性别、民族、出身、宗教信仰等因素的干扰。对教育政策执行情况的评价，就要根据这一标准，判断其在执行过程中是否满足了大多数人的教育需求。

第五，教育政策是否因地制宜，适应了当地教育情况。教育政策既要保持基本精神不变的原则性，又要体现出与各个地方教育情况相适应的灵活性。在很多情况下，此地适宜的教育政策，在彼地未必有同样效能，因此需要因地制宜，适当变通，以便取得实效。

2. 教育政策执行后的结果评价

对教育政策执行结果的考察，主要着眼于以下方面：

第一，看教育政策的效果，即教育政策执行的结果是否有足够的价值。要看教育政策的实施是否推动了教育事业的发展，尤其是长远和可持续的发展。

第二，看教育政策的效率，即为得到有价值的结果付出了多大的代价。这是要考察教育政策投入与产出或成本与收益之间的比例关系。评价教育政策的效率，需要开展教育成本分析。

第三，看教育政策的效益，即教育政策的执行结果在多大程度上解决了目标问题。这是要考察教育政策的目标达成度，看是完全实现了预期目标，还是部分达成了预期目标，甚至离预期目标非常遥远，并针对问题查找原因，寻求对策。

第四，看教育政策的公平性，即教育政策的成本和效益在不同团体、不同对象之间是否等量分配。一项成功的教育政策，首先应该是尽力寻求公平合理地分配资源的政策。虽然教育政策的效益、效率时常会和公平产生冲突，但教育最基本的原则和最优先的目标仍然是公平的。

第五，看教育政策的社会反应度，即社会对教育政策取得的结果有多大的满意程度。教育事业牵涉千家万户，社会公众对教育十分关心，他们对教育政策的反应当然是教育评价的重要标准。

**（三）教育政策评价的基本方法**

教育政策评价既是政策评价的分支，也是教育评价的分支。其主要方法有：

1. 对比评价法

这是教育政策评价的基本方法之一，它是将教育政策执行前后的有关情况进行对比，从中测度出教育政策效果及其价值的一种定量分析法。这一方法的显著特点是以大量的参数和参数的前后变化说明教育政策执行的影响与效果。它可以进一步细分为三种方式：一是“前—后”对比分析；二是“有—无”对比分析；三是“控制对象—实验对象”对比分析。

2. 定量分析与定性分析结合法

在教育政策评价中，单纯的定量分析有其局限性，难以反映评价者的认识、情感和态度，需要将定量与定性分析结合起来。教育政策评价中的定性分析，主要通过问卷调查、访谈调查、观察等进行。它与定量分析的有机结合可以有效地增进教育政策评价的客观性和公正性。

3. 综合评价法

综合评价法是指教育政策评价人员的多样性、评价方法的多样化而形成综合性评价结论的方法。它包括对象评定法、专家评定法和自评法等方式。其中，专家评定是综合评价的纽带和中心，通过专家采集教育政策对象对政策执行效果的评价以及执行人员对政策执行的自我评价等方面的意见，并以专家评定意见为基础，形成三者结合的教育政策评价报告。

## 第三节　教育法制建设实践

教育法制建设的实践包括教育法规的制定、教育法规的实施、教育法制监督等环节。

## 一、教育法规的制定

教育法规的制定又称教育立法，它是教育法制建设的基础环节。

### （一）教育立法的含义

立法，也称法的创制，是指特定国家机关根据法定权限和程序，制定、修改、废止规范性法律文件以及认可法律规范的活动。教育立法的含义也由此演绎而来。一般认为，教育立法指的是特定的国家机关在其法定的权限范围内，依照法定的程序，制定、修改、废止有关教育的规范性法律文件的活动。它主要体现在三个方面：一是教育法规的制定；二是教育法规的修改；三是教育法规的废止。

### （二）教育立法的基本程序

教育立法是国家立法活动的重要组成部分，国家立法程序规范着教育方面的立法程序。具体包括以下方面。

1. 提出教育立法草案

提出教育立法草案实际上有一系列的环节或步骤，包括确定教育立法项目、征询教育立法建议、做出教育立法决策、起草教育立法草案，在此基础上，由相关具有提案权的机构或人员向教育立法机构提出教育立法草案。

2. 讨论教育立法草案

我国教育立法草案的讨论，一般都是有关主管部门负责起草草案后，交国务院审议，在国务院审议通过后，再交由全国人民代表大会常务委员会审议。全国人民代表大会常委会审议采取初步审议和再次审议两道程序。初步审议时，先由提案人作草案说明，常委会审议后交法律委员会，由法律委员会根据常委会初审意见及教育科学文化专业委员会的审议意见，进行逐条审议，提出审议报告（含修改建议），常委会再次审议，决定是否通过。

3. 通过教育法规

这是指立法机构对教育立法草案正式表决同意，意味着教育立法草案正式成为教育法规。我国教育立法草案的表决都采取“比较多数”或“简单多数”的原则，即以参加审议的委员会或大会组成人员的过半数为通过。

4. 公布教育法规

教育法规通过后，为付诸实施，产生预期的法律效力，必须以一定形式向外界予以公布。这意味着整个教育立法程序的完成，也是教育法规有效性的基础。

### （三）教育立法的基本要求

教育立法活动除了必要的程序化原则之外，还需要遵循一些基本要求。

（1）任何教育法规的制定都必须以宪法为根本依据。各种教育法规的制定，都需要根据宪法，遵从宪法，不得与宪法的精神相背离，不得与宪法的任一条款相冲突。

（2）各种单项教育法规的制定，在依据宪法的基础上，还必须依据教育基本法。教育基本法以宪法为基础，规定了一个国家教育的基本性质、任务、基本制度和基本法规准则，各种单项教育法规必须与教育法的基本原则、基本精神相一致。

（3）教育法规的制定还需要参照其他相关法规的精神和原则，以协调教育法规与其他法规的关系。教育法规的制定不是孤立的，也不能肆意妄为，它需要与其他法规保持一致性和协调性，避免法规间的冲突。

（4）教育法规的制定要遵循民主化与科学化的原则。教育立法程序已经包含着教育法规制定的民主化与科学化的要求，严格遵循教育立法程序，就在相当程度上保障了教育法规制定的民主化与科学化。

### （四）我国当代教育立法的进展

新中国成立以来，在改革开放前的30来年里，我国基本没有严格意义上的教育法律的制定，较低层次教育法规的制定也不够普遍。改革开放以后，教育立法取得了显著进展，先后制定了多部教育法律，以及大量的教育行政法规、教育行政规章以及地方性教育法规、教育规章，初步形成了以《中华人民共和国宪法》中的教育条文为依据，以《中华人民共和国教育法》（1995年）为核心，以《中华人民共和国义务教育法》（1986年制定，2006年修订）、《中华人民共和国教师法》（1993年）、《中华人民共和国职业教育法》（1996年）、《中华人民共和国高等教育法》（1998年）、《中华人民共和国民办教育促进法》（2002年）为主体，辅以众多的教育行政法规、教育行政规章以及地方性教育法规、教育规章的教育法规体系框架。这是我国教育法制建设的重大进步，也是我国依法治教的坚实基础。

## 二、教育法规的实施

教育法规的实施，是通过一定的制度、程序、方式在教育实践中具体适用教育法规的活动。它包括教育法规的效力、教育执法、教育司法、教育法律救济等主要内容。

### （一）教育法规的效力

教育法规的效力是指教育法规的生效范围，主要有时间、空间、人等方面的效力以及教育法规的适用顺序。

1. 教育法规的时间效力

时间上的效力是指教育法规从何时开始生效与何时终止生效，以及教育法规对它颁布前的事项和行为有没有溯及力的问题。

2. 教育法规的空间效力

空间上的效力是指教育法规在什么地方、多大范围发生效力。这通常有两种情况：一是教育法规在全国范围内生效；二是教育法规在特定地域或行业内生效。

3. 教育法规对人的效力

对人的效力是指教育法规对什么人有效的问题。我国教育法规对本国公民的效力有两种：一是对所有人具有普遍约束力；二是对部分人具有约束力。对外国人的效力也分两种：一是外国人在中国境内适用教育法规，除非法律另有规定；二是外国人在中国境外对我国国家和公民违法侵权的，按照我国《刑法》规定可判处三年以上有期徒刑的适用我国法律，但按犯罪地法律不受处罚的除外。

4. 教育法规的适用优先权

在教育法规中，不同等级层次的法规具有不同的适用优先权。

第一，高层法优于低层法。一般来说，国家法普遍优于地方法，权力机构法优于行政机构法，基本法优于单项法。

第二，后定法优于前制法。同等效力的教育法规发生冲突时，一般应优先适用最后制定的法规。

第三，特别法优于普通法。同等效力的教育法规与其他法规或教育法规间发生矛盾时，具有特定性的法规优先适用。①

### （二）教育执法

教育执法，即教育法规的执行，是指国家教育行政机构及法律授权的其他部门，按照法定职权和程序，对教育实践中的特定事项、特定人员或组织，适用教育法规并产生法律效力的活动。

1. 教育执法的原则

第一，合法原则。在教育执法过程中，执法部门本身必须遵守教育法规，

---

① 吴志宏：《教育行政学》，第238页，北京，人民教育出版社，2000。

其执法活动要有法规依据，在法定权限内，依照法定程序进行。

第二，公正原则。在教育执法过程中，执法部门应客观、适度，不徇私情，不持偏见，符合教育法规的要求。

第三，公开原则。教育执法的全部内容和过程都应当公开。教育执法时，执法人员要亮证执法，书面通知有关事项，详细解释执法内容，告知相应权利，避免滥用职权。

第四，权责统一原则。在教育执法过程中，执法者要承担执法行为引起的法律后果，即受损合法权益必须得到补救，侵权责任必须受到追究。

2. 教育执法的形式

教育执法包括行政检查、行政处罚、行政强制、行政许可和行政确认等形式。

第一，教育行政检查是教育行政机关及其人员对学校等机构、人员及其他组织遵守教育法规的情况进行检查，以督促守法，预防及纠正违法。

第二，教育行政处罚是教育行政机关对违反教育法规、但尚未构成犯罪的人员及组织处以新的义务或剥夺某些既有权利的制裁。

第三，教育行政强制是特定国家行政机关在紧急情况下，采取强制手段防止危害教育事务的结果发生或扩大，以及强制当事人履行法定义务的活动。

第四，教育行政许可是教育行政机关根据公民或组织的申请，依法赋予其从事教育法规一般禁止的某种教育事项的资格。

第五，教育行政确认是教育行政机关依法对教育相对人的资质、条件进行甄别，并给予确定、认可、证明，以预防纠纷，协调争议，保护合法权益。

### （三）教育司法

教育司法是国家司法的重要内容，在教育法规实施中占有特殊地位。教育司法可以确认当事人的权利义务，消除其间的权益之争，也能够强制侵权赔偿，补救受损权益，从而保障教育法规顺利运行。

1. 教育司法的原则

第一，法治原则。教育司法机关在审理教育案件时，应以客观事实为依据，以法律为准绳，严格按照教育法规的规定办事，不仅权限、程序合法，而且事实认定及裁决结果都必须符合法规规定。

第二，平等公正原则。教育司法机关在处理教育案件时，对任何公民的合法权益都依法保护，一视同仁。不仅在形式上，而且在程序上、实质上，都要体现出教育司法的平等公正性。

第三，独立司法原则。教育司法权只能由国家各级审判机关和检察机关独立地行使，其他任何机构和个人都无权干预，以确保教育司法的独立与正确。

第四，公开原则。教育司法机关对案件的审理应该公开进行，接受广泛的监督，提高司法活动的透明度。

第五，司法责任原则。司法人员在审理教育案件时，因故意或过失性错误，侵犯了个人或组织的合法权益，应对后果承担相应的责任。

2. 教育司法的形式

教育司法的形式主要有三种：

第一，教育行政诉讼。教育行政诉讼是指教育行政管理相对人认为教育行政的具体行政行为侵害了其合法权益，依法向人民法院提起诉讼，由人民法院对行政行为进行审理和裁决的活动。在教育行政诉讼中，教育行政机关只能被诉，不能反诉，但可以上诉，而且还负有举证责任。

第二，教育民事诉讼。教育民事诉讼是指人民法院在双方当事人和其他诉讼参与人的参加下，依法审理和解决有关教育的民事纠纷案件活动。教育民事诉讼主要包括教育方面的财产权纠纷案件、人身权纠纷案件、知识产权纠纷案件等。

第三，教育刑事诉讼。教育刑事诉讼是指国家司法机关在双方当事人和其他诉讼参与人的参加下，依照法定的诉讼程序，审理有关教育刑事案件的活动。教育刑事诉讼的主要内容是揭露犯罪、证实犯罪，追究犯罪人的刑事责任，以准确及时地惩治犯罪。

**（四）教育法律救济**

西方有法谚说，“没有救济的权利不是权利”，或说，“救济先于权利”，都表明了法律救济在法制建设中的非凡意义。

1. 教育法律救济的含义

教育法律救济是指在教育法律关系主体的合法权益受到侵害并造成损害时，通过裁决纠纷，纠正、制止或矫正侵权行为，使受侵害的权益得以恢复，利益得以补救的法律制度。

2. 教育法律救济的特征

第一，教育法律救济以纠纷存在为基础。当各种教育法律关系主体因侵权行为产生利益矛盾和冲突时，就需要解决纠纷的程序和制度，以裁决纠纷，补救损害，教育法律救济也就应运而生了。

第二，教育法律救济以损害为前提。任何法律上的救济，都是基于侵权行为的产生并造成一方的利益损害。故从实质上说，侵权损害是法律救济的前提。

第三，教育法律救济以补救受害者的合法权益为根本目的。教育法律救济的基本目标是当教育法律关系主体的合法权益受到侵害时为其提供充分的救济。权利本身很容易受到侵害，需要法律救济制度来保障和维护。

3. 教育法律救济的途径

教育法律救济的途径主要有诉讼救济和行政救济两种。

第一，诉讼救济。诉讼救济也称司法救济，指相对人就特定的侵权行为向人民法院提起诉讼，请求救济，人民法院依法对纠纷做出公正裁决。其具体方式包括前述的教育行政诉讼、教育民事诉讼和教育刑事诉讼。

第二，行政救济。行政救济是指教育行政申诉和教育行政复议制度。教育行政申诉指教育法律关系主体在其合法权益损害时向教育行政机关申诉理由，请求处理的制度。教育行政复议是指教育法律关系主体不服某行政机关的具体行政行为，依法向做出该决定的上一级教育行政机关或原处理机关提出申诉，由受理行政机关对该具体行政行为进行复查并做出裁决的活动和制度。

## 三、教育法制监督

教育法规的实施离不开有效的监督，因此，教育法制监督成为教育法制建设中一个非常重要的环节。

1. 教育法制监督的含义

教育法制监督的含义有多种理解，常见的有广狭二义。狭义的教育法制监督是指由特定的国家机关依照法定权限和法定程序，对教育立法、司法、执法活动的合法性进行的监督。广义的教育法制监督则是指由国家机关、社会组织和公民对教育法律活动的合法性进行的监督。人们一般比较倾向对教育法制监督作广义的理解，但还是强调国家机关监督在其中的特殊作用和意义。

2. 教育法制监督的特性

第一，监督依据的法律性。教育法制监督在监督主体、监督对象、监督客体、监督内容，尤其是监督方式、监督程序、监督后果等方面，都带有明显的法律性，处于严格的法律约束之下。

第二，监督范围的独特性。教育法制监督的内容比较特定，如教育立法听证、教育领域违法案件查处等，其监督权限、程序、方式、方法等都有严格的规定。

第三，监督目的的控制性。教育法制监督手段多样，施加的是国家影响力，力图调控被监督者严格按照监督者的意图行事。

第四，监督效力的权威性。教育法制监督以国家法律为依据，以国家强制力为后盾，能够依法追究法律责任，具有极强的权威性。

3. 教育法制监督的内容

教育法制监督的内容，是指被监督对象的某种教育法律行为被法律确定为监督客体，就成为法定的监督内容。主要有以下三种：

第一，合宪性监督。这是通过监督判定教育法规或相关法律行为是否违反宪法的监督形式。

第二，合法性监督。主要是对教育法规实施情况进行监督，对国家机关及其工作人员的教育立法行为、教育执法行为、教育司法行为，以及教育管理行为是否违法进行监督。

第三，合理性监督。这是以教育行政管理行为、教育行政执法行为等是否客观、公正、科学、适度为重点，对各组织、各集团、各社会成员在教育方面的利益分配、利益调节情况进行监督。

## 第四节　我国基础教育政策与法规实践

基础教育是我国教育事业的主体和基础，具有极为重要的地位。

### 一、基础教育中的主要政策与法规

#### （一）基础教育现行主要政策

1. 基础教育质量政策

主要有基础教育任务与培养目标、中小学德育政策、中小学教学政策、中小学课程政策、中小学教育评价与升学政策等诸多方面。

2. 基础教育体制政策

包括行政体制政策、办学体制政策、管理体制政策等。

3. 基础教育经费政策

主要包括“三个增长”政策、教育费附加政策、“以县为主”政策及“省县结合”政策、教育成本分担政策等。

4. 基础教育教师政策

主要有教师教育政策、教师聘用政策、教师工资政策、教师职务评聘政策、教师奖励政策等。

### （二）基础教育现行主要法规

1. 主要的基础教育法律

基础教育涉及的主要教育法律有《中华人民共和国教育法》《中华人民共和国教师法》《中华人民共和国义务教育法》，以及与教育相关的《中华人民共和国未成年人保护法》《中华人民共和国妇女儿童权益保护法》《中华人民共和国预防未成年人犯罪法》等。

2. 主要的基础教育行政法规

基础教育涉及的主要教育行政法规有《义务教育法实施细则》《禁止使用童工规定》《学校体育工作条例》《学校卫生工作条例》等。

3. 主要的基础教育行政规章

基础教育涉及的主要教育行政规章有《小学管理规程》《中学管理规程》《学生伤害事故处理办法》《中小学德育工作规程》《中小学教师职务试行条例》《中小学班主任工作暂行规定》《中小学教师继续教育规定》《中小学电化教育规程》等。

## 二、基础教育中学校、教师、学生的权利与义务

### （一）学校的权利与义务

1. 学校的权利

按照章程自主管理；组织实施教育教学活动；招收学生或者其他受教育者；对受教育者进行学籍管理，实施奖励或处分；为受教育者颁发相应的学业证书；聘任教师及其他职工，实施奖励或者处分；管理、使用本单位的设施和经费；拒绝任何组织和个人对教育教学活动的非法干涉；法律、法规规定的其他权利。

2. 学校的义务

遵守法律、法规；贯彻国家的教育方针，执行国家教育教学标准，保证教育教学质量；维护受教育者、教师及其他职工的合法权益；以适当方式为受教育者及其监护人了解受教育者的学业成绩及其他有关情况提供便利；遵照国家有关规定收取费用并公开收费项目；依法接受监督。

3. 学校依法办学，民主治校

我国教育管理权限曾经长期高度集中于中央和政府机构，地方和学校只能被动服从，以致死气沉沉，根本没有自主性。

改革开放以来，地方和学校权限有所扩展。依据有关政策和法规，学校在自主运行、循规招生、据实颁证、教育教学、员工奖惩、学籍管理、设施使用

等方面享有相应的自主权。

在学校扩权的同时，学校的责任也显著强化。从国外情况来看，学校历史上曾经享有“豁免权”，学校不因雇员、官员或代理人的失职而受到控诉，其民事侵权行为不受追究。但在当今，大多数学校的豁免权在实质上已被废除或修改，即使保留独立豁免权的地方，也对原有成文法条文作了重大修改，确定了有限的责任。国外常用保险保护来替代豁免权。

在这种趋势下，我国学校及其校长如有失职行为或侵权行为，将会被追究责任，以保障学生个人权利的实现。为此，学校不得不明确各项规章制度，详细了解并保护学生的各项权利，时刻注意循规守法，努力避免或减少失职及侵权行为的发生。依法办学，民主治校，已是大势所趋。

### （二）教师的权利与义务

1. 教师的权利

进行教育教学活动，开展教育教学改革实验；从事科学研究和学术交流，参加专业的学术团体，在学术活动中充分发表意见；指导学生的学习和发展，评定学生的品行和学业成绩；按时获取工资报酬，享受国家规定的福利待遇以及寒暑假期的带薪休假；对学校教育教学、管理工作和教育行政部门的工作提出意见和建议，通过教职工代表大会和其他形式，参与学校的民主管理；参加进修或者其他方式的培训。

2. 教师的义务

遵守宪法、法律和职业道德，为人师表；贯彻国家的教育方针、遵守规章制度、执行学校的教学计划，履行教师聘约，完成教育教学工作任务；对学生进行宪法所确定的基本原则的教育与爱国主义和民族团结的教育，法制教育以及思想品德、文化和科学技术教育，组织、带领学生参加有益的社会活动；爱护关心全体学生、尊重学生人格，促进学生的品德智力、体质等方面全面发展；制止有害于学生的行为或者其他侵犯学生合法权益的行为，批评和抵制有害于学生成长的现象；不断提高思想政治觉悟和教育教学业务水平。

3. 教师为人师表，依法执教

教师是教育政策法规的具体执行者，如果考虑到教育教学本身的特殊性，就不能不对教师予以高度的关注。

学校和校长的任何决策以及教育教学措施，都需要教师去实施；学生的身心发展，需要教师去促成。在中小学，教师对学生不仅言传，更重于身教，影响广泛而深远。教师远不止是一个谋生的职业，还肩负有沉甸甸的社会责任。为此，要求教师必须为人师表，依法执教。

### （三）学生的权利与义务

1. 学生的权利

参加教育教学计划安排的各种活动，使用教育教学设施、设备、图书资料等；按照国家有关规定获得奖学金、贷学金、助学金；在学业成绩和品行上获得公正评价，完成规定的学业后获得相应的学业证书、学位证书；对学校给予的处分不服时向有关部门提出申诉，对学校、教师侵犯其人身权、财产权等合法权益，提出申诉或依法提起诉讼；法律、法规规定的其他权利。

2. 学生的义务

遵守法律、法规；遵守学生行为规范，尊敬师长，养成良好的思想品德和行为习惯；努力学习，完成规定的学习任务；遵守所在学校或者其他教育机构的管理制度。

3. 学生依法受教，权责均衡

中小学生的一般权利，如言论自由、人身安全、财产保障、隐私保护、活动参与、设施利用、资助机会、公正评价、正当申诉等方面的权利，需要得到充分的尊重和保护。

学生拥有与教师平等的人格，其人格、人身以及财产权等不受不合理侵犯。教师不能以学生的家庭条件、宗教信仰、身体状况（特别是相貌）、智力水平等差异而区别对待。否则，学生有权利提出申诉或采取法律行动。女性学生和残疾学生的平等权益，包括受教育权、教育中的平等、就业及报酬、社会地位等，需要基本而普遍的保障。

接受教育，尤其是义务教育，既是中小学生的基本权利，也是必须履行的重要义务。遵纪守规，努力学习，这是学生的基本义务，也是学生之为学生的根本所在。为此，学生要依法受教，权责均衡。

## 三、基础教育中的学生伤害事故

### （一）学生伤害事故概述

我国教育部2002年颁布的《学生伤害事故处理办法》第二条规定：学生伤害事故是“在学校实施的教育教学活动或学校组织的校外活动中，以及在学校负有管理责任的校舍、场地、其他教育教学设施、生活设施内发生的，造成在校学生人身伤害后果的事故”。

一般来说，学生伤害事故既有意外事故，也有过错事故。对于学生伤害事故，学校可能负有直接责任，也可能负有间接责任，还可能没有责任。

### （二）学生伤害事故的责任认定

1. 学生伤害事故的责任性质

对于学生伤害事故的责任性质，需要强调两点：第一，学校不是学生的法定监护人；第二，学校对学生承担教育与管理责任。

2. 学生伤害事故的归责原则

归责原则就是归责的根据和标准，就是行为人致他人伤害后，应根据何种标准化原则确定行为人的侵权责任。它是确定行为人侵权责任的基本准则，也是制定《侵权法》的指导思想。

我国《侵权法》的归责原则是由过错责任原则、过错推定原则、无过错原则和公平原则所组成的体系。过错责任原则是指以过错作为归责的构成要件；同时，以过错作为行为人责任范围的重要依据。过错推定原则是指如果原告能证明其所受到损害是由被告所致，而被告不能证明自己没有过错，则应推定被告有过错并承担民事责任。无过错责任原则也叫无过失责任原则，它是指没有过错造成他人损害的，依法律规定应由与造成损害原因有关的人承担民事责任，其目的是补偿受害人的损失。公平责任原则是指在当事人双方对造成损害均无过错的情况下，由人民法院根据公平的观念，在考虑当事人的财产情况及其他情况的基础上，责令加害人对受害人的财产损失给予适当的补偿。

根据我国目前的国情，学生伤害事故应根据过错责任原则来确定行为人的侵权责任。根据这一原则，在学生伤害事故处理过程中，应当由受害人就加害人的过错问题举证，即谁主张谁举证。

3. 学生伤害事故中学校法律责任的认定

学校因下列情形之一造成学生伤害事故的，应依法承担相应的责任：

学校的校舍、场地、其他公共设施，以及学校提供给学生使用的学具、教育教学和生活设施、设备不符合国家规定的标准，或者有明显不安全因素的；

学校的安全保卫、消防、设施设备管理等安全管理制度有明显疏漏，或者管理混乱，存在重大安全隐患，而未及时采取措施的；

学校向学生提供的药品、食品、饮用水等不符合国家或者行业的有关标准、要求的；

学校组织学生参加教育教学活动或者校外活动，未对学生进行相应的安全教育，并未在可预见的范围内采取必要的安全措施的；

学校知道教师或其他工作人员患有不适宜担任教育教学工作的疾病，但未采取必要措施的；

学校违反有关规定，组织或安排未成年学生从事不宜未成年人参加的劳动、体育运动或者其他活动。学生有特异体质或者特定疾病，不宜参加某种教育教学活动，学校知道或者应当知道，但未予以必要的注意的；

学生在校期间突发疾病或者受到伤害，学校发现后未根据实际情况及时采取相应措施，导致不良后果加重的；

学校教师或其他工作人员体罚或者变相体罚学生，或者在履行职责过程中违反工作要求、操作规程、职业道德或者其他相关规定的；

学校教师或者其他工作人员在负有组织、管理未成年学生的职责期间，发现学生行为具有危险性，但未进行必要的管理、告诫或制止的；

对未成年学生擅自离校参加与学生人身安全直接相关的活动，学校发现或者知道后，未及时告知未成年学生的监护人，导致未成年学生因脱离监护人的保护而发生伤害的；

学校有未依法履行职责的其他情形的。

4. 学生及其监护人法律责任的认定

学生及其未成年学生监护人由于过错，有下列情形之一，造成学生伤害事故，应承担相应的法律责任：

学生违反法律、法规的规定，违反社会公共行为准则、学校的规章制度或者纪律，实施按其年龄和认知能力应当知道具有危险或者可能危及他人的行为的；

学生行为具有危险性，学校、教师已经告诫、纠正，但学生不听劝阻、拒不改正的；

学生或者其他监护人知道学生有特异体质，或者患有特定疾病，但未告知学校的；

未成年学生的身体状况、行为、情绪等有异常情况，监护人知道或者已被学校告知，但未履行相应监护职责的；

学生或者未成年学生监护人有其他过错的。

5. 学生伤害事故的责任形式和制裁方式

第一，学生伤害事故的责任形式。主要是侵权民事责任，其制裁方式也相应是民事制裁方式。民事责任形式是指违反民事义务的人承担的责任形式，其基本形式有：停止侵害、排除妨碍、消除危险、返还财产、恢复原状、赔偿损失、消除影响、恢复名誉、赔礼道歉等。

第二，学生伤害事故的制裁方式。主要是民事制裁。所谓民事制裁是指人民法院依法对违反民事法律应负民事责任的行为人所采取的民事制裁和处罚措施。一般包括：训诫，责令具结悔过，收缴进行非法活动的财物和非法所得，以及罚款、拘留等。

特别需要警惕的是，对学生伤害事故的应对不当，既可能伤害学生家庭并危及社会和谐，也可能导致学校的教育教学活动难以正常进行，阻碍青少年一代的健康成长。

## 推荐阅读书目

1. 劳凯声：《教育法学》，沈阳，辽宁大学出版社，2000。
2. 袁振国：《中国教育政策评论》，北京，教育科学出版社，2000—2010。
3. 杨颖秀：《教育政策法规专题》，沈阳，东北师范大学出版社，2001。
4. 袁振国：《教育政策学》，南京，江苏教育出版社，2001。
5. 劳凯声：《中国教育法制评论》，北京，教育科学出版社，2002—2010。
6. 张乐天：《教育政策法规的理论与实践》，上海，华东师范大学出版社，2002。
7. 教育部政策研究与法制建设司编：《现行教育政策与法规选编（中小学教师读本）》，北京，教育科学出版社，2002。
8. 吴志宏：《教育政策与教育法规》，上海，华东师范大学出版社，2003。
9. 陈振明：《公共政策分析》，北京，中国人民大学出版社，2003。
10. 阮成武：《小学教育政策与法规》，北京，高等教育出版社，2006。

## 学习思考

1. 如何认识我国教育政策与法规的关系？
2. 教育政策执行的问题与策略如何？
3. 教育政策评价的标准有哪些？
4. 如何认识我国教育立法的进展？
5. 怎样理解教育法规实施的效力？
6. 如何认识教育法律救济？
7. 如何认识我国基础教育中学校、教师、学生的权利与义务？
8. 如何认识学生伤害事故对基础教育的影响？

# 第十四章 中小学教育评价

教育评价就是根据一定的教育价值观或教育目标，运用一定的科学方法，通过系统地收集信息资料，经分析整理，对教育活动、教育过程和教育结果进行价值判断，以期达到教育价值增值的过程。作为一项专业性和技术性较强的复杂的系统工程，教育评价一般包括三个环节：教育评价的准备、教育评价的实施和教育评价结果的分析与处理。中小学教育评价内容涉及学生、教师、学校办学水平和课程等各个方面。

## 第一节 教育评价概述

### 一、教育评价的概念界定

#### （一）评价与价值

要掌握什么是教育评价，首先要知道什么是评价。在我国汉语词典中，评价是指衡量人或物的价值；在英语中，evaluate 是从 value 演变而来的，意即引出或阐发价值或进行价值判断。由此看来，评价与价值有着十分密切的关系。一般而言，评价就是人对客体对于主体的意义的一种观念性的把握，是主体对客体有无价值以及价值大小所做的判断。由此可见，评价与价值密不可分，要了解评价的本质，就必须把握价值的内涵。

价值是一个多元概念，其含义相当广泛，它既是经济学范畴，又是社会学、伦理学、美学等学科范畴，更是一个哲学范畴。从经济学的范畴看，价值是指体现在商品里的社会必要劳动，价值量的大小决定于生产这一商品所需的社会必要劳动时间的多少；从哲学的范畴看，价值是指客体所具有的促进主体生存和发展的属性和能力，是指客体对主体的生存和发展具有的积极作用，它是主客体之间特定关系的表达。价值既然是一种客观存在的主客体关系，而评价是主体对客体价值的一种认识活动，因此价值必然决定评价，评价随着客观价值的变化而变化，有什么样的价值现象，就有什么样的评价方式。

人的社会实践活动的主要目的就是要创造价值，但由于主客观条件的限制，人的某一现实的社会实践活动所创造的价值并不是预期的，它可能创造了价值，也可能没有创造价值；既可能创造了较大价值，也可能创造了很小价值。因此，人的某一现实的社会实践活动创造的价值如何，这需要人们去认识、去判断，也就是评价。创造价值，评判价值，进而实现价值是人类社会实践活动的一个完整过程。在现实生活中，我们只有通过评价，才能揭示、把握客体的价值，使客体的价值由潜在的形式转化为现实的形式，呈现在人的面前，评价是揭示价值的重要手段。

### （二）教育评价的定义

教育评价这一概念自美国教育家泰勒于 1929 年首次提出之后，就一直处于不断发展与完善之中。由于人们看问题的角度、方法不同，更由于教育评价在理论与实践上都处于探索和研究阶段，各派学者有着不同的见解，教育评价至今尚未形成一个确切的、严谨的、被一致接受的科学定义。

首次提出并正式使用“教育评价”这一概念的泰勒，认为“教育评价过程在本质上是确定课程和教学大纲实现教育目标的程度的过程”。“是一种确定行为发生实际变化的程度的过程。”

泰勒的教育评价理论一经提出，就受到西方业界人士的欢迎与追捧。但随着人们对教育评价研究的深入以及实践应用的不断推进，人们越来越认识到这一评价界定存在着诸多缺陷，如评价只注重教育的结果而不注重教育的过程、只指向现实实践而未指向未来的行动和决策等。在此背景下，不少学者提出了自己的见解。克龙巴赫认为，用于改进工作的形成性评价的作用，远比总结性评价重要得多，认为教育评价就是“收集和使用信息以对某个教育项目进行决策”。斯塔夫尔比姆认为“评价是一种核定、获取和提供叙述性和判断性信息的过程。这些信息涉及研究对象的目标、设计、实施和影响的价值及优缺点，以便指导如何决策，满足教学效能核定需要，并增加对研究对象的了解”。比贝将教育评价描述为“有系统地收集和解释证据，并以此作为评价过程的一部分，进而以行动为取向进行价值判断”。美国教育评价标准联合委员会认为“评价是对某些现象的价值，如优缺点的系统调查，实为教育决策提供依据的过程”。我国学者李聪明教授认为，“教育评价是利用所有可行的评价技术评量教育所期的一切效果”。华东师范大学陈玉琨教授认为，教育评价是对教育活动满足社会与个体需要的程度做出判断的活动，是对教育活动现实的或潜在的价值做出判断，以期达到教育价值增值的过程。

基于以上关于教育评价的论述与分析，我们认为，作为教育评价的界定，至少应包括以下几个方面的要义：一是教育评价是一个活动过程；二是教育评价是有目的有计划的活动过程；三是教育评价活动中的评价者与被评者是统一的；四是教育评价注重对资料的解释，不仅仅是资料的收集；五是教育评价是一种反馈—矫正系统；六是教育评价要涉及对教育价值的判断，不仅仅是对教育情境或现象的描述。

基于此，教育评价就是根据一定的教育价值观或教育目标，运用一定的科学方法，通过系统地收集信息资料，经分析整理，对教育活动、教育过程和教育结果进行价值判断，以期达到教育价值增值的过程。

## 二、教育评价的主要类型

教育评价的种类很多，按照不同的划分标准可以划分出不同的评价类型。

### （一）按评价的范围划分，可以将教育评价划分为宏观评价、中观评价和微观评价

宏观评价主要是指以教育的全部问题或涉及宏观决策方面的教育问题为对象进行的评价，如20世纪以来我国教育改革和发展状况的评价、基础教育课程改革评价等。中观评价主要是指以学校内部各项工作为对象进行的评价，如对办学条件、教师队伍、教学工作等方面的评价。微观评价主要是指以学生发展的某一方面或教师教育教学工作的某一侧面为对象进行的评价，如对学生的学习能力或学习效果的评价、对教师的课堂教学的评价等。

### （二）按评价的基准划分，可以将教育评价划分为相对评价、绝对评价和个体内差异评价

相对评价是在被评价的集合中选取一个或几个对象作为基准，然后把各个评价对象与基准进行比较的评价方法。相对评价的基准，是根据被评价对象的整体状况来确定的，因而其基准只能在该团体中适用。如评价学生某次考试的合格状况，我们先选定该团体中某个学生的考试成绩为基准，其他学生的考试成绩与该同学成绩进行比较，凡是在这个基准之上的分数为及格，基准之下的为不及格，这样的评价就是相对评价。相对评价的最大特点在于不考虑团体的外部状况和社会要求，评价时只从团体的整体状况出发。

绝对评价是在被评价对象的集合之外确定一个标准即客观标准，然后把各个评价对象与客观标准进行比较的评价方法。如学生毕业考试，是按国家颁发的教学大纲和教材命题的，它是全国统一的标准。绝对评价的最大特点在于评

价时不考虑评价对象团体的整体状态，只考虑与外在客观标准的吻合程度。

个体内差异评价是把被评价对象集合中的各个对象的过去和现在相比较或者把某一个对象的各个侧面相比较的评价方法。如评价一个学生的发展状况，我们既可以将他的现在与过去进行比较，评价其进步状况，也可以从身体、认知、社会性等方面加以考察，评价其发展的全面性和平衡性。个体内差异评价的最大特点在于评价充分照顾了个体间的差异，具有较强的针对性。

**（三）按评价的主体划分，可以将教育评价划分为自我评价和他人评价**

自我评价就是被评价者根据评价指标，对自己的工作、学习等方面的表现和成绩，进行自我评价。如学生对自己的学习状况进行评价、教师对自己的教学效果进行的评价、校长对本校的办学水平进行的评价等。自我评价的最大优点在于易于进行，可以随时随地开展；其缺点是缺少外界参照标准，无法进行横向比较。

他人评价是指除被评价者自身之外的任何人或组织对该对象所进行的评价。如各级教育行政领导的视导评价、督学系统的督导评价、专家评价等。他人评价的最大优点在于较为严格、客观，但组织工作较为烦琐困难，花费的人力、物力较多。

**（四）按评价的功能划分，可以将教育评价划分为诊断性评价、形成性评价和总结性评价**

诊断性评价是在某项教育计划或方案开始之前，为使计划的预测更准确、实施更可行而进行的预测性评价，也称之为“事先评价”。目的是为了发现受评者在过往学习的知识、技能或心理上的相关状况，以便对症下药，采取适当的措施有效促进评价对象的发展。如学生学业诊断评价、层次教学中的分班分组评价。

形成性评价是指在某项教育计划或方案的实施过程中，评价活动的及时效果，用以调节活动过程，保证教育目标的实现而进行的评价，也称之为“事中评价”。形成性评价的主要目的在于了解被评者在活动中形成或获得了哪些品质、知识和技能，还存在什么问题，及时得到反馈信息，以便改进工作。如在教学中，当某一单元或某一章节学习告一段落时，检查学生学习进展情况、调整整个教学计划工作而进行的评价。

总结性评价是指在某项教育计划或方案结束之后，对其最终成果进行的评价，也称之为“事后评价”。总结性评价的目的是以预先设定的教育目标为基准，对教育计划或方案达到目标的程度和目标之间的距离进行评价。如期末考试、毕业会考等。

## 三、教育评价的功能

### （一）导向功能

导向，就是方向引导，教育评价的导向功能就是指评价对实际的教育活动具有定向引导作用，能引导评价对象向预定目标前进。教育是一项目的性很强的活动，评价指标和预设的评价标准以及严格的评价程序，就像一把“标准尺”或一盏“指路灯”，成为评价对象的努力方向，对教育的发展起着“定标导航的作用”。教育评价可以为教育行政部门指明工作方向，帮助学校明辨自己的使命和任务，帮助教师和学生发现教学过程中存在的问题，明确发展方向。

### （二）激励功能

激励，就是激发勉励，教育评价的激励功能是指合理有效地运用教育评价，能够激发评价对象的内在动力，调动他们的潜能，提高他们的工作积极性与创造性等。教育评价具有使评价对象产生或形成接近并实现预期目标而不断进取的内在动力的作用，它通过为评价对象提供反馈信息，使之明确自己的优点与不足，有针对性地、自觉地改进不足之处，激发他们的主动性和积极性，提高工作和学习质量，保证教育过程顺利有效地完成。

### （三）鉴定功能

鉴定，意指辨别并确定事物的真伪优劣或指对人功过、出身和优缺点等的鉴别和评定。教育评价的鉴定功能，是指通过评价活动认定评价对象是否合格或达到某种程度或水平，是对教育活动成效、优劣的甄别，是对同类评价对象之间优劣高低的比较。教育评价本身就是以一定的指标为依据对教育活动及有关情况进行判断，在此过程中，它自然要对评价对象与评价指标相适应的程度做出区分和认定，这就决定了教育评价具有对评价对象鉴定优劣、区分等级、排列名次、评选先进等鉴定功能。教育评价中的鉴定可分三种类型：一是水平鉴定，即根据一定的标准，确定评价对象达到标准的程度；二是评优鉴定，即通过对评价对象之间的相互比较，评定优胜者；三是资格鉴定，即对评价对象是否具有从事某种活动的资格的决定。

### （四）诊断功能

诊断，意指教育评价能够对教育活动中存在的问题进行揭示与分析，找到症结所在，进而提出改进和补救的建议。通过教育评价，我们能够发现教育活动或被评价对象哪些地方见长，需要巩固和发扬；哪些地方存在不足，需要进一步改进等。在教育过程中，人们常常利用各种测验，大量地收集资料，经由这些资料的分析，不仅明确问题的所在，还深入到问题内部，找到原因并提出相应的对策和建议。

### （五）改进功能

改进，意指改变原有状况，使其得到提高。教育评价的改进功能，指通过评价发现存在的问题并及时反馈信息，促使评价对象不断完善与优化。教育评价的目的不仅在于明确是非，区分工作的优劣程度，而且在于分析问题，找出原因，做出选择，对教育实践活动予以指导，寻找改善教育教学行为的途径。教育过程是一个不断发展变化的过程，只有不断完善和改进才能保证和提高教育教学质量，而教育评价作为教育活动中的重要环节和教育管理的重要手段，本身就是改进教育活动的具体体现。

### （六）调节功能

调节，意指整治和调理，使其适合一定要求。教育评价的调节功能，指通过评价结果的反馈，可以让评价对象了解自身发展存在的优势与不足，从而调整自己的教育或学习行为，促进自身进一步的发展。自古以来，教育活动就是处于不断调整之中，但要使调整变得更加科学有效，除了需诊断出教育的问题所在外，还必须把诊断出的问题及时反馈给被评价者，促使他们对自己的行为做出调整。

## 四、教育评价的基本原则

### （一）方向性原则

方向性原则是由我们国家的性质所决定的，我们是社会主义国家，教育评价必须为我们这个社会主义国家服务。教育评价，从某方面说是对教育目标实现程度做出价值判断。目标具有方向规定性，对教育实践工作具有规范与指导作用。

要贯彻教育评价的方向性原则，一是评价指标体系应具有突出的导向作用，注意体现社会主义办学方向以及现阶段教育改革和发展的目标。二是体现正确的价值取向，坚持为社会和人服务的方向。

### （二）可行性原则

教育评价是对教育现象进行实际的测量和评定，并根据测量和评定的结果做出价值判断，它有着非常强的实践性和操作性。因此必须保证教育评价切实可行。

可行性原则是指教育评价要在保证方向性、科学性的前提下，尽量简便易行，以保证教育评价有效地开展。首先，在确定评价内容、设计评价方案、选用评价方法时，要充分考虑到当时当地及被评价者的现状、条件和水平，要切合实际，切实可行。例如，有些评价方案和评价标准、评价方法，对重点学校可行，而对一般学校就不能照搬；在城市可用，而到农村条件就可能不具备。只有科学性和可行性、现实性相结合才是可取的。其次，评价的指标体系应在保证正确性与科学性的前提下，尽量简化，并且可操作性要强。

### （三）全面性原则

坚持全面性原则是由我国教育的目的所决定，我国教育的目的要求全面贯彻党的教育方针，全面优化教育行为，面向全体学生，面向学生的各个方面，全面提高教育质量。

全面性原则是指教育评价要对被评价者的各个方面进行评价，既要看到其特长、特色和优势，又不能过分地强调某一个方面。例如，在对学生进行评价时，不要仅仅考虑其学习成绩，还应该对其德、体、美、劳及个性特长等诸多方面进行评价。

要贯彻全面性原则，首先要抓住评价标准的全面性，全面、充分地反映教育目标；其次要在评价中要全面、充分地收集有关信息，不能偏听偏信；最后要运用多种评价工具。

### （四）教育性原则

教育性原则是随着教育评价功能的演变而提出来的。在教育评价发展的早期，评价的目的是看学生是否达到了某种标准或标准的程度。随着研究的深入和观念的转变，教育评价逐渐从过去强调评定等级、鉴定优劣的功能，发展到强调改进与提高，从而提出了教育性原则。

教育性原则是指教育评价不仅仅注重评定等级、鉴别优劣，还必须在教育教学活动中充分发挥评价的指导与促进作用。首先，通过教育评价，要让被评价者看到自己的成绩和优势、特色，从而激发、增强被评价者的干劲和信心。其次，通过教育评价，要让被评价者看到自己的缺点和不足，明确自己存在的问题，以便及时调整、改进工作。再次，要高度重视自我评价，做到以自我评价为主，领导评价为辅，充分调动被评价者的主动性和积极性，突出被评价者的主体地位，使被评价者增强自我意识，做到自我检查、自我总结、自我反思、自我调整、自我完善。最后，还要使评价者和被评价者树立正确的质量观念、是非观念和实事求是的科学态度。

### （五）多元化原则

社会发展的多元化以及人的价值追求多元化，要求我们在实施教育评价时也必须遵循多元化原则。多元化原则也充分体现了现代素质教育与新一轮基础教育课程改革的发展要求。

多元化评价原则是指教育评价主体、评价内容、评价标准、评价方式方法等应该是多样性的，而不应是单一性的。一是评价体系应该是一种多层次、多主体参与的主动的评价体系，评价应由教师、学生、家长、管理者、专业研究人员共同参与。二是评价应自然地伴随着整个教育过程进行，综合采用观察、谈话、作品分析等多种方法。三是评价标准应从单一走向多维，从静态走向动态，充分考虑到每个个体的差异，打破传统教育评价中的一刀切、整齐划一的单维度评价标准，用发展的眼光在了解个体现状的基础上对教师的教学和学生的发展做出全面的评价。

### （六）客观性与主观能动性相结合的原则

客观性原则是指我们在进行教育评价时，必须采取客观、实事求是的态度，不能主观臆断和掺杂个人偏见。因为评价是否客观，关系到评价结果是否正确，关系到评价目的的实现。要贯彻客观性原则，评价者首先要做到客观公正，实事求是，在收集、整理和分析资料过程中，在进行价值判断时，必须以事实为基础；其次要全面收集资料，不能只听个人的意见。

在遵循客观性原则的同时，也要注意发挥评价者的主观能动性。教育评价实际上是一个透过现象看本质，由表及里、由此及彼、去伪存真的过程，必须对资料进行一系列的分析、综合、概括、抽象。因此，只有发挥评价者的主观能动性才能获得比较客观的结果。

### （七）定量评价与定性评价相结合的原则

所谓定量评价，就是对教育过程和结果从量的方面进行分析评价。这种分析侧重于量的方面，通过数量化的说明对所评价的对象做出解释。所谓定性评价，它侧重于质的方面，通过对评价现象进行质的、深层次的分析做出评价。

由于教育是一种复杂的社会现象，有些是可以用数量来表示的，对这些现象用定量的方法进行评价清晰可见，简明易懂；但有些现象不易用数量来表示，必须用定性方法来评价。因此，在教育评价中定量分析与定性分析必须结合起来，互相补充，相辅相成。

### （八）静态评价与动态评价相结合的原则

静态评价是指对被评价对象已经达到的水平或已经具备的条件进行评价。

这种评价在评价时不考察评价对象过去的发展情况和今后的发展趋势，只是考察评价对象在特定的时间和空间中的现实状态，它有助于进行横向比较，便于看清评价对象是否达到了某种标准。动态评价是指对评价对象发展状态的评价，它在评价时注意评价对象的发展潜力和发展趋势，重在纵向比较，便于看清评价对象的变化过程，从而发现其发展规律。

静态评价与动态评价各有所长、各有所短，在进行教育评价时，必须把二者结合起来，既要考察评价对象的现实情况以便横向比较，又要考虑评价对象的发展情况以便纵向比较。

## 第二节　教育评价的基本步骤及方法

教育评价是一项技术性较强的、复杂的系统工程，科学而又严格地按照一定程序实施评价，才能保证评价质量和结果的可靠性与有效性。根据评价活动中各阶段的中心任务和工作性质，我们可以将教育评价的整个过程划分为准备、实施、结果分析处理三个阶段。

### 一、评价的准备

准备阶段是教育评价具体实施前的预备阶段，它是成功开展教育评价的前提和基础。

#### （一）建立组织机构

建立组织机构是指成立有关的评价组织，包括评价委员会和专题评价小组。评价委员会是评价的权力机构，主要负责组织和监督教育评价活动的具体实施，它一般由教育行政部门的主要负责人牵头，吸收相关人员组成。具体任务包括：聘请有关专家组成专家组、确定评价方案、解决评价过程中遇到的各种实际问题以及公布评价结论等。

专题评价小组是教育评价活动具体实施的主体，一般由评价委员会成员及评价专家、教学人员和行政干部等组成。具体任务包括：收集相关信息资料、对数据进行归纳整理、得出初步评价结论、向评价委员会汇报评价工作等。

#### （二）分析评价背景

背景分析是评价准备阶段的一项重要工作，它的主要任务是确定评价活动要解决的主要问题。在不同的时空下，教育评价所针对的评价对象的属性和具体目的是不一样的，所要解决的问题不尽相同，因而有必要加强评价活动的针对性。

教育评价的背景分析主要包括社会背景分析、教育发展阶段重要问题分析、评价委托人需要分析以及被评人心理准备分析等。

**（三）编制评价方案**

评价方案是评价活动的先行组织者，它是依据一定的评价目的，根据教育活动和评价活动的一般规律，对评价的内容、范围、方法、手段和程序等方面加以规范的基本文件。由于教育评价是一项非常复杂的系统工作，为了保证评价工作开展的有序性和有效性，因此有必要在评价活动开展之前预先决定要对被评对象哪些属性做出评判，评判的标准是什么，以及按照什么程序进行评价，这都需要事先以文件的形式加以规定。评价方案的设计是评价工作开展的前提，它直接关系到评价工作的成败。

教育评价方案的内容主要包括评价的对象和目的要求、评价的组织和领导、评价的方法和程序、评价的时间安排、评价的指标体系、评价标准体系及权重体系等。

1. 分解目标——形成指标体系

由于教育活动是一种有目的的活动，不仅整个系统和子系统有具体目标，各具体的教育活动也有其目标。因此，任何一项教育活动的目标都可分解成该项教育活动的目标体系。分解后的目标体系中处于最底层、具有可操作化的目标由于具有指标性质，故被称作指标。指标就是目标一个方面的规定，它是具体的、可测量化的、行为化和操作化的目标。

在建立指标体系时，我们应能反映出我国教育改革的方向，应充分、科学地反映目标，使每一项指标在评价工作中切实可行，既能够反映被评对象共同的属性，又能够反映被评对象属性中共同的东西，并且各项指标相互独立。

2. 界定标准——形成标准体系

教育评价标准是对评价对象的各项指标达到要求的程度在数量方面和质量方面进行价值判断的准则和尺度。如果我们认为确定评价指标体系做的是分解目标的话，那么形成评价的标准体系做的则是使用什么样的尺度来衡量每一具体指标达到要求情况的工作。

制定评价标准时，我们应充分反映社会的政治经济文化发展对教育的最新要求，符合国家的方针政策，遵循教育活动自身发展规律；能准确反映评价对象的实际情况，不能太低，也不能太高；应具有可操作性，不抽象概括，不虚无缥缈，让人容易理解和实施。

3. 加权求和——形成计量体系

教育评价是对评价对象进行客观、公正的价值判断，而要做到这一点，还必须确定各评价项目的权重。权重是个评价项目重要性程度的数值表示，是指标体系中各指标在完成、实现整体目标中的贡献程度。只有确定了各指标的权重（数）之后，才能合理地进行分析和判断。加权，就是指根据各级、各项指标在整个指标体系中的地位和重要性，给有关指标分派代表其地位和重要性程度的不同的数值（权重值）。权数常用小数、百分数、整数表示，加权可采用专家意见平均法、德尔菲法、层次分析法等。

在分配权重时，我们应根据各指标在目标或前一级指标中的客观地位和实际作用来确定它的重要、次要程度，不能以个人的主观看法为标准；应与评价目的和目标紧密联系，通过指标间权重系数的差异的调整达到对评价对象工作方向的引导。

## 二、评价的实施

### （一）宣传动员

宣传动员主要是通过多种宣传方式使有关评价的全体人员充分了解教育评价的意义，掌握评价的方法和步骤，切实了解本次评价活动的具体进程，从而激发他们内在的积极性，统一评价者和被评者的思想认识，明确评价的目的和作用，使教育评价活动能顺利地进行。

宣传方式可根据全体参与人员的实际情况，召开有关评价动员会、讨论会，有条件的地方还可以利用广播、电视或请专家作专题报告。

### （二）预评价

预评价通常是被评者的自我评价，它是教育评价中必不可少的一个环节。由于教育质量评价的主要目标之一就是促进教育质量改进，因而根据外部评价机构制定的质量标准进行的自评在大多数评价活动中都是一个相当重要的环节。

预评价就是被评价者的自我诊断过程，并能为后期正式评价做好信息准备，从而减轻了评价者的工作负担，提高了评价质量，帮助被评价者改进与提高。

### （三）正式评价

正式评价也称之为确定性评价，它是评价实施阶段中的一个重要步骤，是在预评价基础之上的外部评价，一般是由专家组实施评价。作为这步工作的关键，就在于资料的收集，因为评价信息是进行评价的客观依据，是做出科学结论的必要条件。评价信息的客观性与全面性，决定着评价结论的科学性与有效性，决定着评价目的最终能否实现。

一般而言，收集信息资料时应注意以下几点：一是信息的全面性，即评价信息要全面反映教育评价对象的全貌和全过程，不能有一方面或某一环节的疏漏。二是信息的准确性，因为教育活动内容复杂，可收集的评价信息很多，如果信息不可靠，就会导致结论的错误和纠正措施的偏差。三是信息的有效性，即指一个测量反映被测事物的程度。如果收集的信息不具有有效性，就达不到评价的效果和改进工作的目的。

收集评价信息的方法主要有：①测验法。测验法就是根据某种规则编制一定的试题或设置某种情境，把所要评价对性的属性予以数值化的一种方法。在应用测验法时，一般采用测量表或测量工具来进行，其中包括书面测验、标准化测验、能力倾向测验和人格测验等。②调查法。调查法是指人们在某种方法论的指导下，借助一定的手段和方式，对某种或某几种现象和问题进行考察，通过收集到的各种事实和资料进行分析处理，进而得出某种结论或推论的方法。调查法又包括座谈法、访谈法、问卷法等，在实施时需要制定和遵循严格的工作程序。③观察法。观察法是指评价者在自然情境下，直接利用自己的各种感觉器官或借助一定的工具去感知观察评价对象的方法。观察法又包括评等法、频率法、连续记录法等，在观察过程中应尽可能地对评价对象直接观察，并随时做好观察记录，及时处理观察的记录资料，将观察到的现象材料数量化、系统化和本质化，以提高观察的信度和效度。④档案袋法。档案袋法是指在评价过程中通过专门收集和记录学生的作品和参与活动的材料，收集教师、家长、同伴的评价以及学生的自我反思材料，以评价评价对象的进展过程或个人成长经历的一种方法。档案袋法又包括过程型档案袋法、目标型档案袋法、展示型档案袋法和评估型档案袋法，在实施时要明确评价目的，充分调动评价对象参与评价的积极性，全面收集信息资料，并做好分享与交流。

### （四）整理信息，做出综合评价

主要指将收集到的全部教育评价信息，反复加以核实，对评价信息的全面性、准确性、适应性以及收集评价信息的方法的可靠性，认真进行检查、分析、整理。在此基础上，根据评价标准，运用教育学、统计学、模糊数学等有关理论和方法，对被评对象的各个方面属性进行分项评价，得出初步结论。然后将分项评定的结果，运用一定方法，整合成评价对象的综合评价结论。

## 三、评价结果的分析处理

教育评价的最后一个环节，就是对评价结果进行分析处理，其质量关系到评价的作用能否充分发挥，关系到评价目的能否得到实现。这一阶段主要做好以下几项工作：

### （一）评价工作质量的检验

评价实施结束之后，获得了评价对象的总体评价结果，但这个评价结论是否准确可靠，不仅反映了评价工作的质量，还直接关系到评价对象的切身利益。因此，有必要对评价工作的质量进行检验。

评价工作质量检验主要检查评价程序的每个步骤，看是否正确、全面地贯彻了教育评价的基本理念和基本原则，是否真正把握了教育评价指标和标准；运用教育统计学的检验方法，检查评价结果的可靠性和有效性。

### （二）评价结果的分析诊断

为了充分发挥评价作用，帮助评价对象改进自身工作，还需要对评价结果和评价的信息资料进行分析诊断，帮助被评对象找出存在的问题，以及问题的原因所在。

评价结果的分析诊断可采用静态与动态相结合的方法、因果分析法以及效果与过程统一分析法，对评价结果进行纵向和横向诊断，分析影响达标程度的原因及其结果。

### （三）评价信息的反馈

为了充分发挥评价的作用，评价活动的相关信息应向有关方面进行反馈。一是要向有关领导部门报告，为上级决策提供依据；二是要向被评对象进行反馈，使之能有针对性地改进工作；三是要在适当范围内向社会公布，使同行能相互借鉴，社会能进行监督。

### （四）评价工作的总结

评价工作总结包括总结评价工作的经验教训，探寻评价活动的规律，从而提高教育评价工作效益，使教育评价走上科学化轨道；开好评价工作总结会，总结评价工作，表彰、奖励教育评价开展好的先进单位和个人，推广优秀的被评者的先进经验，以促进教育改革，以提高教育质量；建立教育评价资料档案，由专人妥善保管，以备查阅和研究之用。

# 第三节　中小学教育评价的基本内容

## 一、学生评价

学生评价是指评价主体依据一定的评价标准，对学生个体的学习进展和发展变化及其影响因素进行系统分析和价值判断的过程，学生是教育的对象，教育质量的高低主要体现在学生身上，因而学生评价是教育评价的重要内容，无论是教育宏观评价还是微观评价，都离不开学生评价。学生评价是教育评价领域中最基本的一个领域，也是教育评价体系中的核心和重要内容。

### （一）学生评价的意义

（1）有助于把握学生的学习起点，正确确定教育目标，选择教学策略。学生在进行新的学习任务时，需要具备一定的知识、技能和能力作为基础，以一定的积极性作为动机力量。教师可以通过课堂提问、课堂作业、个别谈话甚至测验等多种形式，了解学生在学习新的内容时的相关知识、技能、能力、学习态度、学习习惯及学习方法，为确定适当的教学目标提供依据，为教师有针对性地采取适合学生特点的教学方法提供帮助。

（2）有助于评定学生的学习结果，做出恰当的教育教学决策。在一项教学任务结束时，对学生的学习进行总结性评价，判断学生是否达到预定的教学目标以及达到教学目标的程度，这就可能做出恰当的教学决策。

（3）有助于教师了解教学的得失，改进教学方法。通过对学生评价，教师能及时得到有关教学情况的反馈信息。当教学取得较大成就时，教师就可以总结经验，设法加以巩固；当教学结果不甚理想时，教师就要找出问题所在，及时改进自己的教学方法。

（4）有助于了解学生的学习困难，帮助学生找出问题所在。学生在学习过程中，不可避免会产生这样或那样的困难。在学生出现学习困难时，一味地将其归因于学习不努力或方法不当，这是不科学的。学生学习困难的原因是很多的，只有通过评价找准影响学生学习的主要原因，有针对性地采取措施，才能取得较好的效果。

（5）有助于激发学生的学习动机，促进学生的学习。通过评价，学生能够准确了解自己目前的状况和水平，把评价的结果作为学习、发展的动力，促进学生的学业与其他方面的发展。

**（二）当前学生评价存在问题**

1. 评价标准的一元化

目前学生评价体制还未脱离过去的窠臼，以“知识掌握程度”为评价基点，以学生学习成绩作为评价基准。由于中考、高考指挥棒的引领，大部分学校为了自身的生存和发展，自动放弃了除智育以外的其他方面的评价。一方面，其他方面的评价是软尺度，很难达成共识，而且许多家长也希望使用评价学生的智育，这样可以避免许多麻烦和纠纷，成绩面前人人平等；另一方面，当前的教育教学评估就是以升学率作为唯一的评价模式的，考试成绩好坏直接决定学校或教师的命运。在强大的社会攻势面前，学校或教师是弱势群体，某种程度下必须与社会保持默契，放弃自己的教育理念。只要学习成绩好一切皆好已成为广大教师和家长的信条，并在此基础上越走越远。

2. 评价视阈的窄化

目前的学生评价主要集中于学校中的学科考试成绩，重视结果评价，忽视对过程的监控，并没有把学生看做发展中的人来看待，有意把他们当做考试机器。对于学习之外的课外生活以及家庭实践、个性发展并没有加以关注，不能反映学生生活的开放性和动态性。所提供的学科成绩只能是孤零零的数字比较，并没有给学生提出努力方向以及自身的纵向比较。这种狭隘的评价必然阻碍学生的发展，抑制学生的创造力。

3. 评价功能的畸形化

评价总伴随着评价结果，而结果就是鉴别的依据，在某种程度上评价就是对学生的分层。在此标准下，可以发现优等生、中等生、后进生以及哪些学生可以进入何种名牌大学、哪些学生必然被淘汰等。背着考试的十字架，学生已经被贴上了成功与失败的标签。从某种意义上说，评价就是对学生的分层，这把利剑把学生的身份剥离得清清楚楚，导致现在的学校中不存在没有身份认同的学生。自从入校，学生就被加以鉴别，他们的身份已经锁定。所以，过分重视“区分、甄别、选拔”功能的发挥而忽视了评价的激励和改进作用，最终造成评价功能的畸形发展。

4. 评价结果的异化

目前的评价只鼓励学生之间的竞争，而忽视学生之间的合作与发展。传统的考试为了“公平”要求有竞争性，要求学生独立完成考试内容。为了取得优异的成绩有些学生不惜一切代价超越对手，在竞争面前丧失了人格与尊严。学生是社会的人，他们终究要进入社会，而现代社会越来越需要合作，要求社会个体具有合作精神和协作能力。在学校的竞争环境下，很难发展学生的集体意识和团结精神，从而使评价达不到促进人的全面发展的终极目标。

5. 评价主体的虚拟化

教师与学生是教学的“双主体”这是毋庸置疑的，但是现实的学生评价都把学生抛掷一边，他们的主体地位已经淡化。决策者和教师掌握着评价的主动权，他们的偏好决定了评价理念、标准、内容、方式、方法等各个方面，学生没有发表自己意见的机会和空间，所谓的主动性也变成了自主、主动的“接受”。他们就成为只有接受没有选择的被动的主体性，实际消解了主体自己评价自己、评价他人的能力和意识，这里学生的评价主体已经虚假化。

### （三）学生评价改革的动向

（1）在评价的功能上，由侧重甄别和选拔转向侧重促进发展。从评价的功能来看，学生评价主要有三种：侧重于选拔淘汰的选拔性评价、侧重于鉴定水平的水平性评价和侧重于促进发展的发展性评价。而我国传统学生评价历来比较重视的是选拔性评价，评价的主要目的就是要把少数的优异者选拔出来，强调评价的甄别、选拔功能，热衷于排名次，比高低。发展性学生评价的理念与此不同，它强调发挥评价的“促进发展”的功能，认为评价的根本目的不是检查和评比，而是促进学生达到发展的目标。评价不只是教育教学过程结束时鉴别、筛选学生的手段，它更应该是促进学生发展的有效手段。发展性学生评价也承认学生之间的发展存在差异，但这种评价的基本目的不是为了检查学生的发展状况或具体表现，给学生下一个精确的结论，鉴定出他们在群体中所处的位置，从而使评价对象之间的差异明确化、凝固化，而是要从这些差异的分析中去判断存在的问题与不足，发掘适合评价对象发展的教育方法，促进他们的发展和表现，让他们在现有基础上谋求实实在在的发展，逐步达到基础教育培养目标的要求。

（2）在评价的对象上，从过分关注结果评价转向关注过程评价。传统学生评价由于其目的重在甄别、选拔，所以评价重心过分关注活动结果（如学生学业成绩），忽视被评价者在活动的各个时期的进步状况和努力程度，忽视对日常教育教学活动的评价，忽视对学生学习和发展变化过程的动态评价。而发展性评价则认为，发展是一个过程，以促进发展为目标的评价同样也是一个过程，它不仅仅发生在教育教学活动之后，同时也应伴随和贯穿于教育教学活动的每一个环节。促进发展的评价不仅需要终结性的结果评价，更需要形成性的过程评价，且评价的重心在“过程”，应是通过关注“过程”而促进“结果”的提高。因此，发展性学生评价重视形成性评价的作用，强调通过在学生发展的各个环节具体关注学生的发展来促进其发展，强调收集并保存在学生发展过程中能表明其发展状况的所有关键资料，因为正是对这些资料的呈现和分析，能够帮助我们形成对学生发展变化的正确而全面的认识，并在此基础上针对他们的优势和不足，给予激励或提出具体的、有针对性的改进建议。

（3）在评价的主体上，强调评价主体多元化和评价信息的多元化，重视学生自评、互评的作用。传统学生评价的评价主体是比较单一的，一般都是由教师来评价学生这样一种单一的模式，缺乏学生的自我评价和学生之间的互相评价，也缺乏家长和社会各界的参与，基本上没有形成学生、教师、管理者、教育专家、家长等多主体共同积极参与、交互作用的评价模式，忽视了评价主体多源、多向的价值，尤其忽视了学生自我评价和相互评价的价值。在这种传统的评价主体单一、评价信息来源单一的评价模式中，评价结论不仅很容易出现片面、主观等问题，而且也难以保证被评价者对评价结果的认同。通过学生对评价过程的全面参与，使评价过程成为促进学生反思、加强评价与教学相结合的过程，成为学生自我认识、自我评价、自我激励、自我调整等自我教育能力不断提高的过程，成为学生与人合作的意识和技能不断增强的过程。

（4）在评价的结果上，不只是关注评价结果的准确、公正，而是更强调评价结果的反馈以及被评价者对评价结果的认同和对原有状态的改进。传统教育评价的目的主要是检查和评比，因此非常关注评价结果的科学性、准确性、公正性和客观性，视之为评价的生命。为了保证这种准确、公正和客观，人们要求评价者做到价值中立，运用各种标准的评价工具进行纯客观的评判。在这样的评价过程中，被评价者极容易对评价活动和结果产生对立、反感、抵触情绪，非常不利于评价结论的反馈、认同，更谈不上根据评价结果实施改进。为了克服现行学生评价的上述弊端，基础教育课程改革所倡导的发展性学生评价非常关注评价结果的认同问题，即如何使评价对象最大限度地接受评价结果，并在反思中变“结果”为“新起点”，在更高水平上获得发展。在这里，虽然仍然强调评价结果的准确、公正，但这已不再是评价的最终目的，而只是通过评价发现问题、实施改进、促进发展的基础和手段。为了达到更好的认同效果，发展性学生评价注重被评价者在评价中的作用，鼓励被评价者本人对评价的主动参与，强调评价过程中评价者与被评价者之间建立良好关系的重要性，强调评价者与被评价者之间以及被评价者相互之间的双向沟通和协商。

（5）在评价的内容上，强调在对评价对象的各方面情况进行全面综合考察的基础上，实施差异评价。学生评价的内容，是与教育发展的功能与目标相一致的。与传统教育发展目标的狭隘性相对应，传统学生评价的范围是比较狭窄和片面的。传统教育目标过于关注学生知识与技能获得，而学生在学习过程与方法、情感、态度、价值观等其他方面的发展则或多或少地受到忽略；与此相对应，传统学生评价只注重评价学生的学业成绩，判断学生的学力水平所达到的程度，而对学生在教育活动中体现和培养起来的创新精神、实践能力、心理素质、行为习惯等综合素质的评价则因为考试不考或者缺乏有效的评价工具和方法而相对忽视。新课程改革对课程的功能和目标做出了重大调整，强调课程的功能要从单纯注重传授知识转变为引导学生学会学习，学会生存，学会做人；与这种调整相对应，在新课程的学生评价理念中，强调从德、智、体等各方面去全面评价学生，注重学生综合素质的考察，不仅关注学生的学业成绩，而且关注学生创新精神和实践能力的发展，以及良好的心理素质、健康的体魄、浓厚的学习兴趣、积极的情感体验、较强的审美能力等方面的发展。对学生个体来讲，“全面发展”并不是要求学生“全优”，方方面面都优秀，而是允许和鼓励学生在基本素质全面发展的基础上发展特长，发展个性。因此，基础教育课程改革强调在全面综合评价的基础上实施差异评价，关注学生的个别差异，建立“因材施评”的评价体系。

（6）在评价的方法上，强调评价方式多样化，尤其注重把质性评价与量化评价结合起来，以质性评价统整量化评价。现代教育评价是在科学主义思潮的强大影响之下产生并获得发展的，因而，追求客观化、量化一度成为各国教育评价的发展趋势，量化范式下的标准化测验、常模测验一度成为世界范围内盛行的评价工具和手段。对教育而言，单一的量化评价是把复杂的教育现象加以僵死化、简单化和表面化，它不仅无法从本质上保证对客观性、精确性的承诺，而且往往丢失了教育中最有意义、最根本的内容。美国著名教育家杜威曾明确指出，在教育领域，真正能提示教育现象本质的，不是量的研究方法，而是质的研究方法。近 30 年来，质性评价的方法以其全面、深入、真实再现评价对象的特点的优点而受到普遍欢迎，成为世界各国课程改革所倡导的评价方法。目前，学生成长记录袋评价、表现性评价、情境测验、行为观察等质性评价方法已在各个基础教育课程改革实验区得到普遍推广和运用。因此，发展性学生评价所倡导的是评价方法的多元化，即改变过去单纯通过书面测验和考试来检查学生对知识、技能的掌握情况的做法，倡导运用多种评价方法、评价手段和评价工具综合评价学生在情感、态度、价值观、创新意识和实践能力等方面的进步与变化。

（7）在评价者与评价对象的关系上，强调平等、理解、互动，体现以人为本的主体性评价的价值取向。在传统学生评价中，由于评价者（教师）是高高在上的主宰者，被评价者（学生）是诚惶诚恐的服从者，所以两者之间的关系是死板的、机械的、冷冰冰的、敌对的、戒备的“检查与被检查”的关系。评价对象基本处于被检查、被评判的被动地位，自尊心、自信心得不到很好的保护，对评价往往持一种冷漠、应付、对立、讨厌、拒斥或者害怕、恐惧、逃避的态度。发展性学生评价理念则强调以人为本，强调评价的实效，强调促进发展。在发展性学生评价的理念中，教师与学生都是拥有主体性的人，两者之间是平等、互惠的友好关系，两者之间需要沟通、理解和协作，这就要求教师改变以前主要是评判和训斥学生的做法，更多地给予学生关注和关怀，关注学生个体的处境和需要，尊重和体现个体的差异，注重对个体发展独特性的认可和积极评价，以帮助每个个体认识自我，悦纳自我，拥有自信，挖掘潜能，发展特长，最大可能地实现其自身的价值。

### （四）学生评价的基本要求

（1）强调评价的过程性，实行动态的发展性评价。要根据一定的标准对其发展状况进行描述和判断，在一定的目标指导下，根据学生的基础和实际情况，给予学生反馈并提出具体的改进建议。

（2）充分尊重学生的主体地位，发挥学生的主体作用。一是充分调动学生参与评价的积极性，发挥他们的主体作用，引导他们自始至终参与评价；二是强化学生对评价意义的认识，从而不断完善自我；三是让学生充分了解评价的指标内涵、标准、过程及要求，引导学生正确分析自己，明确努力方向；四是教育学生正确对待评价结果，发挥评价结果的激励和改进功能，把评价结果作为自我调控、自我改进、自我发展和完善的重要手段；五是变“以教师为主评价学生”为“教师指导学生参与评价”。

（3）注重学生的自我评价。以学生自我评价为主能提高学生的积极性和主动性，能促进学生自我反思，有助于培养学生的独立性、自主性。

（4）全面解释与运用评价结果，充分发挥评价的激励和改进功能。

（5）建立相应的制度保障，确保评价工作的顺利开展。应建立公示制度、诚信制度、监督制度、评估制度和申诉制度等。

## 二、教师评价

教师评价是在一定教育价值观的指导下，根据一定的教育目标和教师应承担的任务，对教师的基本素质和专业发展能力、教学行为表现及其效果做出价值判断的活动过程，目的在于促进教师的专业发展，提高教育教学效能。教师是教育活动的主体，是履行教育教学职责的专业人员，承担着教书育人的重任，其自身素质及行为表现影响着教育质量的高低和教育改革的成败。实施教师评价，既能鉴别教师工作质量的优劣高低，又能科学准确地对每个教师的工作质量进行价值判断，为教师专业发展进行指导，为教育行政部门及学校领导改进和加强教师队伍建设提供可靠的信息和资料，为做出科学决策提供参考。

### (一) 当前中小学教师评价存在的问题

(1) 从评价内容上看，学生的学习成绩成为评价教师的最重要的指标。因此，很多学校将学生在各种测验中所获得的成绩（如学期的统考成绩，升学率等）作为评价体系中最客观和最直接的指标。如果学生的学习成绩达到一定的目标，就认为教师在这段时间中的教学是合格的，否则教师的工作就是失败的。这样导致的最直接的后果就是教师片面追求高分数，忽视学生素质和综合能力的培养，违背了素质教育的要求。另外，课堂教学是教师日常工作的主要内容。采用听课方式对课堂教学的监督和评价也是中小学教师评价中不可或缺的内容。这种评价主要是由校领导、相关的管理人员参加的，通过对教师的课堂教学过程、内容、教学方法和教学效果实现对教学的监控。但由于这种课堂观察次数有限（一学期一次或几次），加之评价者对教师所讲的内容常常缺乏必要的知识基础，很难在观察结束后对教师的能力、实际表现给以正确的判断，并提出全面的或建设性的反馈意见。

(2) 从评价目的与功能上看，目前的教师评价主要是根据教师个人过去的工作表现，判断其完成教学任务和参与学校事务的情况，从而作为对其进行奖惩、晋升职称、奖金发放及是否聘任的主要依据。教师由于害怕不良的评价结果会直接影响未来的工作和收入，因此会产生畏惧、担心、恐惧甚至憎恨等情绪，挫伤教师的积极性和主动性，或多或少地在心理上抵制评价的进行，甚至在内部产生强烈的矛盾，从而影响评价结果的客观和公正性。另外，这种评价一般是在学期末或学年末进行的，是一种终结性的、行政性的评价，评价功能与目的单一，注重的是教师的最终的教学结果而不是教师的发展和教学过程。

(3) 从评价标准和方法上看，现有的评价采用的是单一标准和详细的量化评价的方法。学校是按照有关机构制定的统一标准和指令对该区域内的每一位教师的工作状况进行评价，无论是新教师还是有经验的老教师，不论其背景、受教育程度、教学风格如何，都用一把尺子，从同一个角度，采用单一的模式来衡量和评价教师。这种忽视教师之间差异的评价是不合理的、不科学的。而且，在评价过程中，出现了过分强调量化，追求“科学性”和“精确性”的误区，从一个极端走到了另一个极端。教师评价指标体系中的所有指标都有对应的量化分值，甚至包括了对教师思想道德的评价，忽视了教师劳动的特殊性和复杂性。而且，整个评价的实施是自上而下的单向性的、指令性的和强制性的。教师被动参与，很少有机会对评价的目标、内容、方法进行思考，更不可能参与信息的收集，将教师完全视为管理对象，采用的是以行政手段为主的管理模式，组织等级制度森严。

（4）评价过程缺乏沟通。对教师业务能力的评价仅以一、两节的公开课或一、两次常规听课来判定，而评价者只限于检查者。教师本身完全处于被动被查的状态，不可避免地会使教师内心感到不安。另外，由于缺乏必要的沟通和交流，这种评价中的偶然性和主观性的因素较多，难以对教师做出全面、系统和客观的真实评价，也难以发挥评价的激励和改进功能。

**（二）新背景下的发展性教师评价**

20世纪80年代以来，以英国为首的一些发达国家开始摒弃传统的奖惩性教师评价，推行以促进教师发展为目的的发展性教师评价制度。这一理念和制度在20世纪90年代引入我国，并在中小学新一轮课程改革中进行了重点表述和体现，其实施已初见成效。和奖惩性教师评价相比，发展性教师评价有利于新课程的实施和教师的专业发展，有着明显的优越性：

（1）从评价的目的来看，发展性教师评价的目的在于促进教师专业发展。发展性教师评价体系具有这样一些特征：学校领导注重教师的未来发展；强调教师评价的真实性和准确性；注重教师的个人价值、伦理价值和专业价值；实施同事之间的评价；由评价者和评价对象配对，促进评价对象的未来发展；发挥全体教师的积极性；提高全体教师的参与积极性；扩大交流渠道；制订评价者和评价对象认可的评价计划，由评价双方共同承担实现发展目标的职责；注重长期的发展目标。这种评价隐含着对教师的内部激励。内部动机可以使教师在了解自我不足的情况下，辅之客观条件的满足，就可以发挥出巨大的潜能、爆发出巨大的创造力。因为教师作为专业工作者，他们中的大多数都有强烈的事业心，希望自己的工作做得更好，因而在大多数情况下，帮助他们发展比判断他们工作的等更有意义。为此，新课程实施中的教师评价，要注重学校的未来发展，让教师充分了解学校对他们的期望，培养他们的主人翁精神，根据工作表现和工作绩效，确定教师个人进一步的发展需求，制定教师的个人发展目标，向教师提供日后培训或自我发展的机会，提高教师履行工作职责的能力，发挥全体教师的积极性，从而促进每一位教师的专业发展。

（2）从评价方式上看，注重形成性评价，能够有效促进教师的现实表现和未来发展的融合。教师的个人需要是多元化的，有生理的需要、安全的需要、爱的需要、尊重的需要，更有自我价值实现的需要。尊重及自我价值的实现对教师的影响是最为持久的。任何一个教师都渴望受到学校及同行的尊重，并在学校中能舒心地工作，实现自身的价值。发展性教师评价运用形成性评价方式，以动态的发展的眼光看待教师，立足现在、兼顾过去、面向未来，从社会、心理方面来鼓励教师的工作热情和积极性。主张将教师的个人需要纳入学校需要的轨道，研究个人与学校之间的分歧，通过协商等途径找到双方满意的、促进共同发展的解决方法，使教师心情舒畅、真心实意、富有成效地为实现学校目标而奋斗，促进教师的现实表现和未来发展的融合，实现教师利益与学校利益最大化的融合。

(3) 从评价主体上看，倡导以教师自评为主，多元互动，突出了教师的主体地位。新课程倡导发展性教师评价，鼓励教师本人主动参与，以教师自评为主，强调教师的个人价值，教师本人、学校领导、同事、学生、家长都是评价的主体，把教师评价看做是学校领导、同事、学生、家长与教师之间的双边活动，是一种主动式的"我要评"，也是教育过程趋向民主化、人性化的体现。因为与他人相比，教师本人最了解自己，所以，在评价开始时就要和教师沟通，根据教育教学实际和教师本人的情况，形成个体化的评价目标和评价方法。在收集信息的过程中要选择恰当的渠道和方式，鼓励教师自主提交评价资料，给教师提供表现自己能力的机会，同时要创设宽松的氛围，鼓励教师提出教育教学过程的困难和疑惑，与教师一起分析、尝试和探索。在对评价资料和数据进行分析时，要与教师进行充分沟通，注重资料的背景和影响因素，达成评价结论的过程要与教师一起进行讨论，对教师存在的优势、不足和进步形成清晰的认识，注重分析现象的原因，提高教师自我反思的能力，并且与教师一起提出改进建议。在突出教师自我评价的同时，还应重视和充分发挥领导、同行、学生和家长评价的作用，使被评教师从多渠道获得反馈信息，以利于更好地反思和改进教育教学工作。

(4) 从评价结果的公布范围来看，具有个人隐私性，能促进教师和学校发展的两性互动。发展性教师评价结果要公布告知的对象是被评价者本人，从保护教师的个人业绩和成长经历而言，比奖惩性教师评价更合理、更富有保护性。它可以良性地促进教师个人的发展，同时也促进了学校的发展。

### （三）教师评价的基本要求

1. 坚持评价的整体性

在教师评价中，必须坚持全面的观点，对教师工作进行全方位、多指标、多层次的综合分析和判断，力求真实、准确地反映教师工作的全貌。

2. 坚持评价的客观性

在教师评价中，必须采取实事求是的态度，从教师工作的客观实际出发，对教师做出客观、公正的评价。

3. 坚持评价的教育性

对教师评价要着眼于教育，充分发挥评价的导向、激励、改进功能，在制定教师评价指标和标准时必须体现国家的教育方针与学校培养目标，在评价实施中重视教师的自我评价。

4. 坚持定性分析与定量分析相结合

在教师评价中，对教师的工作和结果，既要定性分析，又要定量分析，把定量与定性有机地结合起来。只有这样，才能对教师的工作质量做出合理评价。

### （四）教师评价的主要内容

1. 教师素质评价

教师素质是教师相对稳固的职业品质，它是以先天禀赋为基础，通过教育和自我提高而形成的具有一定时代特点的思想、知识、能力等诸多方面的身心特点和职业修养。教师素质是开展教育教学工作的基本条件，在教育教学中起着重要作用。教师素质主要包括专业道德素质、专业知识素质、专业能力素质和身心素质等。

2. 教师工作过程评价

教育教学是一个活动过程，在这个过程中，教师需要努力钻研教材，认真备课；充分发挥，做好课堂教学；耐心辅导，认真检查和批改学生作业等。教师工作过程评价主要评价教师对以上各项工作承担的数量、态度和完成工作时所采用的手段。

3. 教师工作绩效评价

教师工作绩效评价是教师评价的主要内容。评价教师的工作绩效，主要是看他在学生成长过程中起了多大作用，也就是从学生德、智、体等方面的发展情况来评价教师的工作绩效。另外，教师的教育科学研究成果和指导课外工作质量，也是评价教师工作绩效的内容。

### （五）教师评价的方法

1. 教师自评

教师自评是教师评价中一个重要的方面，这不仅因为它是收集必要信息的一个途径，而且因为它也是教师自我诊断的一个重要方面。“人贵有自知之明”，对教师来说，只有知道了自己哪些地方还比较薄弱，才能克服自己的短处，有的放矢地加强自我学习、自我提高与自我修养，更好地发挥自身的特长。教师可以经常不断地进行自我评价，但每次评价不必做出评价结论，也不是每次评价都必须将所有各项教学环节都进行评价。

2. 学生评教

在教师评价中，学生评教是自20世纪70年代以来一直为世界许多国家所重视。因为学生是教学过程的主体，他们对教学目标是否达成、师生关系是否良好都有较深刻的了解；学生直接受到教师教学效能因素的影响，他们的观察比其他突然出现的评价人员更为细致周全；学生参与评教有利于师生沟通，从而有助于提高教学水平；学生评教结果可以作为其他学生选课的参考等。但是，教师评价的实践证明，教师一般对此都感到不舒服，他们大多对学生能准确地评判教师活动的能力缺乏信心。因此，如何使教师克服这类心理障碍，就成为学生评教结果能被有效地接受和最大限度地发挥其作用的关键。

3. 同行评议

同行评议中评价者对课堂教学、教材以及对教师的要求都比较熟悉，故能提出有利于教师工作改进的中肯意见，有助于教师之间取长补短，共同提高。但必须克服不正之风的影响，防止感情用事、违心办事等弊端。为提高同行评议的质量，在学校中应建立经常性的听课与观摩制度。

4. 学校领导和专家考评

根据各项教学工作指标的评价标准，对照评价对象的教学工作表现，逐项进行评价打分，最后做出评定。评价时应实事求是，不分亲疏远近，不凭印象，否则会使教师对评价产生不满心理。

## 三、学校工作评价

学校工作评价是指按照党和国家的教育方针、政策、法规以及特定的评价标准，运用科学的教育评价理论和技术，对学校的全部教育教学工作及其效果给予价值判断的过程。学校是有计划、有组织地进行系统教育的组织机构，它由专职人员和专门机构承担有目的、有系统、有组织的，以影响受教育学校教育者的身心发展为直接目标的社会活动。一谈到教育评价，就必然涉及对学校工作的评价。

### （一）学校工作评价的意义

（1）有利于端正学校办学方向，具有导向作用。学校工作评价是综合性的整体评价，它根据教育目的和学校具体的办学目标来制定评价的各项指标，从指标的有无和权重分配上，可以向学校展示学校工作的主次，引导学校坚持正确的办学方向，正确贯彻执行教育方针，促进教育健康发展。

(2) 分析、诊断学校现状，揭示学校问题，为改进学校工作和确立学校的发展战略提供帮助。学校工作评价是对学校各项工作的一次全面检查，既能客观地看到学校已经取得的成绩，又能诊断出学校现存问题与不足。通过对问题的深层次分析，就能较好地把握影响学校发展的主要因素和次要因素，找出导致问题出现的原因所在，才能提出学校工作改进的有效措施。

(3) 能够测度学校管理水平的高低，具有优化管理的作用。学校评价由于能够把客观化、相对化地反映学校现状的基础数据收集起来，能够帮助有关部门和人员准确地掌握学校工作状况、教育教学质量以及工作中存在的主要问题，为深化学校改革提供反馈信息，便于学校在现有水平基础上做好新的决策，制定出新阶段切实可行的改革措施，为改进管理服务，促使学校管理不断完善，逐渐趋于优化状态。

(4) 学校工作评价具有研究的作用。教育改革使教育永远处于动态之中。在现实中，评价一般要按照既定的目标来进行，而改革往往是对既定的目标和已有的目标的否定和部分否定。学校工作评价实际上是一门综合性的应用学科，理论性、实践性都很强。学校工作评价是为学校教育改革与发展的目的服务的，这就要求评价者要边学习、边实践、边研究、边改进，把评估过程看成是研究的过程，体现教育评估理论的现实化，教育评估实践的理论化。

### (二) 当前中小学学校评价的特点

(1) 以规范和约束学校办学行为作为评价的主要目的。教育是在不断的改革中向前发展的，而改革必然会伴随一些新的问题的出现，这就需要加强监控和评价。在此背景下，我国现行的学校评价一直表现出约束和规范学校办学行为的强烈倾向，用统一的评价标准来评价不同类型的学校，学校受到各种规章制度的制约，疲于应付上级各种检查和验收，其直接后果是压抑了办学主体的积极性和创造性。

(2) 以鉴定和验证学校是否达到既定标准作为评价的主要功能。我国现行的中小学校评价基本上是一种以分等和验收为主要功能的鉴定性评价，这种评价对于保证学校办学的基本水准、规范学校的办学行为起着十分重要的作用。但随着我国教育事业的发展，这种“一把尺子丈量天下”的评价方式已经越来越不适应当前学校发展的要求。学校评价需要相对统一的标准，但要因地、因校制宜，不能强调统一性而忽略差异性。

(3) 以自上而下的行政督导评价为主要手段。长期以来，我国中小学校评价主要是在教育行政部门和政府教育督导室控制下的总结性综合评价，从方案制定、指标筛选、过程实施到结果评判都由主管部门操作，学校处于被动地位，缺少主动性和积极性。

### (三) 学校工作评价的主要内容

(1) 学校办学思想评价。学校办学思想，是学校一切工作的出发点，它关系到学校工作的一切方面，学校教育的内容与形式，教育的目标与措施，人、财、物和时间的配置，都受到办学思想的影响。学校办学思想评价包括办学方向、办学理念、培养目标等方面的评价。

(2) 学校办学条件的评价。学校作为培养人的场所，需要具备一定的条件才能开展教育教学工作，办学条件好坏直接影响到学校的教育质量。学校办学条件总体上主要包括人、财、物。学校办学条件的评价包括学校中人力资源条件的评价、学校中财力资源条件的评价、学校中物力资源条件的评价等。

(3) 学校管理工作的评价。学校管理是根据国家的方针政策，遵循教育规律，通过一定的领导体制和组织机构，采用一定的措施，充分利用办学资源条件，整体优化教育工作的过程。学校管理工作质量直接关系到教育质量与办学效益，因此它是教育评价的核心内容。学校管理工作的评价主要包括两个方面，一是对学校领导管理人员及其队伍建设的评价；二是对学校各项工作的管理水平的评价。

(4) 学校办学效率与效果的评价。办学效率是指在一定周期内学校为取得一定的教育结果而占用和消耗的社会资源的程度。由于社会资源始终是有限的，如何使投入到学校中的有限资源发挥最大的效能，生产出更多的符合社会要求的教育产品，就成为评价学校办学水平的一个必不可少的因素。对学校办学效率的评价主要从非教学费用所占的比重、学校人员的构成、管理水平、合格工作量在总工作量中的比重等几个方面进行，办学效果即办学的效益与结果。也就是指学校开展一定的教育活动后总会取得一定的结果，这种结果既可能体现在社会，也可能会体现在受教育者个体身上，还可能体现在学校层面。从社会层面来看，办学效果主要体现在对社会政治、经济、文化、道德等方面的影响（一般从整个教育系统出发）；从学校层面来看，办学效果体现在社会声誉与经济效益；从受教育者个体来看，办学效果体现在其素质发展情况。

### 推荐阅读书目

1. 王汉澜：《教育评价学》，开封，河南大学出版社，1995。
2. 陈玉琨：《教育评价学》，北京，人民教育出版社，1998。
3. 沈振佳：《中小学教育评价》，广州，广东高等教育出版社，2000。
4. 霍力岩：《学前教育评价》，北京，北京师范大学出版社，2002。

5. 涂艳国：《教育评价》，北京，高等教育出版社，2007。

6. 朱淑霞：《我国中小学教师评价问题浅议》，载《当代教育科学》，2003 (18)。

7. 曾继耘：《由甄别选拔到促进发展：学生评价改革的方向》，载《教育理论与实践》，2003 (19)。

8. 杨芳：《新课改理念下的中小学教师评价改革趋向》，载《教育理论与实践》，2005 (6)。

9. 苏强：《当前学生评价存在的问题及改革方向》，载《淮北煤炭师范学院学报（哲学社会科学版）》，2009 (5)。

10. 卢立涛：《改革开放 30 年我国中小学学校评价的回顾与反思》，载《教育科学研究》，2009 (10)。

## 学习思考

1. 什么是教育评价？如何理解教育评价内涵？
2. 教育评价有哪些主要类型？
3. 教育评价的主要功能有哪些？
4. 教育评价的原则有哪些？
5. 教育评价分为哪几个阶段？
6. 如何理解新课程背景下学生评价观的变革？
7. 如何理解发展性教师评价？
8. 学校评价的内容有哪些？

# 第十五章　教育公平与我国基础教育均衡发展

教育公平是指每个社会成员在享受公共教育资源时受到公正和平等的对待。它具有历史性、相对性、主观性、客观性和理想性等特征；基础教育的均衡发展是指各级政府坚持公平的价值取向，通过各种手段实现基础教育资源在一定范围内均衡配置的动态过程。它是基于以人为本的哲学思维、教育公平的伦理诉求和终身学习的教育思潮而提出来的。目前我国基础教育发展已严重失衡，突出地表现为城乡之间、地区之间、阶层之间的教育差距。其中，城乡教育差距是最核心的问题。这些差距根源于教育资源配置的不平等。其主要原因在于城乡二元教育投资体制、“城市中心”取向的资源配置政策和现行教育投资管理体制等。为此，必须采取多种有力措施，促进基础教育均衡发展。

## 第一节　教育公平及其基本特征

### 一、教育公平的概念及其重要性

#### （一）教育公平的概念

什么是公平？公平是一种关于调节人与人之间利益关系合理性的规范、原则。按照不同的认识标准，公平也有不同类别。按照公平发生的阶段不同，可以分为起点公平、过程公平和结果公平。起点公平，意味着人们在一个每一个体都认可的合理的规则之内平等地拥有相应的权利，不排除任何人成功的可能性；过程公平，即是在社会过程中得到了平等的对待，形式上的公平原则得到了事实上的实现；结果公平，是起点公平和过程公平的逻辑结果，每一人都得到了合理性平等的利益。

所谓教育公平，是指国家对教育资源进行配置时所依据的合理性的规范或原则，是指每个社会成员在享受公共教育资源时受到公正和平等的对待。教育公平也包括三个层次：起点的公平，即确保人人都享有平等的受教育的权利和义务，这是教育公平的前提和基础；过程的公平，即提供给受教育者相对平等的受教育的条件；结果的公平，即教育成功机会和教育结果的公平。

教育公平的基本要求是教育平等。但是，建立在权利平等、机会平等基础上的不平等（结果不平等）也是公平的，是具有合理性的。罗尔斯（John Rawls）认为，公平包括基本权利的平等，也包括非基本权利（财富、收入、权利和权威）的不平等。但是，要符合公平的要求，后者必须是基于前者形成的。教育不能保证每个人成功，但必须保证每个人拥有平等的成功机会。

**（二）教育公平的实践意义**①

（1）从文化学看，教育公平观念源远流长，既是先哲们孜孜以求的理想，也是人类社会古老的理念。早在先秦时期，我国大教育家和思想家孔子就明确提出“有教无类”的主张，认为应该扩大受教育的对象，只要诚心求教，不分贵贱贫富，都应热心教诲。《荀子·法行》记载：南郭惠子问于子贡曰：“夫子之门何其杂也？”子贡曰：“君子正身以俟，欲来者不据，欲去者不止。且夫良医之门多病人，栝之侧多枉木，是以杂也。”在西方历史上，古希腊大思想家柏拉图最早提出教育公平的思想，亚里士多德则首先提出通过法律保证自由公民的受教育权利。近代西方资产阶级致力于寻求教育公平。18世纪末，教育公平思想已在一些西方国家转化为立法措施。这使得人人都有平等受教育的机会的教育公平思想在法律上有了依据。

（2）从政治学看，教育公平是构建和谐社会的基础。和谐社会是社会系统和自然生态系统之间以及社会系统内部协调发展、和谐相处的社会。公平正义作为和谐社会的重要原则和目标，其目的就是要使社会各个领域的利益关系得到妥善协调，使社会成员能公平分享现代社会的发展成果。教育公平作为社会公平的重要组成部分，是社会公平在教育领域的独特体现。教育由于其在经济社会发展中的基础性、全局性、先导性作用，也成了促进社会公平的重要途径。给予各种生存状态下的群体公平获得社会发展成果的机会，这不仅是现代教育的基本价值，也是每个人发展的基本前提。

（3）从法学看，教育公平是法律赋予政府的义务。《世界人权宣言》第26条第1款规定：“人人都有受教育的权利。”我国《义务教育法》也规定：国家、社会、学校和家庭依法保障适龄儿童、少年接受义务教育的权利。国家对接受义务教育的学生免收学费。国家设立助学金，帮助贫困学生就学。实施义务教育所需事业费和基本建设投资，由国务院和地方各级人民政府负责筹措，并予以保障。

---

① 李明阳：《论教育公平》，载《安徽大学学报（哲学社会科学版）》，2009（1）。

(4) 从社会学看，教育公平是各国社会普遍关注的焦点。联合国教科文组织根据会员国在第46届国际教育大会（2001年）上提交的国家报告开展的研究表明：与20世纪80年代相比，国家的教育政策目标中越来越重视受教育是一种人权；教育加强人类社会共同发展的能力。另外，各国都已经把提高教育质量和推进教育平等作为重要国策。2001年1月，美国总统布什向国会提交了《不让一个儿童落后法》的教育改革计划，宣布“在这片被称作美利坚的伟大土地上，不让一个孩子落后”。英国通过推进教育机会均等、韩国通过推进“教育平准化”来推进本国的教育公平。

## 二、教育公平的基本特征①

为了更加深刻地理解教育公平的特定内涵，有必要探讨教育公平所具有的基本特征。

### （一）教育公平是一个历史范畴，具有历史性特征

公平“始终只是现存经济关系的或者反映其保守方面或者反映其革命方面的观念化的神圣化的表现”。② 公平的状态，从根本上说，取决于社会生产力的发展水平和社会性质。因此，公平在任何时代都不是抽象的，一成不变的，而是具体的，发展变化着的。在现实生活中，不同社会、不同阶级、阶层的人对公平的理解和认识是迥然有别的。正如恩格斯所指出的那样：“关于永恒的公平的现象，不仅因时因地而变，甚至也因人而异。一个人有一个人的理解。”③教育公平作为公平的一个层面，也不例外。在历史上，从“谁能接受教育”的角度看，教育公平大致经历了“权力”公平、“金钱”公平和“能力”公平等阶段。在奴隶社会、封建社会里，人的受教育权利是与其所属的社会等级相一致的。换言之，教育资源的分配是以父亲的社会地位和政治权力为标准的。在资本主义社会里，资产阶级把现实的物质利益和迫切的政治要求上升为普遍的、理性化的“自由、平等、人权”，倡导“人人生而平等”。这种“人人平等”的公平观反映在教育上，就是人人获得了形式上的平等的受教育权利。不过，这种“平等”的受教育权利却受着金钱的限制。第一次世界大战前，欧洲普遍存在的双轨制学校就是其典型的代表。当时，那些教育条件好、教学质量高的学校几乎成了富家子弟的“专利品”。贫寒子弟根本无法问津，教育实

① 李润洲：《试论教育公平的基本特征》，载《教育评论》，2002 (5)。

②③《马克思恩格斯选集》，第三卷，第212页，北京，人民出版社，1972。

际上是一种金钱公平。如今，人们认识到，接受教育是一个人不可让渡的权利，不应受金钱、权力等社会因素的限制，而日益倾向于以受教育者的学习能力为准则来分配教育资源，追求教育的“能力”公平。所以，教育公平是一个历史范畴，它具有鲜明的历史性。

**（二）教育公平是一个相对范畴，具有相对性特征**

由于人与人之间的差异存在具有普遍性、绝对性，由于公平的不同层次（起点公平、过程公平和结果公平）之间具有矛盾性，也由于人类生存资源的空间具有稀缺性，因而任何公平总是相对的，绝对的公平是不存在的。教育公平也是一个相对的概念，具有相对性。教育公平总是相对于某一特定的教育评价标准而言才有意义，脱离了某一特定的评价标准，教育公平就成了一个无意义的存在。

**（三）教育公平是一个主观价值判断范畴，具有主观性特征**

教育公平又是人的一种主观价值判断，具有主观性。其主观性主要表现为教育公平感，即对教育公平问题进行评价时所产生的一种心理感受。它与客观存在的教育公平问题，既具有一致性，又具有不对称性。教育公平感实际是公平感与不公平感的总称。客观存在的教育公平事实与主观心理预期完全吻合时，便产生公平感；不完全吻合，则产生不公平感。当然，在完全吻合与不完全吻合之间存在着一定的区间，从而使得公平感与不公平感都有一定的强度差异。这里重点说明一下教育不公平感是怎样产生的。一般而言，教育不公平感的产生大致有三种情况：一是由于多种实际情况的限制，事实上存在着教育不公，因而产生不公平感。二是有一些现象从某种角度看公平时，从另一角度看又是不公平的。比如义务教育择校问题，若限制择校，则有违教育市场公平；若不限制择校，则有可能导致社会的不公平。三是由横向比较所产生的不公平感。在某一群体里，主体是感到公平的，但对同类情况横向比较时，若同样的情况没有受到同样的对待也会产生不公平感，如校内比较是公平的，但校际比较却感到不公平。

**（四）教育公平是一个客观范畴，具有客观性特征**

教育公平不只是一种价值规范，就其所反映的内容而言，它还不能脱离教育事实的客观性。换言之，教育公平尽管具有主观性的一面，但其反映的内容，也是一种不以人的主观意志为转移的客观存在，人们对教育公平的不同理解并不排斥教育公平关系的客观性。

**（五）教育公平也是一个理想范畴，具有理想性特征**

人作为有目的、有意识的存在，不同于一般动物的地方就在于人总是有着理想的追求和向往，人总是把不可能的事想象成可能的。这既是人超越性的表现，也是推动历史不断发展的不竭动力。教育公平作为人们对教育理想的追求，不仅包括教育公平的“实然”层面，而且还包括教育公平的“应然”层面。教育公平中的这种“应然”，部分是由于主客观条件的限制，虽应当实现而暂时还不能实现；部分则是因为人们对教育公平总是有着更高层的不懈追求，还有待于社会向更高阶段发展才能逐步实现。这种“应然”的教育公平，显然具有理想性，但这也正是教育公平具有恒久魅力的原因所在。

## 第二节　基础教育均衡发展的含义及其依据

### 一、基础教育均衡发展的概念界定

基础教育是依据层次或地位的标准从整个教育系统中划分出来的。《教育管理辞典》指出：“凡是以传授基础知识为主要任务的教育都属基础教育。”基础教育是相对专业（职业）教育、成人教育、高等教育而言的，包括小学和中学两个阶段。目前，教育理论界一般都把基础教育的外延界定为普通中小学，这也符合现阶段社会发展对人才素质的要求。

目前基础教育均衡发展已成为学术界广泛探讨的热点问题。关于其概念的界定也是众说纷纭。种种界说，归纳起来，虽各有侧重，但也有共同之处：其一，坚持教育公平的价值取向。基础教育均衡发展的出发点和落脚点都在于实现教育公平；其二，强调教育资源的公平配置。“巧妇难为无米之炊”。实现基础教育均衡发展的关键在于各种教育资源的配置是否实现了均衡；其三，基础教育均衡发展的外延包括地区间、城乡间、学校间的均衡发展。

然而从逻辑学的角度看，目前的各种界定基本上没有严格遵循“属加种差”的实质性定义规则。因此，还算不上严谨的定义。因此，有必要在此对“基础教育均衡发展”的概念进行重新界定。

从词源学的角度看，《汉语大词典》对“均”的解释主要有以下几种：“①古代制造陶器的转轮；②公平，均匀；③普遍，全面；④皆，都；⑤等，同；⑥调和，调节；⑦衡量，比较；⑧古代计量单位。”对“衡”有以下两种相关解释：“①平；②衡量，比较。”《汉语大词典》和《辞海》对“均衡”的释义均为："均衡，犹平衡。"《辞海》对"平衡"有以下两种解释："①衡器两端承受的重量相等。引申为几方面在数量或质量上均等或大致均等；②指矛盾暂时的相对的统一或协调。事物发展稳定性和有序性的标志之一。"由此可见，均衡的要义是公平、平等、协调、和谐。

因此，我们认为：基础教育的均衡发展是指各级政府坚持公平的价值取向，通过各种手段实现基础教育资源在一定范围内均衡配置的动态过程。要准确理解对"基础教育均衡发展"的这一界定需要把握以下几点：①教育公平。公平是很久以来人们对社会的一种价值诉求。实现教育尤其是基础教育公平是人们的一种理想追求，是基础教育发展的一个重要原则。②政府职能。根据教育经济学的研究，基础教育是最具有公共产品属性的教育类型，甚至有学者就称基础教育为"公共产品"。既然是公共产品，对于非公共机构来讲，基础教育具有显著的外部性，理所当然地应该由政府来承担起促进基础教育均衡发展的重任。③公平与平均。因为历史原因，很多情况下都把"平均"这个词当做贬义词，很多人都怕用。其实平最大的公平就是平均。对平均的追求就类似于经济学上的"价值"，价格总在追逐价值，但它总是在围绕价值波动。平均是均衡发展的价值追求。④教育资源。包括人力资源、物力资源、财力资源、信息资源等在内。⑤均衡发展的层次。目前学术界的界定多指城乡间、地区间、学校间的均衡配置。我们认为还应有微观层面的。个体间教育资源是否得到了均衡配置是最不应该缺失的。因为这是最后的落脚点。如果教育资源最后在学校内部、在班级里没有公平的分配，仍然无法实现初衷。⑥公平与质量。基础教育的均衡发展是以质量为导向的。教育公平绝不排斥教育质量，二者并不矛盾。

## 二、基础教育均衡发展的理论依据

### （一）以人为本的哲学思维

在漫长的人类发展历史长河中，人真的本真地存在吗？这个看似可笑的问题却引发了多少哲人的沉思。其实，在绝大多数时候，人沦为了自然、神、科学、理性、他人或自己的奴隶，从而被分裂、被异化、被忽略。在奴隶社会里，人丧失了人格沦为了"会说话的工具"，人成为非人；在西方中世纪，"人的本质异化为神的本质"，人只是被幻想出来的神的仆役；在中国的封建社会里，宗法思想和制度也严重的束缚着人的本质力量的释放。西方文艺复兴时期，一大批人文主义学者开始关注人的存在。他们贬斥神性，呼唤人性，把人和人的价值、才能、自由和尊严置于首位。但是，科学理性的张扬又很快地把从宗教神化中解放出来的人打入科学崇拜、理性“迷信”的深渊。资本主义的大发展也把从宗法制度中解脱出来的人置于冷冰冰的机器的束缚之下。人仍然没有摆脱被忽略、被压抑、被异化的命运。马克思和恩格斯在《共产党宣言》中也无情地批判了资本主义所造成的人格异化，“在资本主义社会里，资本具有独立性和个性，而活动着的个人却没有独立性和个性”。回首人类历史画卷，虽也偶有智者发出类似“人是万物的尺度”之类的呐喊。但是，又有几人能真正本真地存在呢？人总是被种种外在的精神或物质力量所异化。

近代以来对科学理性的无限推崇已严重地压抑了人的本能。科学技术在造福人类的同时，也在“毁灭”人类。人的理性所创造的科学技术的冷酷无情严重地吞噬着人的非理性，而人在本真上却是理性与非理性的统一。19世纪末期的尼采喊出了“上帝死了”的时代强音，“对一切价值重新估价：那就是我对人类最高的自我肯定活动的公式，对我而言，这个公式已经成为具体生命了。”① 在此，尼采试图推翻一切束缚人的标准，而以人的自我和需要为思想和行动的准则，他宣称：“唯我才掌握着‘真理’的准绳，我是唯一的仲裁者。”② “我”成为我行动的最高准则，人的本质性的力量得到了高度的张扬。20世纪的西方哲学是以人的确认为主线展开的。非理性主义、生命哲学、存在主义、弗洛伊德主义、人本主义、法兰克福学派、后现代主义等学派充分展现了哲学对人性的呼唤，对人之本真地存在的渴求，对人之自由平等、公平正义和超越向度的向往。

西方哲学与中国特色的马克思主义理论体系的融合便产生了中国共产党人以人为本的哲学思维。中国共产党的领导人充分继承了马克思主义“劳动群众是历史前进的动力”的观点，高度重视人民群众在革命和建设中的历史作用。毛泽东同志指出：“人民，只有人民，才是创造世界历史的动力。”③ 江泽民说：“保障工人阶级和广大劳动群众的经济、政治、文化权益，是党和国家一切工作的根本基点，也是发挥工人阶级和广大劳动群众积极性和创造性的根本途径。”④ 中国社会主义现代化建设需要依靠群众，那么，党和政府理应把人民群众的利益放在第一位，一切从群众利益出发。世纪之交，党中央提出了“三个代表”的思想，其中之一，就是要“代表中国最广大人民的根本利益”。

---

① ［德］尼采：《瞧！这个人》，第107页，北京，中国和平出版社，1986。

② 刘放桐等：《新编现代西方哲学》，第53页，北京，人民出版社，2000。

③ 《毛泽东选集》，第三卷，第1301页，北京，人民出版社，1991。

④ 《江泽民文选》，第三卷，第245页，北京，人民出版社，2006。

以人为本的执政理念已初见端倪。2004年，胡锦涛在中央人口资源环境工作座谈会上指出，建设有中国特色的社会主义必须树立和落实“以人为本，全面、协调、可持续的发展观”。其中专门谈到，“坚持以人为本，就是要以实现人的全面发展为目标，从人民群众的根本利益出发谋发展、促发展，不断满足人民群众日益增长的物质文化需要，切实保障人民群众的经济、政治和文化权益，让发展的成果惠及全体人民。”①

以人为本的哲学思维已经成为有中国特色的社会主义核心价值体系的一个重要组成部分。教育领域也必须与时俱进，坚持和发扬以人为本的教育理念。“以人为本的教育就是要把人真正当人，确立以人为目的的教育。”② 在最根本的意义上，就是要以学生为本，以学生的全面、协调、可持续发展为本，使学生的潜能得到开发、能力得到发展、个性得以张扬。

### （二）教育公平的伦理诉求

公平是发生在人与人之间关涉利益问题的一套价值判断准则。随着人们对公平问题的日益关注，20世纪50年代以来形成了两种基本的公平理论：以贝斯特（Arthur Eugene Bestor）为代表的新保守主义和以罗尔斯（John. Rawls）为代表的新自由主义。新保守主义认为，不同的人因为在个人才能方面具有显著的差异，理应得到不同的利益分配。这种思想具有深厚的历史渊源。古希腊亚里士多德在《尼各马可伦理学》中就指出，“只有当平等的人占有或分得不平等的份额，或不平等的人占有或分得平等的份额时，才会发生争吵和抱怨。”“分配的公正在于成比例，不公正则在于违反比例。”③ 只是作为新保守主义者们，不再强调诸如家庭出身、社会地位等方面的因素，而是要根据个人才能对教育资源进行分配。贝斯特在《优秀与平庸》中就这样说，“民主国家里具有一般能力的儿童或不到一般能力的儿童并不是唯一值得考虑的对象。高智能的儿童也有他的民主权利，美国公立学校里高智能的儿童有权接受在严肃性、高质量和综合性方法同其他国家最好的学校制度下类似智能的儿童所接受的相同的教育。”④

新自由主义者则强调，每一个人都应该在可能性和现实性上拥有同别人一

① 胡锦涛同志2004年3月10日在中央人口资源环境工作座谈会上的讲话。

② 罗利建：《人本教育》，第1页，北京，中国经济出版社，2004。

③ 廖申百译：《尼各马可伦理学》，第135～136页，北京，商务印书馆，2003。

④ 夏之莲：《外国教育发展史料选粹（下）》，第527页，北京，北京师范大学出版社，1999。

样的平等的权利，只要是一个人，不会因为任何因素剥夺他在可能性上应有的利益。罗尔斯在《正义论》中指出，“每一个人都有平等的权利去拥有可以与别人的类似自由权并存的最广泛的基本自由权。”① 这也就是罗尔斯提出的“平等原则”。为保障这一原则的实现，他还提出了他的第二个原则：“差异原则”。不同的人在先天禀赋、个人才能、既得利益方面存在差异，也就是强者和弱者之分。“差异原则”就是要在承认这种差别的基础上，对弱者进行补偿。罗尔斯认为，“既然出生和天赋的不平等是不公平的，那么，这种不平等就应该得到补偿，因此，这个原则主张，为了平等地对待每个人，为了提供真正的机会均等，社会应该更重视那些出生于地位较低的而天赋又较少的人。”② 因此，在对教育资源的分配上，就不能只是考虑到教育投资的效率和回报，而要考虑到教育作为一种培养人德行的、善的实践活动本身的内在价值。正如罗尔斯说，“对教育资源的分配就不仅仅或不一定主要根据它们将产生的在培养能力方面的效果来估价，而是根据它们在丰富公民（在此包括不利者）的个人和社会方面的价值来估价”。③

公平诉求，是对人类精神家园的理性回归，它也构成了中国特色社会主义核心价值体系的一个重要组成部分。“十七大”报告指出，“实现社会公平正义是中国共产党人的一贯主张，是发展中国特色社会主义的重大任务。”要实现社会公平，教育具有不可推卸的责任和义务。教育要成为社会公平的推动力量，那么，它本身首先应该是公平的。只有在公平的土壤中播下公平的种子，才会遍地盛开公平之花。正是在这个意义上，“十七大”报告强调指出，“教育公平是社会公平的重要基础”。

### （三）终身学习的教育思潮

以新科技革命为核心的知识经济浪潮以前所未有的速度改变着人们所处于其中的物质和精神世界。科技创新的周期越来越短，知识更新的速度越来越快，工作世界的变换频率也是让人目不暇接。人们所面临的工作和生活世界的复杂性、模糊性和不确定性正以惊人的速度与日俱增。世界格局的这种转型给习惯了农业经济、工业经济时代的人们带来了一丝希望的同时，却带来了更大的挑战。恐惧、焦虑、不安、失望……时常向众袭来。这正如珍妮特·沃斯

---

① ［美］约翰·罗尔斯：《正义论》，第 66 页，何怀宏译，北京，中国社会科学出版社，1998 年，第 67 页。

② ［美］同上，第 265 页。

③ ［美］同上，第 97 页。

(Jeannette Vos) 和戈登·德莱顿 (Gorden Dryden) 在《学习的革命》一书中所描述的:“这个时代充满残酷的替代选择。对于那些拥有新知识的人来说,新时代意味着一个充满机遇的世界;对于那些没有新知识的人来说,新时代意味着,当旧工作消失、旧体制崩溃时,他们将面临失业、贫穷、绝望的前景。”① 那么,“新知识”如何获得?此时,人们把希望的目光再次投向教育。教育——焦虑中的人们的“救命稻草”,应该如何应对呢?在这样的背景下,终身学习(也称“终身教育”)的观念应运而生。

1965 年 12 月,时任联合国教科文组织成人教育计划处处长的保罗·朗格朗 (Paul Lengrand) 在巴黎召开的成人教育促进国际会议上以“Education Permanente”为题作了学术报告,后被教科文组织改英译为“Lifelong Education ”。这个报告标志着终身教育思潮的开始。1970 年,朗格朗在其代表作《终身教育引论》中集中阐述了他终身教育的思想。他认为,在当前这个世界,“一个人如果不使自己的知识和技能不断更新,那就注定要落伍”“一个人有了一定的知识和技能以后便可以终生应付裕如,这种观念正在迅速过时并在消失之中”。② 1972 年,国际教育发展委员会主席埃德加·富尔在其报告《学会生存——教育世界的今天和明天》中,更是从历史和现实的角度给终身教育以全面的论证和阐述。1996 年,由雅克·德洛尔先生任主席的国际 21 世纪教育委员会向联合国教科文组织提交的报告《教育——财富蕴藏其中》也充分肯定了终身教育在现代教育体系中的作用,并认为,终身教育就是“与生命有共同外延并已扩展到社会各个方面的这种连续性教育”。③

作为对终身教育思潮的响应,一些西方国家在教育实践上为构建终身教育学习体系做出了许多有益的探索。1990 年日本制定了《终身学习振兴法》,提出要建立“每一个人在其一生中的任何时候都可以自由地选择学习机会进行学习,且其学习成果能得到适当评价”的终身学习社会。1998 年 2 月,英国教育与就业部发表了《学习的时代——一个新不列颠的复兴时代》的绿皮书,把

---

① [美] 珍妮特·沃斯,[新西兰] 戈登·德莱顿:《学习的革命》,第 1 页,顾瑞荣等译,上海,上海三联书店,1998。

② 单中惠,朱镜人:《外国教育经典解读》,第 328 页,上海,上海教育出版社,2004。

③ 联合国教科文组织国际 21 世纪教育委员会:《教育——财富蕴藏其中》,第 90 页,北京,教育科学出版社,1996。

创建终身学习社会作为教育发展的新战略。①

终身学习的观念已日益受到世界各国政府和人民的重视，学习的观念与实践将面临一场前所未有的“革命”。面对终身学习，必然就产生了一个问题：面对日益专业化、高科技化的知识和技能，如何才能具备终身学习的能力？如果不具备这种能力，终身学习的理想能够实现吗？终身学习打破了年龄对学习的限制，那是要到成年或者老年才去培养这种终身学习的能力吗？目光必然要再次聚焦在基础教育上。1990 年世界全民教育会议对基础教育、基本学习的定义：“基本学习需要包括人们为生存下去，为充分发展自己的能力，为有尊严地生活和工作，为充分参与发展，为改善自己的生活质量，为做出有见识的决策，以及为继续学习所需的基本学习手段（如识字、口头表达、演算和解题）和基本学习内容（如知识、技能、价值观念和态度）。”② 那也就是说，每一位儿童和少年接受基础教育的质量高低是决定他（或她）终身学习能力的关键因素。

## 三、我国基础教育均衡发展的政策依据

从世界各国教育发展的历史经验来看，基础教育的发展一般会经历三个历史阶段：外延式发展阶段、过渡阶段和内涵式发展阶段。我国自 20 世纪 80 年代中期到 20 世纪末，一直呈现出以数量增长、规模扩张为主导的外延式发展特征。从这一时期的政策话语特征来分析，就可以清晰地勾勒出这 20 年里我国基础教育以“普及”为核心目标的发展脉络。《中共中央关于教育体制改革的决定》（1985 年）提出，“把发展基础教育的责任交给地方，有步骤地实行九年制义务教育。”考虑到我国幅员广大，经济社会发展很不平衡，决定分地区、有步骤地实现普及九年义务教育的宏伟目标。党的“十四大”（1992 年）明确提出“到本世纪末基本普及九年义务教育”。《面向 21 世纪教育振兴行动计划》（1998 年）强调，“2000 年如期实现基本普及九年义务教育、基本扫除青壮年文盲的目标，是全国教育工作的‘重中之重’。”据教育部《2000 年全国教育事业发展统计公报》，“党的‘十四大’提出的‘到本世纪末基本普及九年义务教育’的目标如期实现，‘普九’人口覆盖率继续提高。到 2000 年年底，全国普及九年义务教育的地区人口覆盖率达到 85％。”世纪之交到 2010

① 匡瑛：《比较高等职业教育：发展与变革》，第 121 页、第 106 页，上海，上海教育出版社，2006。

② 联合国教科文组织国际 21 世纪教育委员会：《教育——财富蕴藏其中》，第 11 页，北京，教育科学出版社，1996。

年，是我国义务教育从外延式发展到内涵式发展的过渡阶段。东部地区和中部大多数地区已经完全实现普及九年义务教育，甚至在有些地区已经实现普及高中教育。但是，西部边远落后地区“两基”攻坚任务依然艰巨。在这一历史阶段，普及九年义务教育的水平和质量提到了重要的议事日程。世纪之交，全面推进素质教育工程、实施新课程改革、高度重视农村基础教育特别是薄弱学校建设，以及基础教育经费保障机制改革都充分地表明，当前我国基础教育发展正从追求数量增长的外延式发展向追求质量提升的内涵式发展过渡。

为适应新的基础教育发展形势，第十届全国人民代表大会常务委员会第二十二次会议于2006年6月29日修订通过了《中华人民共和国义务教育法》(以下简称“新《义务教育法》”)。与1986年《义务教育法》相比，新《义务教育法》在指明义务教育均衡发展的根本方向、明确实施素质教育的重大使命、回归义务教育免费本质、强化省级统筹实施、确立基础教育经费保障机制、保障接受义务教育的平等权利、规范义务教育的办学行为、建立义务教育新的教师职务制度等方面都有了重大突破。而党的“十七大”报告也再次强调必须实行基础教育均衡发展。在具体的发展策略方面，提出要“坚持教育公益性质，加大财政对教育投入，规范教育收费，扶持贫困地区、民族地区教育，健全学生资助制度，保障经济困难家庭、进城务工子女平等接受义务教育”。2010年年初，国家教育部进一步印发了《关于贯彻落实科学发展观进一步推进义务教育均衡发展的意见》，并具体制订了实现义务教育均衡发展的路线图和时间表，即力争2012年实现区域内义务教育初步均衡，到2020年要实现区域内义务教育基本均衡。可见，促进包括义务教育在内的基础教育均衡发展已成了当前我国教育发展的一项紧迫任务。

## 第三节 我国基础教育均衡发展面临的主要问题与成因

新中国成立以来，我国基础教育虽然获得了较大发展，但教育差距却也越来越突出。尤其是近年来，教育差距的严重程度和拉大差距的速度在许多方面比经济差距更大、更明显。这主要表现为城乡之间、地区之间、阶层之间的差距。其中，最主要最显著的教育差距又体现为城乡教育差距。可以说，教育的城乡差距已成为我国教育差距的核心问题。这种差距直接表现为城乡基础教育对公共资源占有的不平等，即教育资源配置的严重失衡。基础教育的严重不公、学校之间的巨大差距又通过对社会政治、经济、文化的反作用促成了贫富差距的代际传承，并由此产生恶性循环，更加剧了教育和整个社会的不公平。

## 一、我国基础教育均衡发展面临的主要问题

### （一）城乡之间校际财力资源配置相差悬殊

衡量教育财力资源有多项指标，但最能体现资源占有多寡的是各项生均教育费。就这些指标而言，我国城乡之间的差距是十分巨大的。以 2005 年为例，根据《中国教育经费统计年鉴 2005》测算：

生均教育经费的城乡差异：我国城镇小学生均教育经费平均为 2353.3 元，农村为 1326.3 元，农村是城镇的 56%。初中生均教育经费城镇平均为 2316.9 元，农村为 1486.7 元，农村是城镇的 64%。

生均教育事业性经费的城乡差异：城镇小学平均是 1926.2 元，农村是 1287.6 元，农村是城镇的 67%。普通初中的生均教育事业性经费，城镇平均是 2159.7 元，农村为 1429.2 元，农村是城镇的 66%。

差距最大的是生均公用经费：农村普通小学生均公用经费为 259.1 元，城镇为 501.6 元，农村生均公用经费仅为城市的 52%；普通初中农村生均公用经费为 380.0 元，城镇为 696.6 元，农村生均公用经费为城市的 55%。研究表明，生均公用经费初中需要 550 元、小学需要 330 元才算达到了基本支出标准。而 2005 年农村初中生均公用总经费才 380 元，小学是 259 元，远远低于基本标准，使得教学运转极为艰难。公用经费和事业费数量的差距在很大程度上决定了城乡学生享受师资力量、教育设施的不平等。

### （二）城乡之间校际物力资源配置呈两极分化

由于财力资源的决定作用，表现在物力资源上的差距就更明显了。一方面，不少城市学校添置了现代化的硬件设施，课桌上安好了宽带插口，运动场铺好了塑胶跑道；而另一方面，大批农村中小学办学条件不达标，许多农村学校最基本的教育设施如教学设备、图书、试验器材都难以保证。有些学校甚至连篮球都紧张，粉笔还得数着用。根据 2004 年《中国教育统计年鉴》，2003 年我国城镇普通小学在校生 4000.6 万人，初中在校生 3458 万人；农村小学在校生 7689.2 万人，初中 3160.4 万人。从生均固定资产总值看，农村中小学分别为 2641 元和 2242 元，城镇中小学分别为 3494 元和 3685 元，相差 1000 元左右；其中仪器设备总值城镇普通初中、小学生分别为 356 元和 445 元，农村初中、小学生均仅有 268 元和 171 元，相差 1～1.5 倍。至于图书、计算机、体育场馆以及音体美器材、验仪器和校园网络等方面差距也很大。部分对比如表 15-1 所示。

学校危房主要在农村。2003 年全国普通小学危房面积为 5856.8 万平方米，城市为 608.9 万平方米，占总危房的 15.8%；农村为 3247.9 万平方米，占总危房的 84.2%。普通初中有危房 1562.6 万平方米，而农村初中就有 1004.9 万平方米，所占比例为 64.3%。农村中小学危房率分别是城市的 2 倍和 2.8 倍。

**表 15-1　2003 年城乡小学、初中办学条件校均对比**

| 学校类别<br>对比项目 | 小学 | | 初中 | |
|---|---|---|---|---|
| | 农村 | 城镇 | 农村 | 城镇 |
| 固定资产总值（万元） | 47.8 | 225.2 | 224.0 | 456.7 |
| 仪器设备总值（万元） | 3.7 | 27.2 | 22.7 | 47.2 |
| 图书（册） | 2326.7 | 8738.5 | 10930.2 | 15619.3 |
| 电子图书（片） | 11.6 | 124.8 | 56.2 | 186.5 |
| 计算机（台） | 2.9 | 25.1 | 22.5 | 48.3 |
| 体育场或馆（平方米） | 1908.2 | 3248.5 | 5811.8 | 6952.2 |

资料来源：根据 2004 年《中国教育统计年鉴》有关数据整理。

### （三）城乡之间校际人力资源配置差距巨大

人力资源是影响教育质量的关键因素。而教师是人力资源的主要部分，学校职工和管理者也多为教师。因此，教师资源的差距在很大程度上决定了教育质量的差距。虽然我国教师的整体素质在提高，但城乡教师水平差距却在日益拉大。师资力量无论从数量还是质量方面都存在着巨大鸿沟。

1. 农村学校教师总量不足

与城市教师相比，农村教师数量相对不足。在生师配置上，资料显示：2004 年，我国农村义务教育在校学生人数有 1.352 亿，其中小学人数为 1.046 亿，初中生人数为 0.306 亿，农村地区义务教育适龄儿童占全部适龄儿童的 82.09%。初中的生师比为 18.7∶1，小学的生师比为 23.8∶1。同期城市义务教育在校学生人数有 0.295 亿，其中小学人数为 1831 万，初中生人数为 1120 万。城市初中、小学的生师比分别为 16.3∶1、19.5∶1。显然，城市义务教育的师生比例比农村更为合理。①

2. 农村学校教师质量较低

一般来说，教师学历和职称能基本反映教师素质的高低。从表 15-2 可以看出，2004 年城市初中具有大学本科及以上学历的教师比例是农村初中的 3 倍，城市小学是农村小学的 6 倍。城市小学教师具有大专及以上学历比例超出农村 30 个百分点；从学历合格率来看，城乡初中教师队伍质量差距更大，城市初中专任教师学历合格率超过 92%，而农村初中专任教师学历合格率不到 85%，城市比农村高出将近 8 个百分点。城乡小学教师学历合格率差距较小。但考虑到农村教师所提高的学历基本都是通过函授及各类成人考试获得的，因此城乡教师素质差距实际上还更大。从职称结构看，城市初中具有高级职称的教师比例是农村的 5 倍。农村中小学比城市中小学的教师职称普遍较低，未评职称的教师在农村教师的比例比城市教师比例更高。

**表 15-2 2004 年城乡普通中小学教育专任教师学历、职称结构状况比较（%）**

| | 本科以上 | 专科 | 高中 | 初中 | 高级 | 中一 | 中二 | 中三 | 未评职 |
|---|---|---|---|---|---|---|---|---|---|
| 农村初中 | 19.0 | 72.3 | 8.5 | 0.2 | 2.8 | 30.0 | 44.9 | 12.3 | 10.1 |
| 城市初中 | 55.0 | 42.7 | 2.2 | 0.1 | 13.7 | 42.2 | 33.0 | 3.8 | 7.3 |
| 农村小学 | 2.1 | 38.0 | 57.6 | 2.2 | 35.9 | 45.3 | 12.1 | 0.6 | 6.0 |
| 城市小学 | 13.5 | 57.8 | 28.1 | 0.6 | 47.1 | 38.6 | 7.1 | 0.5 | 6.7 |

资料来源：根据 2005 年《中国教育统计年鉴》有关数据整理。

另外师资结构失衡和代课教师比例太大也严重影响了农村教师队伍的质量。据调查，目前我国农村一线教师如数学、英语、艺术类等专业教师严重短缺，教师配置不均衡与短缺并存，边远、薄弱校的骨干教师不断流失。师资队伍不稳定、优秀教师流失恶化了农村教师结构。同时，由于条件艰苦、待遇低，农村学校难以引进专任教师，许多地方只好聘用代课教师来解决教师数量不足问题。据统计，2005 年全国中小学共聘用代课教师 44.8 万人，占教师岗位的 5.9%。其中农村中小学代课教师 30 万人，占农村中小学教师岗位 9.6%，占全国代课教师总数的 80%左右。这些代课教师又大多集中在中西部地区，例如，广西、西藏和陕西的小学代课教师比例超过 20%。②

①② 张业圳：《统筹城乡与我国农村基础教育产品供给》，载《福建师范大学学报（哲学社会科学版）》，2007（1）。

## 二、我国城乡基础教育发展失衡的主要原因

造成如此悬殊的教育差距的原因是多方面的，有社会因素，也有制度原因。

### （一）城乡二元经济结构衍生出城乡二元教育结构

城乡二元结构是指社会中政治、经济、文化结构的断层和分化。它本是国家工业化进程中城乡经济社会变革不同步造成的结构偏差问题，但我国长期实行明显偏袒城市、歧视农村的“差异发展”政策更加剧了这一格局的定型。虽然目前政府已全免农业税，但多年来对农民“掠夺式”的盘剥早已导致了城乡二元经济格局的巨大鸿沟，积重难返。

在资源配置的“财政中立性”（每个学生的公共教育经费开支上的差异不能与本学区和自身财富的多寡相关）缺失的条件下，城乡经济发展的水平差异决定了城乡教育资源配置的总量、结构和规模的不同。城乡二元经济结构渗透到教育领域，衍生出城乡二元教育结构。把城市和农村分而治之“分级办学”的城乡分割之教育政策正是适应了城乡二元教育格局的需要。在这种格局中，不仅对城乡教育资源的配备标准截然不同，就连城乡教师的待遇也等级森严。城乡二元教育结构的形成又进一步促进了城乡经济差距的扩大，形成恶性循环。

### （二）“城市中心”价值取向的教育资源配置政策

长期以来，城乡二元结构已内化成城乡人口不同的教育意识和教育观念，并反作用于城乡教育差别的存在。二元经济结构滋生了二元文化结构。城市成为地区政治、经济、文化的中心。于是在教育政策上也形成了“城市中心”的价值取向。这种取向体现在教育资源配置政策上就形成了先城市后农村，先重点再普通，先市民子弟后农村子弟，以城市和市民为中心，以农村和农民为外围的资源配置路线。教育资源严重向城市学校、重点学校倾斜，越是级别高的城市这种倾向越厉害、越露骨。例如我国原《义务教育法实施细则》中规定：“实施义务教育的学校新建、改建、扩建所需资金，在城镇由当地人民政府负责列入基本建设投资计划，或者通过其他渠道筹措；在农村由乡、村负责筹措，县级人民政府对有困难的乡、村可酌情予以补助。”这就将城镇居民与农村居民作了不同等对待，显示出对农村居民的财政歧视：城镇建校由政府出资，农村建校由农民出资。造成了政府权力为城市教育提供体制保障，而对农村教育顾及较少的局面。广大农村地区的义务教育也因此不能得到有效的投资

保障。教育政策的这种“城市中心”取向反映出我国长期对农村教育的忽视，其导致的直接结果便是城乡教育资源配置的巨大反差和教育发展失衡，使得农村地区的孩子在享受优质教育上始终处于弱势地位。

### （三）现行教育投资管理体制的诸多弊端

我国长期实行的基础教育投资体制，是20世纪80年代建立的以分散管理为主的投资管理体制。其内容和特点是：按财政划分收支、分级包干的体制要求，义务教育的经费主要由地方政府负责筹集和提供；上级政府（主要是省级政府）除了在业务上对基础教育的实施进行统一管理和指导外，只对中、小学教育提供少量专项补助。这实质上不过是“大包干”思路——分级包干、各自为政的简单移植，完全忽视了教育的特殊性——公益事业性和我国基本国情——经济发展的不均衡性。其结果只能有一个：城乡基础教育发展的极大不平衡。

目前，我国虽已转为实行“由地方政府负责，分级管理，以县为主”的管理体制，但仍未能从根本上解决这一制度问题。首先，基础教育经费分担主体财政责任不明、层次较低。地方政府分担义务教育经费的比重过大，80%以上的教育经费由地方基层政府分担，而省级和中央政府分担的比重过低。这违背了教育资源配置中的“财政中立性”原则，等于把实施义务教育的责任和义务全部交给了地方政府，使基础教育的发展取决于各地区经济发展水平和地方政府财政的收入状况。由于我国各地经济发展极不平衡，许多地方差距悬殊。因此，在这样一种教育资源配置模式下，不可避免地要使基础教育陷入非均衡发展状态中。其次，这种分散型教育投资体制使得中央对地方政府的基础教育资金的分配使用监控不力。国家也没有建立相应的法律、法规和监督保障机制来确保教育投资的落实。目前，虽然中央政府已实施义务教育财政转移支付制度，但因缺乏相应的监督机制来约束地方政府对教育经费的分配使用，致使他们常常受政治利益的驱动或短期行为的影响而优先满足经济建设，后考虑教育事业，本应用于教育的经费难以保证到位。

### （四）重点学校制度的负面影响

重点学校制度在我国由来已久。虽然由于其诸多弊端，我国《义务教育法》已作出规定：县级以上人民政府及其教育行政部门应促进学校均衡发展，缩小学校之间办学条件的差距，不得将学校分为重点学校和非重点学校，学校不得分设重点班和非重点班等。但时至今日，“重点校”“示范校”“省重点”“国重点”等，学校里“重点班”“火箭班”“快班”“普通班”“慢班”“闷罐班”等依然到处可见。虽然重点学校制度已成为历史，但它的负面影响远没消失。不少地方仍在明目张胆地搞重点学校。更多的是以“示范学校”等合法身份出现。1990年国家教委发出《关于验收1000所左右示范性普通高级中学的通知》，这项政策实质是重点学校政策上的延续。名校，无论“重点”还是“示范”，都以“垄断”的姿态窃据着社会资源，制造和加剧了基础教育的巨大差距。

不少地方政府热衷于“抓重点、树窗口、增政绩”，把有限的教育经费大量投入到重点学校、示范学校的建设中，使原来教育配置比较好的学校锦上添花。有的地方为了达到“重点”或“示范”学校标准，不惜花费几百万元甚至巨额举债用于建设塑胶跑道和人造草坪操场；一些学校推倒现有校舍，重新建设所谓的“宾馆化教室”；有的学校办了一个分校还不满足，还要办两个甚至三个分校，盲目扩张。与此同时，由于生均公用经费短缺，相当多的农村薄弱学校没有像样的操场，没有必备的音体美器材，甚至缺乏粉笔教具，初中理化生实验课程无法开设。重点学校与非重点学校的差距主要并不体现在生均经费上。重点学校得到的专项经费常常是生均经费总和的一到数倍；有时候，一所重点学校得到的实际经费是全地区其他所有学校经费的总和。这又提高了重点学校收费和吸引优秀教师的能力，强化了自身的“造血”功能。重点学校与非重点学校之间的巨大差距造成了各地择校风愈演愈烈。为了不让孩子输在起跑线上，家长们削尖脑袋让孩子往重点、名校挤，以致重点学校几十名学生挑一名，优秀教师云集其中。而广大农村等薄弱学校则教学设施滞后、教育质量低下，学生不愿进、教师不愿留。由于“名牌效应”使得名校因“造血”功能增强而择校费、赞助费等不尽财源滚滚来，资金、设备、师资、生源等不断向名校集中。如此，名校几乎垄断了所有社会隐性教育资源。当然，这些名校绝大多数分布在城市。

过度投资建设名校使得我国本来就严重不足的教育资源用于非重点学校时就更显得捉襟见肘了。那些因投入过多而硬件软件占据绝对优势的学校，想不成为名校都不可能。与此相反，大量投入不足的农村非重点学校，因资源短缺而陷入“巧妇难为无米之炊”的局面，因不能自我“造血”而严重“贫血”，出现了人、财、物资源的全面危机，成为所谓的“薄弱学校”“垃圾学校”。由此形成教育的“马太”现象：富的越富，穷的越穷，向两极扩散。

以上各种原因绝非孤立存在的，而是相互牵连，相互影响的。

# 第四节 我国基础教育均衡发展的策略

《中华人民共和国宪法》明确规定：我国公民人人具有平等接受教育的权利。因此，缩小城乡教育差距是一项宪法任务，也是实现教育和谐发展，构建和谐社会的必由之路。

## 一、打破城乡二元教育投资体制

不破不立。要真正实现基础教育均衡发展，就必须在国家教育政策中始终坚持公平的价值取向即坚持以公平为教育资源配置的第一准则，彻底打破城乡二元教育投资体制。为此，须从以下三方面入手：

### （一）确立城乡教育整体发展思路

彻底打破城乡分割、差异发展的二元教育投资体制要求我们首先要确立城乡教育整体发展思路，统筹全局，协调地区间、城乡间的教育发展节奏，重新审视各级各类教育的发展规模和速度，把教育当前利益与长远利益、局部利益与整体利益、少数人的利益与大众的利益结合起来，改变城乡教育分割和城乡教育分治的做法以及重城市教育轻农村教育的倾向，按城乡教育交流与结合的原则，把该城市教育和农村教育纳入统一的教育发展大系统，建立新型的城乡教育协调发展关系。

### （二）调整教育投资比例，增加农村资源总量

从总量上说，我国教育财政投入偏低。我国是用占世界2%的教育经费承担着占世界人口20%的教育。这也是造成基础教育资金短缺的重要因素。从教育经费占GDP比重看，我国一直处于较低水平。然而，在这种教育财政投入偏低的情况下，还要经过“城市优先”的筛选，最后农村基础教育投入的资金就更是所剩无几了。

教育投资结构不合理是导致农村教育经费总量不足的重要原因。因此，要保障农村教育资源的配置，就不仅要改变目前教育“略占地位”、政府对教育的投入始终未达“下限”（占GDP的4%）的状况，而且还要提高义务教育特别是农村义务教育财政投资占整个教育财政的比例，增加农村教育投入总量。这就要求打破城乡二元教育投资体制，变“以县为主”为“以国为主”，让国家成为义务教育经费投资的主体，在资金总量上对农村义务教育投入予以保证。要想“科教兴国”，首先要做到“国兴科教”。“国兴科教”“以国为主”就

是要改革义务教育管理体制，实行农村义务教育财政负担由县级统筹为主逐步转向以省和中央为主，并明确划分中央政府、省级政府、地市县以及乡镇在农村义务教育中的投资责任。

### （三）加强教育投资立法和监督，保障农村基础教育经费

从教育投入的国际比较来看，多数发达国家对教育的政府投入基准都是以法律形式确定下来的，教育发展因而得到了源源不断的资金支持。当前，我国农村义务教育投资正是缺乏法律保障才使得教育投入带有很大的随意性，许多农村地区教育经费经常被无端克扣、挪用、挤占和拖欠。因此，我国还应尽快出台农村教育投资法，以法律形式确定农村基础教育的投资底线和责任主体。使农村教育投资有法可依。同时，还应完善经费审计制度，加强对教育腐败与特权的监管力度，确保经费投入落到实处。

## 二、实施农村教育优先发展战略

优先发展农村教育、提高农村教育质量是缩小城乡教育差距、实现我国城乡经济社会和谐发展的有效突破口。邓小平特别指出："中国有百分之八十的人口在农村。中国社会是不是安定，中国经济能不能发展，首先要看农村能不能发展，农民生活是不是好起来。"[①] 并进一步说明：在整个社会主义初级阶段都要强调"中国有百分之八十的人口在农村"这个国情。2007年年初温家宝总理在给中国人民大学师生讲话时也告诫他们：在中国，不懂得农民问题就是不懂中国国情。因此，必须彻底摒弃"城市中心"的政策取向，大力实施"农村教育优先发展战略"，实行城市教育反哺农村教育、加强薄弱学校改造、实施农村教育扶贫。城市教育反哺农村教育，不仅要求城市在资源投入上服从"农村优先"这一大局，而且要把处于分割状态的城乡教育结合起来，通过各种途径建立城乡学校交流机制，发挥各自优势，加强城乡学校之间、师生之间的交流和沟通，促进城乡教育融合。通过先进带动后进，在互助中推进城乡教育的共同繁荣与发展；改造薄弱学校，除了在重点建设方面给予经费倾斜的同时，还要大力提高教育管理水平、提高教师队伍素质；由于公共投资的最大受益者是中产阶级子女，而富裕和贫穷家庭子女之间的教育差距并不会因此缩小。所以我们不应仅仅关心整个农村教育水平的提高，还要关心最贫穷家庭的孩子是否有条件接受到公平的教育，从而还应加强对农村贫困学生的资助力度。另外还应颁布相关法律如农村教育优

① 《邓小平文选》，第三卷，第77页，北京，人民出版社，1993。

先发展法、农村教育投资法、农村教师待遇优惠法、农村贫困学生救助法等给予保证。

## 三、取消名校政策

“重点校”“示范校”等名校政策加剧了基础教育发展的失衡。正如罗尔斯在《正义论》开篇中所说：“某些法律和制度，不管它们如何有效率和条理，只要它们不正义就必须加以改造和废除。”① 因此，对于这些“重点校”“示范校”制度，不仅要坚决予以取缔，在配置教育资源时不再向重点校倾斜，而转向扶持薄弱学校，而且还要“抑强”，要取消其高额的“入门费”“择校费”“赞助费”等，并打破招生的“就近入学”的户籍限制，在本地区实行统一招生，平等录取，让一般百姓子弟可以通过公平竞争去享受优质教育资源。另外，还应该充分发挥名校的示范性和辐射力，使之以先进的管理和优质的教育去带动薄弱学校，真正起到示范带动作用。

## 四、补偿弱势群体和弱势地区

从某种意义上说，教育公平和教育均衡发展就是关注和帮助弱势群体和弱势地区。对此我国应加大中央和省级政府对农村贫困地区义务教育公共投资的分担责任，减轻贫困地区义务教育公共投资的财政压力。对尚未实现“普九”的人口地区，中央和省级财政的转移支付或专项补助的力度应该更大一些，方能有效促进全国基础教育的均衡发展。此外，国家及整个社会还应关注各处境不利群体的受教育机会，保证生理与智力残疾儿童、移民子女、进城务工人员子女接受教育的平等权利，摒弃教育中的性别歧视，确保女童入学机会并完成学业，以切实保障所有适龄儿童的基本受教育需求得到满足。

## 五、大力扶持薄弱学校

推进义务教育均衡发展，必须在教育资源配置方面大力扶持薄弱学校的发展：首先，应加强薄弱学校领导班子建设；其次，要加强对薄弱学校教师队伍建设的扶持。如：鼓励新进教师到薄弱学校建功立业、为薄弱学校教师提供更多的培训学习机会、加强薄弱学校教师的对外交流等；最后，在教育基本建设费和教育事业费的划拨方面向薄弱学校倾斜。

---

① [美] 约翰·罗尔斯：《正义论》，何怀宏等译，第106页，北京，中国社会科学出版社，1998。

## 六、建立均衡发展监测公报制度

评估是任何管理工作的重要环节，教育管理也不例外。推进基础教育均衡发展，必须进行科学严谨的教育评估。为此，应该抓好以下几个环节：首先，要建立各级基础教育均衡发展政策研究室，专门负责基础教育均衡发展的评估指标体系制定与完善、组织实施基础均衡发展状况评估、制定基础教育均衡发展政策建议等；其次，要建立健全基础教育均衡发展的评估指标体系；再次，完善基础教育均衡发展监测与评估的长效机制。把基础教育均衡发展水平作为各地政府政绩考核的一项重要指标；最后，还应建立基础教育均衡发展评估的公报制度。教育主管部门应定期、及时地通过网络、报刊、出版专刊等途径把评估情况向社会公布。

**推荐阅读书目**

1. [德] 尼采：《瞧！这个人》，北京，中国和平出版社，1986。

2. [美] 约翰·罗尔斯：《正义论》，谢延光译，上海，上海译文出版社，1991。

3. 联合国教科文组织21世纪教育委员会：《教育——财富蕴藏其中》，北京，教育科学出版社，1996。

4. 戴文礼：《公平论》，北京，中国社会科学出版社，1997。

5. 郭彩琴：《教育公平论：西方教育公平理论的哲学考察》，徐州，中国矿业大学出版社，2004。

6. 袁振国：《缩小差距——中国政策的重大命题》，载《北京师范大学学报（社会科学版）》，2005（3）。

7. 张业圳：《统筹城乡与我国农村基础教育产品供给》，载《福建师范大学学报（哲学社会科学版）》，2007（1）。

8. 林志伟：《我国城乡收入差距与教育差距的协整性分析》，载《山西财经大学学报（高等教育版）》，2006（4）。

9. 中央教育科学研究所教育政策分析中心：《义务教育均衡发展是实现教育公平的基石》，2007（2）。

10. 苏君阳：《义务教育均衡发展基本策略分析》，载《中国教育学刊》，2005（12）。

11. 范先佐：《教育资源配置：政府应起基础性作用》，载《河北师范大学学报（教育科学版）》，2006（2）。

12. 杨伟：《成都市城乡义务教育均衡发展的战略规划与实践》，载《中国教育学刊》，2006（6）。

## 学习思考

1. 什么是教育公平？教育公平有哪些基本特征？实现教育公平有何现实意义？

2. 基础教育均衡发展是指什么？为什么要实行基础教育均衡发展？

3. 目前我国基础教育均衡发展的现状如何？有哪些突出问题？

4. 谈谈造成目前我国基础教育发展严重失衡的主要原因？

5. 谈谈实现我国基础教育均衡发展应采取哪些措施？

6. 为实现基础教育均衡发展，我国政府已做了哪些努力？有何不足？

# 第十六章　当代中国教育改革的进展与趋势

从“上学难”“上学贵”的抱怨，到“高考改革”的争议，再到“中国为什么出不了杰出人才”的质疑——随着中国经济的发展，民众对教育改革的呼声日益高涨，教育事业面临的挑战异常严峻。而教育改革是一个复杂漫长、多维度的系统工程，改革意味着解放、创新。本章从整体上介绍了我国教育的现状、教育改革的背景、历程以及在此过程中所取得的成就和未来所面临的抉择，为学习者了解我国现阶段教育总体面貌勾画了一个初步的轮廓，从更为广阔的视角和平台审视我国教育的未来走向。

国家兴亡，匹夫有责；振兴教育，全民有责。21 世纪的竞争是人才的竞争，只有一流的教育，才能培养一流人才，建设一流国家，所谓“强国必先强教”。教育的发展如社会的变更交替一般，与时同行、与时俱进。新中国成立以来，8 次教育改革为实现民族的振兴奠定了坚实的基础。而面向未来 10 年所勾勒的教育改革的“路线草图”——《国家中长期教育改革和发展规划纲要(2010—2020 年)》(以下简称《教育规划纲要》) 的公布，更为我国教育实现现代化，建设人力资源强国绘制了宏伟蓝图，旨在通过改革努力解决教育领域中存在的问题。为此，回顾我国教育改革和发展的历程，分析当前教育改革面临的形势与任务，把握我国教育改革的发展脉络，对于明确我国教育改革和发展的方向，具有一定的现实意义。

## 第一节　我国教育改革概述

人类社会没有施之百代而不变的制度，教育也始终处于不断变革的历史进程之中，不断发现着、思索着、变革着我们身边最常见、最熟悉的教育问题。教育改革的核心在于“改革”。所谓改革，如果从变法改制的角度来理解，它是个中性词，不涉及对与错、正义与邪恶，因为它仅仅是对以前的制度的否定，它的对与错、正义与邪恶不仅取决于它所否定的制度的性质，也取决于它的动机目的以及改革的方法和成效；但是如果从变革、革新等褒义的角度来理解，改革就是改变旧的、不合理的不再适应社会发展需要，不再符合广大人民利益的某项政策或制度，使之更合理完善。事实上，人类社会就是在不断的改革中发展完善，不断走向文明和进步的。在此意义上，国际著名教育改革理论专家哈维洛克（R. G. Havelock）曾对“教育改革”作过如下界定：“教育改革就是教育现状所发生的任何有意义的转变。”首先，教育改革是以“教育现状的变化”为判定标准的，无论我们在理论上，思想上有多么美好的构想，如果不引起教育实际现状的变化，都不能称之为教育改革；其次，教育改革是以“有意义的转变”为标志的，也就是说，教育改革有着显见的具体效应或结果，意味着教育的最初状态与以后状态的明显不同；最后，教育变革是一个中性的概念，它所表达的是教育现状所发生的变化与改变，而不必然地是一种进步或改进，换句话说，教育改革的结果可以是正向的（教育改进），也可以是负向的（教育退步）。

教育要发展，根本靠改革，但改革也必然以教育的现实为基础。那么，我国现阶段教育的现实状况如何呢？

## 一、我国教育事业的现状

旧中国的教育事业非常落后。新中国成立之前，全国人口中80%以上是文盲，学龄儿童入学率只有20%左右。在当时教育发展最好的年份1946年，全国仅有高等专科学校207所，中学4 266所，小学28.9万所，幼儿园1 300所。新中国的教育事业就是在如此薄弱的基础上发展起来的。

新中国成立以来特别是改革开放以来，党和政府对教育工作高度重视，实施科教兴国战略，并提出要优先发展教育，经过近60年的蓬勃发展，1978～2007年间，全国小学学龄儿童入学率从94%提高到99.5%；初中毛入学率从20%提高到98%；高中阶段教育毛入学率从不到10%提高到66%；高等教育毛入学率从不到1%提高到23%；学前教育毛入园率从很低水平起步，达到了44.6%。[①] 截至2008年年底，根据教育部《2008年全国教育事业发展统计公报》显示：在义务教育方面，全国共有小学30.09万所，在校生10 331.51万人，小学学龄儿童净入学率达到99.54%；共有初中学校5.79万所，在校生5584.97万人，初中阶段毛入学率达到98.5%；在高中阶段教育方面，2008年全国共有普通高中、成人高中、中等职业学校等30 806所，在校学生4576.07万人，高中阶段毛入学率74%。[②] 总而言之，新中国成立以来我国在

① 张力：《改革开放30年教育成就和未来展望》，载《中国发展观察》，2008（10）。

② 教育部：《2008年全国教育事业发展统计公报》，见教育部网站。

义务教育、高中教育、高等教育、学前和特殊教育、成人教育和民办教育等领域，都得到了长足发展，实现了从扫盲到普及九年义务教育，再到今天的全面实现城乡免费义务教育；从恢复高考到高等教育的跨越式发展；从充斥文盲到今天的人力资源开发处于发展中国家较高水平等。

我国现阶段教育所取得的成绩是有目共睹的，欣喜的同时，我们也应看到，我国的教育还存在不能满足国家经济社会发展和人民群众接受良好教育的不足之面，具体表现为：教育观念相对落后，内容方法陈旧，中小学生课业负担过重，素质教育推进困难；学生适应社会的能力不强，创新型、实用型、复合型人才紧缺；教育体制不灵活，学校办学活力不足；区域教育发展不平衡；教育投入不足等。因此，我国迫切需要对教育进行改革。

## 二、我国教育改革的发展历程

从我国教育改革实践看，观察教育改革发展历程的坐标有两个维度：一是横向的维度，即教育改革与其他社会改革之间的关系；二是纵向的维度，即教育改革历史展开的生动过程。基于横向维度，人们可以观察到教育改革与其他社会改革之间的共生和互动现象，基于纵向维度，人们可以观察到教育改革的连续性、积累性与阶段性。在此，采用纵向的维度展示我国教育改革发展的未间断历程。

### （一）教育改革的初始与破坏时期（1949～1977 年）

教育领域的改革，可以追溯到新中国成立之初 1952 年、1953 年的高等学校院系调整。新中国成立后，在教育体制上废旧立新，私立高校全部改为公立，特别是经过 1952 年的高等学校院系调整，打开了中国现代学术建制重大的、整体性的转型的大门，同时选拔人才开始以国家统一的招生考试来进行。

其后，“文化大革命”期间的教育事业遭受了严重破坏。“文革”期间，受“两个估计”① 影响，认为高考制度培养的是资产阶级接班人，因此高考制度被废除。在 1972 年、1973 年前后，一部分高等院校恢复了招生，采取的是群众推荐、个人报名、单位同意、学校招生的方式。正是在这样的招生方式下，出现了“白卷”先生等奇怪现象，人才的选拔和培养已不按照教育规律进行。

---

① “两个估计”指 1971 年由姚文元修改、张春桥定稿的《全国教育工作会议纪要》中的两个政治结论，即“文化大革命”前十七年教育战线是资产阶级专了无产阶级的政，是“黑线专政”；知识分子的大多数世界观基本上是资产阶级的，是资产阶级知识分子。

**（二）教育改革的酝酿发展时期（1977～1984年）**

粉碎“四人帮”后，邓小平同志首先提出要恢复高考，这是当时拨乱反正、百废待兴的关键所在。1977年恢复高考，1978年党的十一届三中全会后，教育领域各方面的工作逐步恢复秩序，教育事业很快走上正轨，并得到迅速发展。这一时期，基础教育领域工作的重点是普及小学教育。1980年中共中央、国务院发出《关于普及小学教育若干问题的决定》，明确提出80年代在全国基本实现普及小学教育的历史任务，要求各级党政领导机关把普及小学教育当成一件大事来抓。在一系列政策指导下，普及小学教育依据“两条腿走路”的办学方针展开并取得了较大的进展。为了尽快培养国家经济建设和社会发展所需的大量人才，邓小平同志指出“必须考虑集中力量加强重点大学和重点中小学的建设，尽快提高它们的教学水平和教学质量”。① 1978年教育部公布《关于办好一批重点中小学的试行方案》，此后一批重点中小学相继产生；中等教育方面1980年国务院批准教育部、国家劳动总局《关于中等教育结构改革的报告》，提出改革中等教育结构，发展职业技术教育；高等教育方面的工作主要集中在恢复高考、理顺高等教育管理体制、调整高等学校学科和专业结构、开始建设重点大学等方面。1978年经国务院批准，我国恢复和增设了普通高等院校169所。当然，这一时期也是研究生教育的恢复时期，高校开始重新招收研究生。1980年《中华人民共和国学位条例》公布，规范和促进了研究生教育的进一步发展。到20世纪80年代中期之前，教育事业秩序全面恢复，真正摆脱了“左”的思想束缚，为新时期的教育改革准备了良好的条件。

**（三）教育改革的起步发展时期（1985～1992年）**

1985年5月27日，《中共中央关于教育体制改革的决定》使我国教育改革和发展进入了一个新的历史时期，由此，我国开始着手全面推进教育体制改革，逐步实行“地方负责，分级管理”② 的体制。1986年《义务教育法》的颁布为普及九年义务教育提供了法律保障，极大地促进了我国基础教育的发展。基础教育招生考试制度改革开始试行小学毕业就近升入中学，不再举行升学考试的政策。这一时期继续进行中等教育结构调整，通过普高改职高、增设职业教育课程及新办职业技术学校等途径，逐步形成了中等教育阶段普通高中与中

① 邓小平：《在全国教育工作会议上的讲话》，见《中国教育年鉴（1949－1981）》，第62页，北京，中国大百科全书出版社，1984。

② 《中共中央关于教育体制改革的决定》，见《中国教育年鉴（1982－1984）》，第3页，长沙，湖南教育出版社，1986。

等职业技术教育并行的格局；高等教育方面，1986年国务院发布了《高等教育管理职责暂行规定》，划分了中央各部之间、中央和地方之间在管理高等教育方面的权限、职责。在试点的基础上，1990年国家教委发布了《普通高等学校评估暂行规定》，加强了对高校的宏观管理，调动了高校自主办学的积极性。在高校招生制度上，实行国家计划招生、用人单位委托招生和计划外招收少数自费生三种招生形式。在录取体制上将统一录取改为学校单独录取，试行"学校录取，招办监督"的新体制，并试招收中学保送生。在毕业生分配制度上，试行"供需见面"的办法和招聘考核录用的改革试验，分配中的指令性计划逐步减少，指导性计划增加。继续推进重点大学和重点学科建设工作。高等学校教育教学改革及思想政治工作改革也在继续进行。为使高等学校在发展科学技术方面作出更大贡献，这一时期继续改进和完善研究生培养制度，促进研究生教育的发展。

**（四）教育改革的全面发展时期（1993～1998年）**

随着社会主义市场经济体制改革的不断深化，1993年中共中央、国务院颁布了《中国教育改革和发展纲要》，总体构建了适应市场经济发展要求的中国特色社会主义教育的基本架构，提出到20世纪末期我国教育改革与发展的方针任务、战略目标、总体思路和重大政策举措。以此为标志，我国新时期教育改革也进入全面发展时期。基础教育领域开始提出切实转变教育观念，实施素质教育；中等教育的结构得到继续调整，中等职业技术教育得到进一步发展。1996年《中华人民共和国职业教育法》颁布，为我国职业教育的改革和发展提供了新的基础和动力，我国职业教育改革和发展进入新的依法治教阶段；在高等教育改革方面，1998年通过《高等教育法》，明确高等学校的权利和义务，使高等学校真正成为面向社会自主办学的法人实体，进一步扩大了高校办学自主权，确立了中央与省（自治区、直辖市）分级管理、分级负责的教育管理体制，开始通过共建、合作、合并、划转、协作等形式的联合办学，使高校质量和效益明显提高。在招生制度改革上，1997年高等学校招生实现全面并轨，并逐步实行收费制度。1998年高等教育开始扩大招生，高等教育入学机会得到显著增加。在就业制度改革上，改变了高校毕业生"统包统分"的就业制度，实行少数毕业生由国家安排就业，多数由学生"自主择业"的新制度。积极推进高等学校科类和专业结构调整，实施国家"211工程"，酝酿"985工程"，加速推进重点大学和重点学科建设。这一时期研究生教育也有了快速的发展，改进硕士学位授权点和博士生导师的审核办法，加强质量监督和评估制度，大力培养经济建设和社会发展所需应用型人才。

**（五）教育改革的持续发展时期（1999年至今）**

党的“十五大”提出了跨世纪社会主义现代化建设的宏伟目标和任务。以1999年《面向21世纪教育振兴行动计划》《中共中央国务院关于深化教育改革全面推进素质教育的决定》和《国家中长期教育改革和发展规划纲要》等政策公布为标志，我国教育改革进入持续发展时期。这一时期，基础教育改革的核心是酝酿和实施新一轮基础教育课程改革。2001年《基础教育课程改革纲要（试行）》颁布，2005年在全国推行。基础教育管理体制继续推进“以政府办学为主，积极鼓励社会力量办学”① 的办学体制改革。2002年《民办教育促进法》颁布后，对基础教育的社会力量办学起到了积极的作用。农村义务教育改革也是这一时期基础教育改革的重点，农村义务教育实行“在国务院领导下，由地方政府负责，分级管理，以县为主的体制”②，实施“国家贫困地区义务教育工程”，推进山区、牧区和边境地区等农村义务教育普及实施和质量提高工作。为减轻农民教育负担和控制一些地方和学校的乱收费现象，先试行农村“一费制”改革，在此基础上试行农村义务教育“两免一补”政策，并于2008年逐步在全国范围内推行，极大地促进了义务教育阶段的公平性，推进教育公平事业取得突出成就。这一时期，职业技术教育改革的重点是积极发展高等职业技术教育，高等教育扩招的“增量将主要用于地方发展高等职业教育”③。原有的职业大学、独立设置的成人高校和部分高等专科学校要通过改革、改组和改制，逐步调整为职业技术学院。同时积极发展中等职业技术教育“保持中等职业教育与普通高中教育的比例大体相当”④。高等教育改革的重点是招生和考试制度改革。从1999年起，高等教育开始大规模扩招。经过连续9年的扩招，高等教育毛入学率现已超过23%，进入世界公认的高等教育大众化阶段。与此同时，高考制度也进行了相应改革，高等教育教学开始推进“面向21世纪教学内容和课程体系改革计划”，并实行5年一周期的全国高等学校教学质量评估制度。实施“985工程”和“211工程”，继续推进重点大学和重点学科建设。在高等教育体制改革方面，继续实行“共建、调整、合作、合

---

① 《国务院关于基础教育改革和发展的决定》，见《中国教育年鉴2002》，第66页，北京，人民教育出版社，2002。

② 同上，第62页。

③ 同上，第112页。

④ 《国务院关于大力推进职业教育改革和发展的决定》，见《中国教育年鉴2003》，第782页，北京，人民教育出版社，2003。

并”方针，逐步形成中央和省级政府两级管理、分工负责，在国家宏观政策指导下，以省级政府统筹为主的条块有机结合的新体制。

在进入21世纪第二个十年之际，党中央、国务院颁布了《国家中长期教育改革和发展规划纲要》，明确提出到2020年基本实现教育现代化、基本形成学习型社会、进入人力资源强国行列的战略目标，这成为指导未来十年我国教育改革发展的宏伟纲领和行动指南。

# 第二节　当代中国教育改革面临的形势与任务

## 一、当代中国教育改革：大势所趋

### （一）知识经济初见端倪

20世纪后半叶，人类社会进入了一个变幻无穷的时代，也迎来了具有开创意义的知识经济时代。正像工业经济通过产业革命替代农业经济一样，知识经济通过新的科技革命替代工业革命，以数字化和网络化为特征的信息技术的发展，使全球（尤其是发达国家）的经济增长方式越来越依靠知识的生产、扩散和应用。知识作为蕴含在人力资源和技术中的重要成分，对生产力和经济增长的决定性作用日益明显，“常规的生产要素：土地、劳动力、原料和资本等，其重要性日渐下降，取而代之的符号化知识的重要性却与日俱增……”① 知识在不断创新中带动经济的快速发展，而知识的产生和获得又必须依赖于教育。迎接知识经济的挑战，首先在于教育改革。

洞悉时代精神是为了更好地理解教育、设计教育和实施教育。面对社会的发展与变迁，面对知识经济的挑战与机遇，教育和学习已成为知识经济的中心环节，“在教育领域里追求人素质的全面发展，已经变成一种集体行动，成为国际教育改革的重要趋势”②。在知识经济时代，关注如何获取知识与学习知识、培养完整人格比仅仅积累知识的数量更为重要。1996年4月，国际21世纪教育质量委员会向联合国教科文组织提交了《教育——财富蕴藏其中》的重要报告，其中指出，在知识经济的视野里，“学会认知”“学会做事”“学会共同生活”和“学会生存”是衡量现代人的重要标准，而且“新的教育精神要使个人成为他自

① ［美］阿尔文·托夫勒：《力量的转移》，第66页，北京，新华出版社，1996。

② 靳玉乐：《探究教学论》，第16页，成都，西南师范大学出版社，2001。

己文化进步的主人和创造者”，要使教育过程的“重点放在教育过程与学习过程的‘自学’原则上，而不是放在传统教与学的教学原则上”。[①] 也就是说，“虽然一个人正在不断地接受教育，但他越来越不成为对象，而越来越成为主体了”[②]。联合国教科文组织国际教育委员会主席埃德加·富尔（Edgar Faure）及其同事曾指出，在急剧变化的社会中，学习“是基于每个个人自发的意愿而进行的活动”，是“由自己根据需要选择适合于自己的手段和方法展开的，是持续一生的”[③]。21世纪的生存概念是终身学习。因此，改革教育，清濯有碍恢复教育“本真”的污浊，剪除有扰回归教育“本然”的羁绊，让教育真正焕发出生命的活力，成为当今教育改革的主旋律。

**（二）国际竞争日趋激烈**

中科院院士卢嘉锡曾对“第二次世界大战”后50年的科技发展作过一个概述，他认为当代科学技术的发展具有如下特色：①在发展速度和发展过程上具有加速发展和急剧变革的特点；②既高度分化又高度综合而以高度综合为主的整体化趋势；③科学技术转化为生产力的速度越来越快。[④] 科学技术的迅速发展与革命性变革把人类带入了一个新的时代，即知识经济时代。在知识经济时代，国际竞争的实质是人才的竞争。我国社会主义现代化建设，正是在全球科学技术飞速发展和世界范围大发展、大变革和大调整的背景下进行的，面临着激烈的国际竞争，竞争的核心则是人才与科技竞争力，基础则是学习与教育竞争力。综观世界各国发展趋势，知识越来越成为提高综合国力的决定性因素，人力资源越来越成为推动经济社会发展的战略性资源，人才培养与储备越来越成为增强核心竞争力的重要手段。为此，许多国家都把教育作为重要的国家战略，纷纷制定教育和人力资源开发战略规划，将其作为抢占国际竞争有利位置乃至制高点的重要举措。

面对竞争性的全球化经济和环境，我们别无选择，只能调整自身从而变得更有效率、更多产并且更为灵活，进一步增强国家竞争力和文化软实力，主动把握和全面谋划教育改革和发展。

---

① 联合国教科文组织国际21世纪教育发展委员会：《学会生存——教育世界的今天和明天》，第201页，北京，教育科学出版社，1996。

② 同上，第200页。

③ 同上，第228页。

④ 国家教育委员会高等教育司：《当代科学技术发展与教学改革》，第1～12页，北京，高等教育出版社，1995。

### （三）人类生存面临危机

早在19世纪，马克思就曾指出，随着人类文明的进程，把“人的世界和人的关系还给人自己”[1] 将成为历史的必然。然而，当人们高奏凯歌跃入物质文明空前繁荣的20世纪时才警觉，我们的本性已发生异化，我们很难把人的世界和人的关系还给我们自己了，能源的危机、生态的破坏、人口的过度增长、道德的滑坡是文明为人类挖掘的坟墓。人们无奈地发出“还我本性”的呼喊，并提出具有引导社会和人类进步的“可持续发展”理念。此理念自20世纪80年代产生起即迅速深入人心，表达着一个强烈的愿望：希望人类的未来更加美好。因为可持续发展理念把人与环境视为同一个发展系统，不仅重视人的生存和发展，也重视环境对人类的支撑和服务价值。它认为：人类应和自然和谐发展，可持续地发展，并为后代提供良好的生存发展空间；人类应珍惜共有的资源环境，有偿地向大自然索取……人类为此应变革现有的生活和消费方式，与自然重修旧好，建立新的“全球伙伴关系”——人与自然和谐统一，人类之间和平共处。[2] 当然，要成为可持续发展的人，教育是必不可少的因素，“教育是推进可持续发展和提高人们处理环境和发展问题的关键”[3]。我们需要通过教育、通过学习来培养可持续发展所需要的价值观、行为方式和生活方式。

## 二、当代中国教育改革：形势所迫

### （一）中华民族伟大复兴的梦想

教育救国、教育兴国、教育强国，是一百多年来中国人民的心愿与追求。鸦片战争后，为挽救民族危亡，一批爱国志士提出“兴学图强”，洋务派坚持“中学为体，西学为用”的指导思想，开创了言技救国、兴技救国的时代景象。然而，软弱的中国民族资产阶级不可能完成反帝反封建的民主革命，也实行不了真正的“教育救国”。直到中华人民共和国成立，中国才重新走上民族复兴的征程。在中国共产党的领导下，中国人民取得了抗日战争的胜利，更有后来的抗美援朝、抗美援越、中苏、中印、中越自卫反击战的胜利。作为红旗下长大的一代，希望祖国繁荣富强始终是自己的梦想。随着中华人民共和国的日益

---

① 《马克思恩格斯全集》，第一卷，第443页，北京，人民出版社，1956。

② 赵中建：《教育的使命》，第79页，北京，教育科学出版社，1996。

③ Monique Fouihoux President NGO－UNESCO Liaison Committee，*The Role of NGOS in Advancing Sustainable Development*，1992.

强盛，原子弹、氢弹的爆炸，人造卫星的升空，“神舟六号”的发射成功，中国经济的腾飞，中国在国际上的话语权才越来越有分量，才显示出一个泱泱大国的国际地位。

但是，作为一个大国，我们每一个中国人都憧憬着这样的一个梦想——21世纪是华人的世纪，是中华民族全面走向伟大复兴的世纪。民族与国家的复兴靠的是人才，没有人才辈出的时代，民族何以复兴？杰出人才源于教育，教育不能培养杰出人才，民族何以实现复兴之梦。正是基于这样的逻辑推论，以振兴民族和国家为终身职责的钱学森先生才发出“为什么我们的学校总是培养不出杰出的人才”。这种“世纪之问”，教育对于国家、民族、家族乃至个人所承载的使命和职责可谓莫大焉。

### （二）世界范围教育改革的顺应

20世纪在教育史上是躁动的百年，也是辉煌的百年，各种思潮频繁涌现，各种流派异彩纷呈，更可贵的是世界各国不但开始关注教育思想的力量，而且通过大规模的教育改革践行教育理论，回应社会需求。美国政府在1985年开始着手制定新的科学教育发展纲要《普及科学——美国2061计划》，意图在2061年哈雷彗星再次光临地球时，美国的科学教育能够实现2061计划所提的目标。为了进一步强化国家对教育改革的指导作用以及为中小学教育改革提供发展方向，1991年布什政府出台了《2000年的美国——一种教育战略》，掀起了基于课程标准的改革运动。克林顿政府则于1993年宣布了《2000年目标：美国教育法》，以立法的形式保障了中小学教育改革的合法性。20世纪80年代后，英国的课程改革同样迎来了自己的繁盛时期。撒切尔夫人执政后，逐渐改变英国教育改革中的“自治”传统，开始强调政府对教育的干预，《关于课程的看法》《学校课程》《把学校办得更好》和《国家课程5—16岁咨询文件》等文件的出台，都明显地表达了英国政府进行国家课程改革的决心，1987年《教育改革法案》的出台则明确地以法律条文规定，从1989年起英国所有的公立中小学全部推行统一的国家课程。当然，这次课程改革由于自身的问题以及来自外界的抵制，在实施过程中陷入困境，针对这种情况，英国政府在1990年对国家课程做出进一步的调整，增加了国家课程的灵活性和多样性。布莱尔政府上台后通过《1997年教育法》，以更加强势的态度，拉开了新一轮课程改革的帷幕，并从2000年9月开始实施新的国家课程。法国的课程改革非常强调地方分权，其中最典型的一次变革当数20世纪70年代的“哈比改革”，虽然此次改革并不成功，但是它为后续的改革提供了许多有益的建议。西方各国的教育改革的特点与内容尽管有所不同，但他们共有的一个目标就是提高教育质量，应对时代挑战。

课程改革作为一个全球化的思潮，它不仅仅局限于西方发达国家，20世纪80年代以后东方的一些国家也逐渐加大改革的力度。如1998年日本教育课程审议会发表报告，规划了日本新世纪学校教育课程的构想；韩国从1954年第一次修订课程以后，至今已经进行了七次大规模的课程改革。此外，亚洲的一些小国，如马来西亚、泰国、印度尼西亚等也纷纷针对本国的国情进行了一系列的教育改革。而我国作为一个在世界上具有重要影响力的发展中国家，要想进行赶超与跨越，必须把人口负担转化为人力资源优势，必须适应世界课改的潮流，积极进行教育改革。

## 三、当代中国教育改革：众望所归

### （一）改革伴随着对教育的批判和质疑

20世纪末，中国教育的变革经历着两个不同的阶段：第一个阶段是始于20世纪80年代末的“素质教育”改革与倡导时期。经过整整10年废弃考试的“文化大革命”，中国人民的“应试”激情在1977年邓小平恢复高考的正确决策下怦然爆发，“高考”唤醒了延续在中国人身上一千多年来“科举”文化的情愫。通过“考试”选拔人才本身没有错，但为了“应试”而教育却是偏离了教育的本质，“高分低能”者的培养并不能适应社会生产、建设、发展的需要，弊端与问题同时凸显。于是乎，有识之士依据中央“教育改革的根本目的在于提高民族素质”的精神，在教育界掀起推进“素质教育”的改革浪潮。此阶段的改革有许多观念的变革和创新，如最具符号性的特征就是“减负”，即减书包、减课时、减作业、减课本。初衷虽好，但历时多年，效果并不明显，仍然是“素质教育口号叫的轰轰烈烈，应试教育实践抓的扎扎实实”。第二个阶段是兴起于20世纪末的新课程改革。此阶段的改革致力于从教育制度及其核心层面——即改革国家的课程体系进行变革，不可不说这是一项深层次的变革。历时十年的新课程改革在推动中国教育的变革与发展中发挥了重要的作用。

反思六十年来的我国教育改革，大都还是就教育而论教育，企图想通过改变一些“枝叶”来改变中国教育，这种“变革”显然是力不从心的。因为教育是整个社会政治、经济、文化的一种折射，是“枝叶”，要推行教育的改革，必须从“本源”入手，即要从社会政治、经济、文化的“全体”来推进。

### （二）教育的期望日益增强

当前，我国仍处于并将长期处于社会主义初级阶段的基本国情没有变，人民日益增长的物质文化需要同落后的社会生产之间的矛盾这一社会主要矛盾没有变。国际的经验表明，这一时期既是战略机遇期，也是矛盾凸显期，人民群众对包括教育在内的公共服务需求快速增长，改善民生、促进公平、建设和谐社会的任务更加繁重。随着社会不断发展进步，广大人民群众对通过接受教育提高自身素质、改变命运的愿望更加强烈，特别是学生家长普遍存在着“望子成龙”思想，普遍期望子女接受高等教育，为此甚至不惜“逼子成龙”，这是酿成许多惨剧的重要原因。据有关部门的调查①，全国城乡 40%以上家庭的家长期望自己的子女上大学本科，其中城市家庭的家长期望值大于农村，而且有 20%以上的家长希望自己的子女考博士。随着社会进步和人民群众生活水平的提高，家长期望自己的子女接受高质量的教育无可非议。问题在于，什么是“高质量”的教育。审视社会的教育期望，我们不难看出，人们更多地关注“数以千万计的专门人才”，而对培养“数以亿计高素质的劳动者”则相对关注和重视不够。成绩、成长、成功，是教育词典中使用频率很高的词语。但是，拥有不同教育理念的人，在教育实践中对这三个词的关注程度可能会有很大的不同。有的人过度关注成绩和成功，这样的做法很可能会导致急功近利的应试教育。

教育的意义，本是让学生一生得到良好发展，一生都能愉快成长的。这不仅关系着我们教育改革发展的未来，而且关系到我们整个中华民族的未来。因为，如果一个民族只会按照标准答案去演算题目，只是关注试卷上的考试成绩，那么这个民族就会缺乏创造性，就会丧失自主创新的精神。但是，目前的学校教育特别是中学教育的现实，并不是我们想象的素质教育的理想境界，在应试现实和教育理想发生冲突时，学校、家长都会不约而同地把注意力放在“当下”的应试，而忽略学生的人格、心理、思维、道德品质的健康发展。

## 第三节　当代中国教育改革的进展与成就

### 一、实现全面普及九年义务教育的历史性成就

新中国刚刚成立的时候，我国 80%以上的人口是文盲，适龄儿童小学入学率不到 20%，初中入学率仅为 6%。新中国成立后，党和政府提出要普及教

① 俞家庆：《要研究引导社会教育期望》，载《教育研究》，2000 (4)。

育，提高全民族素质。因为充满了文盲的国家是建设不了现代化的。20 世纪 80 年代，中央又决定实施九年义务教育。经过努力奋斗，到世纪之交，我们已经基本普及九年义务教育、基本扫除青壮年文盲。再经过新世纪以来的继续奋斗，我们现在已经全面普及了九年义务教育。

基础教育是提高民族素质的奠基工程。1985 年，《中共中央关于教育体制改革的决定》颁布，首次提出了实行九年制义务教育的历史性任务，认为这是发展我国教育事业的基础。1993 年，《中国教育改革和发展纲要》进一步把“基本普及九年义务教育、基本扫除青壮年文盲”作为 20 世纪 90 年代我国教育发展的“重中之重”。1994 年，《中国教育改革和发展纲要〈实施意见〉》进一步提出了基本普及九年义务教育的具体标准，即到 2000 年，“占全国总人口 85%的地区普及九年义务教育。初中阶段的入学率达到 85%左右，全国小学入学率达到 99%以上”。由于各级政府、学校和全社会的大力推进，这一目标如期实现，2000 年年底，初中阶段毛入学率达到 88.6%，普及九年义务教育的人口覆盖率也超过了 85%。而且“十六大”之后，中央逐步在全国城乡实行免费义务教育。先是补助家庭经济困难学生，再是推行“两免一补”，再到全免费义务教育，国家为此投入了巨大财力。国家专门召开农村教育工作会议，实施西部地区“两基”攻坚计划，建设了 8 000 多所农村寄宿制学校，同时推进信息化建设，使广大农村地区、边疆地区孩子的学习条件得到根本改善。到 2008 年，全国“两基”人口覆盖率达到 99.3%。进入新世纪后，我国重点加强和发展农村教育，将义务教育全面纳入财政保障范围，义务教育进入到巩固提高和全面普及新阶段。在包括印度、印度尼西亚、巴基斯坦、孟加拉国、巴西、墨西哥、尼日利亚、埃及等在内的世界九个发展中人口大国中，我国是第一个实现普及九年义务教育的国家。联合国教科文组织《2006 年全民教育全球监测报告》显示，2002 年我国全民教育发展指数已位居 121 个被监测国家中第 38 位，进入全民教育发展高指数行列。2009 年，全国初中阶段教育毛入学率进一步提高到 99.0%。今后，我国普及九年义务教育将进入提高质量的攻坚阶段。

## 二、实现高等教育大众化的历史性跨越

与世界发达国家相比，中国是在一个人口众多，经济相对落后的基础上兴办高等教育的。经过半个世纪的发展，特别是改革开放以来，我国的高等教育事业迅猛发展，取得了辉煌的成就。改革开放之初，由于全国高等学校停止招生达十年之久，社会发展和广大青少年对发展高等教育具有强烈的需求。1977

年，邓小平亲自决策恢复高考制度，并要求高等教育有一个大的发展。经过30多年的努力，高等教育的数量规模有了很大发展。1977—2009年，全国高等学校招生数从27万人增加到840余万人，增长31倍；在学总规模从62.5万人增加到2 979万人，增长48倍。高等教育毛入学率由1990年的3.4%提高到2009年的24.2%。[①] 按照马丁·特罗（Martin Trow）教授的高等教育大众化阶段，那么，到2002年我国高等教育已经进入国际公认的大众化阶段。[②]

高等教育的发展除了数量的增长外，还有结构的优化和质量的提高问题。从教育结构和人才培养模式来说，如果不了解中国经济社会发展对不同层次、不同类型专门人才的需求，高等教育的发展将很难适应经济社会发展的要求，也很难满足广大青少年自身发展多样化的要求。我国的大学本科和研究生教育的人才培养目标和模式，在传统上是比较单一的，大多是为培养学术研究型人才而制定的。学术研究型人才是高级专门人才的重要组成部分，没有高水平的学术研究，没有原始性创新，我们就只能永远跟在发达国家的后面，无法实现跨越式发展。目前我们在这方面培养人才的工作，特别是在师资水平和教育质量上还存在不少问题，在市场经济的条件下，我们更应具有对科学和社会发展的长远战略眼光，注意克服专门人才特别是在高新技术关键领域的高级人才以及高级经营管理人才仍然十分紧缺的窘境。2009年，教育部进一步强调要积极发展具有中国特色的专业学位教育，并要求在2010年招生计划中扩大专业学位招生的规模。在高等学校教学改革中，注意了解和研究经济、科技和社会发展对专门人才的需求，加强高等学校与社会的紧密结合，促进产学研的结合和合作。这是一个非常积极的趋势。

## 三、促进职业教育在创新中快速发展，教育宏观结构调整取得重要突破

职业教育是面向人才的教育。新中国成立后，职业教育一直是培养技能型人才的摇篮。改革开放后特别是进入新世纪以来，党和国家把发展职业教育放在更加突出的位置，确立了大力发展职业教育的方针。1985年，《中共中央关于教育体制改革的决定》针对当时我国经济社会发展需求和教育结构指出：

---

① 郝克明，杨银付：《改革开放以来我国教育改革发展的若干启示》，载《教育研究》，2010（3）。

② 据教育部网站公布的数字，我国高等教育毛入学率从2002年到2008年的数字分别为15%、17%、19%、21%、22%、23%和23.3%。

“职业技术教育是当前我国整个教育事业最薄弱的环节。一定要采取切实有效的措施改变这种状况，力争职业技术教育有一个大的发展。”1993年，《中国教育改革和发展纲要》再次强调：“在结构选择上，以九年义务教育为基础，大力加强基础教育，积极发展职业技术教育、成人教育和高等教育，把提高劳动者素质，培养初、中级人才摆到突出的位置。”随后，国务院一再发布推进职业教育改革的决定，如2005年的《国务院关于大力发展职业教育的决定》，《决定》显示：到2010年，我国的中等职业教育招生规模达到800万人，与普通高中招生规模大体相当，高等职业教育招生规模占高等教育招生规模的一半。“十一五”期间，职业教育要为社会输送2 500多万名中职学校毕业生，1100多万高职院校毕业生，每年培养城乡劳动者上亿人次，使我国的劳动者素质得到明显提高。同时，教育部启动被称为“高职211”的“百所示范性高等职业院校建设工程”，这一举措使高职人才更紧密地与市场结合，使学生更适应市场需求。

在国家政策大力扶持职业教育的同时，在不断探索总结有中国特色的职业教育改革发展的道路上，我国职业教育明确了以服务为宗旨，以就业为导向的办学方针，实现了职业教育办学思想的重大转变，紧密地围绕走新兴工业化道路和解决三农问题的需要，制订相应计划，如大力实施了“职业院校制造业与现代服务业技能型紧缺人才的培养培训计划”及“农村劳动力转移的培训计划”。进一步明确了职业教育管理体制，初步形成了在国务院领导下，分级管理，地方管理为主，政府统筹，社会参与的职业教育的管理新体制，各级职业学校根据市场和社会需要，切实地转变教育观念和办学模式，紧密地和企业、人才、劳务市场合作，不断更新教学内容，改进教学方法，调整专业结构，积极开展定单式的培养，加快培养新兴产业和现代服务业急需的技能人才。职业教育基础能力建设工作也已经启动，“十一五”期间，整个中央财政要增加投入100个亿，后来还增加了40个亿助学的资金给中等职业学校。2006年，中央财政已经投入了专项资金15个亿，其中，国债是10个亿，支持了大约170个县级职教中心和大约220所示范县中等职业学校的建设，财政专项资金5亿元来支持321个职业教育的实训基地。但是由于认识不足等各种原因，我国中等职业教育发展也经历了曲折的道路，世纪之交的一段时期出现了职业教育滑坡。1998年中等职业教育招生数达到530万人之后，开始下滑，一直到2004年才恢复到1998年的水平。而同期普通高中教育招生数则由400万人增加到820万人，增长了一倍。2005年，《国务院关于大力发展职业教育的决定》明确提出，“把发展职业教育作为经济社会发展的重要基础和教育工作的战略重点”，我国中等职业教育步入稳步发展的轨道。

## 四、促进教育公平迈出重大步伐

教育公平是一个历史的范畴，早在春秋时期，孔子就曾提倡有教无类，这是中国历史上第一个教育公平的理念。受到社会发展“效率优先、兼顾公平”的影响，我国教育改革中也一直遵循这样一条原则。胡锦涛总书记在2007年全国优秀教师代表座谈会上明确指出：“要把促进教育公平作为国家基本教育政策。”[①] 所谓教育公平是指每个社会成员在享受公共教育资源时受到公正和平等的对待。教育公平包括：教育机会公平、教育过程公平和教育质量公平。我们是社会主义国家，教育公平是整个社会公平的基础。因此，我们把教育公平作为国家基本教育政策，在实施中迈出了重大步伐。

1. 坚持用教育发展促进教育公平

用教育发展促进教育公平，是教育起点的公平，也是最大、最重要的教育公平。这些年来，加强农村教育、西部地区教育、民族地区教育、特殊教育，都是想方设法使教育有更好的发展，通过发展来使困难群体，能够享受更好的教育，这是教育的大公平。在普及九年义务教育过程中，政府把重中之重放到农村去，农村教育发生了翻天覆地的变化。特别在是西部地区，虽然人数不多，但是面积广大。西部有些地区的教育发展甚至跨越了几百年的历程，目的就是为了要让那里的孩子们都能够享受到良好的教育。同时国家对特殊教育给予了大力支持，这也是老百姓很拥护的事情。

2. 坚持用惠民政策保障教育公平

用惠民政策保障教育公平，是促进教育公平的必然要求。这些年来，国家全面推进义务教育阶段实施“两免一补”政策，在非义务教育阶段建立家庭经济困难学生资助体系。国家建立、健全了对普通本科高校、高等职业学校和中等职业学校学生的国家奖学金、助学金制度，形成以国家奖、助学金和助学贷款为主体，勤工助学、特殊困难补助、学费减免有机结合的“奖、助、贷、补、免”的资助政策体系。政策实行之后，国家财政和各个学校用于资助困难学生的经费每年大概是500个亿，资助的学生是2 000万人。其中高等学校的资助面达到25%以上，中等职业学校的资助面达到90%以上。

---

① 戚敏：《教育公平——教育现代化的重要评价指标》，当代教育论坛，2010（9）。

3. 坚持用规范管理维护教育公平

用规范管理维护教育公平，是促进教育公平的重要任务。当前，我国还处在社会主义初级阶段，让所有人都能享受好的教育资源是非常困难的。在国家大发展的过程中，还有这样或那样一些不和谐、不规范的行为。因此，政府强调从严治教，用规范管理来维护教育公平。比如说在招生当中，有一段时间确实存在一些问题，老百姓深恶痛绝，教育战线的同志们也深恶痛绝。阳光是最好的防腐剂，后来实施了“阳光工程”，招生所有过程都要公开。“阳光工程”实行以来，招生工作比以前有了很大的进步。

# 第四节　当代中国教育改革的未来抉择与趋势

基于对我国教育改革 60 年的历史回顾和形势分析，借鉴 20 世纪 80 年代以来特别是 21 世纪以来国外教育改革的基本经验，依据《国家中长期教育改革和发展规划纲要（2010—2020 年）》的决策指引，参照其他社会领域改革的成功经验，以历史唯物主义和科学发展观为指导，欲对未来中国教育改革比较大的趋势提出以下可能的展望。

## 一、教育思想和理论：借鉴与创新

世界的全球化趋势对应试教育模式的人才培养目标和规格提出了挑战，对此，中国教育必须通过改革来应对这一挑战。中国的崛起需要新人，新人的培养需要新教育。我国当前正在推行的教育改革是针对传统教育的弊端，立足于每个学生的发展和民族的伟大复兴，为培养创新型人才而进行的改革。改革有其思想和理论依据，但这些思想和理论均是移植借鉴国外的，而不是中国本土化的产物。国外的理论能够在其产生的土壤生存和发展，培养出理想的人才，对于我国来说有一定的借鉴价值。但是，作为中国教育改革的思想和理论，它并不是高屋建瓴的，更多的是移植和拼凑，故很难完全引领中国教育的改革和发展。实际上，任何一个国家的教育思想和理论创新都有其产生的内在机制，特别是决定教育发展方向、引领国家和民族未来发展的思想和理论更是如此。

就世界范围而言，引领一个国家和民族教育发展的思想和理论的创新机制包括以下几个方面：第一，必须扎根在本民族的文化土壤层中。只有民族的才是世界的，没有民族文化土壤根系的涵养，也就生发不出影响世界的思想家和大师。没有世界级思想家和大师的出现，也就很难产生引领国家和民族教育发展的理论和思想；第二，必须有思想和理论创新的学术环境和学术体制。思想和理论的产生除了要有生发的土壤层，还要有思想和理论成长的外部环境，最主要的是一个国家和民族对新事物、新思想、新理论的包容度、认同度；第三，必须有大师级的思想家产生。先有思想家的存在，后有思想出现的规律，要求我们必须有大师级的思想家出现，才能提出引领我国教育改革和发展的系统理论。中国教育的改革和发展呼唤大师级人物的出现。而上述条件的欠缺决定了目前还很难产生大师级的思想家和教育家，就此而言，中国教育改革之路是一个长期的过程。针对中国教育实践对理论和思想的急迫要求，我们只能遵从规律，从最基础的工作做起。

## 二、教育改革的价值诉求：以人为本

教育改革的价值诉求是指教育改革在酝酿、开展和推进过程中所表现出的对某些价值观念的偏爱和追求。教育改革的价值诉求决定着教育改革的目标、内容和具体的策略选择。综观我国教育改革 60 年来的历史，可以发现指导我国教育改革的基本价值诉求主要有两种：第一，国家主义价值诉求。主要表现为“国家利益的追求是教育改革的原动力，教育的每次改革都是为了追求国家利益的最大化或者追求新的国家利益”，① 它充分表达了教育的社会功能和属性。第二，功利主义价值诉求。此价值诉求有两个显著特点：“其一，奉行功利的价值原则，追求一种现实的功利或利益，特别是追求个人、社会物质需要与经济利益的满足；其二，在价值的辩护方式上，诉诸工具价值论。”② 改革开放以来，整个国家和社会的主导价值观念之一就是大力发展经济，促进经济增长，增强国家综合实力。在这种价值观念的指导下，教育与国家经济发展之间的关系被明显地阐释为“工具—目的”的功能关系。这既体现在教育要伴随社会经济体制的变化而进行相应的改革，以促进社会经济发展上；也体现在对教育地位和功能的不断重新理解上。

教育改革的国家主义及功利主义价值诉求是一种国际性的趋势，在现阶段有其合理的一面，其本身也具有人文主义的意蕴。国家利益的实现、经济发展后劲的增强，为每个社会群体和个体的发展提供了可靠保障和良好条件。未来的中国教育改革仍然需要坚持这种国家主义和功利主义的价值取

① 石中英：《教育哲学的责任和追求》，第 360 页，合肥，安徽教育出版社，2007。

② 夏正江：《教育理论哲学基础的反思——关于“人”的问题》，第 226 页，上海，上海教育出版社，2001。

向，以赢得更广泛的政治和社会支持。不过，教育改革中国家主义和功利主义的价值诉求如果发展到极端，就会扭曲教育和国家发展、社会发展、个人发展之间的关系，忽视教育的相对独立性，强化教育的依附性；就会遗忘教育的根本目的是促进人的全面发展，弱化人的多方面需求在教育改革和发展中的重要地位，最终不利于教育整体功能的实现，不利于教育、社会及人的和谐发展。这样的教育改革"往往注重外在形式，而忽视内在效果；注重现实利益的满足，而忽略未来社会发展提出的要求；注重外在社会功利性目的的达成，而忽略内在教育品质和青少年发展质量的提升"。[①] 因此，未来教育改革的价值诉求在追求国家利益和功利目的的同时，更应该体现以人为本的精神，全面贯彻党的教育工作方针，全面实施素质教育，把青少年学生的全面、和谐、多样与可持续发展放在教育工作的核心位置，把创办适合于每一位青少年发展需求的教育作为教育改革的基本目标加以追求。未来的教育改革应该认真分析和研究急速的、全方位、多层次的社会变革给青少年发展带来的诸多影响和挑战；应该采取有效措施维护和提高青少年学生的身心健康水平；应该着力加强青少年学生的思想道德和价值观教育，帮助他们建立对社会主义核心价值体系的信念，培养他们的平等、公正、责任、和平与环境保护意识，帮助他们正确地理解社会差别、文化冲突和国家之间的关系，深刻地理解人类发展与环境保护之间的关系，把可持续发展作为人类唯一可行的发展理念和模式。如果未来有一天中国教育改革的旗帜上能够赫然写上"为了人民的平等、自由和全面发展"，就标志着中国的教育改革进入又一个崭新的历史时期。

## 三、教育改革的路径：多样化

自上而下的教育改革路径使各级政府行政官员特别是教育行政官员处于改革的核心和主导地位，具有很大的责任和权力，而将学校管理者、教师、学生、家长及更广泛的社会利益群体从总体上处于边缘、依附和被动的位置。教育改革的推进主要依靠行政命令、宣传动员，依赖于开会、发文件、抓头头、检查落实、典型经验学习、政府绩效评估等方式方法。这种改革路径的优点在于政策执行力度大、改革效率高、改革过程比较容易控制。依照中国的教育国情，这种路径选择在今后一段时期内仍然具有较高程度的合理性。但是，一些改革实践说明，这种路径选择也存在一些无法规避的风险。

---

① 石中英：《教育哲学的责任和追求》，第 340 页，合肥，安徽教育出版社，2007。

首先，各级政府在自上而下的改革中要承担很大的责任，不仅要为改革提供额外的、有足够吸引力的公共资源保障，而且还要承担可能的政治成本。如果一项教育改革措施不能够取得预期成效或者有损于一部分学生或家长的教育利益，那么政府就首当其冲地成为批评的对象，成为教育舆论的中心。在一个媒体发达的时代，如果政府经常成为舆论批评的对象，客观上会降低政府本身的公信力，极大地影响到政府行为的合法性。其次，自上而下的改革容易滋长下级部门、大中小学校和老师们“自主改革的惰性”，逐步丧失自主改革的积极性、主动性和创造性。在自上而下的改革过程中，有小部分教育一线的人员会参与到政策调研、讨论和制定过程中去，但是绝大部分教育一线的人员还是站在改革之外，等待改革的命令。久而久之，在教育界就形成一种集体无意识：教育改革是上级政府的事情，自己只是教育改革的“客体”。教育改革，哪怕是一些学校层面或课堂领域的改革，也要依赖于上级行政部门或学校管理部门的决定。最后，采取自上而下改革路径所面临的另一困扰是支持改革的理论、数据或信息的不充分性。这种不充分性一方面来源于改革行为自身的性质和改革调研范围的有限性，另一方面来源于调查或征求意见中当事人的“讨好”行为，未能充分地反映真实情况。在这种情况下施行改革，很容易出现“上有政策，下有对策”的现象，实施素质教育、基础教育课程改革等的过程中已经出现了类似的情况。

联合国教科文组织在观察了世界各国的教育改革实践后指出，有助于教育改革成功的三个主要有关方面：一是当地社区，尤其是家长、校长和教师；二是公共当局；三是国际社会。过去的许多排斥现象都是由于其中的一方或另一方参与不足造成的。自上而下或从外部强制推进教育改革的种种尝试显然都失败了。在未来教育改革的过程中，如何在继续推进自上而下改革、解决宏观教育体制性问题的同时，进一步转变政府部门的观念，充分调动各方面的积极性，提高改革本身的民主化程度，有更加多样的路径选择，都是值得深入思考的问题。与自上而下的路径相对应的一种选择就是自下而上的路径。比较起来，这种路径更加强调微观的教育变革，更加强调学校和教师的改革主体性、更加强调专业学会和社区的参与、更加强调具体问题的有效解决。教育改革的路径选择不应该成为一种不断强化行政操控的过程，而应该成为一种不断增强学校自主性和向教育实践工作者赋权、提高他们革新能力的过程。不过，在教育改革的路径选择上，也不宜简单地走向反面，完全采用自下而上的改革路径。自上而下的改革和自下而上的改革相结合是教育改革走向成功的关键。

## 四、教师教育：关注教师的专业自觉

提高教师的素质，是新时期我国教育事业的迫切需求，是培养德智体全面发展的社会主义建设者和接班人的前提和保证。《国家中长期教育改革和发展规划纲要（2010—2020年）》明确指出：要把教师队伍建设摆在突出位置，切实提高教师的地位待遇，吸引优秀人才长期从教、终身从教，建设一支师德高尚、业务精湛、结构合理、充满活力的高素质专业化队伍，造就一批德才兼备的教育家。

教学是一种专业，《中华人民共和国教师法》明确规定："教师是履行教育教学职责的专业人员"，这样专业化就自然成为教师的发展目标。教师实现专业化的过程就是教师寻求专业发展的过程，这个过程与其说是外力强制，不如说是教师的理性自觉。一方面，学习型社会的需求，使得人们要生存和发展，适应激烈的竞争，就必须不断学习，终身进步。在这样的环境氛围中，教师要成为一个成熟的、符合教育标准的专业人员，需要经过不断地学习和实践，在拓展专业内涵的基础上，提高专业知识和专业技能，逐步达到专业的成熟。另一方面，从本质上来说，教师专业化具有积累和生长的特点，这个特点决定了专业化的过程只有起点，没有终点，贯穿于教师整个职业生涯的始终，因此，教师的专业发展就是一个不断进步，终身学习的过程。这样，教师专业化要求教师把职业当做事业来追求，充分激发教师的内在需求和自主发展的意识，把教育作为一种自觉的意识和主体的追求，持续提升内在专业素质，从而成为生命不止、发展不息的生命型教师。

教育改革需要的不仅是一般的教师素养，更需要教师的教育智慧。一方面，教师要让学生的创造欲和灵感得到充分释放；另一方面，传统单一线性教学目标的废止，生成性目标的实现，也需要教师创设创造性思维的契机。此外，针对教育改革中出现的新问题，还需要教师反复探究的智慧。如此等等，要求教师在接受培训、发展专业化的过程中充分体现智慧的生成。教师智慧的培养需要教育，这种智慧既包括学科的专业智慧，也包括教育智慧。学科的专业智慧是教师对所教学科的内容有深刻理解和独特的认识，有自己的思想和观点，形成自己独特的思维方式。教育智慧渗透、体现在活动中，是对教育教学活动创造性的驾驭、敏锐的反应和灵活的应变。同时，真正的智慧不只是理智和创造性的行为方式，它还包括对事业的热爱，培养教师的智慧，要求改变教师培训中的知识本位观念，改变仅仅将教师作为知识传授的"教书匠"而单纯培训知识能力的传统做法，这种做法在教师的专业成长中夸大了知识的工具价值，忽视了知识背后的创新能力，导致了教师将自己降为“教书匠”的地位。因此，教师教育必须是注重智慧生成的培训。

## 推荐阅读书目


1. 程方平：《中国教育问题报告》，北京，中国社会科学出版社，2000。

2. 陈小娅：《面向未来十年教育改革发展加强教育学会工作——在中国教学学会2010年度工作会议上的讲话》，载《中国教育学刊》，2010（5）。

3.《国家中长期教育改革和发展规划纲要（2010—2020年）》。

4. 国家教育委员会高等教育司：《当代科学技术发展与教学改革》，北京，高等教育出版社，1995。

5. 刘旭东：《课程的价值取向研究》，兰州，甘肃教育出版社，2002。

6. 吴昊，孙克竞，杨秉翰：《教育公平内涵之辨析》，载《湖南师范大学教育科学学报》，2007（11）。

7. 余冠仕：《人民教育奠基中国——教育部部长周济谈新中国60年教育改革发展》，载《中国民族教育》，2009（9）。

8. 张力：《改革开放30年教育成就和未来展望》，载《中国发展观察》，2008（10）。

9. 张天雪等：《基础教育改革论纲》，重庆，重庆大学出版社，2008。

10. 赵中建：《教育的使命》，北京，教育科学出版社，1996。


## 学习思考

1. 你能重新为教育改革做一个描述性的概念解释吗？

2. 以一小学或中学为调研对象，设计一份基础教育改革现状的调研报告。

3. 结合所学的知识，试评述新一轮基础教育课程改革（2001年）存在的问题并提出改进意见。

4. 谈谈你对《国家中长期教育改革和发展规划纲要（2010—2020年）》的认识。

5. 联系自己的学习或教学实践，试阐述着力加强教师队伍建设的意义和价值。

# 第十七章　世界基础教育改革与发展概览

本章从总体上介绍了世界基础教育改革与发展的模式、特点，依次分析了美国基础教育改革与发展的目标和理论基础、内容、效果，述评了英国20世纪80年代、90年代以及21世纪初基础教育改革与发展的状况，讨论了日本基础教育改革与发展的指导思想、目标、措施、成效与不足。

## 第一节　世界基础教育改革与发展的模式、特点

1960～1995年，全世界在中小学校注册的学生从2.5亿增加到10亿以上。期间，能读会写的成人人数几乎增加2倍，即从1960年的大约10亿人增加到今天的27亿多人。尽管如此，全世界仍有8.85亿文盲。享受基础教育的机会远非人人都有，更不用说是否有希望读完小学。1.3亿儿童没有接受初等教育的机会，1亿已入学的儿童不能完成4年学业。两性差距虽在缩小，但是仍然很大。尽管女青年和妇女教育给整个社会带来的好处已被不可辩驳的事实所证明，但是这一差距依然如此。解决那些仍被排斥在教育之外的人的问题，不只是需要发展现有的教育系统，而且还应在确保每个儿童和每个成人享受恰当的高质量的基础教育的协同努力范围内，设计和确定完全适用于这个或那个群体的新模式和新系统。①

1990年，美国各州州长一起制定了《国家教育目标》，确立了教育在全国的最优先发展地位。1994年，美国国会把这些目标以法律形式确定下来，联邦政府、州政府和各地方携手合作，注重把儿童培养成为有责任心的公民，帮助他们为继续学习做准备，以迎接21世纪技术方面的挑战。改革的核心与主题主要表现在两个方面：一是面向全体学生，特别是更多地关注经济贫困和学能欠佳的弱势学生群体，努力实现教育民主，1998年《构建学习社会》报告把注意力集中在已经得到改进和依然存在差距的地方；二是追求教育优异，努

---

① 联合国教科文组织国际21世纪教育委员会：《教育——财富蕴藏其中》，第107页，北京，教育科学出版社，1996。

力提高各州各学区各学校各学习阶段学业成就标准，积极主动地迎接未来的全方位挑战。《1999年全体儿童教育优异法案》即反映了这一要求。

英国最初的国家课程评价政策（该政策的出台以《1988年教育改革法》的颁布为标志）以发挥评价的教育功能为宗旨，在此基础上形成了标准参照的表现评价体系。经过14年的实施与修订，原来的评价政策已发生了很大变化。根据资格与评价，当局2002年公布的2003年各关键阶段的评价与报告安排相关文件、英国最新的国家评价政策安排包括：关键阶段末的测验；教师评价；成绩的记录、报告与公布。

1996年日本实施“学社融合推进计划”，将学校、家庭、社区联系在一起，合作构筑“教育网络”。面向21世纪，日本把加强“心的教育”放在改革的首位。“心的教育”的概念是1998年6月日本中央教育审议会提出的，强调今后的教育最重要的是在家庭、社区和学校的各个环节，改变偏重智育的风潮和知识灌输型的教育，让学生在宽松环境中接受教育，培养起自我学习、自我思考和行动的生存力，从幼小时候就让儿童切实掌握社会生活的规则，加强培育正义感、同情心等丰富人性的教育。①

## 一、世界基础教育改革与发展的主要模式

基础教育改革与发展的模式，即指对基础教育改革与发展过程的内在机制和总体特征的描述，具体涉及为何改革、怎样改革、改革什么、改革的成效及局限等方面的问题。美国、英国、日本三国的基础教育改革与发展模式比较典型。

### （一）美国基础教育改革与发展模式

针对基础教育中学生读写算能力的低水平表现、公共教育资源存在严重浪费以及教育管理体制低效的严峻现实，美国联邦政府秉持居安思危的理念，对基础教育进行了大刀阔斧的改革。

美国基础教育改革发展过程中的指导思想是新自由主义政治哲学，并期望以新自由主义倾向的政策为手段，来达到教育平等与公正的目的。基础教育改革与发展中确定平等、卓越并列为核心目标，平等的背后是追求卓越。在美国各项改革中，尤其以2002年《不让一个孩子落后法》（*The No Child Left Behind Act*）影响力最大。其核心内容主要体现在州政府负起更强的绩效责任，

---

① 吴刘丹：《国外基础教育改革发展趋势略谈》，载《党史文苑（学术版）》，2007（7）。

给家长和学生以更多的选择，州、学区和学校拥有更多的灵活性等3个方面。该法案最大的特点在于其强制性，进而它改变了美国教育话语。有人指出，比如在十年前极少被提到的绩效责任、满意的年度进步和高质量等术语在美国英语中已经变得比较流行。美国还通过颁布实施《赋予家长席位》的引导性教育政策来鼓励家长关注孩子的教育，并出台《基于所取成果之不让一个儿童落伍法强化计划》以巩固已有的改革成果。

美国基础教育改革与发展取得了很大成就。有数据显示，NCLB法案规定了对3年级到8年级的阅读和数学进行州统考，3/4的州和学区报告学生的统考成绩又有提高，学生间的成绩差距在缩小；在2005～2006学年间，88%的学区报告它们核心课程的教师已达到了NCLB中定义的“高质量教师”标准。不足之处在于，学校重视考试科目的教学，相应忽视非考试科目的教学；联邦政府赋予州和学区更多的管理上的权力，但联邦教育经费拨付不足削弱了政策执行的力度。

**(二) 英国基础教育改革与发展的模式**

为应对世界性教育改革的冲击和保守党基础教育政策的弊端，解决基础教育投资不足、学校两极分化突出、教育质量低下的问题，英国执政当局把教育置于首位，先后出台一揽子基础教育改革政策。

英国布莱尔政府以介于自由放任资本主义和福利国家之间的中间道路的“第三条道路”为基础教育改革与发展的指导思想，把增加教育投入、改革教育体制、提高教育质量、实现教育公平作为政府立法的首要目标。为实现上述改革目标，英国政府大规模增加教育投入；实施新的国家课程方案；重视价值观教育和学生的精神道德发展；以基础学力为核心，强化对本国语和数学的指导；努力培养学生信息和技术交流的能力。同时，推行“教育行动区”计划，通过把教育革新与广泛的社会首创精神联系起来的项目，提高薄弱地区的教育水平；实施特色学校计划，鼓励学校多样化，确保每一个孩子都能接受优质教育；实施薪金与绩效挂钩的教师和校长评价与绩效管理制度。

英国基础教育改革成效显著。英国基础教育从1997年的世界第47名一举跃到2005年的世界第三；教育投入经费增长幅度较大；师资队伍稳定；学前教育改革成就显著；“教育行动区”的基础教育的学术成就和教育质量与国家成绩水平的差距在不断缩小。不足之处在于，许多教育行动区的计划缺乏针对性，无形中浪费了许多人力物力；基础教育改革与发展过程中目标设定过细，导致课程窄化并不利于教师积极性的发挥。

### （三）日本基础教育改革与发展的模式

20 世纪 90 年代以来，日本基础教育面临着严重挑战。家庭与社区的教育能力显著弱化；由于过分追求平均化，导致教育过于整齐划一，适应儿童个性发展和能力的教育受到轻视。鉴于基础教育的诸多问题，日本政府先后出台一系列具有战略意义的文教措施。

日本基础教育改革与发展的指导思想是新自由主义和新保守主义，即一方面朝着个性化、多样化、自由化、分权化的方向发展；另一方面又渗透着国家主义、民族主义的教育思想，强调通过加强道德教育恢复民族文化传统和精神凝聚力。基础教育改革与发展的基本目标是促进学校、家庭和社区的复兴，学校变好，教育变样，最终通过多样的社会服务和社会体验活动，培育人性丰富的日本人。为达到改革与发展的目标，日本政府实行的基础教育改革的主要内容有：首先，创设初、高中六年一贯制的学校教育制度，实施公立中小学上学区域弹性化措施；其次，改革教学内容，删除基础教育阶段过深过难的内容；再次，重视道德教育，提出培养人性丰富的日本人；最后，教育管理方式上推行地方分权改革，并改善教师资格制度，加强对教育能力欠缺的教师的严格管理。

日本基础教育改革对地方教育行政部门与学校放权，减弱了中央教育行政部门的控制力量的同时，引入市场机制和竞争方式，在一定程度上打破了日本多年来形成的整齐划一的教育管理模式。由于实施“宽松教育”，一方面减轻了学生的负担；另一方面却引来破坏学科教育基础导致学力下降和扩大学生差距损害教育平等的批评。①

## 二、世界基础教育改革与发展的特点

20 世纪末，伴随着各国综合国力竞争日趋激烈的现实，世界各主要大国都在竞争中把目光投向教育尤其是基础教育的改革。美国、英国、日本的基础教育改革与发展，在某种程度上折射出世界主要发达国家教育改革与发展的经验和教训，它们具有以下共同特点：

### （一）改革指导思想的趋同倾向

美国的基础教育改革与发展的指导思想杂糅着新自由主义和保守主义的理

① 贫困山区县域基础教育改革与发展模式的比较研究课题组：《国外基础教育改革与发展的模式及其启示》，载《教育导刊》，2010（4）。

念，其背后以美国特色的实用主义、国家主义为底色。英国基础教育改革与发展“第三条道路”的指导思想，是介于福利国家和自由放任资本主义哲学之间的路径，但就其实质来说只是对传统左派和新右派的政治哲学的平衡。日本基础教育改革的指导思想则融合新自由主义和新保守主义的思想。美、英、日三国的指导思想与改革目标，无不处处体现出国家责任与市场逻辑，以及卓越追求与平等理想。

**（二）重视基础教育改革与发展的整体性、协调性**

就一个社会系统来说，政治、经济、文化等构成了一个社会的核心结构，教育只是一个边缘结构。基础教育改革与发展的动因一方面在于政治、经济等方面的因素对教育的需求；另一方面源于解决教育内部问题，提高教育质量的需要。由是观之，进行基础教育改革，必须把视野放在基础教育与政治、经济、文化的大系统的整体性上，放在处理好基础教育内外部关系的协调性的问题上。世界基础教育改革与发展都高度重视基础教育改革的整体性和协调性的问题。美国政府就高度重视基础教育改革与发展的整体性，已经意识到学生的学术成就、品格素养与教育文化、教育研究和教育行政管理之间高度的关联性，并力图通过建立一个高质量的教育卓越保障体系，最终达成其教育战略的总目标。英国和日本政府亦都深刻认识到学前教育与初等教育以及中等教育之间的协调性问题。

**（三）重视教育战略规划制定与教育领域立法**

美、英、日等国政府各自制定出台了一系列紧密相连且具有重大战略意义的教育发展规划，这些教育战略规划的颁布实施为各自国家的基础教育改革与发展提供了框架基础。它们都具有以教育立法的形式推进基础教育改革与发展的特征。就教育战略规划和立法的总体取向而言，这些都与其在全球政治、经济、军事、文化竞争中的国家利益联系得极为紧密，具有明显的国家功利倾向和教育的工具主义特征。从 1998 年到 2002 年美国虽历经政党执政更替，却连续出台了三个教育战略规划，三者相互交叉，战略思路、所用方法等都具有很大相近性，很好地体现了规划的刚性与规划的弹性相结合的思想。英国、日本都具有依教育立法推进基础教育改革的特征，比较顺利地保障了基础教育的发展。

**（四）明确政府的基础教育责任和利用市场的优势**

从美国、英国到日本，它们都注重激发国民的危机意识，进而突出基础教育的政府责任、国家责任，无不把基础教育摆在重要的战略地位上。在明确政府的基础教育的同时，利用市场的优势为基础教育改革与发展服务，也是一个主要的方向。英国的“教育行动区”计划为提高教育薄弱地区的教育质量，引入市场力量，在短时间内获得了社会的认可和一定的教育质量的提高。美国、日本在教育经费管理、教师管理上也都重视运用市场的做法，强调绩效责任以及薪金与业绩的挂钩。这些都是具有现实意义的基础教育改革的操作方法。

**（五）形成政府、市场、学校、家庭四方伙伴关系**

校外的事情比校内的事情更重要，校外的事情制约并说明了校内的事情。美、英、日三国都越来越意识到基础教育的成功源于政府、学校、社会、家庭的四方合力，四方的伙伴关系之间既有竞争也有合作，既有斗争亦有妥协。基于此种认识，基础教育最终要形成政府责任明确、市场有效参与、学校积极主动、家长有力配合的改革与发展的图景。这一图景的绘就，其前提在于认清基础教育改革的现状，其出发点在于找准基础教育改革的动力，其归宿在于提高基础教育的整体质量。[①]

## 第二节　美国基础教育改革与发展概况

进入20世纪80年代以来，一场席卷世界的新科技革命正以不可遏制的力量冲击着美国社会。这场以微电子技术为核心的新技术革命使美国社会由工业社会向信息社会发展，工业生产由以劳动密集、资本密集为主逐渐向以知识密集为主转变。随之而来，劳动方式和生产管理方式也发生了重大变化，对劳动者的科学文化技术水平提出了新的、更高的要求。同时，国际竞争更趋激烈。在这种以科技、经济为主的国家综合国力的竞争中，美国的绝对优势受到挑战。而美国人向来有重视教育的传统，美国公众把教育的根本重要性理解为：教育是美满的生活、进步和文明的社会、强大的经济和安全的国家的基础。大多数美国人认为教育是美国未来实力的主要支撑因素。要适应新技术革命对劳动者素质的要求，维护美国在国际竞争中的不败地位，教育显然承担着不可推卸的责任。然而，美国的教育质量不高一直是困扰着美国人的一大顽疾，虽然战后经过学科结构运动、回归基础运动，但教育质量仍然不令人满意。为了确保基础教育质量，1983年美国国家教育优异委员会发表了《国家处在危急中：教育改革势在必行》（*A Nation at Risk*：*The Imperative for Educational Re-*

① 贫困山区县域基础教育改革与发展模式的比较研究课题组：《国外基础教育改革与发展的模式及其启示》，载《教育导刊》，2010（4）。

*form*）的报告，揭开了20世纪80年代美国教育改革的序幕，掀起了美国“二战”后基础教育课程改革的第三次浪潮。这次课程改革在吸取前两次课程改革经验教训的基础上，走向了课程改革的综合治理阶段。

## 一、美国基础教育改革的目标与理论基础

20世纪80年代以来，美国基础教育改革的基本理念和追求就是在平等的基础上提高教育质量，使全体美国学生都得到进步和提高。这一基本理念和追求在美国的一些重要报告和文件中都得到了充分体现。同时也反映出，此次改革的指导思想是大众教育，改革强调科学为人才，要求培养学生的科学素质。

### （一）改革的目标

在《国家处在危急中：教育改革势在必行》的报告中，美国把教育改革的目标确定在公平和高质量上，其中指出：公平和高质量教育这一对目标对我们的经济和社会有着深远和实际的意义。这里所说的高质量，对于学习者个体来说，意味着每个学习者无论在学校还是在工作场所，都应在个人能力的极限上工作，并把这种极限推向更高；对于一所学校或学院来说，它意味着这所学校或学院向全体学生提出了高的期望和目标，然后想方设法帮助学生达到这些期望和目标。可见，《国家处在危急中：教育改革势在必行》的报告提出的“高质量”是面向全体学生的。著名的《普及科学——美国2061计划》（*Project* 2061：*Science for All Americans*）是旨在普及美国中小学（包括幼儿园）科学教育的长远计划，该计划把普及科学知识作为教育改革的目标提了出来。它的另一种译法就是《2061计划：为了全体美国人的科学》，从标题上就可见其基本思想。1989年9月，乔治·布什总统召集各州州长在查罗茨维尔举行了全美第一次教育高峰会议，该会议的主题就是提高中小学教育质量，并且与会者对应当确立全国教育目标达成了共识，发表了题为《全国教育目标》（*National Education Goals*）的报告。这次会议呼吁全体美国公民为全国教育目标的实现而奋斗，要求为全美公民提供世界一流的教育。全国教育目标的观点后来成为1991年的联邦政府文件《2000年美国：教育战略》（*America* 2000：*An Education Strategy*）的最主要内容。克林顿政府时期，1994年由国会通过的《2000年目标：美国教育法》（*Goals* 2000：*Educate America Act*）采纳了乔治·布什政府的六大目标，并且又新增加了两大目标。布什政府2001年1月23日公布了《不让一个儿童落后》的教育改革蓝图。2002年1月8日，布什总统正式签署了《不让一个儿童落后法》。其意义正如布什总统在签署仪式上的讲话所言：美国的公立教育开始了一个新时代、一个新纪元，美国人的

学校将走上一条新的结果之路，从而确保美国的每一位儿童受到一流的教育。而2002年由联邦教育部编制并发布的《美国教育部2002～2007年战略规划》更是把教育的使命确定为在全国确保教育机会均等并推进教育卓越。由此可见，美国自20世纪80年代以来开展的基础教育改革的基本理念和追求就是在平等的基础上提高教育质量，使全体美国学生都得到进步和提高，从而达到已经实现现代化的美国仍然维持其世界霸主地位的目的。

### （二）改革的理论基础

随着心理学家对人类学习过程认知规律研究的不断深入，认知主义的一个重要分支——建构主义在西方逐渐流行。20世纪70年代末，以布鲁纳为首的教育心理学家将苏联教育心理学家——维果斯基的思想介绍到美国后，对建构主义思想的发展起到了极大的推动作用。建构主义认为，世界是客观存在的，但是对世界的理解和赋予意义却是由每个人决定的，即由每个人根据自己的经验来建构和解释的。由于个人的经验是有差异的，因而对客观世界的解释或建构也是多样的，这就是建构主义对学习的基本观点。同时，建构主义课程观认为，课程不仅是预先设定的目标或计划，而且是学习者自己主动建构的过程，是学习者运用自己的头脑形成对事物或现象的解释和理解的过程，是探索问题、发现问题、解决问题的过程；知识需要由学生主动地建造在自己的头脑里，从而产生自己的想法。教师不是简单的知识呈现者，而是通过关注学生自己对事物的理解，倾听他们的看法，洞察他们这些想法的由来，从而引导学生丰富或调整自己的理解。同时，建构主义还认为，课程应该考虑知识中的不确定性，鼓励个体化的、富于创造性的学习，而不是把知识及其学习作为满足预定目标的尝试。建构主义课程观对学习和教学提出了新的解释，这对改革传统教学具有重大意义，它将取代传统观念而成为课程开发的主导理念，为美国改变简单传授、被动接受的教学模式，真正发挥学生在学习活动中的主动性、构建学生的主体性、强调校本课程、探究学习奠定了理论基础。因此，20世纪80年代以来美国基础教育课程改革的理论基础是建构主义。①

## 二、美国基础教育改革与发展的内容

### （一）尊重教育对象，促进全面发展

美国有关人士认为，人是教育的对象。尊重教育对象，就是要关心人、理

---

① 蒋平：《美国基础教育课程改革的历史回顾与启示》，载《天津师范大学学报（基教版）》，2007（3）。

解人、尊重人。传统的学生观偏重的是他们缺乏知识、能力和经验的一面，即学生的现在状态，而不是偏重其潜在状态、内在积极性和发展的可能性。与传统的学生观不同，新的学生观认为：学生虽有幼稚和不足，但其机体内蕴藏着旺盛的生命力有多方面的发展需要、发展可能；他们具有主观能动性，有可能积极参与教育活动，是学习活动中不可替代的主体。

促进学生全面发展，最主要的是提高学生素质。为此，必须夯实基础，加强系统科学文化知识的传授，并发扬重视培养学生创造性和动手能力的传统，还要强化公民教育。纽约参议员希拉里·克林顿在一次演讲中说，3R（reading，writing，arithmetic）固然重要，但第4个R亦不可缺，那就是责任心（responsibility）。此外，美国学校普遍加强了爱国主义教育。"9·11"事件后的一段时间里，新泽西州的小学生每天上课前要以班为单位背诵一段《独立宣言》；纽约市中小学生每天要右手抚胸，毕恭毕敬地向星条旗宣誓效忠美国；俄亥俄州的中小学生每人写一篇命题作文《给纽约消防队员的一封信》，称赞世贸坍塌中牺牲的消防员是国家的英雄。2002年3月发布的《美国联邦教育部2002～2007年教育战略规划》重申，要加强对学生的思想教育，培养新时期负责任的具有爱国主义精神的高素质公民。

**（二）增加教师名额，缩小班级规模**

20世纪80年代以来，美国的部分州开展了缩小班级规模的实验。1993年克林顿总统倡导全国性提高学生学习成绩运动后，联邦教育部不遗余力地推动各州缩小班级规模，并制定了相关法规。1998年美国教育部对若干缩小班级规模的研究报告进行了分析，发现小班化教学的确是有优势的。

在此基础上，从1999年度开始，联邦政府正式启动庞大的缩小班级规模计划。该计划的要点是：将中小学各年级班级学生人数从平均每班23人减至18人，重点是小学1～3年级；其中，一年级减为17人，二年级减为不超过18人，三年级减为18人左右。

2002年发表的《美国联邦教育部2002～2007年战略规划》指出，在21世纪初的十年里，美国需要新增220万名合格教师，以调换不合格教师、接替退休教师，并使教师总额净增10万人，使班级规模缩至20人左右，从而强化因材施教，关心每位学生的发展。

**（三）提供教育选择，开展分层教学，满足多样需求**

为适当满足家长的择校愿望，各地采取了扩大选校范围、补贴私立学校、举办特许学校、允许开办家庭学校等措施。不久的将来特许学校将会进一步发展，因不满意公立学校的现状或宗教方面的原因，或希望将子女培养成与众不同的人才，家庭学校也会有所抬头。中学与大学的联系将更加紧密，越来越多学有余力的高中生将提前选修大学的部分科目。

在美国，面向全体学生的普及教育和面向少数学生的英才教育是同时存在的。2006 年美国教育部开展了 700 万美元的中小学英才教育项目，约翰·霍普金斯大学也宣布继续其由来已久的青少年英才教育计划。无论大学还是高中，在选拔英才苗子时并无固定模式。英才在美国并不神秘，比例较高，大约 20％的学生被视为英才。

美国学校课程进度适应学生学习程度和需要，尤其对学习有困难的学生给以特殊关照，体现出较强的人本主义精神和向每个纳税人负责的态度。例如，各地多数学区组织学生参加学术性向测试预考（PSAT），高中以此作为进一步分层教学的依据。分层教学形式多样，校内课程设置和结构有较大的选择性和自主性，课堂教学灵活性和开放性也很强。不仅如此，在校内还通过学生社团和形式多样的课外活动满足学生的不同需求，在校外通过与政府、社区和大学的有效联合，为学生创造出多样化的学习机会。这些措施充分考虑了学生的个性差异，满足了不同需求，促进了学生潜能的发展。

### （四）谨慎修订课程标准，突出基础知识并满足多样化需求

受地方分权的教育管理体制影响，美国一直没有全国统一的课标。但是，自 20 世纪 80 年代起，为了引导各州开展教育改革、提高教育质量，联邦教育部和有关机构制定了高中核心课程的基本参考标准，并启动了 2061 计划、蓝带学校计划、英才教育计划、新型高中计划等项目，鼓励和资助各地按颁布参考标准进行高中课程改革实验。“9·11”事件后，随着《不让一名儿童落伍法》实施，美国朝野提高教育质量的呼声日高，各州遂对照全国标准，根据本州实际组织、开发或完善了本州的课程标准。到 2006 年，除依阿华州外，其余 49 个州均开展了此项工作。

### （五）注重综合素质评价，激励拓宽视野，全面发展

美国研究型大学的录取方式对高中课程改革发挥了较好的引领作用。美国的高中不搞片面追求升学率。学校的校长和教师普遍认为，既然教育的对象是人，学校就必须关心人、尊重人、理解人，促进人的全面成长。在实际教育教学活动中，理所当然应顾及学生差异。美国的高中注重通过课内外、校内外的教学或活动，增强学生的实践能力，重视给学生提供课题研究的机会。

### （六）广泛开设选修课程，优秀学生提前学习大学内容

选修课程即大学选修计划课程（Advanced Placement），简称 AP 课程，

于1951年由福特基金会资助启动实验，1955年美国大学理事会（College Board）接手管理，次年首次举办AP考试。AP课程具有多重意义。对学生而言，学习AP课程，可提前体验大学阶段的学习，以挑战自我，开阔视野，进入一个崭新的学习领域。学完AP课程，就可以参加由美国大学理事会组织的全国标准化统考。学生若有几门AP课程高分通过全国统考，便可在申请大学时占得先机。把成绩带入大学折抵学分，可节省学费，并有更多的时间从事自己喜欢的研究，谋划下一步的专业发展。对高中而言，通过设置AP课程，给学生提供了更广阔的发展空间，让天资聪颖和学有余力的学生捷足先登，增强了学校的影响力。对大学来讲，由于AP课程使高中生多方向多层次分流，在一定共性发展基础上实现有个性有特长的发展，从而有助于改革大学招生考试办法，拓宽发现和选拔人才的途径。①

## 三、美国基础教育改革与发展的成效、不足

### （一）美国基础教育改革与发展的成效

（1）增加了基础教育的投入，形成了良好的投入机制。在经费的分配使用方面，考虑了多方面的因素。拿出相当一部分经费用于提高教师的待遇，结果使更多的人愿意从事教育工作，在职教师也更加乐业。经费投向的调整起到了一定的效果，如美国的弗吉尼亚州在坚持对所有的学校进行教育经费的公正性分配上做出了很大的努力。1982年，该州高级法庭曾判决州政府必须修订公共教育制度以提高教育经费分配的公正性，目前该州对教育经费使用的公正性和充分性等方面均列全国前茅。

（2）教师在社会地位和经济待遇提高的同时，自身的素质和队伍结构也有很大的改善。实施改革以来，美国政府对教师队伍的建设倾注了较大的精力，采取了一系列措施。为了鼓励教师的献身精神，美国除了建立一系列的奖惩制度外，每年还从250多万名中小学教师中评选出一位国家教师，成为全国教师的楷模。

（3）学生的学习积极性提高，教学质量明显改观。由于美国中小学长期来实行自动升级制，即不管学生成绩好坏，均按年头自动升级。这样，不但使教师没有压力，而且使学生的学习主动性和积极性受到了严重遏制。改革以后，美国的中小学规定了成绩合格者方能升级、毕业，优秀学生方能进入优秀大学、找到

① 王定华：《美国基础教育改革与发展若干动向》，载《河南教育（基教版）》，2008(4～5)。

理想的工作。这一措施的实行，大大激发了学生的学习积极性，学生开始选修难度更大、门类更多的课程。1982 年以来，有越来越多的学生选修现代自然科学课程，有更多的学生选修了高级安置性科目，即在高中阶段学习大学级的内容。1992 年，准备升入高等学校的高中毕业生比 1982 年的高中毕业生选修了更多课时的外国语课程。要求升入高一级学校的高中生由 1982 年 73%增加到 1990 年的 90%。高中毕业生直接转入大学的百分比也在持续上升。①

#### （二）美国基础教育改革与发展的不足

有识之士指出，美国的基础教育改革取得了一些成绩，但同时也存在着两个严重的问题：其一，成功只发生于为数不多的学校，也就是说改革的努力并未获得广泛的成效，无法一个又一个地“复制”成功的学校；其二，虽然有些学校教改初见成效，但却不能确保这些成效长期保持下去。考察一下这些学校的成功过程，人们不难发现，这些学校虽然积极采取种种教改的举措，却疏于对其进行梳理，使之条理化和系统化。学校取得成功的个别事例为数不少，但很少有人知道获得成功的完整的运作体系是什么，也不知道有多少学校是在这种体系下得到发展提高的。②

## 第三节　英国基础教育改革与发展概况

英国是一个综合国力强大的发达国家，在国际社会中具有举足轻重的影响力，促进其持续发展的动力就在于基础教育。进入 20 世纪 80 年代，面对日益激烈的国际竞争，英国政府对基础教育高度重视，为了适应不同时期社会对人才的不同需求，英国政府适时对本国的基础教育进行了不同程度的改革以提高其国际竞争力。

### 一、20 世纪 80 年代的基础教育改革与发展

为了迎接 21 世纪挑战，英国政府 1988 年颁布了《1988 年教育改革法》。本次教育法的颁布被视为英国教育改革的里程碑，它在很大程度上改变了英国政府的办学思想及管理模式，使英国教育体制发生了一场深刻的变化。

---

①　王建社：《美国基础教育改革的初步成效及其发展趋势》，载《宁波大学学报（教育科学版）》，2000 (4)。

②　董扶民：《美国教育改革现状分析——三种现象要求改革具备三个要素》，载《外国中小学教育》，2003 (1)。

### （一）改革的背景

第二次世界大战期间，英国教育遭到严重的破坏。为了恢复教育、重建经济，1944年英国议会通过了在英国教育史上具有重要影响力的《1944年教育法》。该法为英国"二战"后的教育制度奠定了基础，但同时人们也发现了它具有浓厚的保守性，严重阻碍了英国基础教育的发展。1987年11月英国政府向议会提交了《教育改革议案》，希望能对当时的教育进行一些实质性的调整。1988年7月，议会通过了该议案并由女王批准成为法律，这就是《1988年教育改革法》。①

### （二）改革的主要内容与特点

1. 改革的主要内容

（1）自由入学政策。它是对《1980年教育法》中家长择校权的补充。以1979年的招生数作为一所学校的标准招生数，学校在标准招生数之内不得拒绝任何学生的入学申请；如果一所学校不再有招收标准招生数的能力，地方教育行政当局和学校董事会经中央教育主管大臣的同意，可降低该校的标准招生数，但是减少的名额不能转到其他较差的学校；如果学校的申请人数超过标准招生数，地方教育行政当局可以实施本学区学生优先原则，但家长有权对地方教育当局的决定提出上诉。这项政策实际上是减少地方教育行政当局对本地区学校招生的保护行为，更多地保障标准招生数之内的家长选择。

（2）国家统一课程。英国1988年教育改革后所确立的基础课程与19世纪末20世纪初的基础课程有着根本的不同，它努力在注重基础教育、加强基本学科素养方面与关注儿童个性发展的方面谋求平衡。国家课程包括三门核心课程（数学、英语、科学）和多门基础课程。核心课程计划占30%～40%的课时量，其余课时量分配给其他课程。国家统一课程的设立一方面为家长提供了更多的关于学校教育的消息，另一方面也强化了学校的社会责任——国家统一课程明确了政府代表公众向学校所购买服务的具体内容。

（3）直接拨款公立学校。如果说自由入学政策减少了地方教育行政当局对学校招生的保护行为，那么直接拨款公立学校的建立，更是打破了公立学校由地方教育行政当局负责的局面。根据这项政策，任何公立中学和学生人数超过300人的公立小学，经家长秘密投票认可，都可向中央教育主管大臣申请脱离

---

① 刘新科：《国外教育发展史纲》，第117～118页，北京，中国社会科学出版社，2002。

地方教育行政当局的控制，成为直接拨款公立学校。转制后的学校直接接受中央政府的拨款，并在管理方面享有私立学校同样的自主权。这项政策在支持者看来是一个改善地方教育行政当局配置资源低效率的良方，但是在反对者看来，这种改革导致地方教育行政当局无法规划本区教育。①

2. 改革的特点

（1）政校分家，加速政府职能转变。1988 年，英国政府确立了中央权力不能进入市场、不能过多干预基层正常教学活动的观念。英国教育部自 1988 年起，逐步成立了英国教育标准局、中小学教育拨款委员会及中小学教学大纲与评价总局等半官方机构，负责具体行政事务。同时，扩大中小学学校办学自主权，即学校人事编制、经费使用、教学大纲等均在校董会领导下由校长负责。政府职能分解后，教育部摆脱了过多的行政事务，政府宏观决策日趋科学化；同时加强了对各执行部门的指导与监控，各行其职，教育管理体制日趋合理化。

（2）加强宏观调控，扩大学校办学自主权。以往由于权力过分地集中在中央和地方政府手里，基础教育学校没有办学自由，在招聘教师、经费使用及师资培训等方面都受到地方政府的控制，难以进行自身建设与发展。自 1988 年后，英国政府采取一些有效措施，扩大学校办学自主权，引进竞争机制，把学校推向市场。这样不仅使学校在基建、招聘教师、教材选编等方面都充分享受办学自主权，依靠自身有利条件，创办具有自我特色的学校，以扩大生源，真正在公平竞争的环境中达到优胜劣汰的目的。

（3）为受教育者及家长提供优质教育服务。能否给受教育者提供优质服务，是衡量一个学校优劣的标准之一。英国政府 1988 年明确规定，学校应向受教育者，包括学生家长提供优质服务，以培养合格的建设人才。为此，英国中小学改变以往的管理方法，通过改革校董会，扩大吸收了学生、家长、企业界人士及热心教育事业的社会代表参加；定期测试，增加学生成绩的透明度；政府定期公布全国优劣学校名次，让家长学生自由选择学校等方式来提高办学效益，改善教育质量。②

### （三）改革的成效与不足

《1988 年教育改革法》的颁布为促进基础教育中公民的自主择校权利、国家统管权利、课程科目的合理设置以及提高学校间的竞争力等方面起到积极作

① 单中惠：《当代英国基础教育政策及其影响浅析》，载《外国教育研究》，2007（2）。

② 岑建君：《英国基础教育改革粗细》，载《世界教育信息》，1996（3）。

用。但由于长时间的教育制度设置的不完善，因此规定内容在实施过程当中遇到了许多问题。例如在国家统一课程方面，就出现了学科要求过高、内容过多或过难，教师和学生负担加重等诸多问题。

## 二、20 世纪 90 年代的基础教育改革与发展

1997 年工党领袖布莱尔成为英国历史上最年轻的首相。如何改革基础教育体制，提高中小学生素质，从而增强综合国力，是布莱尔任职后关注的极其重要的问题之一。

### （一）改革背景

20 世纪 90 年代，布莱尔政府提出基础教育改革并非历史的偶然，而是具有深刻复杂的国际背景和国内原因。具体来说，它受到信息化、全球化和后福特主义等世界教改潮流的冲击，以及国内经济、社会问题的催生，使得英国的基础教育无法适应现代化的需要。为了能适应当前历史发展的趋势和动向，为了能摆脱自身的困境，布莱尔领导的工党政府对英国的基础教育进行较大规模的改革。①

### （二）改革措施

为扭转基础教育的危局，布莱尔政府倡导了“第三条道路”的政治主张。他将教育置于特别优先的地位，把增加教育投入、改革教育体制、提高教育质量、实现教育公平作为政府立法的首要目标；他要求改变以往保守党的精英教育模式，明确教育追求的目标是把所有人而不是少数人培养成才。为达到这些目标，布莱尔政府采取了如下主要措施：

（1）改革教学体制。为了适应社会的需要，要求所有初中都能向学生提供普通职业教育课程 5 级课程中的第 1 级。教育与就业部提出，将加强不使用计算器的数学教学、英国古典文学和英国历史的教育，加强学生的数学和信息技术能力以及社交能力。

（2）建立校园信息高速公路。1995 年起实施此项计划，逐步达到中小学生直接使用互联网络的目标。

（3）进行教学水平和成绩评估。定期对教学进行评估，严格教师标准，不称职的教师将被解雇。加强师资培训机构的工作。教师必须经过严格考试，才能提升为校长。

（4）鼓励学校之间的竞争。公布学校排名，表彰教学水平高的学校，对落

① 高尚华：《论布莱尔政府的基础教育改革》，山东师范大学硕士学位论文，2007。

后学校进行曝光，不合格的学校将被关闭。学校将向家长通报孩子在校表现情况，以加强督促。①

### （三）改革的成效与不足

布莱尔政府实施的基础教育改革是在经济全球化背景下、世界教育改革潮流影响下的现实使然，是工党政府根据本国国情探索的结果。布莱尔政府的基础教育改革措施既包含有老左翼的国家干预教育的理论，又吸取了新右翼的市场机制引入教育的理论，它在一定程度上解决了英国国内教育质量低下、师资短缺、教育机会不平等问题，使英国基础教育获得了很大的进步，但同时也存在着一些不足。比如政府既要让学校自行决定如何招生又要保证不同家庭背景的学生都要有平等的择校权，到头来是谁的要求都满足不了；考试增多，课程内容满满当当、花样繁多，严重阻碍了学生创造性的发展。②

## 三、21世纪初的基础教育改革与发展

### （一）改革的背景

2007年2月，联合国儿童基金会从物质福利、改革的目标、健康与安全、教育、同伴及家庭关系、行为与危险、年轻人对幸福的主观感受等方面对经合组织21个成员国的儿童福利状况进行了考察，得出这样一个结论：英国是工业化社会中最不适合孩子成长的国家。联合国儿基会以及多家机构发布的报告，暴露了英国儿童状况及基础教育的诸多问题，包括“3R”（阅读、写作和算术）教育质量提升乏力，核心科目成绩的国际排名下滑。与此同时，国内教育工作者对全国统考的反对声也此起彼伏，英国政府面临了极大的压力。

在2007年年初，英国的家长、教师、儿童及社会专业人员参加了全国性的教育大讨论——对话时刻。这次讨论中的观点帮助了英国政府形成了教育蓝皮书——《儿童计划》。在此背景之下，为提高英国基础教育阶段的教育质量，英国宣布启动“国家挑战”项目，在人力、财力和组织管理等诸多方面进行支持，以此来保证基础教育阶段高水平教育目标的实现。“国家挑战”计划显示了英国政府直面问题，改造薄弱学校的坚定信心，不断提高教学质量标准和儿童服务标准，这也是布朗政府公共服务模式的一种体现。③

① 高尚华：《英国首相布莱尔的基础教育改革述评》，载《考试周刊》，2007（39）。

② 高尚华：《论布莱尔政府的基础教育改革》，山东师范大学硕士学位论文，2007。

③ 张济洲：《“国家挑战”计划——英国政府改造薄弱学校的新举措》，载《外国中小学教育》，2008（10）。

### （二）改革的主要措施

（1）重视学校之间的伙伴关系。"国家挑战"计划继承英国改造薄弱学校的先进经验，通过学校帮扶学校的改善网络，引导优秀学校改造薄弱学校，通过制订了针对小学的"小学战略学习网络"计划，帮助小学联合起来进一步提高课程标准；制订针对中学的"先锋伙伴"计划，将中学联合起来共同对付尖锐的教育挑战。通过优秀伙伴学校的帮助，提高管理水平和教师素质，最终使学生的成绩达到标准。

（2）对薄弱学校进行改造。政府为每一所未达标的学校配备"国家挑战顾问"，"国家挑战顾问"为学校提供20天的支持性服务，包括与地方同行交流经验，参与制订"国家挑战"的未来计划；对学校的改进计划提出意见和建议，帮助当地教育部门一起对每所学校的进步情况实施常规检查；评估学校的教学改进和清除学习障碍的计划，协助学校跟当地相关机构建立合作关系，如卫生与社会关怀机构、第三部门以及家长团体，共同解决影响学生学习的各种问题；确保学校在新的中学课程框架下，在英语、数学等核心学科成功实施有效的教学方法；通过访问学校、查阅学生跟踪数据，对改进计划带来的影响进行日常评估和监控；每学期对学校的进步情况实施正式评估，向地方教育部门和"国家战略"进行汇报。

（3）出台激励政策，吸引优秀教师到"国家挑战学校"任教。英国儿童、学校和家庭部大臣埃德华·鲍尔斯说指出，"国家挑战学校"的教师在艰苦的条件下辛勤地工作，他们需要获得更多的支持，才能使这些学校的学生实现他们的潜能。"国家挑战"计划扩大"教学优先计划"，"教学优先计划"由一个独立组织运行，主要是安排优秀毕业生在伦敦等地薄弱中学任教两年，取得教师资格，同时在英国顶尖企业完成领袖培训及工作经历。该计划旨在为这些薄弱学校招募最好的老师。

（4）改善贫困社区教育环境。创建"国家挑战信托学校"、国立综合中学，在教育资源不足或学校不达标（包括英语、数学在内的5门GCSE课程即中等普通证书课程达到A＊—C级的学生占学校总人数的30％以下）的情况下，中央政府将在当地修建国立综合中学；或将运行不佳的学校转换为"国家挑战信托学校"，对其加强支持。2007年9月，中央政府在49个行政区建立了83所国立综合中学，2008年9月份修建50所，未来三年将建设150多所这样的中学，最终达到400所。

"国家挑战"计划强调如果学校完全无力提高教学质量，政府将鼓励地方政府关闭学校，用"国家挑战信托学校"取而代之，条件是新学校要跟一所成功学校和企业或大学建立合作关系，以便使"国家挑战"学校受益于新的管理制度和最佳做法。①

**（三）改革的成效与不足**

2008年9月，英国儿童、学校和家庭部启动“国家挑战基金”计划，对英国3个地区分别进行投资，希望提高各地区基础教育的质量。在“国家挑战”计划中，英国地方教育当局在政府帮助下监督和检查“国家挑战”项目的进展状况，以保证所有的“国家挑战”项目学校按照计划顺利推进，提高基础教育的教育质量。同时，“国家挑战”项目顾问也对学校的项目进展做出评价，提出需要政府解决的一些问题。大部分的学校正在按照进度一步步地改善学校的教育质量，尤其是一些薄弱学校的状况开始得到改善，这些都得益于“国家挑战”计划的支持和帮助。②

但是英国国内对“国家挑战”计划有不同的声音，学校与学院领导协会秘书长约翰·敦福特指出，政府在制定政策的时候，总倾向于使用最容易得手的工具，而太多的时候，学校就成为这样的工具；学校被置于为了儿童的社会改革的中心，这样就加重了学校和校长身上的担子。“国家挑战”计划对学校提出了极高的要求，学校需要获得来自公共服务领域的全方位支持。

## 第四节　日本基础教育改革与发展概况

从20世纪80年代开始，日本在基础教育领域开展了一场以政府为主导的教育改革运动。从宏观层面看，这一改革是因为日本社会在向着国际化、情报化、少子化、高龄化方向迅速进展以及经济结构发生急剧变化的情况下，为使教育适应社会变化和文化发展而提出的。从微观层面而言，它又与近年来日本学校内部出现的一系列教育问题有关，如校内暴力、恐学症、教育荒废等。究其根源，又与教育理论界因受西方新自由主义思潮的影响而产生的对于教育的自由化、教育选择的扩大化等要求密切相关。此外，日本的改革动向还与一些先进资本主义国家推行的企业国际化及全球经济一体化的背景有关。进入21世纪，国际竞争更为激烈，一些资本主义国家为了确保本国经济拥有更为强大的国际竞争力，在社会的各个领域普遍实施新的体制改革。从某种意义上说，

---

① 张济洲：《“国家挑战”计划——英国政府改造薄弱学校的新举措》，载《外国中小学教育》，2008（10）。

② 苑大勇：《英国基础教育质量保障政策研究：以“国家挑战”项目为例》，载《比较教育研究》，2010（5）。

日本的教育改革还可看做是与国家改革同步实施的改革风潮。2002年4月的新学年，日本中小学开始实施新的学习指导要领，标志着日本基础教育课程改革的全面展开。①

## 一、日本基础教育改革与发展的指导思想

20世纪80年代，直接为内阁总理大臣负责的临时教育审议会就先后出台了《关于教育改革》的4次咨询报告。这些咨询报告是为响应内阁总理大臣题为“使教育适应社会变化和文化发展而进行各项改革的基本方针”的指示而提出的。报告仍强调个性化的原则，打破封闭性、划一性，要求改革教科书制度，以便以个性化、多样化的教科书满足学生个性发展的需要。同时要增加教育选择机会，建立富有弹性的、分权的教育行政和制度，给学生发展创造力的空间，更好地适应国际化、信息化社会，强调国际交流与理解，强调信息科学技术的运用。报告昭示出此次改革的目的在于使学校教育充满现代气息，富有人性，以便日本迈入新的国际化时代。②

进入20世纪90年代以来，随着国际竞争的日益加剧，知识经济初见端倪，社会进入信息化和老龄化，日本再次确定了基础教育在国家发展过程中的战略地位。1996年日本中央教育审议会发表了《展望21世纪的我国教育的应有状态》的咨询报告。报告指出，教育要在“宽松”中注重对学生基本素质和能力——“生存能力”的培养，并就课程改革的方针、课程体系的构建、学科教育的内容等重大问题进行了讨论。1998年，日本中央教育审议会发表了最终审议报告。文部省根据这些报告，修订了课程标准，于1998年12月颁布了新的《小学学习指导要领》和《初中学习指导要领》。此次课程改革在基本思想上与20世纪80年代末的课程改革是一致的。它在理念上的最大特点是把儿童作为一个活生生的自我发展的人，从人性的角度来看待学校教育的职能和教师的作用，这是日本自明治维新建立公共教育制度后，教育理念上的彻底变革，标志着日本教育从以国家为中心向以人为中心、从统一化向个性化转变的真正开始。③

---

① 吴遵民：《当代日本基础教育改革现状与发展趋向》，载《教育发展研究》，2005 (10)。

② 徐永祥，初礼清：《日本基础教育改革的现状及特征分析》，载《现代教育科学（普教研究）》，2007 (4)。

③ 颜阳，魏戚光：《日本近代基础教育课程改革的特点及启示》，载《课程教材教学研究（中教研究）》，2010 (5)。

## 二、日本基础教育改革与发展的目标

为了应答内阁面向21世纪教育改革的决定，日本课程审议会于1987年12月出台了《关于改善幼儿园、小学、初中及高中教育课程标准问题》的咨询报告。该报告指出，这次改善课程的标准是：从培养独立思考、判断、行动能力、谋求教育的质的飞跃这一基本观点出发，面向21世纪，培养具有丰富的内心世界、坚忍不拔且能生存于国际社会的日本人，重视国民所必需的基础知识和基本技能，充实个性教育，使学生有主动学习的欲望，主动适应社会的变化。可见，这次报告作为20世纪70年代初开始的人本主义教育运动的延续，仍强调双基教育，强调人本化、国际化和创造性。

作为中小学改革的基本着眼点，日本明确提出要培养支撑国家未来的人才，主要着眼于尊重每个孩子的个性，培养学生尊重生命之心、尊重他人之心，培养重同情、正义、公正之心，培养学生的伦理观、创造性和国际性，以使人的一生都能最大地发挥其能力。为此，面向21世纪，日本把加强“心的教育”放在改革的首位，强调今后的教育最重要的是在家庭、社区和学校的各个环节，改变偏重智育的风潮和知识灌输型的教育，让学生在宽松环境下接受教育，培养自我学习、自我思考和行动的生存力；从幼小时就让儿童切实掌握社会生活的规则，加强培育正义感、同情心等丰富人性的教育。同时，适应国际化的急速发展，培养珍视本国的历史传统和文化、具有丰富国际感觉的日本人。①

## 三、日本基础教育改革与发展的内容

日本文部科学省2001年1月25日正式制订并实施了“教育改革计划”和“21世纪教育新生计划”，其中涉及基础教育领域的改革包括如下内容。

### （一）学校制度的弹性化和制度改革

（1）根据《学校教育法》部分修正条款的规定，决定创设中等教育学校（即初、高中一贯制。自1998年6月5日起实施）；（2）为保护受到欺负的弱小儿童及满足其家长的要求转校的希望，文部科学省决定在1997年1月27日起对公立中小学的上学区域实行弹性化举措；（3）根据《地方教育行政组织及其运营法》的修正规定，决定自2001年6月29日起废止公立高中就学区域的限制；（4）根据“特区域结构改革”的政策，从2003年4月起学校运营将允

① 吴忠魁：《日本文化立国战略与基础教育改革的新发展》，载《比较教育研究》，2001（4）。

许民间机构参与。

在以上这些改革中，颇为值得关注的是关于初、高中六年一贯制中等教育学校的创设。这项改革的主要目的是为了进一步推动中等教育的多样化，重视并充实个性教育，同时以一种新型学校的形态，打通初中与高中之间的壁垒，从而创设一种六年一贯制的新教育制度。在日本，中等教育阶段的六年一贯制，虽然在私立中学已实施，但大多数是为了强化升学考试而设置的精英学校。近年来修订的《学校教育法》特别附带了一个决议条款，即凡设置公立初、高中一贯制中等教育的学校，一律不得变相成为考试精英学校。为此，上述改革完全可以看做是区别于私立精英学校的一种新型中等教育学校。它有如下几种类型：①单一型的中等教育学校；②合并型的初中和高中；③连接型的初中和高中。就现行日本的《学校教育法》的规定，对部分中学和高中的办学目的分别做了明确的规定。因此，即使成立新型中等教育学校，其组织结构、成员构成、教职员工的职务、资格、任免及班级编制、教职员工的定员等仍然基本适用于现行法律的有关规定。

**（二）教师教育及研修制度改革**

（1）根据《教育职员资格特例法》的规定，自 1997 年 6 月 18 日起，凡希望成为教师者必须要具有为老人或其他需要照顾的人群进行服务的体验；（2）根据《教育职员资格法》部分修改条款的规定，自 2002 年 5 月 25 日起对教师资格基准做出新的调整，同时对教师资格证书制度实行弹性化政策；（3）根据《教育公务员特例法》的部分修改条款规定，从 2000 年 4 月 21 日起对现职教师创设研究生院研修休假制度；（4）根据《关于地方教育行政组织及运营法律》的修改条款，从 2001 年 6 月 29 日起对涉嫌指导力不足的教师制定评价与判断标准，同时采取研修或转换工作的措施；（5）根据《教育公务员特例法》部分修改条款的规定，从 2002 年 6 月 2 日起，具有任命权的教育人事部门负责人，有义务对工作满 10 年的教师提供进修机会。

**（三）教育课程标准的改革**

（1）自 1999 年 3 月 29 日起，对幼儿园、小学、中学、高中、盲聋学校、养护学校教育课程的基准进行修订的同时，要求在学习指导要领中给以明确的告示；其中特别就高中阶段校外体验活动学分的计算和认定、道德教育、信息教育、外语、国际理解教育等课程的充实给予明确的规定；（2）根据中央教育审议会关于改善学习指导要领答申报告的精神，自 2003 年 10 月 7 日起，对学习指导要领的基准给以进一步的改善。其中包括对教育内容过多的状况进行了调整，在小学则实施按学习熟练程度的不同分班进行教学，并设置综合学习时间。

### (四) 地方教育行政的改革

(1) 根据《地方分权法》以及《地方教育行政组织及运营法》修正条款的规定，自1999年7月8日起，对地方教育委员会主任（教育长）的任命制予以废除；(2) 根据《学校教育法实施规则》部分改正条款的规定，从2000年1月21日起，对学校校长的管理自主权、开放型学校的构建、学校运作机制的改善——校长、教导主任的任职资格的放宽以及学校评议员制度的导入等做出了新的规定。①

### (五) 基础教育课程改革

1. 课程改革宗旨

日本教育课程审议会在1998年的答申报告中阐述了此次日本基础教育课程改革所遵循的四点宗旨：培养丰富的人性和社会性，以及立足于国际社会的日本人的自觉意识；养成自己学习、自己思考的能力；在宽松的教育活动中，使学生切实掌握基础知识和基本技能，并充实发展个性的教育；推进学校自己创意设计的特色教育的开展和特色学校的建设。②

2. 课程改革内容

(1) 精选教学内容，对义务教育阶段过深过难的内容予以删除。

(2) 充实道德教育，开展内容丰富、形式多样的志愿者活动和接触自然等体验活动，使幼儿园和小学低年级学生具有基本礼仪和辨别善恶的能力。

(3) 积极应对国际化，在小学综合学习课程中开设外语会话，初中阶段外语改为必修课，重点放在对学生听说能力的培养。

(4) 积极应对信息化，在基础教育各阶段，在综合学习以及各科教学中充分应用计算机和网络开展教学；在初中阶段，在技术家庭课中教授基础知识，学习基本操作；在高中开设信息必修课。

(5) 新设综合学习课，使跨越学科体系实现综合研究性学习成为可能。

(6) 扩大选修课比例，增加学生选择范围，高中阶段通过将必修课学分由38个减为31个来实现。

(7) 削减课时，基础教育各阶段比现行减少70课时，平均每周减少2课时。

---

① 吴遵民：《当代日本基础教育改革现状与发展趋向》，载《教育发展研究》，2005 (10)。

② 李协京：《对日本基础教育课程改革的考察》，载《教育评论》，2003 (1)。

(8) 鼓励学校开展有创意的特色教学，在义务教育阶段学校可以制定跨年度的教学目标和计划，高中可以开设学习指导要领之外的学校自开课程等。①

3. 课程改革特点

(1) 课程改革旨在全面关注学生的发展。日本1998年颁布的学习指导要领，也从宏观的视角针对学校的教育运作和实践，提出了教育课程的设置和实施的基本方针。即各学校参照法令的诸要求，以儿童的全面发展为宗旨，并结合各地区、各学校的实际情况以及儿童身心发展诸阶段的特性，制定合理妥当的教育课程。也就是说，首先学校教育要有助于学生的精神健康，要发展每个学生的独特价值。

(2) 确立以培养生存能力为核心的新课程观。20世纪90年代末日本课程改革的重点放在精简课程内容、降低课程难度、实施周五日制、改变教学方式等方面，这样做的目的是为开展多种学习活动、培养学生的生存能力创造空间和条件，突出了基础教育的发展性和基础性。总之，以培养生存能力为核心的新课程改革是日本20世纪末课程改革中最突出的亮点。

(3) 课程改革体现终身教育思想。建立终身学习体系已经成为当今世界教育改革与发展的共同趋势，其中日本是发展水平最高的国家之一。终身学习的四个支柱是：学会求知、学会做事、学会合作、学会生存。为了实现这一目标，日本对基础教育的改革大致体现在如下几个方面：提倡心灵的教育，放宽学校管理自主权，改革为升学而陷入激烈竞争的考试怪圈等。

(4) 课程结构的合理化。日本课程结构的合理化首先表现在对课程领域的调整方面，即新设综合学习领域。日本中小学的课程原分为各学科、道德、特别活动三个领域。新的课程方案增加了综合学习领域，并使这一领域成为与原有的三个领域并行的一个领域。在综合学习的时间里，要求各学校根据社区和学校的实际状况，开展有特色的教育活动，实施超越科目范围的综合教育。

(5) 课程设置的弹性化。20世纪末，日本新的学习指导要领再三强调的一项原则就是统一标准与发展地方、学校课程相结合，尊重地方和学校确定课程的自主权，鼓励各地区、各学校设计具有特色的课程，引导学校创造适合于当地儿童的教育。②

---

① 陈谟开：《21世纪日本基础教育改革的若干动向》，载《外国教育研究》，2002 (5)。

② 颜阳，魏戚光：《日本近代基础教育课程改革的特点及启示》，载《课程教材教学研究（中教研究）》，2010 (5)。

## 四、日本基础教育改革与发展的成效和不足

战后的日本教育，通过改革所体现的最大变化是：尊重人的尊严和个人的价值，并以尊重人的个性为基本原则；提倡国民受教育的权利和教育机会的平等；倡导义务教育的无偿制度；强调尊重教育的自主性、自律性以及以此作为创建教育行政条件基础的原则和思想。

当前的日本教育改革，作为政府与行政结构改革的一部分，呈现出十分浓厚的政治色彩。在新自由主义思潮的影响下，本次改革强化竞争原则、重视经济效益、提倡制度缓和；其实践的结果导致了公立教育的萎缩、扩大了教育民营化的规模，而最终目标则是为了适应21世纪经济社会的发展。在这样一种功利性背景之下进行的教育改革，其对现代日本教育所面临的各种问题，包括儿童的身心发展及教育中出现的各种弊端，是否能够给以有效地解决；对于学校制度的竞争主义倾向是否具有积极意义；以及21世纪的教育又应怎样来适应社会的变化等问题，在日本社会各界均引起了热烈的议论。而讨论的焦点集中在未来的教育究竟是要塑造怎样的人以及应追求怎样的教育制度等问题上。现代日本的教育改革，虽然强调创造个性、重视个性的教育理念，而为了使其具体化则又在教育制度方面提出了规制缓和的诉求以及期待建立一个弹性化的教育体系。现代日本教育改革所追求的教育个性化、多样化以及教育制度的多元化构造，到底是否有科学依据？在教育改革过程中所创建的新教育制度，其倡导的原则和所具有的意义又将发挥怎样的社会作用？这些问题也都有必要给予进一步的研究和明确。

总之，现代日本的教育改革，反映了教职员工、家长、一般国民及教育研究者们自主地进行教育改革的动向。他们以儿童的身心发展及学校教育的现实问题作为改革的课题，并从学校、社区、本土的草根文化等层面对教育改革的目标和方向进行定位。他们基于宪法和教育基本法的精神，以联合国儿童权利条约的条款为原则，为使国民受教育的权利能够得以切实地实现，积极推动公费义务教育规模的扩大、希望所有年轻人都能接受中高等教育；他们还要求废除由国家来检定教科书的制度，呼吁教职员工的教学自由和能享受良好的工作条件；他们甚至期盼家长和普通国民都能参与学校管理的改革，也希望教育行政部门能多方听取民间的呼声。一言以蔽之，他们对众多的教育改革课题抱有责任感和兴趣，而这样一种发展动向和视野，对全面了解现代日本的教育改革无疑具有重要意义。①

① 吴遵民：《当代日本基础教育改革现状与发展趋向》，载《教育发展研究》，2005（10）。

## 推荐阅读书目

1. 张天宝：《当今国外课堂教学改革趋势》，载《教学与管理》，1995 (4)。

2. 靳世荣：《国外中小学教育改革的方向与重点》，载《外国教育研究》，1999 (4)。

3. 吴姗：《当代美国基础教育改革述评》，载《成都教育学院学报》，2006 (8)。

4. 段素菊：《美国基础教育改革的路径与特征》，载《教育发展研究》，2010 (9)。

5. 李和平，秦秀莲：《感受英国基础教育》，载《山西教育》，2006 (7)。

6. 王璐：《从选拔性教育到选择性教育：英国基础教育的价值取向》，载《教育研究》，2008 (3)。

7. 阚阅：《推进基础教育均衡发展的新尝试：英国“连锁学校”的政策与实践》，载《比较教育研究》，2010 (5)。

8. 李广：《日本基础教育的现实困境、改革方向与质量保证体系建构》，载《外国教育研究》，2007 (9)。

9. 文亚光：《日本历次教育改革及对我国基础教育改革的启示》，载《西北成人教育学报》，2007 (3)。

10. 秦东兴，窦志珍：《日本新学力观与基础教育课程改革探析》，载《外国教育研究》，2009 (12)。

## 学习思考

1. 世界基础教育改革与发展的特点有哪些？
2. 美国基础教育改革与发展的具体内容有哪些？
3. 从美国基础教育改革与发展的成效和不足中，我们可以获得哪些启示？
4. 英国《1988 年教育改革法》的主要内容是什么？
5. 英国政府为实现“国家挑战”计划采取了哪些措施？
6. 日本基础教育改革的主要内容有哪些？